面向第二语言教学的汉语教师信念研究

卢淑芳 著

郑州大学出版社

图书在版编目(CIP)数据

面向第二语言教学的汉语教师信念研究 / 卢淑芳著. —郑州：郑州大学出版社，2022.6
ISBN 978-7-5645-8644-7

Ⅰ.①面… Ⅱ.①卢… Ⅲ.①汉语－对外汉语教学－教学研究 Ⅳ.①H195.3

中国版本图书馆 CIP 数据核字(2022)第 065329 号

面向第二语言教学的汉语教师信念研究
MIAN XIANG DI ER YUYAN JIAOXUE DE HANYU JIAOSHI XINNIAN YANJIU

策划编辑	孙理达	封面设计	苏永生
责任编辑	孙理达 孙园园	版式设计	凌 青
责任校对	王晓鸽	责任监制	凌 青 李瑞卿
出版发行	郑州大学出版社	地　　址	郑州市大学路40号(450052)
出 版 人	孙保营	网　　址	http://www.zzup.cn
经　　销	全国新华书店	发行电话	0371-66966070
印　　刷	新乡市豫北印务有限公司		
开　　本	787 mm×1 092 mm 1 / 16		
印　　张	22	字　　数	495 千字
版　　次	2022 年 6 月第 1 版	印　　次	2022 年 6 月第 1 次印刷
书　　号	ISBN 978-7-5645-8644-7	定　　价	68.00 元

本书如有印装质量问题,请与本社联系调换。

  21世纪以来,随着汉语国际推广事业的发展,对外汉语教学转向了国际中文教育,国际中文教师队伍随之也不断壮大,汉语教师志愿者和公派汉语教师成为国际中文教育的两支重要力量。较之立足国内的对外汉语教学,在海外工作的中文教师面对的教育环境异于国内的母语环境,属于典型的跨文化教育环境。国际中文教师的主要任务是中文教学,异文化教育环境下教师还具有文化交流的职责。在异文化环境中的教育会受到多种因素的影响,尤其受到中文教师的教师信念影响,因为教学设计、教学实施都是教师在进行,教师具有什么样的教学信念和文化交流信念即具有什么样的国际中文教育信念,将会直接影响教育效果。

  然而,教师信念具有内隐性,如何能观测到教师的信念?目前国内不少学者开始通过教师信念量表、访谈及半结构访谈、课堂观察、课堂教学录像等形式研究教师信念。叙事研究也是一种重要的研究方法,国际中文教师对自身教育教学的真实情境进行叙事,能将蕴含的教师信念外显化。在此语境下,我们邀请36位在海外从事过国际中文教育的国际汉语教师志愿者和公派汉语教师,通过他们讲述海外中文教学经历,从历时的角度呈现其持有的国际中文教师信念及教师信念的发展变化轨迹。通过了解中文教师信念的发展历程,根据教师的信念发展现状进行更深入的研究,给师资培训和进一步的教师研究提供建议和素材。文本叙述中的有些观点,尚存争议;有些提法,仍需继续探索。这就需要国际中文教育领域的专家学者以及同人同好,不吝赐教。

  本书共分四章。第一章绪论,主要从教师信念的概念角度出发,结合"国际中文教师"名称由来提出国际中文教师信念的概念和范围。结合国内外研究现状,提出国际中文教师信念的三个一级维度,即教学信念、文化交流信念和专业发展信念三方面,让读者对整个国际中文教师信念的框架有一个总体的了解。第二章国际中文教师的教学信念,介绍了国际中文教学信念,包括"汉语是什么""汉语怎么教""汉语怎么学""教师是谁"四个二级信念维度,每个信念维度又会包括三级信念维度,这些信念包括的内容既来自理论的归纳也来自文本叙述的总结和提炼。第三章国际中文教师的文化交流信念,在习近平总书记提出的"讲好中国故事,传播好中国声音,展示真实、立体、全面的中国"的背景下,结合国际中文教师的工作特点和环境提出了"主动、积极的文化交流信念""多元文化交流信念"两个二级信念维度。第四章国际中文教师的专业发展信念,先介绍国际中文教师专业发展信念的模式和特点,梳理出专业发展信念包括"国际中文教师教育信念的增强""更新、拓宽、深化中文教师知识与能力的信念""教师自主发展信念"三方面内容,结合文本叙述归纳出"享受型""发展型""曲线救国型""生存型"等几种代表性的专业发展信念类型。每一章节都附有国际中文教师的叙述文字。

  本书以国际中文教师信念为研究对象,以培养和提升职前国际中文教师的教学素质和水平为目标。在编写体例上,理论分析与中文教师的文本叙述相结合,文本主要以面向东南亚国家的教学和文化交流总结和反思为主,也包括国际中文教师的纵向发展案例,附有一定量的图片,具有一定的代入感,可读性强。本书既可以作为汉语国际教育专业选修课教材使用,也可作为课外阅读材料。书稿读者对象为高校汉语国际教育本科专业的学生以及有志于从事国际中文教学的其他人员,初任教师或者职前中文教师可以了解更多的教师信念,可以从案例中汲取合宜的教学方法和思路,有些案例可以作为示范样本进行学习。

  广州顺德职业技术学院的金贝贝是中文教学经历的讲述者,同时又参与了本书部分文本的校对工作。平顶山学院国际交流与合作中心的王雁冰副教授也在百忙之中参与了文本的校对工作。参与文本叙述的中文教师克服困难带着中文教师特有的情怀,用心写下文字实属不易。在这里一并表示感谢。

  本书的最终目的是让国际中文教师通过讲述自身的海外中文教学经历和成长经验,总结并反思蕴含其中的中文教学和文化交流信念,从而引导教师成为教师信念的"自觉"实践者,也引导未来的国际中文教师从不同层面和不同角度关注教师信念,建立起一种立体的、多元的研究意识和实践意识,从而成为国际中文教育的自觉实践者。

卢淑芳
2021 年 3 月

| 第一章 | 绪论 | (1) |

第一节　国际中文教师信念概说 …………………………………… (3)

第二节　国际中文教师信念研究维度 ……………………………… (6)

第三节　国际中文教师信念研究价值 ……………………………… (7)

第二章　国际中文教师的教学信念 ………………………………… (47)

第一节　"汉语是什么"的信念 ……………………………………… (49)

第二节　"汉语怎么教"的信念 ……………………………………… (80)

第三节　"汉语怎么学"的信念 …………………………………… (121)

第四节　"教师是谁"的信念 ……………………………………… (159)

第三章　国际中文教师的文化交流信念 …………………………… (193)

第一节　主动、积极的文化交流信念 …………………………… (195)

第二节　多元文化交流信念 ……………………………………… (218)

第四章　国际中文教师的专业发展信念 …………………………… (251)

第一节　国际中文教师的专业发展模式 ………………………… (253)

第二节　国际中文教师的专业发展信念内容 …………………… (280)

参考文献 …………………………………………………………… (339)

叙事文本索引 ……………………………………………………… (343)

第一章

绪 论

汉语国际推广是一项国家和民族的事业，是国家提升软实力、实现中华文化伟大复兴的宏观战略的组成部分。在这项伟大事业中，无论是立足于国内的对外汉语教学还是立足于海外的国际中文教学，师资不足都是制约这项事业发展的瓶颈之一。在教师、教材、教学法这三个语言教学的永恒主题中，崔希亮（2010）指出，教师是"三教"问题的核心，决策者和教师自身都应该关心教师的职业生涯发展问题。从汉语国际推广的大时代背景看，国家汉办主任许琳（2007）提出汉语的发展战略、工作重心、推广理念、推广机制、推广模式和教学方法六大方面要实施转变，这意味着传统意义上的对外汉语教学要进行全方位的改革和改进。而在此过程中，从对外汉语教师转向国际中文教师的这一特殊群体的教师信念及职业角色等都要跟上时代要求，进行相应的转变。

国际中文教师研究是国际中文教育的重要研究领域，属于应用语言学范围，正如赵金铭先生（2011）提出的"国际汉语教育学科内涵为基于'大汉语'概念的汉语作为第二语言或外语教学，外延包括国内外汉语作为第二语言或外语教学的教学、研究、教学管理、汉语教师的培养与培训，以及与汉语国际传播和汉语国际推广的相关工作"。在研究领域，进入21世纪以来，尤其是孔子学院设立后，有关国际中文教师研究的成果开始逐年增长。早期研究主要涉及国际中文教师的知识、能力和素养问题，在此基础上针对中文教师所需的具体的能力和素养研究多了起来。除此之外，国际中文教师的培训、培养模式、教师角色、教师理念、教师认知、教师专业发展等方面的研究也取得了丰硕成果。但关于中文教师的研究成果，江新、郝丽霞（2011）指出"目前的汉语本体研究和汉语习得研究的成果较为丰富，但对于汉语教师的研究还远远不够"，而且针对海外中文教师的研究成果更有待于丰富。

第一节　国际中文教师信念概说

20世纪70年代中后期，国外对教师的研究视角从教师的行为研究转向了教师的思维研究，研究的重心转向了关注教师教学时内心所持有的信念，把教学看作是一个集合了情感、认知和行为因素的复杂过程。从20世纪90年代开始，第二语言教学领域开始展开了教师认知研究。

孙德坤先生在2008年将教师认知研究的术语和理论引入对外汉语教学界，并指出"教师认知研究主要揭示教师的心理世界，即他们的信念、思想、知识结构及其对教学实践的影响等，目的在于帮助教师反思他们的教学理念与实践，从而提高自我发展的自觉性"。随着国际中文教师培养成为研究热点，国际中文教育界开始关注国际中文教师的教师信念,尤其是教学信念。这也能看到关于汉语教师研究的一种转向,即从教师标准研制、培训模式这些带有全体适用性的研究转向更关注教师成长的个体差异和个性,关注教师"内在"的成长与进步。

一、教师信念的概念和作用

1. 教师信念的概念

《心理学词典》认为信念是"主体对于自然和社会的某种理论原理、思想见解坚信无疑的看法。它是人们赖以从事实践活动的精神支柱,是人们自觉行为的激励力量。信念一旦确立之后,就会给主体心理活动以深远的影响,决定着一个人的行为的原则性、坚韧性"。《新编古今汉语大词典》解释信念是"以为可以确信的观念和看法"。可见,信念包含了认知成分、情感成分和观念成分等,是一个复杂的概念。在基本内涵的表述上,信念是对某些特定对象的主观看法,且这种主观看法是一种确信为真的先验性假定,具有引导的功能。

教师在从事教育教学活动时,会带着对教育教学的特定看法去指导自身的教育教学实践。佩詹斯(Pajares,1992)指出教师信念(Teachers' Belief)是"教师在教学情境与教学历程中,对教学工作、教师角色、课程、学生、学习等相关因素所持有且信以为真的观点,其范围涵盖教师的教学实践经验与生活经验,构成一个互相关联的系统,从而指引着教师的思考与行为"。博格(Borg,2001)提出的教师信念概念的范围更广泛一些,不仅涉及教育教学方面,还包括教师自我角色与教师的作用,即"教师信念是教师在教育和教学中自己确信的观点和看法,通常包括教师对课堂教学、语言、学习者、学习、内容、教师自我或教师作用的看法"。俞国良(2000)指出教师信念是"教师对有关教与学现象的某种理论、观点和见解的判断,它影响着教育实践和学生的身心发展,是教师素质的一个重要组成部分"。谢翌(2007)在教师信念包含的内容上指出"教师信念不仅仅指教师关于教学方面的信念,更主要是指教师关于教育整体活动的信念,是教师教育实践活动的参考框架"。从已有的概念看,国外的研究者多从知识结构层面界定教师信念,国内的研究偏向于宏观,整体上教师信念指向了大教师观,不仅包括教学信念,也包括了整体教育活动的信念。

已有关于教师信念的界定中蕴含着教师信念的如下几个特点:一是教师信念是建立在已有知识或经验基础上的一种关于教育教学的主观看法;二是教师对自身的教师信念有判断力;三是教师信念的不同层面之间是一个关联的系统;四是教师信念具有引导教育教学的功能。

2. 教师信念的作用

王乐(2002)、郑新民(2004)等的研究证实教师的教学信念可以影响甚至决定教师的教学行为。李泉(2015)认为教学信念决定教师专业发展信念的取向,并认为对培养汉语国际教育专业硕士来说,培养其教学信念是一项首要的、根本性的任务。不同的教师信念会有不同的教育教学实施,会带来不同的效果,教师信念会全面而深刻地影响教学和教育的走向和效果。

教师信念对教学质量和自我发展产生关键作用。美国心理学家班杜拉在社会学习理论中指出,"人的行为是由环境、个人的认知和其他内部因素、行为三者交互作用所决定的,其中人的思想和信念对行为起着关键性的作用。"教师的教育教学行为会受到隐形的教师认知的影响,而在教师认知层面,教师的信念居于教师认知的核心地位,可以看出教师信念对整个教学产生关键影响。

教师信念影响教师的专业发展。卡根(D. M kagan,1992)提出"教师信念犹如一个过滤器"的说法。教师信念就像过滤器一样,会对教师已有的理论和知识进行筛选,过滤掉自认为不合适的部分,留下符合自己观念的部分,从而影响教师的专业学习和自我发展。

二、"国际中文教师"名称的由来

在汉语作为第二语言或者外语教学领域,从事中文教学的教师名称主要有对外汉语教师、国际汉语教师、华文教师、中文教师等。2019年,国际中文教育大会在长沙召开,这是在之前举行的世界汉语大会和孔子学院大会的基础上召开的,第一次正式使用了"国际中文教育"这个新名称,具有重要的时代意义。2020年7月,教育部中外语言交流合作中心正式发布设立公告,紧接着的相关学术研究开始出现"国际中文教师"的名称。2021年教育部中外语言交流合作中心主办了一项标准化考试,即《国际中文教师证书》考试,评价考生是否具备国际中文教师能力,自此,"国际中文教师"这一名称正式成为一种专业的、获得官方地位的称谓。

国际中文教育是为不同的文化理解与交流服务的,同时也是为海外华人的祖语传承和文化认同服务的。相应的,结合中文教学实际,国际中文教育主要包括三大类型:一是立足国内的"对外汉语教学",二是立足海外的"国际中文教学",三是针对海外的"华文教学"。我们把从事国际中文教育的老师统称为国际中文教师。由于"国际中文教师"这一名称是一个新的称谓,本研究中涉及的已有研究成果会遵循研究者使用的名称,比如频率较高的"对外汉语教师"和"国际汉语教师"。

三、国际中文教师信念

从教师信念的概念和特点入手,我们说国际中文教师信念指的是国际中文教师对国际中文教育持有的基本看法或指导思想。不管是对外汉语教师还是国际汉语教师亦或是国际中文教师,虽然这些名称带有不同的时代特色,侧重点有所区别,但在基本内涵上指的都是把汉语作为第二语言或者外语教学的教师。在目的语和母语环境下进行的中文教学会呈现出不同的特点,本书中的国际中文教师指的是在海外从事国际中文教育的中国教师,不包括海外本土教师。

第二节 国际中文教师信念研究维度

在教师信念研究维度上,理查德和洛克哈特(Richards&Lockhart,1994)针对英文教师信念提出"英语的信念、学习的信念、教学的信念、课程的信念、语言教学职业的信念"五个维度;威廉姆斯和伯登(Williams &Burden,2000)针对语言教师信念提出"关于学习者的信念、关于学习的信念、关于教师自身的信念、关于教学的信念"四个维度;西蒙·博格(Simon Borg,2001)提出"教学观、学习观、学生观、课程观和教师观"五个维度。国外外语教学信念的研究维度对国际中文教师的信念研究提供了借鉴意义。

目前有关国际中文教师的信念维度研究,李泉(2018)从宏观、中观、微观三个层面提出对外汉语教师信念的维度。其中,宏观层面的教师信念包括目标观、语言观、学生观、教师观、方法观、汉语观六个维度,中观层面的教师信念包括教材观、语法观、语音观、偏误观、备课观、词汇观、汉字观、讲练观等,微观层面的教师信念包括课型观、写字观、背诵观、课件观、管理观以及对语言点展示、小组活动等的看法。赵秀菊(2020)从国际汉语教学实践出发,认为国际汉语教师信念应包括"汉语语言观、汉语教学观、汉语学习观、中华文化传播观和师生角色观"五个维度。国内关于中文教师信念的维度主要是从教学角度展开的,还包括一定的文化传播维度,这些维度的研究给我们提供了重要的参考标准。

研究国际中文教师信念包括的维度,需要从教师所从事的国际中文教育涉及的主要层面入手。国际中文教育活动有着自身的典型特点:从教学环境看,教学是在异文化环境中进行的,教师的母语是学生的目的语,师生不共享母语或者背景文化,课堂教学呈现出典型的跨文化交流特点;从教师层面看,国际中文教师队伍中的志愿者教师占了很大的比例,然而大多是本科毕业生或是在读硕士,缺乏一定的教学经验,海外教学实践既受到自己所学专业知识的影响,又受到岗前及部分岗中培训的影响,同时又需要根据实际教学情境进行有效的探索,总体上汉语志愿者教师的中文授课呈现出岗位培训模式和自我探索模式并存的特点。从中文学习者层面看,一方面,海外学习者的语言和认知水平差异明显,学习者的学习动机和文化背景更多元,呈现出的个体差别也更明显;另一方面,学习者几乎是按照当地学校原有班级进行的中文学习,单独成立班级的情况并不常见。基于此,国际中文教师的主要职责是中文教学,但特殊的教学环境和跨文化教育的特殊性决定着中文教师还担负着文化交流的职责。

从"国际中文教师"这一称谓上看,其包括三个层面:首先是教师,要具备教育教学能力;其次是中文教师,要具备中文教学的专业能力;最后是国际中文教师,这一"国际"特点要求其具备把汉语作为第二语言来进行教学的语言教学能力和文化推广能力,要具备跨文化的交际能力。再从中文教学的内涵上看,语言的教学和文化的传递是同时进行的,教学活动又是一项教育活动,这就决定了国际汉语教师不仅是一个专业技术人,更是一个社会文化人。因此,从国际中文教师的实际工作和特殊角色来看,其教师信念不仅包括了教学信念也需要包括文化交流信念。

除此之外,国际中文教师从事的教育教学活动也是一项专业,其专业发展会受到多种因素的影响。从实际情况看,国际中文教师的三大构成部分即志愿者教师、公派教师和专职教师的任期是受限的:国际中文教师志愿者的工作时间不超过三年,具有一定的流动性甚至是流失性的特点。公派汉语教师和专职教师的任期一般是两年,可以留任一个周期,即一共四年的工作时间。从国际中文教师自身的专业发展规划上看,国际中文教师自身的专业发展信念伴随始终。因此,国际中文教师的教师信念既包括教学信念也包括文化交流信念,还包括专业发展信念这三个维度。

第三节　国际中文教师信念研究价值

国际中文教师在海外的教学实践,为国际中文教学和文化交流提供了更多元的教学信念和独特的教学方法,有一些是基于汉语汉字特点的教学信念,这些都是有价值的。维维安·库克(Vivian Cook,2000)也提出"语言教学需要的不是一个模式或一种理论,而是一个更大的框架,其中几个模式并存"的观点,因此,针对国际中文教师的信念研究,既要借鉴和吸收世界其他第二语言有效的教师信念研究方法,还要探索适合中文和汉字特点的教学信念及方法,更要探索中华文化交流的信念和方法,从而在探索和总结中走出自信且坚定的、个性化的教学信念和文化交流信念路子。

1. 丰富教师认知研究成果,具有理论价值

目前国内关于国际中文教师信念的相关研究成果主要有以下三类:一是对教师信念的某一具体方面的研究,如职前国际汉语教师语言教学信念的调查研究(汲传波、刘芳芳,2016)、职前汉语教师的语法教学信念(汲传波,2016,吴勇毅,2012)、使用学习者母语进行教学的信念差异(刘弘,2012)、对外汉语教学研究生的专业信念(马秀丽,2014)等。二是关于教师理念与教学行为方面的实证研究,如郝丽霞(2010)、江新(2011)等。三是关于信念维度的研究,这是近几年研究比较大的一个变化,开始从宏观上构建国际汉语教师的信念体系,主要有李泉(2018)和赵秀菊(2020)等。

就目前的研究成果看,与国外的研究相比,汉语作为第二语言教学领域或者说国际中文教育领域有关教师信念的研究起步不久,成果有限。已有的研究成果大多是以调查或者实证的方法从共时视角进行的研究,结合国际中文教师的个人叙事,从历时角度进

行的教师信念研究并不多见。有关国际中文教师信念的研究能够丰富并深化教师认知研究的成果,具有明显的理论价值。

2. 促进教师发展,具有明显的实践价值

佩詹斯(Pajares,1992)就提出教师信念研究的价值,"关注教师和未来教师的信念应该是教育研究的一个焦点,这会给教育实践带来目前主流研究没有也不能带来的东西"。赵昌木(2004)指出"教师信念作为教师专业素质的核心部分,是教师精神世界的指挥者和灵魂,在教师专业发展中起着动态、基础、全面的作用"。从教师信念的角度入手研究教师的认知,其核心目标在于促进教师的思考。国际中文教师的教师信念,教师本人可能对其有清晰的认识,对相关的理论指导也了然于心,也可能这些信念只是在潜意识中存在着。对国际中文教师的教师信念研究,突出教师的主体地位,能够帮助理解教师的思维过程,揭示教师信念和课堂教学行为的关系,提高课堂教学质量,促进教师发展。

国际中文教师信念中的核心信念,即教学信念的研究具有重要的实践价值。"教学信念决定和引导教师怎么设计、决策和实施活动。可以说,教学信念是教师教学思想的灵魂,是教师自己真正信奉的教学观念"。李泉(2018)指出"教学信念是一种客观存在,是教师第二语言教学的世界观,是教学中起到根本性作用的思想、理念和知识,影响和决定着教学方法的选用、形成和创新。有不同的教学信念就会有不同的行动,就会形成不同的教学方法,产生不同的教学效果"。教学信念的研究可以更好地反哺与指导教学实践。

国际中文教师的教师信念研究为师资建设提供理据。孙德坤(2008)在以教师为研究对象的教师认知研究中提出自己的看法:以教师为研究对象的教师认知研究必须调动教师的积极性,必须有教师的参与,必须在观念和体制上珍视而不是轻视教师的经验,必须倡导教师从自己的教学经验中形成自己的教学理念,这是"后方法时代"、社会文化思潮下师资建设的必由之路。

下面的四篇国际中文教师叙事文本《泰国小镇的回忆——给下一个汉语教师的信》《滚烫的记忆》《一份荣光,一场修行》《我的"津巴岁月"》是围绕中文教师的工作历程,以中文教师信念的确立为核心而展开的叙述,明晰了国际中文教师信念研究的实践价值。

国际中文教师叙事文本（1）

本文以作者在泰国小镇的生活指南为叙事线索,从环境适应、教学模式构建、人际关系适应等几方面讲述了国际中文教师应该珍视自身的教学探索,以积极、平和的态度树立教师信念,也可以看出教师信念对教师教学模式探索和自我发展所产生的重要作用。

作者简介：孙振杰,平顶山学院文学院院长,2008年赴泰国北碧府Tharua任汉语教师。获河南省教育厅"中文使者"荣誉称号。

泰国小镇的记忆——给下一个汉语老师的信

在这个小镇上,生活总是慢半拍,以至于我常常忘记了时间,但当我不得不规划行程的时候,突然发现,离回家的日子已不到一个月了。那一刻,心中竟然涌起一阵忧郁,忧郁得脑海里渐渐变成一片空白,最后留下的只是一句感慨："唉!时间过得太快了。"

老弟,我知道一定是你,这个学校,除了咱们兄弟,没有哪个老外愿意待在这儿。别问为什么,打开纱门,走上阳台,环顾四周,你自然就知道了:偌大的校园里,除了你,就只有墙上的壁虎和那叫得不成声儿的野狗了。接着往前看,让你的视野跨过低矮的围墙,对了,就是那儿,看到没有,那片老大的空地,青烟缭绕,芳草萋萋,花香鸟语。别以为这是街心花园,这是一片华人墓场。看到它,你就不会寂寞了,毕竟那也是"中国鬼"啊!呵呵,我没有成心吓唬你,学校门口的那个寺庙火葬场我还没敢说呢!一句话,这里的环境实在是吼了,女孩子来了,还真"享受"不了。好了,别再往外看了,往后你有的是时间,还是接着看我给你留的这封信吧。

我老早就筹划着写封信给你了,没什么理由,只是觉得你会需要,那就先从学校说起吧。我们的学校名叫Tharuapittayakom,是这个叫作Tharua的小镇上唯一的一所公立中学。校名的意思是说,这个学校是Tharua小镇上的一个智慧的乐园。按照这个意思,我给学校取了一个中文名字,叫"津港中学"。取这个名字,出于三个方面的考虑:第一,Tharua的中文意思就是港口或者码头,"津港"与其意义相当;第二,将学校比喻成一个港口,学习就是渡船,学生在这里乘船,就能通向智慧的彼岸;第三,"汉语普通话"的泰语发音基本上就是"津港"两个字的中文读音。于是,综合这三个理由,我向学校提出了我的冠名建议,校长和老师们也都赞同了这个名字。应该说,这也是我的一个愿望吧,我希望这个学校能成为一条承载汉语和中华文明的方舟,在泰国这片神奇的土地上开花结果。

给学校起了一个大名字,可学校却并不大,虽然有初中高中两个部分,但学生加起来也就五百多人。老师也不多,三十来个,包括四个校工,他们中有三个是在学校住的,所以你还是有朋友的,只是刚来的时候体味不到而已。

我是这个学校的第一个外籍教师,也是唯一的外籍教师,是学校的常住人口。放学的时候,校园里空无一人,我常做的事情就是坐在阳台上,痴痴地看着远处那静静流淌的湄公河愣愣地发呆。呵呵,想家了。

今天应该和昨天一样,还是那么热,让人觉得衣服是多余的。我真的是这么想的,不过将这种想法付诸实施只能在自己的小屋里,在外边最好还是打消这个念头。

来泰国之前,也许你也像我一样接受了一系列的培训,其中便有关于穿着的礼仪要求,告诉你来这里教学要怎样的穿衣服。我愿意相信他们说的都是对的,比如说上班的时候要穿深色的西服,要打领带,要穿正装的皮鞋。这个建议真的很理想,让我们这些"老外"看起来的确很文明,但是这样做通常不会被这个国家买账。首先发飙的就是这里的太阳,这儿的太阳有着用不完的精力,每天,从它露脸开始就龇牙咧嘴地炫耀着那张狰狞的笑脸,似乎在向你挑衅。这时候你会发现,穿西服真的不是很有意思。当你汗流满面的时候,会有人过来问你:老师,你热吗?这时候你怎么回答呢?理论上讲,答案只有两个:热和不热。那么你该怎么选呢?说热,那他便会问你,你为什么要穿这么厚呢?现在你又该怎么回答?说"祖国让我这么做的"?很明显这个回答太没水准,因为他们会说,你是自由的,国家在这里也管着你么?于是,这个回答一出口,你便把你的祖国"出卖了";或许你说不热,但这个回答更离谱——出那么多汗还说不热,学校的老师和学生不认为你神智有问题才怪。呵呵,这个可不是开玩笑。那么到底该怎么做呢?在我看来,入乡随俗才是正道,人家怎么做,咱也怎么做,绝对没有错。在穿衣服上,我的建议是保持我们在国内做老师时上课的装束就足够了,泰国人和我们在这方面没有多大的差异。泰国老师在上班期间是要穿正装的,但他们的正装内涵很丰富,除了不能穿无领无袖的T恤、短裤及牛仔裤之外,只要整齐就算正装。当然,如果学校有特殊规定,或者教学条件得到了全面的改善,譬如说每间教室都装了空调,那穿西服打领带也未尝不可。但在我看来,学校要想在这一个假期里实现这么大的飞跃,根本不可能。

来到学校,照例是要和校长有个见面会的,会晤的主要内容就是告知一下你的工资待遇以及打听一些你的需要或者是困难之类的。但是这个会晤通常只是个形式,因为你的困难永远没有学校的多,所以你的诸多建议也只是一个美好的设想而已,不要对这个会晤抱太大的希望。

见校长的时候,如果能有一件礼物相送,我觉得确实是不错的,礼多人不怪嘛。至于什么样的礼物,我觉得你肯定早已准备好了。这时的校长是否还是我离校时的校长,我已不能确定了。泰国的校长调动似乎没有什么规律,能力强的话,半年或者一年就可以调动一回,要是能力不强的话,通常会十几年如一日地在一个地方待着。呵呵!如果还没调动的话,那么现在的校长在这个学校已经工作了一个学期了。他个子不高,当然说不上魁梧,看起来并不像个校长的样子。其实校长应该什么样子,我也说不清楚,但是对于这个校长来说,他确实比我见过的其他校长更具亲和力。校长是华裔,姓黄,潮州人。他的父亲是从中国汕头来泰国的,如今早已过世。校长的老婆也是华裔,是客家人。校长说,他的祖父、父亲都是老师,能说流利的汉语,书法也很好。也许是因为这样的家庭背景,校长对中文有着极大的热情,对我也是关怀有加。

去哪里见校长、什么时候见,这个你自不必操心,学校的教学负责人会告知并陪同你一起去的。见到校长,他会向你介绍一下学校的领导格局。我们这个学校的格局比较简单,校长之下是校长助理,没有副校长。再之下是四个职能部门,分管教学、政务、财务和杂务,再之下就是各个教研室。不过在我们的这个学校里,这些职能部门基本上看不出什么大的分别,因为大家的协作意识很强,无论什么事情,不管是属于谁的,只要发生在学校,诸位都是通力合作的。这种互助的意识,对我来说很是受用。

第一天的工作就要开始了,也许你晚上因为什么原因没有休息好,但第一个早上还是要早起的,虽然上课的时间是八点半,但大多数老师、同学在七点半左右都到校了,你也要早点儿去签到。只要是工作日,每天都要签到的。

第一天的工作应该会有些紧张,毕竟是初来乍到,但是没关系,慢慢就会适应的。学校的老师都很热情,他们会积极主动地帮助你找到感觉。马纳(mana)老师是我最好的朋友,我们基本上是无话不谈。他是客家人,姓邱,会说一些客家话。他是教数学的,但是给我的感觉更像是教文学的,因为他那种积极的幽默感我从没有在我的数学老师身上见到过。他很热情,也爱打听我们的各种各样的事情,和所有的泰国男人一样,他的基本话题就是金钱和女人,这似乎也是个世界性的话题,因此在这个问题上,我们总有说不完的话。这个话题看起来似乎不是很高尚,但他却是个高尚的人。马纳老师五十三岁了,但看起来却要年轻得多。他没有结婚,我问过他为什么,他说年轻的时候曾经爱过一个人,但是那个人最终没有跟他结婚。至于什么原因,我没有多问,只是知道,在这之后,他就不再关心爱情和婚姻的事情了。马纳老师的爱情故事很让我感动,但我不知道该如何评论这个故事,我所知道的就是,他是个值得做朋友的人,只要你有困难,他都会尽力地去帮助你。

说完了爱情和女人,下面就是金钱了。在我来泰国之前,曾经有个志愿者在我们培训的时候说,不要跟泰国老师说你的工资,他们会嫉妒的。我觉得在这个问题上,需要权衡考虑。工资比他们多了,他们确实会嫉妒,因为只要是正常的人,在这种情况下都会嫉妒的。但是说少了就好么,我觉得恰恰相反,因为,说少了会让他们觉得中国的老师或者劳动力根本不值钱。并且还会觉得,你为了这么一点钱来到泰国,那么中国国内的工资肯定比这个还要少,要不你也不会背井离乡来到泰国啊。在他们眼里,你不是为了什么高尚的国际友谊,你多半为的是钱。所以在这个情况下,你觉得是说少点好还是说多些好呢?对我来说,我是倾向于后者的。我不想让人家觉得我们是国际淘金者,我要让他们知道,我们是为了工作才来工作的。当然有人会说,不告诉他们不就得了么。肯定不行,他们好的就是这口,喜欢打听。

预备铃响了,这时候不管心情怎么样,都要收拾好准备上课了。早上的第一节课是从八点半开始的,每节课是五十分钟。上午一共四节课,中间有一个十分钟的课间。第一、第二或者第三、第四节之间是连着的,没有课间,但却是不同的课程安排。下午有三节课,从一点开始,一二节课之间也没有课间。虽然没有课间,但却有铃声提醒你,因此,只要记着你的时间,到了上课的时候去教室门口等着那个拖堂的老师下课就行了。之所以要提醒你注意你的时间,是因为我们学校的铃声有间歇性失声的毛病,有时候一个月都没有铃声,呵呵。

上课了,有一个词是需要常说的,那就是"安静"。初中一年级的学生刚来学校,可能不知道什么是"安静",因此,你需要教给他们的第一个词就是"安静",因为这个词在你每天的教学中都要无数次地使用,学生们也会深刻地记住这个词,但是从来不会领悟你的苦衷。这个词的效力在课堂上通常的持续时间是 3~5 分钟,之后,效力逐渐递减,等到效力变成零的时候,你需要再次操作。但是三五次之后,效力的持续时间或许只有三十秒或者更短了,那就说明,你需要调整教学方案了,至于如何调整,每个人都有自己的看法,但"尽力调动学生的积极性,努力增加教学的趣味性"应该是这个调整的核心。除此之外,"罢教"也是一个不错的方法,但是这个方法不是很友好,并且也不是长远之计,所以还是多在教学的手段和内容上下功夫。你问我到底如何才能真正地调动他们的积极性,我想这真的是个很棘手的问题,一方面你和学生的交流存在着全面的问题(如果你的泰语很专业,那就另当别论了),另一方面,学生的兴趣指向是什么你也不是很清楚。因此,前一两个星期,你需要逐步地探索并制定出相关的方案。不过,在整个的教学过程中,所有问题的核心依然是"交流"——你和学生的交流,只要突破了这个制约,一切便都迎刃而解了。

就我个人来说,最初的教学是在无助与无奈中挣扎着熬过来的,因为在这个完全陌生的语言环境中,你所有的指令都是苍白无力的。学生们不懂中文,也不懂英文,你所能做的,就是现学现教。今天学一个泰语单词,明天立马把对应的中文教给他们。这样的日子持续了一个多月,到七月份的时候,我差不多能够有效地控制自己的课堂教学了,但此时的有效控制多半是建立在程式化的教学方式之上的,而不久之后,程式化教学带来的平淡乏味也会将你刚刚建立起来的成就感一扫而光。这个时候,留在你身边的,除去那所谓的"处理课堂的自由"之外,剩下的就只是平淡了。中国人常说"平平淡淡才是真",但平淡对于这些青春期的泰国孩子们来说简直就是致命的毒药,在平淡的生活里,他们的接受能力趋向于零。因此,为了教学的顺利展开,现在最为迫切的工作就是努力地营造"新鲜"。

体味新鲜是快乐的,但营造新鲜却是痛苦的,特别是为别人营造。在痛苦的不断积累中,我发现他们常常对我能写、能说泰语,特别是写错、说错泰语表现出很大的兴趣。在我看来,这或许正是让他们感到新鲜的东西,因此我必须要好好地加以利用。于是,我便常常地故意说错或者是写错某个泰语单词,然后叫他们为我改正。在我看来,这种"纠错教学"也不失为一种好的方法,因为这种学习的强化是多元的,一方面加强了我的认识,另一方面也强化了他们对相应汉语的认识,更重要的是告诫他们不要犯这种常常容易犯的错误。

不过,新鲜的继续只靠泰语是不行的,我毕竟不是来学泰语的,汉语教学才是我的本职工作,因此,新鲜必须要来自中文或者中国的诱惑。中国的诱惑是什么,这不是我们中国人自己说了算的,这要看什么经常出现在他们的期待视野当中。通过几个月的教学,我认为,他们对中国的期待主要地表现在中国的旅游和中国的影视剧之上。对于所有的学生来说,到中国旅游,看长城是他们最大的愿望。因此,在课堂上,我就努力地筹备一些旅游课,将中国的秀丽山河以各种各样的形式展示给他们。除了看电影、做幻灯片之外,我还引导学生选择他们自己喜欢的景观并将其描画下来。对他们来说,画画比写汉字要简单得多,他们非常乐意这样做。这种教学实在是帮了绘画老师的忙,我常常跟教绘画的泰国老师说,我可是经常帮你的学生复习绘画课啊,你一定要请我吃饭。她总是很豪爽地说,好啊好啊。可到现在还没有请过我。呵呵,我倒是请了她多次,因为她说她也帮了我很多。

除了绘画,中国古典题材的电视剧对泰国人也有很强的诱惑力。他们喜欢孙悟空、诸葛亮、哪吒、包青天。其实讲影视原本是我的长项,可在这里,中国影视艺术教学的那一套可是完全不管用了,因为,他们听不懂那些相关的中文。于是,我要做的不是讲中国文艺的理论,而是简单地跟他们聊些和这些影视相关的话题。譬如告诉他们孙悟空可能就是泰国人通常所说的佛祖的猴子哈奴曼、告诉他们诸葛亮是个多么具有智慧的历史人物。他们都感到非常有趣。

除了这些,中国的医术、相术,还有一些神秘的文化也都是他们感兴趣的对象,只是我的道行实在是不高。医术倒还可以,因为承续一些家学的缘故,一些简单疾病的诊治对我来说还是小菜一碟,但是碍于风险和语言的问题,我只是简单地告诉他们疾病的轻重缓急和基本的病理,并不去施救的,要是家父知道了我的畏首畏尾,肯定会不高兴的,但在这里,我也只能这样了。因为身边的泰国人好像并不是很相信医学,虽然他们很感兴趣地去听你的讲解,但是他们更愿意相信疾病来自于犯了鬼神的"冲"。于是,在医学之外,他们感兴趣的还有中国道家的符咒,他们认为,"符咒"的治疗效果比医药的疗效要大得多。对这个问题,我是持中立态度的,即使在国内,我也是这样的观点,因为疾病一方面来自于身体的问题,一方面来自于心理的问题,很多时候,心理上的治疗可能比身体上的治疗效果更加明显。

至于相术的问题,身边的泰国老师或多或少地都学习过,黄校长的麻衣相术就有较深的家学根底,不过大多数老师只是略知皮毛而已。我对相术,虽然感兴趣,但是修炼不精,唯一能做的就是简单地告诉他们好或者相对较好,"不好"这个词还是不要轻易地说出口。爱听好话应该是人的共性。

作为教学的策略,这些做法多少是有些尴尬的。因为这种做法不能持续太久,你不可能天天给他们看电视、画画,也不可能天天看手相,更不能天天看病,但是眼下的我似乎只有这一条路可走。我不想用物质作诱饵来换取他们的新鲜感,这不仅是我没有足够的钱财来支持,更重要的是这个物质诱惑很幼稚。对于幼儿园的小孩子尚可,对这帮孩子是不会有什么效果的。我认为,新鲜感的获得,最重要的是调整教学方法。

教学方法的选择是个很费劲的事,常常标榜效果明显的教学方法往往都是没有效果的。我觉得,在这个零起点的汉语教学世界里,最好的方法就是"教无定法"。当然这个说法更加丑恶,因为所谓的"教无定法"到底是什么,该怎样实施,谁都说不清楚,因此,所谓的"教无定法"便成了一句废话。不过,话又说回来了,对于这无定法之法,我还是有些个人感想的。几个月的教学,给我的最大的启示就是,所谓的没有方法的方法就是"用心"。语言是不通的,可是心却是可以相连的。我们需要做的是让学生充分地感受到老师的认真、执着和敬业,如果你能够让他们感受到这一点,他们就会认真地跟着你学了。只要他认真了,所有的方法才成为方法,反之,所有的方法都是白费功夫。

身边的泰国老师常说:这帮孩子们所喜欢的只是唱歌跳舞,读书写字可不是他们喜欢的东西。我说,难道他们从来不想长大以后该怎么办么?泰国老师说,长大以后是长大以后的事情,现在为什么要关心以后的事情呢?我无语。也许他们是对的,对于孩子们,我们是应该给他一个自由快乐的童年,还是从小就让他肩负起伟大或是平凡的未来使命?我不知道,我迫切地希望我们的教育方式是对的,但是我们是不是真的对,我还是不知道。

习惯了说不知道的时候,我发现自己堕落了,堕落得像个泰国人了:习惯了在吃面条的时候放糖、习惯了在吃水果的时候蘸辣椒、也习惯了被周围的泰国人一次又一次地放鸽子……慢慢地,我开始不再憧憬遥远的未来、开始不再关心一公里之外的事情、开始放弃思考……可怕的是,当我这样的时候,我竟然感到了前所未有的快乐,我不敢去想我为什么开始快乐,因为,我怕一想开来,便失去了所有的快乐。但是现在,我必须去想,纵使我会失去快乐。在这里,我明白了一件事,那就是:生活是自己的,快乐是生活的真谛,永远不能因为生活而让自己不快乐。谁说面条里不能加糖,谁说水果不能蘸辣椒,只要你喜欢,怎么都可以。当然,如果学习会让我不快乐,我就不再去学习。作为志愿者老师,我实在不想承认这个现实,但事实是我不得不承认。仅仅承认一个事实并没有什么用,重要的是解决这个事实当中不得不解决的问题。问题是什么呢?答案依然是学生。

这里的学生不仅懒,而且顽皮,并且还不是一般地顽皮,在我看来真的应该用"欠揍"这个词来形容他们了。他们几乎每天都有无数的人挨揍,可是却依然接着犯错。学校里有两个老师是专门管纪律的,见到他们的时候,他们几乎都掂着竹棍,并且常常是新的,因为棍子常常被打断。刚来的时候,感觉老师真狠,打学生那么无情,以至于一个多月过去了,我几乎没有和那个老师说过话。但是后来渐渐地感到,其实不是老师狠,而是这里的学生需要这么狠。渐渐地,跟那个老师熟识的时候,便问他说,学生老怕你了,一见到你就跟老鼠见了猫似的。他说,其实他一点都不想干这个工作,学生怕他,但也恨他,把他在学校橱窗里的照片涂抹得一塌糊涂。橱窗里有全校老师的照片,只有他们管纪律的老师的照片被涂鸦了。他说,管纪律不是件好的工作,有的学校的学生就直接和管纪律的老师干了起来,开枪把老师打了。我听完后很是吃惊,这样说来,要想做个好老师,应该随时准备着牺牲了。但是我们来这里是教学的,不是来牺牲的,牺牲点时间无所谓,至于生命,还是好好地留着吧。因此,对这里的学生尽量不要体罚,如果实在是无法进行教学了,那就去找他们的班主任,每个班都有班主任的。当然,对于这样的学生,你要是很较真的话,那你就要天天去找他的班主任了,因此,大多数情况下,问题还是要自己想办法解决。我们前面说,原则上不打学生,但是在实际的教学中,有些学生还是应该打的,但是不要太过于严重,能引起其他学生的警戒就可以了。

呵呵,第一天的教学总算结束了,恭喜你了!

下午放学的时候,天上的云越聚越浓了,但太阳却依然骄横地瞪着你,企图在你身上烙上它的影子。我喜欢这时的天空,喜欢那聚集了一天的白云,借助太阳的光芒将自己的倩影熔铸在风的翅膀上。

快要下雨了,你应该早点回去了,也许早上出门的时候窗户还没有关,要是雨后回去了,屋子里可要发水了。住的房子应该不会更换,还是我以前住的小二楼吧。屋子里没有空调,学校给了一台电扇,另外还有一台冰箱,衣柜、电熨斗和熨衣板也是学校提供的,完了还有一台电视,一张床及简单的床上用品,其他就没有什么物件了。不过这些东西凑合着过日子还是说得过去的,我的要求不高,能舒服地休息就行了。

一场大雨过后,天气凉快了许多,太阳也渐渐落下了,今天的晚饭去哪里吃呢?

第一天的时候,我连饭店在哪里都不知道,只知道学校有食堂,但是放学了,没有学生了,食堂就关门了。更麻烦的是,即使我找到了饭店,我也不知道吃什么啊。这不是个旅游城市,饭店里多数没有英文菜单,更多的饭店根本就没有菜单。这实在是个很棘手的问题。所以,第一天上班的时候,最好问问办公室的老师,马纳老师就行,告诉他你不知道去哪里吃饭,让他带你先解决了这一顿,然后再从长计议。自己做饭还是出去买饭,这是个需要考虑的问题。

我没有自己做饭,总觉得一个人做饭不值当,另外还要经常出去买菜,嫌麻烦。于是早上就是牛奶面包,中午是在学校食堂。周末的时候,学校食堂不开,就一个人骑车去外边吃。对了,自行车也是学校提供的。泰国人卖饭倒是很实在,不管你是泰国人还是外国人,价格都是一样的,倒是有些华人,坚守了无商不奸的古老传统,故意抬高物价,真不知怎么说才好。晚饭我不想出去吃了,但刚开始的时候,我是每天都出去吃,可是外边卖的饭就那么两种,炒饭和面条。应该还有其他的种类,但我只会说这两种,呵呵,没办法,谁叫我不会说泰语呢。天天吃这两样,我都腻歪了,并且,像这样的下雨天,很多饭店都关门了。再说了,出门也不方便,于是我便开始考虑如何解决晚饭的问题了。后来,邻居请我吃饭,对我说,你以后别往外边跑了,就在我家吃好了。我推脱了一番,主要是怕麻烦人家。他接着说,你骑自行车跑着不方便,并且卖东西的欺负外国人。要是泰国人十铢能买的,外国人要五十铢才能买。这一点我觉得是有些夸张的,大多数的泰国人还是很实诚的。但校工他也没有别的什么意思,只是出于友好。于是后来我就答应了,便跟他说,每周给他们两百铢作为我的伙食费。他一口拒绝了,坚决不要。我也没有别的办法,就每周出去买些生活用品给他们。过了一个多月,我觉得还是给他们伙食费更方便些,于是跟他说,Pi Chaoyi(Pi 是哥哥、姐姐的意思,冠在人名前头,表示尊敬),我不想跑着买东西了,给你钱,你看着买吧。他还是拒绝。我说,你要是不收,我就不在你家里吃了。终于,他接受了。一直到现在,我的晚饭都在他家吃,伙食不错,他们拿我当自家人,每天都是好几个菜,晚饭的问题终于解决了,生活便没有什么值得忧虑的了。Chaoyi 是个校工,学校建校的时候他就在这里了,到如今已经工作了二十五年了。他喜欢抽烟喝酒,但是从不喝醉。他每天晚上都喝啤酒,还拉我一起喝。他也是华裔,姓陈,潮州人,可以说一两句潮州话,国语跟着我学会了说"你好""谢谢"这些简单的词语。Chaoyi 今年四十五岁了,但是看起来要老很多,不过他的脸上永远都是笑容,轻松与自在是他的生活法则。他有两个孩子,都在这个学校学习,儿子上高二,女儿上初二。学习都不怎么样,很贪玩。他的老婆是有 1/4 血统的华人,但看着很像泰国人了。他们一家的热情好客是我从小到大从未见到过的,也是我在泰国最值得留恋的。时间可以改变我,但是从未改变他们对我的热情。

时间,就这样在声嘶力竭的维持秩序和孤独守望时那呆滞眼神中流走了,我的泰国生活也快要结束了。最近,学生们总是不断地问我:老师,你什么时候回国啊。我开玩笑说,你们是不是讨厌我了啊,急着让我走啊?他们连忙说,不是。我说,三月份吧。他们感慨地说,真快。问我明年还来吗。我说不来了,他们问为什么。我说,你们也不好好学习,我觉得很失望,不想来了。他们急了,辩解说很认真地学了。我说,逗你们玩呢。我回国是因为还有别的工作,等我有时间了,一定来看你们。他们都很高兴。

说实在的,我对自己在这里的工作不是很满意,如果打分的话,也就只是六十分了。记得有一天,我坐在操场边树下的石凳上发呆,一个最捣蛋的班级的一个调皮女生走过来坐到了我的对面,向我问东问西。完了之后对我说:老师,我们学汉语七个月了,老师的泰语说得这么流利了,可我只会说一个"你好",说完以后不好意思地笑了。我说,是啊,谁叫你不好好学呢。的确,这里的学生真的不是很好学。新年的时候,去学校的一个赞助者家里吃饭,那个女人问我在这里教学的感受,我就说了这里学生的贪玩。她听完后跟我聊了很久,说泰国人其实就这样,他们喜欢快乐的无拘无束的生活。学生这个样子,不要太在意,没有学好语言没关系,只要他们喜欢你这个中国老师就够了。回来后想想还真是这样,我似乎没有让他们学到太多的汉语知识,但是,我让他们通过我更多地了解了中国,让他们对中国有了一种急切的期待——期待着去中国玩。

泰国的学生真的太喜欢玩了,不过这也不能全怪他们,因为这个国家的大环境就是这样,谁都知道这里是全世界著名的旅游度假胜地。另外,泰国的节假日还特别多,他们很喜欢过节,不管自己的还是人家的,统统拿来,只要能让每天都快乐。这实在是个懂得享受生活的国度。泰语中有一个词,叫作 sabai sabai,中文意思大概是舒舒服服、自由自在、无拘无束,或者其他更舒服更享受的意思。据说这个词是个拟声词,就是泰国人穿着拖鞋走路时发出的声响。泰国人把这种声音看作是生活中最大的享受,而这种声音也显示了泰国人懒散的生活方式。泰国人的懒散不需要用太多的语言来诉说,只要听听那 sabai sabai 的声音就知道了。呵呵,穿着拖鞋,很难跑起来的。泰国人尽管生活懒散,但是过起节来却是格外兴奋。他们会想方设法地营造氛围,使节日的气氛浓郁得让人窒息——彩旗、鲜花、气球、掌声、音乐、舞蹈一股脑地封住你的感官,让你必须沉醉,有时候醉得一天都上不了课——学生都还在节日里飘着呢,拽都拽不回来。

写了这么久,感到有些累了,思绪也渐渐地飘忽不定,还是就说这么多吧,算是给老弟的一个生活指南,你的生活还需要你自己去慢慢体味!教学的计划和进度情况在我留下的教学日志和教案里都有明确的记录,有时间的话,你可以查阅一下。好了,就说这么多吧。最后,祝老弟工作愉快!

按规矩,信的最后总要有个落款,可我算是什么身份呢?"拓荒者"——第一个冒出来的想法,但觉得不是很合适,我不喜欢把自己搞得这么高尚。想来想去,想到了我的一个网名,叫作"小树的种子",就用这个了,没别的想法,只是坚信,尽管只是一粒种子,但终究是会长成大树的。

小树的种子
2009 年 02 月 10 日

国际中文教师叙事文本(2)

本文作者围绕"初遇泰国""与学生相处""杧果味的教学""鸡蛋花般丰富的跨文化体验"四部分展开在泰的中文教学生活叙事,尤其是采用"威信"和"稚化"并用的教学手段开展教学的叙事,指出了"熟悉目的国的教育特点,有针对性地采取措施改变课堂教学方式"是在异文化中建立教学信念的重要途径。这也从教学信念维度上指出教学信念对中文教学具有明显的实践教学价值。

作者简介:金贝贝,平顶山学院2011届对外汉语专业本科毕业生,暨南大学语言学及应用语言学专业硕士。2012年赴泰国任汉语教师志愿者。

滚烫的记忆

2012年5月13日,经过紧张的学习、准备、选拔、培训之后,我终于以汉语教师志愿者的身份登上了前往泰国的航班,本科就读对外汉语时我就立志要真正地去实践自己的专业,从本科到研究生,准备了将近五年,踏上飞机的那一刻我真正地体悟到了"美梦成真"。

一、山竹般的初遇

山竹是著名的热带水果,在泰国被称为"水果之王",外壳坚硬呈暗红色,内核形如蒜瓣,白糯清甜。初见我的泰方学校负责人Pee Da(图1)感觉就如山竹,当时新任教师志愿者欢迎大会结束不久,来自同一所大学的我们紧挨着坐在酒店大厅里等待着被叫到名字,然后就要跟随前来的泰方老师去到自己任教的学校。等待的过程紧张、忐忑同时还有淡淡的忧伤,被叫到名字意味着有了前行的方向,但同时也意味着要跟同行的伙伴分离。大家沉默着,忽然听到了我的名字,立即站起来走向舞台中间,略显拥挤凌乱的人群里,Pee Da一下子叫住了我,然后我就看到一个身形瘦小、皮肤白皙、短发干练的中年女士也在看着我,走近之后Pee Da就开始用流利的英语询问我的语言水平、基本情况,我有些局促地回答着,因为对比Pee Da的流利娴熟,我的英语略显生涩。简单的沟通之后,跟同伴匆匆道别,我就坐上车跟Pee Da前往北柳府Phanom Adun Wittaya,那就是我未来一年教书的地方。一路上我们的交流不多,Pee Da让我感觉有些距离、有些高冷,如同坚硬的山竹。

然而随着时间的推移,我渐渐发现了Pee Da那坚硬外表下真诚、体贴、友善的甜美心灵。初到学校,我对一切都很陌生,不同的国家、不同的文化更加剧了我的拘谨与紧张,Pee Da像是早已察觉到了这一切,在紧张地筹备开学事宜之余给我讲述泰国的教学方式、泰国学生的特点、教学注意事项等,当时真的是十分感动,因为看Pee Da很忙碌,我一直不敢打扰,没想到她却早有安排。这些善意、及时的提醒不止一次,让我避免了闹出跨文化交际的笑话,偶尔还会在我迷茫的时候带我出去吃饭、散心,跟我讲述她的大学、她的经历,还会主动跟我学习汉语,虽然这样相处的机会不多,但每次都恰巧在我最需要的时候,我也是后来才发觉到 Pee Da 的善良和细心。原来她不是一个高冷的英语老师,她是我的理性的、善良的大姐,初遇时以为她坚硬冷漠,实则如同山竹的内核,清甜入心。

可敬可爱的 Pee Da　　　　　Pee Da 请汉语老师品尝泰国菜

二、红毛丹般的学生榴莲味

为什么说我的学生如红毛丹般呢?这还得从开学第一天说起。新学期第一天,学生都回到了学校,我从宿舍出来走去办公室短短的一段路,就不断碰到正在打扫校园的学生对我说"你好",最后愈演愈烈,不断有学生从各个地方钻出来,几个人一起大喊:"老师,你好!"学生竟然如此热情直接,让我有些惊喜意外,也有一丝不好意思,不禁在心里想"这些孩子的中文应该很不错,他们这么喜欢说汉语……"这个假象很快被正式的上课了解打破,我所在的学校已经开设汉语课程几年了,但是大部分学生连汉语拼音都认不全,更别提会话和汉字了,原来"老师,你好!"已经基本是他们所有的汉语认知,外在热情、积极的学生其实是零起点的"小白",这岂不是像极了外红里白的红毛丹嘛!

榴莲,爱者闻之觉其香味浓郁扑鼻,厌者觉其臭气熏天实难自抑,榴莲是一种十分矛盾的水果,就如让我又爱又气的泰国学生。众所周知,泰国是万佛之国,并且由于地理位置优越物产丰富、风光秀丽,也从未遭受过特大自然灾难和饥荒,因此泰国民众普遍乐观善良、容易满足,我的学生也是如此。初来泰国,尤其是第一次正式以教师身份给学生教授汉语,加上我的泰语水平十分有限,我感到十分紧张,但是站上讲台那一刻我就忘记了紧张,因为面对这一群活泼、热情、积极、机灵的孩子,我被他们的情绪感染了,忘我地投入到了与他们十分艰难但充满乐趣的沟通中,第一节课结束时,我满脸通红,不是紧张,而是兴奋与认真教书后形成的红晕,那一刻我特别开心,认为自己的课上得很成功,学生认真好学。现在回想那一刻的自己,就如同挚爱榴莲的人遇到了"猫山王",迷醉在它浓郁的香气里。

随着上课时间的增长,对学生越来越熟悉,我也越来越发现泰国学生的自由、活泼很多时候并不会促进他们的汉语学习。因为活泼,他们期待课堂更多的是活动游戏;因为习惯了自由,他们上课甚至会到处走动;因为容易满足,他们学习的动力通常不足,尤其是遇到在他们看来很难的汉字时。这种时候我就会觉得有些无奈、有些生气,只想快些结束课堂,快些远离这些热衷于玩闹和休息的"臭榴莲"们。

日常汉语课堂

课后中文兴趣小组

三、杧果味的教学

面对这些让人又爱又气的中学生,眼看课堂教学成效越来越差,我和学生的如成熟的杧果般甜蜜的相处阶段已经渐行渐远,我不再每天期盼着见到可爱的孩子们,相反课堂带给我的更多的是散漫混乱的酸涩。看着同事们每天充满干劲,我意识到不能这样放任下去,必须要采取措施改变当前汉语课堂自由、散漫的现状。

首先要充分考虑泰国学生的活泼、爱玩等特点,然后要切实从学校现有的教学条件出发,我所在的学校是泰国一所普通的公立中学,包含初一到高三共6个年级,初中每个年级有10个普通班和1个EP班,高中每个年级有6个班级,每班都是35人左右,平时上课的课室都未配备电教设备,上课主要还是借助非常原始的"黑板加粉笔"。学校非常原始的教学条件很大程度上限制了汉语教学,因为学生普遍是对影像信息比较感兴趣,加上学生的汉语水平几乎"零起点"、英语水平也较低,我的泰语词汇也仅限于日常生活,因此借助影音资料在一定程度上可以提高师生之间沟通的水平,也能够增加学生学习汉语的兴趣,但是学校并不具备这些条件,因而只能在非常有限的资源里尽力改善汉语教学的现状。

首先，我针对所教授的七个班级进行了细致的分析和备班。这七个班级主要分为三类：初中三年级普通班（或者说是基础非常薄弱的班级，我所任教的学校的班级是按照学生成绩高低排列的，成绩高的学生在一个班级，成绩差的在一个班级，班级序号越大说明班级成员基础越差，我所任教的三个普通班是整个年级里基础最薄弱的三个班级）、初中 EP 班（EP 即 English Program，EP 班所有的课程都是用英语授课，收费较高，学生素质普遍较高，英语水平也较高）、高中语言班（包括高二和高三的两个班级，这两个班级是汉语专业班，他们的汉语课时量一周比普通班级多两节），三类班级的侧重点及学生的素质不一。

其次，在进行备课时，针对其不同特点和基础能力，初三普通班主要以日常口语对话和中文歌曲学习为主，基本放弃汉字教学，主要以拼音为手段进行教学，教学语言主要为汉语和泰语，在汉语口语学习之中插入汉语歌曲的学习，迎合他们能歌善舞的特长，充分发挥他们的优势和活力，提高其学习兴趣和学习效率；初中 EP 班以日常口语对话和中国文化教学为主，教学语言主要是汉语和英语，因为这类班级的孩子一直以来多接受的是英文教育，加之泰国受西方文化影响已久，这些优秀的学生多向往西方文化，对中国文化了解甚少，即使他们当中不少人的祖辈就是来自中国的潮汕地区，可是他们对于自己"根"的认同度已经很低，更不要说使用潮汕话进行沟通了，只是偶尔有人会说极个别的方言词语。因此我认为十分有必要介绍中华文化给这类学生，让他们认识到中华文明的博大精深和丰富多彩，同时丰富课堂教学的内容，增强其汉语学习的兴趣和动力；高中汉语语言班的汉语课时量较多，且他们当中有一部分同学是计划大学就读汉语专业的，加上学校已经开设了几年的汉语课程，因此这两个班级学生的学习动力普遍较强、基础也比较牢固，因而我将他们的课程主要分为口语课和汉字课，一方面主要利用日常对话提升其口语能力，另一方面对他们进行系统的汉字教学，从汉字的基础开始讲起，培养其汉语语感，锻炼其汉字书写能力。

自制的汉字课教具

于是，我一边自己慢慢地摸索、改变，花费更多的精力准备每节课的内容，一边积极向泰国本土汉语老师、学校聘用的泰语流利的中国老师学习，减少每节课的知识容量，让学生提出他们感兴趣的想学习的内容，放下老师的威严跟学生学习他们喜欢的《烤鸡歌》，请学生在我们学习汉语歌曲的同时进行吉他伴奏，课后主动辅导对汉语特别感兴趣的学生等等，老师的转变以及课堂的改变学生看在眼里，慢慢地可爱活泼的学生又回来了，我们又渐渐进入了彼此喜欢的阶段，甜蜜而又美好。

从甜蜜到酸涩再到彼此喜欢，让我深刻地体会到了中泰教育及中泰学生的迥异。泰国的《国民教育法》中提出："新世纪的学习应该是'一种快乐的学习''一种参与性的学习'"，由此就不难看出泰国教育的宗旨就是"快乐""趣味""自主"。加之泰国教育发端于僧侣教育，深受佛教影响，佛教重视人的"自我觉醒"，并提倡根据学生资质的不同适用不同的教学方法，因而泰国的整体教育环境是宽松自由的，是非常重视学生的个体特征的。具体来说泰国的教育理念主要表现为：

第一，注重培养生存技能，在我所任教的中学每周都会举行童子军活动，主要就是进行学生生存技能的训练，主要包含技能讲授和体能训练两个部分，中学的技能讲授主要是基础的急救知识，体能训练类似于中国的军训，它包括拉力赛、负重训练等，这种课程的实操性、参与性很强，深受学生喜欢。

第二，注重培养综合素质，我们学校每个学期都会举办各种各样的活动，尤其是第二个学期，有时候我们开玩笑就会说"活动占据了生活的全部，学习是排在最后的"，虽有夸张，但是泰国学校定期举行的彩色运动会、传统舞蹈比赛、各种节日相关活动，真的是让人眼花缭乱，学生的参与热情非常高，并且活动全程用到的各种道具、花环、海报、服装等基本上全部是由学生自己设计完成，每当这种时候我都会惊叹于他们超强的想象力和动手能力，原来我们的学生不只会学习，其他一切也都搞得定。

第三，注重培养职业技能，在泰国的中学除了举办各种各样的文体活动，废旧物品改造制作比赛、烹饪比赛、植物栽培比赛、服装缝纫大赛等各种技能比赛更是让我这个除了考试啥都不会的人叹为观止，虽然只是中学生，但是他们用西瓜雕的花、做的木瓜沙拉、培养的观赏性盆栽，毫不夸张地说，真的是可以拿到市场上直接交易的。由此我们可以知道泰国中学的教育虽然是基础教育，但是他们的课程内容丰富多姿，包含必修课、选修课和活动课，学生拥有自主选课的权利，选修课的课时量也是大于必修课的，必修课是对学生进行常识教育，选修课是他们寻找和发展自己的兴趣与特长的途径，这又印证了前文所说的泰国的基础教育是非常重视学生个体的独特性，与我国的国情是迥然不同的。如此自由、个性、宽松的教育环境影响之下的泰国学生也是普遍活泼好动、动手能力强、想象力发达。

越来越熟悉泰国的教育特点，我也就越来越理解我的课堂出现的各种问题，才能越来越有针对性地采取措施改变课堂现状。我认为上好一门汉语课最起码要做到以下几点：第一，课堂设计一定要有趣味性，决不能只是单纯的填鸭式教学活动；第二，一节课50分钟，15分钟进行主体内容教学、15分钟结合教学内容进行课堂活动、15分钟进行本节课内容检查巩固,5分钟留给学生提问和休息;第三,课堂活动设计一定要结合泰国学生熟悉的游戏,主动了解其当下流行元素或热点事件等,只有这样才能最大程度调动他们的参与性,否则解释游戏规则可能就要花费不少精力和时间,学生也不一定感兴趣;第四,也是最根本的,作为教师一定要主动去了解学生,主动去融入泰国文化,学生对于老师的喜好一定程度上取决于教学,但很大程度上尤其是对中学阶段的学生来说取决于汉语老师对他们的态度及对其文化的认可度和融入度。

盛装打扮的学生

烹饪大赛中学生制作的菜品及雕花作品展示

四、鸡蛋花般丰富的跨文化体验

中泰两国相邻,历史上早有来往,但是由于地理位置、历史文化传统等的不同造成了两国在教育、婚姻观、信仰等诸多方面的差异,这些差异多如泰国随处可见的鸡蛋花。而这种差异基本上是每个在泰汉语教师志愿者都会经历的,正确地看待和处理这些差异,会帮助我们顺利度过文化挫折期。

特写一:跪拜的学生

一天临近下班,我坐在办公桌前看外面来来往往的人,突然看到一个小男孩走到办公室门口,然后脱下鞋子摆放在门边角落位置。泰国人一般不穿鞋子进屋,这点我是知道的,因此并未觉得有什么异常。接下来的一幕惊呆了我:放好鞋子之后小男孩立即跪到地上,从办公室门口一直跪行到了办公室的最里面,找到自己的老师,然后双手合十对着老师深深鞠了一躬才开始说话。完整目睹此过程的我目瞪口呆,中国一贯说"男儿膝下有黄金",为什么这个小男孩对老师行如此大礼?泰国的老师地位如此之高吗?后来我才知道原来这是日常礼仪,进入办公室的学生大抵都是如此,个别孩子偶尔有偷懒,低头快走到老师跟前时才跪下。但在老师面前,如果老师是坐着的,学生必须是跪着的,如果老师是站着的,学生必须是低着头的,总之学生的头永远不能高过老师。

六月的拜师节让我更加深刻地感受到了泰国老师的社会地位之高以及大众对教师

的尊敬。拜师节前一天,学校已基本处于停课状态,学生都去准备第二天要献给老师的捧花了。捧花的体积较大,制作缓慢,一个班级围坐在一起,人手一包针头线脑,小心翼翼地共同设计制作他们献给老师的独特捧花。正式的拜师节典礼分为三个环节,首先是向国王画像敬礼、颂祷词,这是泰国所有公众活动必不可少的一环,然后是学生代表发言,表达对老师的感恩之情,表示自己平时未能完全按照老师要求去学习的忏悔之意。接下来,全体学生双手合十放在额间,然后以"跪拜"的姿势趴在地上,一起为老师唱赞歌。礼毕,全体同学手拿精心制作的捧花,一排排从礼堂的最后开始"膝行",一路跪着爬向坐在主席台上的老师们,跪到老师跟前,学生们将捧花举过头顶,俯身行大礼,毕恭毕敬地将捧花献给老师,老师们接过捧花,双手合十对学生还礼。献花完毕的学生跪着一点一点挪离主席台,一直跪到台边的台阶,他们才能站起身回到班级中。看到这样的场面,平时调皮捣蛋的孩子们是如此虔诚认真,我不禁为之震撼动容!

学生向老师行跪拜礼　　　　　　　　学生亲手制作的捧花

特写二:赤脚行走的黄袍僧人

泰国素有"黄袍佛国"美誉,以"千佛之国"闻名于世,百分之九十以上的民众都信奉佛教,寺庙建筑不胜枚举,佛教文化的影响渗透在生活的方方面面。首先,很明显地就是佛教对泰国教育的影响。古代的泰国教育是寺院教育,由僧侣来承担教育责任,现代泰国的教育虽然受到西方教学理念的影响,但是佛教依旧渗透其中,比如在我所任教的学校,每个学生都是要研修佛学课的,有精通佛学的僧人进行传道授业解惑,学校还建有专门的富丽辉煌的禅修中心。然后就是佛教对泰国民众和社会的广泛影响。比如我有时候上课忽然会发现班级里某个或者几个男生都把头发剃光了,询问得知他们都是去寺庙修行归来。原来在泰国有一个传统,就是每一个信奉佛教的男子一生中至少出家一次,短则几天,多则半年或几年,出家期间要落发,穿上橘黄色的袈裟,入住寺庙,潜心修行,研习佛法,也有人可能正式出家一辈子。他们认为这是一种积德行善、孝敬父母、磨炼意志的行为。这种传统不只存在于普通民众当中,泰国历任国王也会短期出家,由此就更

第一章 绪论

加可以看出佛教在泰国的地位及对泰国影响之深远。此外,泰国也有不少与佛教相关的节日,学校也会在新年或者是佛教节日时把僧侣请到学校来,布施给他们各种食物、饮料等。布施在泰国是一种常见的现象,泰国家庭一般会定期前往寺庙祈福布施,或者是清晨在自家附近等待僧人前来化缘,不需僧侣做出乞讨状,大家会主动把包装好的食品放进僧人的食钵里。

特写三:贫穷落后的中国印象

2010年,中国全年经济总量超过日本,成为仅次于美国的世界第二大经济体。中国在经济、军事、交通、文化、科技等诸多方面取得重大成就,人民生活水平稳步提升。我们对自己的国家充满信心,觉得全世界都在注视着我们,然而在泰国我却经常碰到这样的事情,一个泰国老师跟大家分享一份美味的甜点,然后会忽然问我"中国有吗?"有时候也许是一种水果,也会问我"中国有吗?""中国有吗?"这个疑问经常会出现在我的生活里,让我不禁暗自思索,"中国什么没有?"后来在与我的负责人 Pee Da 的交流中我才知道,原来 Pee Da 的祖上是从中国潮汕地区下南洋到的泰国,当时家乡贫困,为了谋生来到泰国,现在这么多年过去了,Pee Da 虽然是受过高等教育的人,却依旧以为中国还如他的祖辈离开时那样贫穷落后。那一刻我才明白了为什么我会收到那么多"中国有吗?"那一刻我也才更加清晰地认识到作为汉语教师志愿者的使命和责任,理解到讲述中国故事的必要性和重要性,我们要让世界更多地了解我们、愿意与我们沟通交流,让世界看到一个真实的、当代的中国,而不是刻板印象里的中国。

尾记

门前的鸡蛋花谢了又开,好不热闹,来自不同文化的人不时会发现彼此之间的差异,但是不同不代表对立,世界因为多姿而绚丽,我们怀着尊重和包容的态度,在不触及原则性问题的基础上,积极地进行沟通交流,在泰国的教学生涯让我的人生更加丰盈多彩。

时光不管人的留恋,匆匆飞逝而过,恍然已离开那片土地八年了,但是那些珍贵的经历、难忘的人儿却依旧鲜活地镌刻在我的脑海里,我很自豪有那样一段美丽的中文教学经历,我很骄傲曾在泰国交流过中国文化,我也很怀念那段努力坚强成长的日子。青春为何?青春只为勇敢追梦,汉语教师志愿者是对我青春的最佳注解。

国际中文教师叙事文本(3)

本文以作者在尼泊尔和菲律宾两个赴任国的教学和文化适应过程为叙事线索,围绕"课堂管理""课堂教学""文化交流""网课探索"等几个方面展开叙述,呈现给读者一个中文教师的心理世界。其中作者的"语音观""考教结合观""课堂管理观""文化交流观"等维度的信念确立过程叙述给国别化教学提出了一些切实的建议。

作者简介:左晓华,平顶山学院2017届汉语言文学专业(文秘方向)毕业生,2017—2019年赴尼泊尔LRI国际学校孔子课堂任汉语教师志愿者,2019—2021年赴菲律宾任中文教师。

一份荣光,一场修行

作为一名国际中文教师,至今已有四年教龄,这四年我分别在尼泊尔和菲律宾两个国家从事汉语教学工作。这两段时光都以他们的特殊性让我的人生更加的完整。

一、幸福国度——尼泊尔

我正式有了汉语教师志愿者的身份,是从尼泊尔这个热情而又别具风情的小国家开始的。这是我投身汉语教学事业的伊始。人们都会对自己第一次做的事情印象深刻:第一次学会的技能;第一次吃到的美食;第一次爱上的人……尼泊尔占据了我人生的好几个第一次:第一次出国、第一次作为一名汉语教师、第一次近距离接触到那么多不同于以往的异域面孔、第一次切实感受到作为老师的"虚荣"。

(一)初识庐山真面目

我想象中的尼泊尔是什么样子呢?直到我经过了漫长的入境排队,走出加德满都机场,坐上那辆仿佛是我们村子里几年前淘汰的公共汽车,被扑面而来的尘土和颠簸的道路搅动我那迟钝的大脑,我才真的意识到,尼泊尔,我真的来了。在程式化的欢迎会后,完成了抽签,坐上摇晃的校车和其他几个小伙伴一起来到一个即将度过两年教学生涯的"LRI国际学校孔子课堂"。直到现在,每当我开口说出"LRI"这三个字母,仿佛嘴里就吞进了满口的尘土,别误会,我说的尘土就是实际的尘土,并没有什么深刻的含义。谁让这一路上我最深的印象就是那漫天的黄土呢,这甚至于让我克服了因为崎岖不平的道路带来的晕车的生理反应。我也不能相信,我一个有着严重洁癖的人,会在这个校门口晴天尘土飞扬、雨天泥泞不堪的学校真的待了两年。说实话,在经过漫长的摇晃后,司机停下来的时候,我完全不知道目的地已然到达。这所学校是那么貌不惊人,没有恢宏的大门,门口的道路也不够宽阔,就连"LRI"这三个英文字母,也只是不经意的竖在大门的左侧上方,那蓝色的漆层也有些许的脱落。进门后经过一个急促的下坡,然后才是一个不大的操场,还有密匝匝挨在一起的教学楼(后来才知道,在地形多山的尼泊尔,很少有大面积广阔的平地),这一切让初到异国的我不能不失落。而且说实话,如果你是真的第一次看到学校的大门,你是不敢相信这是一所很有名的国际学校的。

如果说初到尼泊尔,这样的环境会让人心烦意乱,那么这里的人的热情也是如此,他们的情绪是那么外露,那热情洋溢的笑脸会感染着你的嘴角不自觉地上扬,让人感受到的都是真诚和紧绷着的神经的放松。

尼泊尔总共有一个孔子学院、两个孔子课堂和志愿者之家,绝大多数的志愿者都由志愿者之家的管理老师安排他们到需要任教的学校。我所在的一个孔子课堂,全称是LRI 国际学校孔子课堂。因为是孔子课堂,所以在这里的汉语教师志愿者除了日常的汉语教学,还有一些来自国家汉办或者一些机构中心等的活动需要承办和参加,老师们得到的锻炼也就比去其他学校的要多一些,也就需要多几个人手。第一年我们孔课总共有1 名公派主管老师和我们 7 名志愿者老师,其中我和 3 名老师在课堂总部,另外 3 人分别在不同的教学点。主管老师负责的工作种类繁多,这时就需要有一个来协助管理7 名老师的人。或许是我在家里就是大姐,从小到大,各种小头目当了不少,孔子课堂小组长的头衔也同样落到了我的头上。校长和其他学校的领导热情欢迎我们的到来,接着我们就在学校的大广场的礼台上和学生们有了初次见面。就这样,我第一年的汉语教学生涯正式拉开了帷幕。

(二)我的"小冤家"们

我所在的学校是 10+2 学制的国际学校,每个年级有 A−F 共 7 个班级,其中开设了汉语课的是 2—7 年级,他们的汉语课不仅仅是兴趣课,而是和其他科目一样会计入总成绩的必修课。我负责教 5 年级的 A−E 班、6 年级的 A 班、7 年级的 B 班,总共 7 个班级,每个班级 40 人左右。每个班每周 3 节课,课程容量很大,教学任务重。汉语教学虽然在这里已经进行了七年,但因为老师的更替和之前汉语作为兴趣课等原因,除了极个别学生对学过的汉语还有一些印象,大多数学生仍然停留在打招呼等最基础的水平,而今年管理老师要我们志愿者老师确保学生能参加 YCT 汉语等级考试,这就要求我们必须提高自己的教学目标,尤其是 5—6 年级是必须要参加考试的,所以我就必须要把《快乐汉语》第一册这本教材讲完,同时还要加入一些和 YCT 考试相关的教学内容。

因为我们是孔子课堂,所以一些汉语教材和老师需要的汉语教学资料都是不缺的,其他志愿者老师们每每知道我们有属于自己的汉语教师办公室和整整一个书柜的教学资料都羡慕不已。遗憾的是教材紧缺仍然是不能忽视的难题,学生手里没有教材,每次上课只能是老师在黑板上板书,学生自行抄写。

第一年任期即将结束时,总感觉还有很多的美食没有品尝、很多的美景没有到访、对学生的承诺没有实现、对回国后的人生规划尚未清晰以及另外两个朋友的"煽风点火",最后我决定申请在这里留任一年。因为有了第一年经验的积累,我第二年的工作内容有所变化。我所在的孔子课堂申请成功了 HSK 网考考点,这是尼泊尔第一个开设网考的考点,我主要负责 HSK 考试相关的工作。

身穿传统服饰的学生

五年级的"合十礼"

(三)我的教学管理观

我有张良计,熊孩子有过墙梯。我还记得我初次站在台上看着他们那一双双长长弯弯睫毛下葡萄般的大眼睛,那纯洁中带着羞涩和好奇的神情,专注地望着你,那种被需要的感觉我永远都不会忘记。但是,很多时候的很多话都经不起"但是"这两个字的出现,慢慢地我才发现,原来这里是一个所有"熊孩子"集中汇聚的地方。我相信,哪怕你在生活中遇到多少个熊孩子,都比不上把他们都聚集到一个班级里所带来的威力,就连乖乖巧巧扎着两个垂耳麻花辫的小女生,都能把你气得摔门而去。

我是一个严厉的老师,不管是我身边的同事,还是我教过的学生都是如此评价我,到后来甚至她们班的学生都知道 Lily 老师是最凶的汉语老师。但是相信我,作为一名外籍老师,在学生对你的新奇感过去以后,她们总能凭借着自己最直接的天性很快地摸清楚你的脾气,这时你就会知道,在一个基数很大的集体里,"凶名在外"远远比和蔼可亲要节省你管理班级纪律的力气。在我接手这 6 个班级的最开始,我就制定好了几条课堂纪律,详细的内容已经记不太清了,每个老师都可以根据自己的需要,根据自己的性格去制定班级规定,但请一定记住这些规定是为了帮助自己教学,而不是单纯地为了去惩罚学生。我虽然是一个女生,但却有着说一不二的性格,我制定的班级制度只要有学生违背了,就一定会接受惩罚,从来没有什么例外。好处是学生一旦知道你的言出必行,他们就会根据你的规则走,当然不管是给出的惩罚还是事后和学生的谈话,我们都可以用成年人的"狡猾"去避免、去解决一些不可控的情况。同时,更重要的一点是在制定这些规则时,要允许学生参与到规则制定中,共同参与制度的约定,他们会更愿意遵守。比如我是这样制定规则的,我会先自己列出几项我希望学生在我的课堂上能做到的,但并不是一下子一条条的灌输给他们听,我会在一来一往中和他们一起把这些规定写出来。第一条,上课不允许随便吃东西。首先问学生能不能做到,学生都同意了把这一条写到白板上。第二条学生自己来说觉得不应该在课堂上做的事,经过全班的同意,同样写到白板上,依次把你想要的课堂规则制定出来,并规定好如果违反了这些规则会有什么样的惩罚。最后我准备了一张很大的纸,把这些规则抄写到上面,让学生依次来在这张纸上签上自己的名字,这就是一个证明,你一旦签名就表示同意了这些规则以及违反这些规则所要接受的惩罚。这样小小的共同参与讨论出来的、签字带来的仪式感,会让学生之间互相监督,学生之间的监督达到的效果远远不是老师一个人所能做到的,毕竟每个班里都会有正义的使者(有一点请注意,每个学校都有自己的校规制度,你需要提前了解,才不会互相冲突)。

乖巧的学生们　　　　　　　　　　　捣蛋的学生们

(四)不断学习,计划要适应变化

每个志愿者老师在去国外教学之前都会接受培训。我们这一批赴任尼泊尔进行汉语教学的志愿者们的培训地点在天津的南开大学。培训为期一个月,在那里我们的培训课程安排得很满,除了必不可少的教学类培训,还有课堂管理、文化冲突、中华才艺、八段锦武术、人身安全,等等。这一切都是为了让我们更好地适应异国他乡可能遇到的各种难题。然而纸上得来终觉浅,有了强大的理论支撑,更重要的是能否灵活地在实践中用以指导自己的行动。

相信一开始每个老师都是信心满满、干劲十足的。从学期计划、学年计划到月计划、周计划;从教学进度到教学内容;从教学辅助材料到课堂教学方法;从课堂练习到作业布置……所有的前期预设工作都是在尽自己最大的努力去完备,但是计划总是赶不上变化的。实际情况是有时候明明一节课只是6个生词,一个句型,结果你会忽然发现只是上节课的复习回顾已经占去了上课时间的三分之二,而本节课新的教学内容并不能如期完成。更别说突如其来的罢工、罢课,摊上了只能把课程内容往后推。有时按照计划本该在某个传统节日前完成的教学内容只能在节日之后完成,这就会影响原定的中国传统节日的教学计划,只能随时被动地调整。这些问题还好解决,只需要每周根据变化及时调整教学进度和教学内容。麻烦的是我一个人同时教6个班级,开学时是同样的进度,但期间会因为各种原因导致每个班的进度参差不齐,而考试内容又必须一致。这样让人挠头的情况一直存在,我们又不能随便和学校要求给学生补课,或者占用其他老师的课。对于这一问题,我的做法是,给进度比较快的班级增加一节中华文化或中华才艺课,让学生学一学剪纸或者中国结,一个图案就需要一节课;或者是教学生一首中文歌等等,以此来拉近教学进度的差距。到了第二年,我教的学生年龄跨度直接成了两个极端,一端是初次认识汉语的二年级"小豆丁"们,一端是已经在汉语教学中浸淫几年的、有HSK3级水平的成人。我感觉自己也分裂成了两个人,一个心态幼稚如孩童,每天和"小豆丁"们奶声奶气地说着可可爱爱的、天马行空的语言;一个要时刻保持师道尊严,尽可能地让成人学生感受到我是一个气质成熟、值得信任的老师。

(五)中文教学的探索:从艰难的 ü 开始

尼泊尔的学校都采用双语教学。我所在的这所国际学校要求学生除了在尼泊尔语课上可以用尼语说话,其他的在校时间必须使用英语交流,所以学生具有其他以英语为母语的国家的学生一样的在学习汉语时存在的一些问题。汉语发音是教学过程中最大的困难,他们很容易把汉语拼音和英文字母的发音混淆。所以在经过几节课之后,我决定从汉语拼音开始重新纠音。从声母到韵母,半个多月的时间来一个一个地纠正学生的发音,并且在之后的生词学习环节,每个生词都先让学生尝试自己拼读。相较其他语言,汉语拼音中的四声更是让老师和学生都同样头疼的地方,尤其是二声和三声,学生们总是在这两个声调上大受打击。当时的我还没有想到更好的办法,只能让学生用自己的肢体来感受声音高低的变化。这个决定是正确的,虽然不能保证所有的学生,所有的发音都能准确无误的发出来,但是他们学会了自我纠正。

音素教学。在学习单韵母时,单韵母"a、o、e、i、u"这几个韵母都可以找到对应的尼语或英语发音,学生也能够较快地掌握,比较困难的是单韵母"ü"的发音。这个单韵母不仅没有对应的媒介语发音可以用来参照,而且在和声母拼读时,还会出现和u同样书写的情况,哪怕提前学习了拼读规则,学生也很难正确的发声。很多时候他们的发音嘴唇位置是对的,但是听起来很别扭,因为他们舌头的位置不对。我和其他几位老师讨论,怎样才能解决这个问题。后来尝试让学生先发很容易的 i 的音,慢慢地在保持舌位不变的情况下,嘴唇慢慢向前移动,最后变成像是小鱼嘟嘴的样子。但新的问题又来了,很多学生并不能很好地感知他们的嘴唇是否噘起来,我就找了几面小镜子,让学生分组,发音相对正确的做小组长,让他拿着小镜子检查组员发音的状态。当然,单韵母 ü 的发音并不是你让学生反复练习几次就能掌握的,当它放到音节中拼读时,还会出现错误,我们就需要耐心,要知道它的发音问题会贯穿在整个汉语的学习中,我们只需要在这个过程中不断纠正就可以了。

汉字是画出来的。汉语的学习脱离不了汉字,拼音只是一个桥梁,汉字教学是汉语教学中必不可少的部分。但对所有从小习惯写弯弯绕绕字母的学生来说,汉字的书写是一个很大的挑战。汉字有固定的笔画,汉字的结构不同,各部分的大小也会影响汉字的准确性。尤其是对尼泊尔的学生来说,他们的尼泊尔语书写顺序是先把下面的部分写完,最后写上面的横线和附加的部分,而我们的汉字书写顺序是从上到下,学生会很不习惯,所以学生从一开始就会在心里带有排斥和抗拒。我就从象形文字入手,让学生把汉字和图画联系起来,在准备讲解汉字之前,我给学生看了一个动画《36个汉字》。这个动画虽然画面比较粗糙,但是它从一些最基础的象形字开始,通过连续的故事来展现汉字从图画到文字的变化。虽然是汉语的解说,但学生能很好的跟着情节去理解汉字的演变,这无形中激发了学生对汉字的兴趣。在之后的课堂中,每学到新的生词和汉字,我都会把汉字用象形字的方式导入,学生们会把对应的图画抄写到他们的笔记本上,等到他们下次复习的时候也能很快地回忆起汉字的意义。这样做的好处比只是简单的让学生把生词抄写下来,然后标注对应的英文含义来的有用得多。当学生有了一定的汉字知识积累再讲解新的汉字时,我会让学生自己尝试说一说他们觉得这个词可能和什么图画有关,甚至画一画。当然这就需要老师提前做好备课工作,有时候学生课上的随机生成会给我们带来意想不到的效果。还有一些关于汉字的书《汉字是画出来的》《汉字树》,都是能帮助老师备课的。最有趣的部分是检查学生的作业,错误是在所难免的,我一直觉得这些错误都是美丽的,它们会打破我的刻板印象,让我从另外的角度去看待汉字。你会发现每个学生抄写的汉字都不一样,有的学生书写时会把一些字少写一些笔画;有的相近的汉字学生把他们混淆在一起(牛午);有的把字里面的横竖长短描的一样长(三);有的懒省事会把弯钩和竖弯钩写成一样;有的分不清提手旁和狂犬旁有什么区别,"猫"和"描"、"狗"和"拘"在他们看来是一样的,各种各样千奇百怪的汉字都会在他们的作业中出现,有时候我甚至会怀疑自己的记忆是不是出错了。

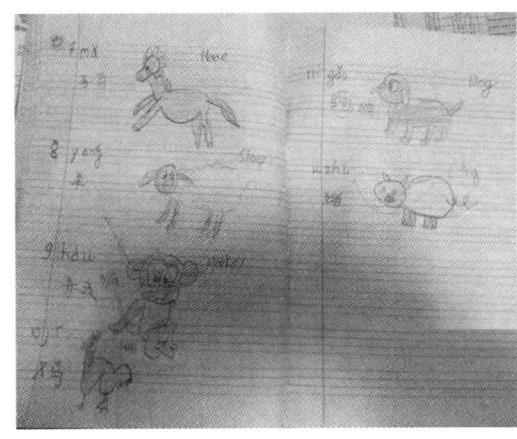 

学生作业　　　　　　　　　　　成人班的书法课

考教结合:YCT和HSK。每月我们学校都会进行一次考试,汉语也是必考科目,老师要提前根据教学进度编写试卷。我除了自己要出的试卷,还负责最后的试卷审核,包括格式、题型、题量、排版、正确率等几个部分,确保试卷的科学性和合理性。在草拟试卷时,有几项要求,所有出现在试卷上的汉字都要标注拼音、汉字书写题要有对应的田字格,有意思的是尼泊尔是几乎全民都有宗教信仰的国家,所以在试卷的最后都要写上一句祝福语"GOOD LUCK"。除此之外,老师可以自行根据教学情况安排听力和口语考试。整体来说,我们学校的汉语考试,要从综合性出发,涉及到听说读写各个方面,让学生在掌握汉语的同时还要兼顾 YCT 考试的模式。

(六)不一样的烟火:与尼泊尔的文化交流

每个国家每个民族都有他们自己独特的文化,对于我们汉语教师志愿者来说,无论是生活中还是教学工作中文化冲突总是无处不在的。

案例一:咸肉粽

在端午节活动上,在给学生展示了一系列关于中国人怎么庆祝端午节的视频以后,我讲到了节日美食粽子的制作过程。其中粽子的口味有咸甜之分,甜的粽子学生都很有兴趣,因为尼泊尔人普遍嗜甜,咸的粽子里面除了固定的糯米还会放一些猪肉咸蛋黄等材料,在这里学生的反应比较大,因为咸的馅料里面是猪肉。在尼泊尔比较普遍的肉类是鸡肉和水牛肉,当学生们知道咸粽子里面是猪肉时,都面露嫌恶,觉得猪肉很脏,觉得猪肉的味道很大又难吃为什么不放鸡肉。在尼泊尔也有卖猪肉的,只是很少,而且卖的猪肉一般都是野猪黑猪。我在上课时并没有考虑到这一点,之前只是知道黄牛是他们的神,不能随便亵渎。所以当时我就告诉学生,里面当然可以放自己喜欢的肉,只是中国人更加习惯放猪肉,但学生还是表示不能接受。在这节课下课以后我才了解到尼泊尔和中国的猪养方式是不同的,所以我专门找了一些关于中国人饲养猪的视频给学生看,让学生了解到中国的猪肉都是人工饲养,它们的饲养环境很干净,而且在猪肉正式售卖之前都会经过严格的卫生检查,学生这才明白为什么中国人吃猪肉。

案例二:用手抓饭

尼泊尔人很喜欢唱歌跳舞,举办宴会,只要有开心的事情,他们都会邀请亲朋好友一起聚一聚,大家一起载歌载舞、唱唱跳跳、吃吃喝喝,为宴会主人送上祝福。有一次,校董的一个朋友的孩子申请成功了去澳大利亚的留学资格,临行前他们要为孩子举行一场尼泊尔传统的庆祝宴会,校董也邀请我们志愿者老师们一起参加,我们当时在尼泊尔没几个月,对一切和尼泊尔文化有关的都想去凑个热闹,大家都高高兴兴地去了。到了以后看到大家都穿着传统的民族服装,依次给今天的主角送祝福,主角也打扮得异常亮眼,当然深黑的眼影和额头的提卡是必不可少的。我们挨个上前说一些前程似锦、学业有成的吉祥话,大家就开始唱唱跳跳了。到了用餐时间,大家都盘腿坐下,等着厨师上菜,这是我作为一个吃货最喜欢的环节,每个聚会总能发现一些新奇的食物。这一次果然足够新奇。虽然我一直都知道尼泊尔人一般吃饭都是直接用手抓着吃,我也看到过好多次学校的老师和学生这样吃过,但是一般的场所都会提供餐具,我从来没有试过直接上手,这次的宴会上没有餐具,只能和其他人一样用手抓着吃。也许你会说这有什么,我们啃骨头的时候不也是直接用手抓着么,但这是不一样的,我所说的用手抓着吃,是有米饭、有菜、有黄黄的咖喱、稀糊糊的酸奶、加了胡椒咸口的绿豆汤、还有一些不知道是什么的食物,把他们搅在一起,汤汤水水的用手抓着吃,而且还要五根手指每一根都碰到米饭才可以,因为五根手指上面是他们的五个神。我们先不说吃到嘴里的问题,你只需要先想象一下,用手指把这些食物搅拌在一起的感觉。哦,对了,我还没有告诉你,尼泊尔的米饭是那种长粒松散的,不会粘连在一起。其他人都陆陆续续去洗手了,有的已经开始吃了起来,只有我们几个汉语老师坐在那里面面相觑,不知道该怎么办。这时校董端着自己的盘子来到我们面前,哈哈大笑说,今天都没有餐具哦,你们要尝试一下用手吃饭的乐趣。我们毕竟是外国人的面孔,总能感觉到其他人在不时地观察着我们,最后我觉得还是要入乡随俗,我们几个就相约一起去洗手。据我目测,我们每个人差不多都用香皂洗了至少三遍。回到座位上还一起喊了个"我可以"的口号,当我真的把手插到食物里面搅拌的时候,已经记不清当时大脑里面想的什么,只是机械地抓了起来放进了嘴里,第一口没怎么吃出来食物的味道,只能感受到手上淡淡的肥皂香。但只要第一口吃下去,就会有第二口和第三口,我记得我吃完自己盘子里的以后,还让厨师又加了一些。其实很多时候,你没有体验过的事,如果不是真的身体或心理上不能承受,只要你勇敢地踏出第一步,那么也就没有什么难的了,人生贵在打破常规的尝试。在后来的日子里,我还陆陆续续地用手吃过好几次,也觉得挺有意思。

案例三:鲜艳的婚礼

到尼泊尔之后第一次明显地感受到不同文化带来的差异,是在一场婚礼上,这也是我第一次参加具有尼泊尔风情的宴会。婚礼的一对新人是校长曾经的学生,校长亲自带我们一起去感受尼泊尔的传统婚礼。在去之前肯定要想好穿什么衣服既能大方得体又能凸显我们的中国特色,同时还不能抢了新人的风头(外国人面孔总会更吸引人)。最后我们一致决定都穿旗袍,毕竟作为汉语教师谁能不带一两件旗袍撑场子呢。而我有些为难,我有两件旗袍,一件是纯白色的,只是胸前有一朵黄色的花,白色毕竟不太喜庆,感觉不合适;还有一件是大红色的,感觉又太过显眼。这可怎么办呢?其他几位老师她们的旗袍都是素净的颜色,既有东方韵味,又不会太过显眼。最后我决定,还是穿红色的,虽然显眼,但是婚礼这样的场合红色总比白色的要喜庆,出发前朋友们还调侃我是要去和新娘争艳。但是等我们到了婚礼现场,发现满大厅的人都穿着她们的民族服饰纱丽,颜色多是红色、绿色等鲜艳的颜色。我们一群人走进去,我的穿着反而是最能融入到其中的。后来在我们和校长夫人的交谈中才知道,他们的传统婚礼上,除了新娘要穿得很鲜艳,来参加的宾客也会穿得很鲜艳,这样才是祝福的象征。

尼泊尔婚礼合照

尼泊尔传统婚礼上的新娘新郎

当然,在尼泊尔的两年时光中,我所遇到的各种各样的文化碰撞远不止这几项。只要你生活在那里,总会有层出不穷的问题出现。比如有些高年级学生会问中印对峙问题、台湾问题、简体字繁体字的问题等等。很多时候我并不能很及时、很完美地应对,但是有一点是每一个汉语教师志愿者都应该做到的,那就是原则性问题一定不能含糊,其他问题学生并不是一定要一个答案,他们只是想看一看老师的反应。不卑不亢、落落大方,就没有什么是不能解决的。同时我还意识到,在我们去适应一个文化时,一些众所周知的文化禁忌,我们一般都会提前了解注意,所以往往并不会在这些地方和新文化有所冲突,更多的时候会出现问题的,一般都是那些并没有白纸黑字写下来的,会打你一个措手不及。我们要融入到一个新的文化中去,首先肯定要了解那些大众都知道的不同,同时更要在生活中去发现那些看似微小的点,这样才能让我们无论是与他人相处还是进行教学活动,都更加如鱼得水。

二、网课生涯菲律宾

如果说在尼泊尔的两年是一群人的狂欢,那么在菲律宾的这段时光则实实在在是我一个人的孤独。

(一)来回折腾中初心不改

2019年3月底我正式从尼泊尔离任。在家里呆了一段时间以后,我在北京找到了一份新的工作,新的工作也是和对外汉语教学相关的,希腊、俄罗斯、斯里兰卡、乌克兰、柬埔寨、越南、匈牙利等等好多国家的汉语本土教师来华研修,也有汉语爱好者来学习汉语。我习惯了在国外教学时每天上午9点开始上课,下午3点就结束的日子,在北京的那段工作,除了要上课还要组织学员去各个景点旅游体验等等,每天的行程塞满了我的时间,我是各种的不习惯,所以我那颗不安定的心又在蠢蠢欲动。

有些人天生就是喜欢自己折腾自己,但短短几十年,你不折腾一下怎么能看到其他的风景？作为一个女生，家里人想要我有安稳的人生，叔叔总是说我野心太大，而对于家人来说安稳就意味着成家。我也曾认真地思考过，我是不是真的到了要找人共度一生的年龄？那些还潜藏在意识深处沉睡的，不知道是野心还是梦想的东西还有必要唤醒吗？虽然我已经在心里暗暗答应了家人，我不会再去远方让他们担心，但心里总是有些不甘的。看看还在尼泊尔的朋友们发的朋友圈，想起我们曾经在博卡拉的湖边时，大言不惭地说过要尽自己的力量让汉语之花开遍世界的角落。家里客厅墙上的那幅世界地图，我只是点亮了一个地方，我只见识了山的巍峨，还不曾体会海的浩瀚，总是有那么几分遗憾。所以我把心底的蠢蠢欲动变成了直接行动，我选择了菲律宾这个被太平洋环绕的国家。2019年12月我去到了菲律宾。2020年的不平凡，相信所有人都知道，网课成了全世界人的选择，我也即将面临新的挑战。

(二) 网课：这一端与那一端

菲律宾学校的学年是6月到次年的4月，我去的学校是新开的一所国际幼儿园，应聘时考虑到我的经历，所以我主要做的是课程研发和主管类工作，教学工作主要是一对一的授课。前期我主要是和另外两位老师对课程进行研发和宣传推广，这些都是反复而冗杂的工作，一一说来太过无趣，所以我们把重点放在汉语教学工作上来。菲律宾从2020年3月开始实行居家隔离，我的工作地点也只能从办公室转移到自己的家里。我不知道有多少人喜欢居家工作，可能他们觉得在家里上班很好，省去了通勤的时间和费用，没有领导时刻看着你。我是不喜欢的，我觉得居家工作虽然有种种的优点，但它模糊了上班时间、模糊了工作和生活的界限。尤其是教学工作，在家里我需要保证网络的通畅、光线的明亮，最重要的是我要费尽心力地去把课件做得眼花缭乱以确保抓住学生的眼球，种种不便不一一说来。

我带了3个一对一的孩子，他们的年龄和水平都不一样，这就意味着我需要做3份教学计划、3份教案、3份课件。一个学生5岁，是中菲混血，但他从小在菲律宾长大，汉语只会说：你好、谢谢你、对不起，能从一数到十，家长的需求是希望孩子能够用汉语进行简单的交流。我给他制定的教学计划并没有固定在一本教材上，借鉴了《汉语乐园》《快乐儿童华语》《YCT标准教程》《轻松学汉语》等几本适合少儿使用的教材，从中选取一些话题进行授课。这个学生因为年龄还小，而且也比较调皮，很难一直坐在电脑面前安静地听我讲课，所以针对他的上课情况，我一直不断地做调整。每次上课前我都会把这节课需要用到的材料提前发给家长打印出来，上课时学生手里有一个东西，比只是简单地对着屏幕好得多。这些学习材料一般都是根据话题准备的内容，学生可以自己在上面涂涂画画、剪剪贴贴，让他们动起手来更容易吸引他们上课的注意力。这个学生也比较好动，所以我在课堂上会增加很多儿歌教学，播放视频让学生离开座位站起来动一动，这些儿歌都是简短的通俗易懂的，同时还要和课程话题相关，很多的歌曲我是从little fox这个网站上找到的，只要有心总能找到合适的，儿歌教学对于低龄学生学习汉语帮助真的很大。我还会利用一些可以制作线上互动游戏的网站，把学习内容在上面编辑好，课后发给学生,让他通过游戏进行练习,常用的网站有 wordart、wordwall 等。我还找了一些简单的汉语绘本,在后期加入到教学中去,每次课给学生读一个小故事,内容不要太复杂,最好是有学过的话题,每一页在读之前都会让学生找一找有没有认识的字。

一个学生8岁,也是中菲混血,他有一定的汉语基础,之前的学校开设过汉语课,属于聪明却贪玩儿的类型,我根据他的情况以《快乐汉语》为主,部编版《小学语文》为辅,制订了教学计划。这个学生上课的专心程度是远远不够的,而且他从一开始学习汉语时就没有养成认读汉字的习惯,总是不喜欢学习汉字,想要有拼音标注。和家长沟通后,感觉家长对孩子比较溺爱,所以我的教学目标放在了学生能够用汉语交流上。他很喜欢玩游戏,所以我会把做好的和学习内容相关的游戏链接发给他,让他在玩的过程中最大可能地复习。

还有一个学生是10岁,他是菲律宾人,之前完全没有接触过汉语。我以《轻松学汉语》《轻松学中文》两本类似的教材做参考。考虑到之前的教学经验,我在一开始就带着他通过《汉字是画出来的》这本书,让他感受汉语中的汉字是很有意思的,而不仅仅是简单笔画堆砌,打消他对汉字的畏难情绪。学习一门语言,除了是要用它满足交流的需要,还有想要了解这个语言背后文化的需要。我告诉学生除了我们常规的语言课程,我还会时不时地加入一些关于中国文化的课程,比如剪纸、中国结、书法、节日、建筑等等。在上过几节课之后,我发现这个学生的自律性很强,而且能够自主学习。考虑到他的年龄和上课情况,我提前把上课的内容制作成课件,整个的教学过程大致是"内容复习(多是用聊天的方式)—检查作业—学习生词、句型—练习"。他还喜欢关注时事,经常会和我谈论关于疫情的一些话题,我就和他讨论中国对控制新冠病毒的传播采用的一些措施,这些措施起到了什么效果,他也会和我说菲律宾的一些情况,虽然很多语言都很幼稚。当中国的科兴疫苗研制成功,他还向我表示祝贺,我国向菲律宾捐赠了疫苗,他知道后说他很感谢中国。

这三个学生都有其特殊性,而且前两个都有华人血统,所以很多时候家长对孩子未来的发展考虑是不一样的,这时候我们不能一味地按照既定教学模式走,更多的是要考虑到家长的要求,适当调整教学目标并采用相应的教学方法。

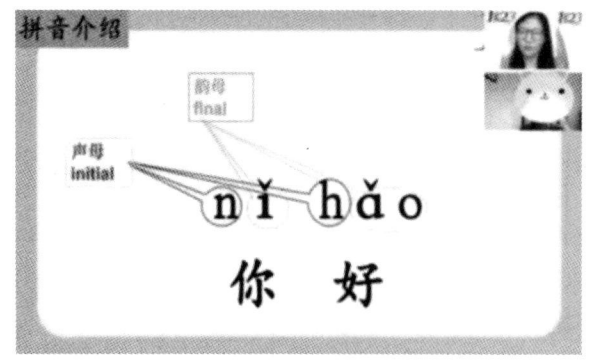

线上语音课

春节线上剪纸立体"春"

写在最后：愿你内心丰盈、温柔而强大

我这四年的海外中文教师生活，不乏想要放弃的时候，但当这样的时光真正地变成往事，那些不好的记忆都在逐渐变成灰色，唯有那些开怀大笑的时刻在记忆的长河中愈加鲜明。

在尼泊尔的两年，我以汉语教师志愿者的身份，在懵懂中摸索着如何让其他文化的人通过我来了解中国；在菲律宾是我以中文使者的身份，更加自如地去传播汉语和中国文化。这两段异国时光，都是我自己主动的选择，这份职业普普通通，这个身份却又那么与众不同。

我所有志同道合的朋友们，你我或许相识，或许不识，但"你我为了同一个梦想"曾"携手并肩远走他乡""就在世界某一个角落，有你和我认真地在绽放""未来总有一天会发觉，我们为自己而骄傲"就在那"瀚宇之花盛开的地方"。

未来的我会怎么样呢？或许有一天，你我会在汉语教师这一条道路上重逢，或许我们像平行线一样没有交集，但是我看到了我的月亮，我也尝试过，哪怕我要回头去捡六便士，我可以自豪地说我是看到过月亮的。愿你内心丰盈、温柔而强大。

国际中文教师叙事文本（4）

　　本文以作者在津巴布韦极富成就感的中文教学为核心，以充满异域色彩的津巴布韦风俗文化为辅展开叙事，尤其是中文教学模式的探索中呈现出如维维安.库克（Vivian Cook,2000）所提出的"语言教学需要的不是一个模式或一种理论，而是一个更大的框架，其中几个模式共存"的观点。

　　作者简介：刘凌云，平顶山学院文学院2013届对外汉语专业本科毕业生，中国人民大学汉语国际教育专业硕士。2014—2016年赴津巴布韦大学孔子学院任汉语教师志愿者。获评语合中心（原国家汉办/孔子学院总部）优秀汉语教师志愿者。2015年，作为津巴布韦大学孔子学院的代表之一，参加了习主席接见当地优秀华人华侨代表见面会。

我的"津巴岁月"

　　提到非洲，绝大多数人想到的是"贫穷""炎热""疾病"……当我来到非洲后，看到的却是"美丽""阳光""生机勃勃"。非洲从北到南、从西到东其实差异很大，人们却总还以偏概全地戴着有色眼镜来看非洲，而我是如此幸运地来到津巴布韦。

　　2014年8月21日，我第一次登上了传说中的非洲大陆，来到了我的赴任国——津巴布韦，从此开启了我两年的汉语教师志愿者生活。津巴布韦人民性格温和、讲礼貌、有文化，识字率在非洲是最高的。

一、特色津巴生活

　　津巴布韦有自己的民族服装，如下图。当地的传统主食叫Sadza，是白玉米粉做成像土豆泥那样黏稠状的饭，第一次吃有点不习惯，最大的感受就是没有味道。不过这里的肉类质量确实很好，牛肉、羊肉、鸡肉、鱼肉等，绝对的无公害绿色食品。这里的主餐就是这些：撒杂或者米饭，配着牛肉、羊肉、鸡肉等。配菜多是一种本地的蔬菜，纤维比较粗的一种绿色植物，我们吃着像树叶，也可再加些白菜沙拉。中午吃的基本就是这样，最传统的吃法是用手抓着直接吃，但受英国人影响，现在一般都用刀叉。

身着民族服饰的"津大孔院"合唱团　　　　　　当地传统主食 Sadza 撒杂

这里没有正规的公交系统,有类似国内的面包车(当地语音译为"空比")拼车,随叫随停,但在起始站的时候,一般情况下要等人坐满了才走。车上空间很小,但保证每个人都有座位,4 排,一排 4 个人;副驾 2 个人,加上 1 个司机,1 个卖票的,一个小小的面包车足足可以挤 20 个人,而且大家"秩序井然",你可以想象"大家整齐地挤在一起"的画面,这就是津巴普通人的交通工具。

当地主要交通工具"空比"　　　　　　　　　"空比"内的乘客

二、极富成就感的教学

凤凰木掩映下的教学楼,驻扎着"津巴孔院"大本营,它位于津巴布韦大学校内,这就是我工作了两年的地方。一进孔院大门,你会看到一座矗立在大厅里的"孔子雕像",也是一个合影留念最多的地方。

"津大"南大门　　　　　　　　　　大家都爱和"孔爷爷"合影

津巴布韦大学孔子学院于2007年成立,如今已走过十多个年头,现在共有1所孔子学院、6个教学点即孔子课堂及一个社会培训班,分布在小学、中学以及大学里。教学工作主要涉及津大文学院一至三年级汉语言文化课、津大商学院旅游专业二年级的汉语语言课、6个教学点的汉语言文化课,以及一个社会培训班的汉语语言课,主要以《HSK 1-6标准教程》为教材,这也让每次报考HSK的人数大幅度增加,达到申请奖学金资格的学生人数成倍增加,去中国留学的人也逐年成规模增长。由此足见汉语课在这里受到的重视程度,这也与津巴布韦前总统"向东看"政策有关。新的院长今后也在酝酿成立专门的中文专业,而不只是简单地把汉语作为文学院学生的一门课程,这样可以培养更"专"的中文人才。在历年的世界大学生中文比赛中,该校也屡创佳绩。现在终于到了晒晒我们津巴"黑马"的时候了!

马正桦。具有"奥巴马范儿"的马正桦出生在跨国婚姻家庭,曾跟随家人在乌克兰读高中,也在美国半工半学了几年,出于对中文的兴趣,他找到津巴布韦大学孔子学院,从零基础开始学习汉语,仅用十个月就创造了"全球十强"的神话。2014年7月,大型文艺演出《北京之夜》将在哈拉雷隆重举行,节目组想找一位当地面孔与北京电视台当家花旦春妮一起主持节目,中国驻津巴布韦大使馆就推荐了他。演出当天,当春妮微笑着向观众介绍她的搭档时,马正桦就用标准的汉语回应:"欢迎大家来到津巴布韦。今年9月,我就要到人民大学开始4年的大学生活,咱们北京见。"地道的中文博得了满场的掌声,他也成为全场非常耀眼的一颗明星。他本人也很刻苦,和中国人说话时,都会随手记笔记。他现在中国留学,梦想是学习中国的经济发展经验,回国后贡献自己的国家,我为他的梦想点赞,希望他梦想成真,让津巴布韦变得越来越好。

第一章 绪论

马正桦在舞台上

马明远在主持节目

马明远,2014年"第十三界世界大学生中文比赛"全球五强,非洲组冠军,也是我们历届汉语桥比赛中最佳战绩的创造者。他在人民大学参加"国际小学期"(为期一个月的暑期留学项目)学习期间,被一种他所熟悉的快节奏非洲歌舞截然不同的运动——太极拳深深吸引了,他随即就开始学。学成回国后,他还组织成立了津大第一个太极拳兴趣爱好小组,让更多的津巴人学习这种中国运动,强身健体。穷人的孩子早当家,他还凭借汉语能力在津当地银行Ecobank找到了一个收入颇丰的兼职工作,给妹妹攒学费。那几个月,他同时要上大学课程,还要准备"汉语桥"比赛,每天早出晚归,颇有中国人勤勉、奋斗的品质。此外,他还有生意头脑,计划未来要做中津之间的"代购",做时装批发等。

余北溟,2015年"第十四届世界大学生中文比赛"全球前三十。在比赛时因家庭以及身体原因,他在闯入全球前三十后,遗憾退出比赛,不然的话,真的是一个"冠军"苗子呢!因其姓Hove是"鱼"的意思,就取意于"北冥有鱼",叫"余北溟",我也想讲述我和他之间的故事。

我刚到津巴布韦的第二天,同事就跟我介绍了他。当时一听他开口说话,我就被震撼到了,果然名不虚传,汉语讲得很流利顺畅,发音也极其标准。他自尊心很强,学习很刻苦,经常学到半夜,凌晨天不亮就又起来学习了,再加上他本来的天资聪慧,很快在学习汉语的学生中脱颖而出,让很多中文老师眼前一亮,所以我们就将他列为汉语学习的好苗子重点培养。

我和他还有过一次"小矛盾"。有一次在我的课上,有几个学生没有认真听课,我有些生气,当我看到他也在和其他同学说话时,心想,他怎么能和其他学生一样不"尊重"我,就当场点了他的名,他当时解释说在跟同学讨论学习问题,但我当时不相信,还是批评了他,从此他在我的课上就变得很消沉,也不主动回答我的问题,这让我很失望、难过。我觉得他应该理解我,批评他是为了他好,是因为我对他有更多的期望。但我们的"冷战"关系还在僵持,后来慢慢地我想通了:也许是我对他的过高期望而忽视了他作为普通学生的感情,想让他各方面都表现得让老师满意,想让他听从我说的所有的话。我以为他是没有理解我,其实是我没理解他,我忽略了他作为普通学生的心理,又在公众场合批评他,况且也许是当时我的课没能吸引住学生呢?想到了这些,我就主动找他谈心,先询问他最近的学习情况,然后又提到那天课堂上的事情,说老师当时的处理方式有点欠考虑。他还是说当时确实是在和同学讨论学习上的问题,但已经不重要了,重要的是我明白了,我当时面对课堂问题所采取的处理方式是不恰当的,尤其是面对像他这样自尊心强、表现不错的学生。我可以首先示意他们先停止讨论听老师讲,而不是上来就劈头盖脸地一顿批评,而如果我能把课上得更有意思,自然而然地吸引到他们的注意力,就更好了;再有就是自己作为一位教师,遇到问题时首先应该做到的是站在学生的角度思考问题,理解学生,然后自己主动去解决问题,才能走进学生心里,才能有更有效地解决问题,而不是相反。

也是从那次谈话后,我们不仅恢复了融洽的师生关系,而且彼此的感情更深了。2015年夏季,在他参加世界大学生中文比赛正当成功闯入全球前三十、比赛正值激烈的时刻,一个噩耗传来——他的亲生父亲去世,客死他乡。我真担心瘦小的他如何承受得了这"晴天霹雳"。然祸不单行,他的身体也出现状况,最终不得不遗憾退赛。后来他在孔院读完大三毕业,顺利拿到奖学金来到中国人民大学留学,目前在厦门大学攻读硕士学位。希望他今后能被岁月温柔以待。

狄哲,2016年"第十五届世界大学生中文比赛"全球十强,非洲组一等奖。帅气阳光,性格外向,天生擅长表演,眉宇间多少带点狡黠的神色。汉字写得也是顶呱呱。对狄哲的培训,我倾注了自己所有的心血,在最后的准备时间里,我不在乎自己每天除了要给几个班的学生上课,还专门抽出时间给他培训,我几乎每天都花费两三个小时,专门给他补《汉语语言》和《中国文化》。我记得2015年农历新年,我仍在给他上课,我只希望自己能在离开津巴前,他能在我的培养下取得最好成绩,为津巴布韦和津大孔院争光。功夫不负有心人,在我们共同努力下,他没有辜负我们的期望,最终取得了"2016年世界大学生中文比赛的全球前十"、非洲组一等奖的骄人成绩。如今他在中国人民大学攻读硕士。

余北溟在比赛中

狄哲在"2016年汉语桥津巴布韦赛区"舞台上

李墨,商学院学生,是我带的第一班里的学生,于2014—2015年接触一年汉语后,在我的敦促指导下,坚持学习汉语,并于2016—2017年来中国人民大学留学,在读期间考取了HSK6证书,现准备完成国内的学业后,继续申请奖学金来中国深造。虽然他没能代表津巴去参加2016年的汉语桥比赛,但他的优秀依然让我引以为傲。2017年夏天我在人大毕业时,他说因没有跟我一起拍硕士服的合照而深感遗憾,我也因此有些懊悔自己怎么忽略了他。他比较内向,跟之前介绍的狄哲同学性格不同。但他在2016年世界大学生中文比赛津巴布韦赛区预赛时唱的那首《爱你在心口难开》,让我看到他极富表现力的另一面。后来他回国了,我一直很关心他申请奖学金的事,并委托后来去的志愿者打听,但都没有他的好消息。但我相信凭他的汉语水平,他还会来的。在他之前,还有一位商学院的学生,叫"TWANDA",当时去的北京语言大学深造,如今已回到津巴成为一名本土教师。这是津巴孔院的一个特色,让学成归来相当优秀的当地人回国当汉语教师。当时和我并肩工作的本土老师也有四五名,我希望他将来也能成为他们中的一员。对于他们来说,在津巴那也是一份很不错的工作。

李墨和我在津大孔院前

陈天在长城上(左三)

陈天,是他让我看到了坚持的力量。第一年他申请人大的暑假小学期,因为与第二名少了1分没能去成。之后在我回国前,他又和很多学生一起申请奖学金,很多人都申请上了,他却又因为少了几分而没能申请上。我当时很遗憾,觉得他这条去中国的路有点曲折了,也许他真的不太适合学汉语,我以为他也许会放弃,我甚至推荐他去当地的中资企业直接工作了,感伤地鼓励了他几句。让我没想到的是,就在前不久他通过邮件联系我了,说目前在北京理工大学留学,而且他的中文邮件也是写得相当地道,连"哇塞"这样的词都会用了。我当时真的有些惊喜,也非常感动,感动于他执着追求梦想的精神,脑子里浮现的唯一一句话就是"有志者事竟成,破釜沉舟,百二秦关终属楚;苦心人天不负,卧薪尝胆,三千越甲可吞吴"。是的,只要坚持,梦想总会实现的。

三、幸福的"面对面"

2015年12月1日,数以万计的津巴人民和数以千计的华人华侨从四面八方赶来,欢迎来自中国的习近平主席。我们也有幸受中国驻津巴布韦大使馆工作人员之托,去机场协助相关事宜。

去迎接中国最高领导人

"我爱你,中国"

习主席的车被数万群众夹道欢迎。人人手里都挥舞着中国国旗,用不太标准的汉语说着"你好,你好"。当我看到成群结队的穿着统一学生服的中小学生,手拿五星红旗在挥舞时,我猜他们中大部分的学校还没有开设汉语课。那一刻,我知道汉语在津巴布韦有多么广阔的市场了,而我知道,我也正为之奋斗:我在 MORGAN COLLEGE 的成人学生已经在哈拉雷的各个中小学教授汉语课了,这样汉语会在津巴布韦遍地开花的,而他们的学生真的就是津巴布韦"八九点钟的太阳"。无论贫穷富贵,一个拿着中国国旗的人,就有一颗因为中国怦然而动的心,而今天足足有上万群众。如果有足够的师资,这里一定可以掀起全民学汉语的热潮!那一刻,我也由衷地感受到祖国逐渐强大起来的磅礴力量!那一刻,我由衷地为自己是一名中国人而骄傲和自豪!

第二天,我有幸作为津巴布韦大学孔子学院的代表之一,参加了习主席接见当地优秀华人华侨代表见面会。习主席讲话很亲切,从他刚参加的巴黎气候大会,讲到访问津巴布韦,再谈到对津关系要"亲诚实真""义利并重,以义为先",谈到把政治上的好朋友转化为经济上的好朋友,加强中非合作。习主席还说他要去南非主持中非合作论坛,"这是大国责任",还谈到了到21世纪中叶,要把中国建设成为社会主义现代化国家,实现建国以来第一个"百年目标",这个目标将在我们这一代人身上实现,最终实现中华民族的伟大复兴。习主席强调,"这个目标所面临的挑战也是巨大的,需要我们每一位在自己的岗位上,无论光鲜,还是默默无闻,都要做好自己的工作"……讲话中,习主席还特地表扬了我们津大孔院学生的汉语发音标准呢,估计是头天晚上看了我们合唱团的汉语节目后留下了深刻的印象吧。

习主席用亲切的语言、清晰的逻辑娓娓道来,内容贴近我们每一个人的日常生活,听得大家心服口服。能有幸在这里聆听到习主席的谆谆教诲,我也更有动力去做好一名汉语教师了!

四、充满异域色彩的风俗文化

关于当地的风俗文化,我印象最深的是去参加了一个本土老师家人的葬礼。他们的家在离哈拉雷近百公里以外的一个农村,去时挤在一个本土老师的车里,颠簸了近两个小时,不过想到还有我们孔院的秘书"木兰"和一个本土老师竟然坐在后备厢里面,我也不能说什么了,这就是传说中CRAZY AFRICA吧。

他们的家坐落在群山怀抱中,普通的小房子,周围还长满了挂着穗的玉米。家里已来了好多人,大家男女分开,席地而坐,然后由女眷按照从老人到年轻人的顺序,给大家端水洗手,然后也是按照这个顺序给大家分发"撒杂"吃饭,同样最后洗手。接着大家依次进入安放逝者的房子,里面铺着茅草,逝者周围跪坐着其直系亲属,其他人走进时也要跪下来,然后跪走近逝者身旁,磕头,再出来。等到所有人都走过这样的程序后,屋里开始唱歌,外面也跟着唱起来,声音越来越大,然后就将逝者抬上了灵车,前去安葬。一路上歌声不断,一首接着一首,除了直系亲属,其他人都在大声地唱歌,似乎是在"欢送"逝者升入天堂,这跟中国的葬礼就大不一样了。灵车开了一段时间,进入一个灌木丛生的林子里,然后将灵柩抬放进已经挖好的墓穴里,接着是让我印象最深的一个环节了:大家远远近近地围着墓地,或坐或站,由葬礼主持人开始点一个个在场的人名,被点名者要讲他与逝者生前的一个故事,以此来怀念逝者。最后逝者下葬。我觉得这是一个很好的悼念逝者的方式。在这里,可能还是经济条件不好,老百姓的人均寿命不长,经常会有学生因参加葬礼而请假。

后来,MORGAN COLLEGE的一个女学生邀请我去参加她的婚礼,但我最终也没去,后来她给我看了当时的录像,是在一个教堂里举行的,很有特色。现在想想当时没有参加还有些可惜。

五、风景如画的津巴布韦

十月是蓝花楹的花季,十一月是凤凰木的花期,之后便是长达近三四个月的雨季。津巴布韦有一条"梦幻大道",之所以叫"梦幻大道",是因为这条道路的两旁,种着一种叫"jacaranda"(中文名为"蓝花楹"或"紫薇花")的树,每年10月整棵树就会开满紫色的花,漫步其中,就像到了紫色的梦幻世界一般。其实,津巴布韦有好多条类似"梦幻大道"这样的街道,花开时节,整个哈拉雷就弥漫在一片紫色的海洋里。记得来到津巴布韦的第二年,我一个人去了其中一条离家不远的"梦幻大道",并在其下许下了愿望。蓝花楹谢,凤凰花盛装出场,11月,火红的凤凰花闪耀在哈拉雷的上空,那么热烈奔放,散发着勃勃生机。

津巴布韦的版图像一个"茶壶",而维多利亚瀑布正好像从壶嘴处倾倒出的水瀑,飞流之下,波澜壮阔。它宽1.7公里,最大落差108米,与尼亚加拉大瀑布、伊瓜苏大瀑布并称世界三大瀑布,但受交通、签证、宣传等因素的影响,每年来津巴布韦的游客数量没有去其他两个大瀑布的多。

像"茶壶"样子的津巴布韦地图

从高空俯瞰维多利亚瀑布

遛狮子,这大概是我在非洲做的最"狂野"的一件事了。遛狮子的地儿位于奎鲁市羚羊公园,要穿过数十公里的颠簸道路才能到达。在遛狮子前,驯养员也跟我们讲了遛狮子的禁忌,比如"不要走在狮子前面""不要背对着狮子自拍""不要表现出任何的恐惧"等。它们之所以不吃人,是因为它们已经吃得很饱,但猎杀的本性却不会丧失殆尽。当时正好有一头长颈鹿在远处悠闲地吃着树叶,它们就远远地观察着长颈鹿,欲实施"猎捕"行动,一个从正面,一个偷偷从侧面靠近。

这两年的志愿者生活,使我从一个学生成为一名老师,我感到充实而快乐。面对津巴布韦学生们一双双渴望了解中国的眼睛,我认真地备课、上课、组织活动,从出卷、批改到计分、试卷分析,我在汉语教师志愿者的岗位上经历了各种历练。我打心底想让他们学好汉语,而汉语真的可以改变他们的命运,如今已陆续有近百名学生经津孔院来到中国,他们遍布在北京、河北、陕西、天津、福建等各地高校留学,我为他们感到高兴,希望他们学成归国后,能用所学为自己祖国的发展、为中津友谊尽一份力。

如今回国已接近两年之久,但我依然时常想念她。我想念那里的阳光雨露和累累果实。

第二章

国际中文教师的教学信念

第二章 国际中文教师的教学信念

赵金铭先生(2007)提出教学理念"基本上就是我们所熟悉的教学思想或教学观念。"李泉(2015)在研究中提出一种宽泛意义上的教学信念,他指出"教学信念可宽泛地理解为教学看法、理念或思想,也即教师对第二语言教学的基本看法、核心理念或指导思想。"教师是一个独立的有自己独特看法的个体,宽泛意义上的教学信念既包括已成熟的、已有的教学理念或指导思想,也包括教师在实践中形成的带有个人特征的看法。事实上,国际中文教师总是在已有的教学理论的指导下筛选出自认为符合教学规律和教学实践的信念,用来指导自己的教学行为,同时又会在反思中调整自己的教学信念。

自新中国成立后,我们的先辈就在汉语教育教学实践中不断总结对外汉语的教学理念。1953年,周祖谟先生在《教非汉族学生学习汉语的一些问题》中提出了汉语作为第二语言教学的基本思想,包括教学原则、教学目的、教学内容、教学程序和教学方法五个方面,可以说是我国对外汉语教学创建伊始的教学理念。钟梫(1965)在《十五年汉语教学总结》中提出"实践性"的教学原则,主张"精讲多练",提出"学以致用"的教学要求和"语文并进"的教学模式。由20世纪70年代末,初步形成一个以结构为纲兼顾传统教学法的综合教学法,直至90年代形成"结构—功能—文化"相结合的教学法。80年代明确了培养语言交际能力是汉语作为第二语言或外语教学的根本目标。90年代,任务型教学法广泛应用到汉语教学中,建立起"做中学、用中学"的教学理念。21世纪以来,国际中文教育呈现一种"后方法"特点,教师呈现出的个体教师信念更加突出。

我们认为,国际中文教师的教学信念并不是一成不变的先验体系,在教育实践中会受特定的教学环境、教学效果、培训等综合因素影响或改变已有的教师信念,然而作为会影响大局的核心教学信念是相对稳定的。李泉(2015)把核心教学信念界定为"影响全局的、管辖范围大的重要教学信念"。教学活动主要由教师和学生组成,是教师在一定的教学环境中通过合适的教学内容和恰当的教学方法对学生进行教学,从而实现教学目标的过程。从国际中文教学的"三角"即"教什么、怎么教、怎么学"的角度及教师主体角度看,国际中文教师的核心教学信念包括"汉语是什么""汉语怎么教""汉语怎么学"以及"教师是谁"四方面。

第一节 "汉语是什么"的信念

语言是什么?从结构上说,语言是一套音义结合的符号系统;从功能上说,语言是人类最重要的交际工具;从存在形式上看,语言与社会相互影响、相互依存;从产生机制上看,语言是人区别于动物的根本标志。"汉语是什么"的信念指的是教师对汉语言的本质、作用和特点的认识。

1. 有关汉语言本质的信念

国际中文教师是把汉语作为一种符号系统来教还是把汉语作为"人类最重要的交际工具"来教亦或作为一种国际语言来推广,它在很大程度上决定了教师在教学过程中采用何种教学方法、教学内容的设计安排乃至对待学生汉语输出的包容性和汉语标准的尺度等。

倾向"语言工具论"信念的教师,认为语言是在交际表达中学会的,就会把汉语言当做一个工具来教,注重教学过程的交际化,更多地组织学习者用语言做事,在教学过程中注重采用一系列课堂活动让学习者用中文实现任务达成;倾向"语言是符号系统"信念的教师,就会注重目的语的语言单位及其组合规则的教学,就会花费很多时间呈现、讲解语法结构,重视背诵和机械训练,强调在反复训练中让学习者掌握汉语这套规则系统;倾向"语言推广"信念的教师,认为文化在语言学习中起着重要的作用,重视在中文教学中主动融入文化知识或者组织文化活动,以此帮助学习者更好地理解中文并提升学习者的学习兴趣。关于语言和文化关系在教学中的具体体现,不同教师对其理解不大相同:大多中文教师认为文化融入能够增强学习者的学习动机,但文化是中文学习的辅助和补充;在文字叙述中部分教师认为海外教学文化要先行,通过开展文化活动先扩大初级学习者的数量,然后尽可能留住生源;部分教师认为中文教学和文化教学要相结合,需要更多关注汉语言中的文化,最好不要突兀设置文化专题。

当然,中文教师的"汉语是什么"信念并不是一成不变或者只以一种信念贯穿始终的,在教学实践中,该信念会受到教学内容以及学习者的年龄、学习兴趣等综合影响而有所侧重。

2. 汉语言特点的信念

汉语作为第二语言教学或者外语教学跟其他语言作为第二语言教学属性相同,有着相同的教学理念和方法,比如都要进行语言单位组合规则教学、语言单位组合能力训练等,都会用到讲练结合、语言运用训练等教学方法。然而,不同语言具有不同的特点,其独特性往往会是教学的重点,教师对汉语特点的认识不同,相应的教学信念和方法也会不同或者在不同阶段会有不同的侧重。

一种语言的特点总是与其他语言比较出来的。刘丹青(2011)提出的汉语特点如下:汉语所有的定语都在前面,同时又是 svo 型语言;汉语的比较句中比较的基准是放在前面的;汉语音节界限分明,容易感知,是汉语中十分重要的单位;音节跟汉语的声调相辅相成,声调不能跨越音节的界限,音节的单位作用固化;汉语词汇高度集中在一种音节长度上。在此基础上,李泉(2018)从对外汉语教学角度提出汉语的特点和教学重点还包括:汉语语序和虚词承担更多的语法功能;汉字既是书写汉语的文字符号,也是构成汉语的最小单位—语素;声调和语调、量词和语气词、语法格式、省略和紧缩句等特殊句式是教学的重点和难点。

中文教师对汉语特点的认识在很大程度上决定了汉语的教学信念,进而影响教学方法。在语音认知层面,持"汉语音节有限,声调变化有规可循"信念的教师,就会利用用汉语音节表让学生进行系统训练,并向学习者传递汉语音节数量有限且易于掌握的信息,帮助学习者降低学习中文的畏难心理。教师认为语音学习必须打好基础,所谓"一失音成千古恨",就会特别注意纠音,且严格要求。比如说,让学习者利用"吹乒乓球"等方法准确区分汉语里的送气音与不送气音,以此来感知和强化汉语语音的特点。在具体教学实践中,教师认为声调是汉语语音的一大特点,同时也是教学的重难点,就设计出了"唱四声"的个性化教学方法;教师认为汉语语音声母有限,舌面音和舌尖音相对难发,在小学工作的中文教师就利用学习者活泼、好动、喜欢唱歌的特点对汉语声母进行了谱曲并拿来进行教学。

在词汇认知层面,教师持"用词法带动词汇学习"的信念,就会在教学中带领学生学习词法,告诉学习者汉语词汇的结构方式主要以词根复合法为主,词义与语素义有关,从而帮助学习者分析词义建立起词汇释义网络。教师认为汉语中为数不少的同义词和近义词是学习重点,就会在教学中强化词语辨析,一般是通过语境结合句子帮助学习者区分同义词和近义词的差异。有的教师认为汉语中的成语蕴含丰富的文化信息,且成语具有一定的故事性特征,就会在教学中注重成语教学。教师认为汉语的量词丰富、使用频率高,是汉语的重要特点之一,就会把量词作为教学重点进行讲授。

在语法认知层面,教师认为汉语语法规则简便,形式结构简明,就会强调汉语动词不受人称、数、时、态等的影响而进行变位的特点,帮助学习者构建汉语语法特点体系。教师认为语法中的特殊句法结构应该是教学的重点,如"把"字句、无标记被动句、补语句、兼语句等,就会格外注重教学方法的革新及多元训练方式的使用。

在汉字层面,持"汉字是汉语学习必不可少且是其重要的部分"信念的教师,会在中文教学初始就主动加强汉字的认读,并开始循序渐进让学习者写汉字。譬如,对尼泊尔学习者来说,一开始书写汉字会很不习惯,也会带有排斥和抗拒心理,因为尼泊尔语书写顺序是先写文字的下面部分再写文字上面的横线和附加笔画,而汉字书写遵循的是从上而下、从左到右的顺序。有的中文教师就会在学习初期介绍汉字的特点,并让学生先书写象形字,用图画的方式给学生解释字义,激发学习者对汉字书写的兴趣。除此之外,关于汉字地位和教学问题的相关信念还有"汉字是中华文明的活化石,汉字教学很重要""写比认难,用比写难""汉字中形声字占比较高,汉字教学有规律""常用汉字有限,按照汉字频度进行教学""汉字形音义具有理据性特点""笔顺是汉字教学基础"等。

3.汉语难易程度的信念

在国际中文教学实践中,还有绕不过去的来自学习者发出的"汉语难学、汉字难写"

声音,国际中文教师如何向学习者传递中文是否难学的信息,如何降低学习者的畏难情绪从而帮助学习者建立中文学习的兴趣和信心都反映出教师"汉语是什么"的不同信念。持"语言工具论"信念的教师,就会认为任何一种语言都是该语言使用者的工具,不应该分难易,对于该民族的使用者来说,语言这一工具都是好用的。持"语言是一套符号系统"信念的教师,就会认为汉语里存在大量的同音词,汉语的组合规则里又有灵活多变的语序,这些都是教学和学习的难点,某种程度上形成了"汉语确实不好学,汉字确实不好写"的认识,并会在教学中传递"中文并不容易学"的信息。

  关于此问题,李泉老师提出,语言学习难易比较涉及多方面因素且大都不可控,因此说某种语言难学或者易学缺乏科学依据,"汉语难学"是个伪命题,教师不应随声附和。吕必松先生早年也提出过"汉字难学论是一种不真实的理论,也是一种有害的理论,说它不真实,是因为汉字实际是容易学的文字;说它有害,是因为它误导了汉字发展方向问题的研究,误导着我国语文教学和汉语作为第二语言的教学。吕必松先生还说汉字易学主要是因为学习汉字需要理解、模仿和记忆的要素较少,只有 24 个笔画、120 个非整字部件和 2500 个常用汉字,理解、模仿和记忆这些要素的难度较小,组成汉字库的绝大部分是象形字、指事字、会意字和形声字,而有关研究证明,最能帮助理解和记忆的是形象和事件。"

  下面的四篇国际中文教师叙事文本《汉教岁月之双城记》《美速的风,永远温柔》《甜蜜岁月》《感谢与你相遇》主要围绕中文教师对汉语言的本质、作用和特点的认识展开叙事,呈现出"汉语是什么"的信念。

第二章 国际中文教师的教学信念

国际中文教师叙事文本(5)

本文以作者在蒙古和阿塞拜疆两个赴任国的中文教学和文化适应历程为叙事线索,其中中文教学反思中的"语音教学"和"量词教学"呈现出中文教学要体现"汉语言特点"的教学信念。

作者简介:秦华睿,平顶山学院2015届对外汉语专业本科毕业生,安徽大学汉语国际教育专业硕士。2015年赴蒙古乌兰巴托市任第11中学汉语教师志愿者,2017年赴阿塞拜疆任巴库国立大学孔子学院汉语教师志愿者。

汉教岁月之双城记

一、首城降乌市,汉教行冰雪奇缘

2015年12月11日,星期五,当天下午我到达乌兰巴托机场,踏在了一片雪原的蒙古大地上。

一月我开始上课,教的是7—9年级的学生,他们聪明可爱又活泼。第一节课我给他们每个人都取了中文名字,还和他们一起拍了合照,他们都很开心。我最喜欢七年级的学生,每次都早早地来,有的时候我去得早了,他们还会给我分享自己的零食。旧的教学楼有个小小的操场,还像模像样地放了两个球门,蒙古的阳光总是很好,可是三四月的室外还是很冷的。然而,孩子们很坚强,天气很冷的时候也总是在操场上踢足球、打篮球。七年级的孩子放学后经常去踢足球,而我喜欢站在二楼的窗边看他们踢球,看着他们开心自己也会开心,会不自觉地露出笑容。

搬到新教学楼之后,教室多了,加上季节改变,我的课程表有所调整。现在我教7—10年级的学生,汉语课是选修课。由于选修课约束性不强,加上我所在的11中重视理科知识学习,学生常常要参加比赛,所以能坚持来上课的孩子都是真正想学汉语的,我也很喜欢他们。学校的学生都知道我是汉语老师,有时在教学楼里或者校园里见到我都会跟我打招呼,有的用蒙语,有的用汉语。有一次,我和同期做志愿者的大学同学李冉在国百(乌兰巴托的商场名字)闲逛,一个男孩子用蒙语给我打招呼,我却怎么也想不起他是谁。过了好一会儿才终于想起来他是六年级的孩子,我只给他们上过一节中国文化课,教过他们画脸谱。刚好那时手里有刚买的苹果,我赶忙跑过去塞给他一个苹果,匆匆听见他说谢谢,我回头对他笑了笑。

学生中印象最深的是十年级的Сарнай,我给她取名叫莎奈,她是个很腼腆的女孩。本来我是不教十年级的,她主动找我说想学汉语。我教她们唱《莫斯科郊外的晚上》,莎奈虽然是零基础,但是发音却挺准,只是声音有些小。教学评比的时候我让她和另外一个女孩一起唱《莫斯科郊外的晚上》,一开始她扭扭捏捏不肯上。我鼓励她说她的发音很准,不要害羞。我还让会蒙语的朋友帮我翻译"唱歌是一件小时候觉得丢脸,长大觉得长脸的事情"给她。不知她心里怎么想,但是后来练歌的时候能看出来她是有改变的,不仅没有忘词,声音也比平时练习大了一些,还熟练记住了舞台上应该有的动作。我觉得能让学生有一点好的改变,并通过努力完成一件事情,作为老师不仅会开心,也会有一种成就感,这种感觉是很可贵的。

与参赛学生合照

"汉语桥"比赛师生合照

搬到新教学楼不久,有个学生家长打电话告诉我说她的孩子以前学过汉语,我课堂上讲的知识对她来说太简单了,问我可不可以根据她孩子的汉语程度教她。那个孩子我知道,只是那时候并不清楚她学过两年汉语。我就决定在学校汉语正课结束之后给她免费补课,还有她姑姑家的一个八年级的孩子。女孩叫芳芳,男孩叫涂谷图。一开始我测验她们的汉语水平,一些基本的词知道是知道,发音也不那么准确。汉语水平并不高,也可能是间隔时间太长了!我就先把《跟我学汉语》课本上的知识给他们通一遍,同时辅以HSK 1-3级词汇,再后来让他们造句、写小短文,注重一些实用汉语方面的指导。看着他们从一开始不敢说话也听不懂我简单的汉语问话,到可以用汉语询问我问题,并会简单交流。他们每次一点点的改变、进步,都让我欣喜不已。我也体会到了发挥自己价值的奇妙喜悦。

二、汉教第二城:巴库在途中

似乎是衔接紧密的三段经历,我自2016年6月5日从蒙古离任回国,9月回到学校继续完成自己的研究生一年级的学业,在此期间,我报名阿塞拜疆孔子学院的汉语教师志愿者岗位,经过面试、培训等一系列环节,最终于2017年9月5日如愿踏上阿塞拜疆首都巴库的土地,开始我的第二段汉语教师志愿者的生涯。若要问我为什么要继续,那就是对汉语国际教育这一事业的热爱吧。无他,唯爱而已,为对汉教的爱,也为对友谊的珍惜。

第二章 国际中文教师的教学信念

（一）巴大孔院汉语教学概况

来到巴库国立大学孔子学院，简单了解了巴库的生活环境，我们很快就开始正常的教学工作了。孔院本部的教学点都是兴趣班，我们新来的志愿者都进行了简单的试讲，负责分班的老师会参考试讲的风格给我们分班级。兴趣班按汉语水平分为零起点班、初级班、中级班、高级班；按照年龄又分为幼儿班、中学生班和成人班。有的是根据在孔院报名的情况成立的新班，有的班是以往在孔院学习的老学员。一般来说，志愿者大部分都会在孔院本部的教室进行教学，但如果下属的教学点开设了新班或者缺少专职教师，志愿者也会去下属教学点进行教学。教学点一般是中学和大学，大学居多，都需要自行乘坐交通工具前往。

我的两个班级都是新班，分别是中学生2班和中学生8班。2班年龄在13~16岁之间，8班年龄都是7、8岁。班级成立之前需要做的工作是电话联系学生，自主确定上课时间和教室，保证不与其他老师存在时间和教室上的冲突。即使如此，由于各种因素影响，在班级成立后的一到两个月内，人员都还处于不稳定状态。可能下节课有个学生不来了，却又有一两个新学生要来上汉语课。这些情况都要教师根据实际进行处理，尤其是教学进度上，要尽量照顾班上大多数同学的水平，来得晚的要找时间进行补课。

由于学生年龄不同，我必须使用不同的教材。中学生2班使用《跟我学汉语》，8班使用《快乐汉语》。由于学生都是零基础，一开始的第一、二节课内容都差不多，汉语拼音字母表他们都能很快接受。可是当涉及到课堂媒介语使用的时候，我很快遇到了困扰：中学生2班的学生大部分都能听得懂我讲的英语，而中学生8班的小孩子处于多种语言学习的初级阶段，更多时候英语也听不懂。

这就迫使我必须学习一点阿塞拜疆语，还要尽可能多地使用图片以帮助他们理解和记忆。实践证明，在非英语为母语国家进行汉语教学，学习一些本国语言对课堂教学是有帮助的，一来有助于学生更快理解，二来也有助于拉近学生和老师的距离。除了媒介语的问题，两个班级的课堂氛围和学生的知识接受能力也不一样。我就思考对两个班级的教学侧重点应该有所不同。中学生2班词汇、口语、听力、汉字书写和文化知识都应该涉及，但每个部分的力度也有所不同；中学生8班更侧重词汇尤其是基本名词的积累和掌握，口语方面力度相对大些，对汉字书写不做过多要求。还有就是教学方式必须做出改变，中学生8班的学生由于年龄小，又是四个课时在一个上午连上，第一节课和第二节课在注意力集中程度上有明显变化，我就采取每节新课学习一首与内容相关的儿歌来丰富课堂的形式，或者让他们通过绘画的方式加深课堂话题印象。

事实上，志愿者大部分都是刚登上讲台的新教师，基本上谈不上教学经验，但这也恰恰是"百花齐放"的借因。每位老师上课都有自己的方式和特点，互相交流能学习很多。我们有时会交流学生的情况，在遇到困惑的时候也会相互提一些建议。我在课余时间还会去听其他老师的课，不论汉语水平和年龄，每次去听都会有一些收获。我发现有的老师上课反应很快，对于学生课堂上提出的问题能做出较为合适的回答；有的老师引导学生进行复习的方式很好；有的老师让学生在书写汉字时边写边让学生说笔画；有的老师会给学生讲解一些汉字的来历……很多时候从别的老师身上我们能看到自己需要学习的地方，当然有时也能发现自己做的比较好的地方。其实老师和学生一样，不断学习才会不断进步，必须要有学习的态度。

（二）孔子学院活动

孔子学院（以下简称"孔院"）以传播中国文化为己任，会经常组织一些活动来提高学生学习汉语的热情。10月份，孔院组织了"故乡是一支清远的笛"诗歌朗诵会，每位老师都在班上通知学生参加。需要老师为学生选诗，让他们提前准备，还要准备符合主题的歌曲。一开始我觉得我的两个班级都是零基础，中学生8班的小孩子不参加这个活动比较好，所以我在群里发了图片之后没再通知，没想到朗诵会前一周一位学生的妈妈在课间专门问我这件事情，她想让她的女儿参加。我很惊讶也很开心，跟她解释了原因，又建议班上另一个女孩和她女儿一起在朗诵会上唱歌，并和中学生2班的诗歌朗诵合成一个节目。我为她们找了杨沛宜版的《送别》，她们很认真地练习。他们的演出在朗诵会当天获得了热烈的掌声，因为他们是年龄最小的学生，又长得极其可爱漂亮，理所当然地成为了那一次活动的亮点。这件事也告诉我，生活时不时会有一些意外之喜，当老师的要重视文化活动。

除了孔院本部的活动，教学点有时也会举办活动，这也是志愿者义不容辞的事情。12月初，里海大学要举办第一届中国文化周，为时四天，周一布展、开幕、剪纸、中国结；周二象形字、中国结、剪纸、汉语图书展；周三中国美食节；周四中国传统游戏踢毽子、夹豆子、套圈。所有这些活动前期、中期和后期都是我们几位志愿者全力协助完成，办一项大的活动真的很累，但是我们也在活动中锻炼了自己的能力，在活动中感受了传播中华文化的喜悦，也为学生更加喜欢中国乐于接受中国文化而开心。当然，最为感动的是我们志愿者之间同心协力、团结一致为活动的整个过程。

在里海大学汉语文化周中与学生互动

第二章 国际中文教师的教学信念

（三）汉语教学的启示

每周六孔院还会举办汉语沙龙，主要服务于中高级水平的汉语学习者前来听讲，丰富其文化知识，提高其汉语水平。每个志愿者都会负责一个主题，自行制作课件、下载视频为学生讲解中国文化。讲到沙龙不得不提到一位孔院的明星学员——卢一帆，他学习汉语非常努力，即使在志愿者老师已经回国的暑假也在学习，常常问老师汉语相关的问题。汉语沙龙他也是每期必到，每周六沙龙之前的中国书法课，他更是热心学习。我看过卢一帆上课的状态，非常认真，非常配合老师讲课，遇到问题常常发问，据他的老师说他还把《新实用汉语》所有的课文工工整整地全抄在本子上。众所周知，汉字是外国人学习汉语的一大痛点，写汉字需要很长时间，卢一帆也不例外，但是他还是坚持写。事实上，卢一帆不是很有语言学习天赋的学生，他说汉语的时候很慢，也不在最佳学习年龄之列，可是他就是靠着自己对汉语的热爱和自身的努力，抓住一切学习汉语的机会，在半年多的时间内考过了 HSK 三级，并且是满分，这很不容易。所以说他是孔院当之无愧的明星学员。

说到每周六的汉语沙龙，就要说到一个"n、l"不分的案例，也是最近流行在志愿者之间的一个笑料。上周六我们的一个南方志愿者讲地方戏中的黄梅戏，其中涉及到戏中人物角色的解释，旦角是由女性扮演，以及小旦、花旦、老旦是由年龄区分的。他本身"n、l"不分，说到"女人"常常变成"旅人"，"年龄"变成"连宁"，"河南"变成"荷兰"，听得卢一帆不禁发问"旅人"是什么？当时场内爆笑，略显尴尬。还记得之前我们一起吃饭，班上一位留学生纠正他说"不是'留来'，是'牛奶'吧"？这个问题甚至也有些影响到他英文的发音，尽管他英文蛮好，但我们听到他说"name"是"lame"。我们在想，他会不会教出一批"n、l"不分的学生。作为一名汉语老师是要更加注意自己普通话发音的，当然他也是从小就这样学，二十多年来也没意识到，现在意识到了也很不好改了。可我觉得正因为如此，才要努力改正自己，教给学生正确的语音。

在语音问题之外，教学中还有会有一些其他问题，比如量词的问题。很多语言中没有量词的概念，或者说量词的数量不多，而汉语中有 600 多个量词，这是汉语不同于其他语言的一大特点。刚到巴库的时候汉语教师大聚会，会上我请教一位经验丰富的汉语教师怎么教量词，她说就直接说"measure word"，这个概念必须及早介入，因为我们的量词太多，实在是避免不了。我采纳了这位老师的建议，在第五节课的时候就专门把量词这个概念告诉了学生。那节课来了一位新学生，我给他取名叫"白桑乐"，白是姓氏，也是一种颜色，乐是快乐，桑是桑树的桑。在巴库的街道两旁有很多桑树，也有很多橄榄树。我告诉他们桑葚、橄榄的量词是"个"，桑叶、橄榄叶的量词是"片"，桑树、橄榄树的量词是"棵"。他们能够理解，但是觉得有点难。我说汉语中有很多量词，有一个学生问我有多少。我当时回答不上来，我说我不知道完全准确的数字，但是肯定超过一百个，你如果想知道，下次课我会告诉你，学生点点头说可以。这件事提醒我每次备课都要认真。而不介入量词概念会遇到一些问题，上一周和我同一时间上课的一位志愿者说上课他跟学生

57

说"你听外边这首歌",学生问"老师,'shou'是什么",她一下子没回答上来。这位学生已经学习汉语一年多了,可是他却不知道汉语中有很多量词。这件事也从一个侧面反映了汉语教学是需要及早涉及量词概念的,事实是只要教师一开始有句子交际的教学意识,作为汉语言特点的量词是会提及并运用的。

　　汉语老师要更加了解汉语的特点,这样在教学时也会有侧重。语言与语言之间的差异的确是很有趣的,而语言如果长时间不用也会从记忆库里消失。上次办完活动,在回来的车上有一位老家内蒙古的留学生,我们聊到蒙语,我说蒙语"这个多少钱"怎么说?他说不知道,他问我怎么说,我当时真是完全想不起来,脑海里第一个蹦出来的是阿语的表达。不禁感叹时光催人老,同时又感叹"语言是越用越熟练"这些道理。

在沙龙当主讲人

(四)感言

　　其实生活中我常常不自觉就把阿塞拜疆和蒙古作对比,把巴库和乌兰巴托做对比。从下了飞机这一对比就开始了,接我们的教师在出租车里跟我们用汉语大声聊天,我当时就非常惊讶,这在蒙古根本不会发生,我们在街上走路也不会大声说汉语。还有这里的人民对待中国人也很友好很热情,在路上还会听到"你好"的音,我们会回应问候和微笑,他们还喜欢和中国女孩拍照,这些在蒙古也基本不会发生。可是说到汉语教学现状,我对阿塞拜疆真的是有点失望。蒙古国乌兰巴托上百所学校有两百名左右志愿者教汉语,不论大学生还是中学生,汉语桥比赛时流利说汉语的学生比比皆是。而巴库只有两所孔院,没有普通志愿者,两个孔院加起来的教学点只有十几个。大学生和中学生汉语水平达到高级水平的人数不超过十个。造成这种现象的原因是多方面的,毕竟这一片土地的文化也是特别的。我们能做的就是尽力发挥自己的作用,尽可能多地把汉语知识和技能传授给学生。

　　若说在蒙古的教学经历怎么影响我,坦白说,更多的影响是在生活和一些待人处世的观念上。教学上我真是长进并不特别明显,一来待的时间短,二来任教课时比较少。所以刚来巴库试讲时,一位公派教师给我点评时毫不客气地说有些国家的志愿者教学能力根本不行,从教学状态上也根本看不出来是在其他国家任过教,我当时无言以对,但"已往之不谏,来者之可追",我可以把握以后,不断学习,不断进步,让自己配得上汉语教师的身份。

对于从事这份职业,我一直觉得是一份幸运,它是一段非常宝贵的人生经历,也许没有带给我很多物质上的东西,可是带给了我观念和文化感受上的巨大改变,让我收获了感动,内心变得更加丰盈。对于这一职业的看法因人而异,比如我认识的一位老教师就说这不是一份可以长期从事的职业,尤其是女孩子,不适合在国外待太久,在不同的阶段要适时改变。可是我也有很多同学或者朋友选择一任又一任地留在海外从事汉教工作,我想他们也必定是出于热爱。一起并肩做过汉语教师志愿者的同学朋友,在后来做出了适合他们自己的不同选择。而相同的是每个人都应该活在当下,基于你的内心,做出你的选择,愿每一个汉教人都不负人生,闪耀自己独特的光芒。

国际中文教师叙事文本(6)

本文以作者在泰国的中文教学成长之路和中泰文化碰撞为叙事线索,其中的"教材观""备课观""语言操练观"体现出对汉语方本质的认识。

作者简介:丁木丽,平顶山学院2019届汉语国际教育专业本科毕业生。2019年赴泰国智民学校Ratwittaya School任汉语教师志愿者。

美速的风,永远温柔

大学课堂上,喜欢听老师讲在国外教中文的故事,她们的眼睛里满是对我们的教诲与期待;好奇学长学姐在国外教中文的见闻,他们的声音里充满对我们的告诫与激励。中国的孩子从小要学习英文,那外国的孩子呢,是不是也要学习中文呢?他们对中国有什么样的印象呀……一连串的小问号无时不在敲打我的心灵。经过在平顶山学院文学院汉教班四年的学习,心中那颗成为国际汉语教师的梦想种子已然发芽,我知道,是时候接过前辈们手中的接力棒,将汉语之花继续绽放在我走过的每一寸土地上了。因为执着与坚定的信念、因为迫切想看看外面的世界,于是在"兵荒马乱"的毕业季,我收到了一份对自己来说最好的毕业礼物——被录取为一名泰国汉语教师志愿者!

一、时光始于初见

一切都是那样新奇:陌生的语言、一个小时的时差、色彩鲜艳的建筑,还有从耳尖呼啸而过的热浪,无时无刻在提醒着我已经站在异国他乡的土地上了。如果人生是一本书,那我最幸运的一页刚好逗留在泰国北部的这座宁静小镇——达府美速。美速处于西北边陲,四周重峦叠嶂且与缅甸接壤,这里民风淳朴、景色宜人,我所在的智民学校(Ratwittaya School),就掩映在美速的峰峦之中。该校从幼儿园直至高三都开设有汉语课程,并被列为主修科目,所以学生的汉语水平总体较高,智民学校也因此成为泰北实力相对较强的一所华文教育示范学校。

匆匆在学校宿舍安顿好,生物钟还没来得及调整,第二天就收到了中文部李主任的课程安排表,我主要负责小学三年级戊班和四年级丙班的汉语课以及汉语口语课。从刚出校门的大学生到一名汉语老师的快速转变让我既憧憬又担忧,憧憬的是真正跳出了老师们温暖的羽翼,可以延续他们的汉语事业并为其添砖加瓦;担忧的是面对一群陌生的泰国孩子,我能否独立且顺利开展汉语教学工作、能否被学生们喜欢乃至于让他们更喜欢汉语。

在忐忑中,我满怀期待地第一次站在了泰国的讲台上,用赴泰前准备的"散装"泰语简单介绍了自己。学生们有的露出不可思议的表情,有的在同桌耳旁窃窃私语,我告诉自己要稳住。接着我用中文说自己来自中国并向他们问好,他们回应的声音此起彼伏,

"老师你好!""老师好!"可能是因为他们天真纯净的笑容,我的紧张感随之慢慢淡去,开始与他们开心地互动。然后我拿出点名册请学生们按照学号,一位接一位做自我介绍,这样不仅能快速记忆一下他们的中文名字,也能通过此项环节大致了解一下他们每个人的性格以及汉语水平和汉语口语能力。虽然刚开始都有点紧张,但后面极其顺利,第一节汉语课就在轻松愉快中溜走了。

当我说"下课"之后,一群孩子纷纷围过来,大眼睛亮晶晶地闪,"老师再见,"随即簇拥着我回到办公室,突然觉得自己好幸福啊!感动又温暖!

二、我的教学成长之路

新奇过后,我就要奔赴主"战场"啦!期待而又紧张!虽然在大学专业课上曾模拟过教外国学生汉语,但是当真正要教泰国的小孩子时,还是会有一丝丝忧虑:学生要是听不懂怎么办?我要是控制不住课堂怎么办……一切都是未知的。

(一)在压力中摸索前行

智民学校统一使用北京华文学院编写的《汉语》系列教材,该教材以句子作为基本教学单位,用句子教学统领语音、词汇、句法、汉字教学,对学生进行听、说、读、写的综合训练。课后并设置了"玩游戏""学文化"等多种练习模块,将语言教学重难点置于活泼的形式及相关的文化背景之中,以帮助学生更好地完成学习目标。教师讲课的首要环节是备课,备课无非是备教材、备学生和备教法,吕必松先生也曾对"教什么""怎么学"和"怎么教"的关系做了详细介绍。想要讲好一节课,首先必须对教学对象与教学内容有清晰的把握,其次要有针对性地使用相应教学策略,以达到预设的教学目标。

作为一名汉语教师,教授汉语、传播中华优秀文化是我们的职责。带着这样一种神圣使命,在向本土教师了解过学生情况以及课程进度安排之后,我便匆匆走上了备课、自己磨课、课后反思以及改进的道路。因为半个学期之内(其间会有许多活动占用上课时间,假期也较多),全校会举行四次大大小小的测试——期中前测试、期中考试、期末前测试、期末考试,并且汉语科目是重中之重,所以我十分重视课上的每一分钟。

我所教授的三戊班(34名学生)和四丙班(37名学生)整体汉语水平还可以,大致处于初级向中级的过渡阶段。在日常备课过程中,我结合教材与课后练习,一般按照汉字—词语—句子—课文的设置顺序,将语言要素自然揉和为一堂综合课。上课之前我都会对着镜子把当天所教内容演示一遍,确保授课时做到熟练生动。我自认为彼时课堂会如我想象的一般安静,学生也会睁大求知若渴的眼睛,可是我忘记了本土教师曾告诉我学生上课时是魔鬼,普遍活泼好动;下课时才是天使,人见人爱。

上课伊始,我是他们眼里的新老师,他们对我还处于观望状态,课堂纪律还比较好。一周之后,学生逐渐显露出调皮的天性,上课时乱跑、说话打闹、组团去洗手间……和国内的孩子完全是鲜明的对照。我的态度和善温柔,学生异常活泼,导致课堂秩序完全不在我的把控之内,所以第一个月,我的教学任务很难完成。并且学生学得快,忘得也快,还有的比较贪玩,不能按时完成作业,这真是一个令人头疼的问题。想要主导课堂,唯有自救,没有什么困难可以压倒一个坚强的汉语老师!此时的我应该处于跨文化交际中的挫折阶段,偶尔焦虑、时常自愈。于是没课时,我总是去听其他老师的课、向本土汉语教师讨教、和老师们一起探讨教学方法,课下还会试着和学生进行沟通,然后调整心态。慢慢地,我和学生们的距离越来越近,他们会拉着我去分享一块面包,会告诉我:"老师今天很漂亮!"课下摸索、课上实践,渐渐地我真正走上了"以学生为中心、以教师为主导"的道路。

(二)相知相爱、相互促进

吕叔湘先生说过,"学习语言不是学一套知识,而是学一种技能,"所有教学内容都是为了日后交际服务的。可能一开始我过于注重汉语知识本身,而没有真正融入到传授知识的过程,前期没有收获很理想的教学效果。相比传统"注入式"的教学方法,"启发式"教学更能培养学生的学习能力,进而养成良好的学习习惯。

为了有针对性地完善教学过程,提高课堂教学的趣味性,让学生真正爱上中文课,在课堂上我会尝试用多种教学策略。因为学校教室没有投影仪,我就自制教学卡片和一些简单教具辅助教学,期间还会穿插许多小游戏。这些游戏有的是我在大学学到的,有的是我从小伙伴那里借鉴的。总之,我希望他们能"在做中学""在玩中学。"我经常利用座位优势,将学生分为四五个小组,同时会利用积分制,提高他们参与各种学习活动的积极性。例如,在帮助他们记忆汉字的时候,我通常会把汉字按结构分类,再把汉字拆成部件,分别让每组学生拼对。在他们基本认识的基础上,第一遍对照课本拼字,第二遍离开课文独立拼字,拼得又快又准确的一组得分最高。同样在讲授句子时,我会将课文核心目标句分别拆成若干词语分发给小组,组员们再一起拼出完整的句子。这样不仅能很好地培养他们的小组协作能力,也能激发他们的学习兴趣。但是游戏只是课堂教学的一部分,只是起到寓教于乐的作用。我们必须使游戏回归到汉语知识本身,辅助汉语学习。

泰国的孩子普遍比较活泼,也有很强的好胜心。我经常鼓励成绩好的同学课下去带动成绩稍差的同学,互相进步。我也会定时检验他们的学习效果,并给予一定的物质激励(比如他们最爱的中国结和糖果)。这种学习方法的好处就是,有些老师实在解释不到的地方,学生互相交流起来会更无障碍,他们接受起来也会更快。有时候在课堂上,我会邀请同学们带读学过的词语、句子和课文,而我则充当了一个旁观者的角色,在无形中引导课堂的走向。孩子们都爱大胆表现自己,都争先恐后要带读,这时候让他们两两"石头剪刀布"就好,其乐融融!

心理学遗忘规律启示我们,在第二语言教学中对已识记的材料应赶在遗忘前迅速且及时地进行巩固、复习、重现和运用,且要经常复习,复习的间距由短拉长。课本内容我基本会按艾宾浩斯遗忘曲线来复习,偶尔复习间隔天数比较短,复习强度会慢慢加强。每堂课尾我都会大致留下十分钟的空当,目的是将整节课所学内容从头到尾捋一遍,强调一下重点在哪里,加深他们的印象。下次课前,为了验收学习成果,我一般让他们先看一遍课本(具体到第几课),然后合上书将汉字、词语或句子听写在作业本上,或者在作业本上回答我的问题。再结合自制的词语卡片让学生连句,并将所学内容串联复习。另外,每隔一周,我还会根据往年试卷再结合课文重难点(可以向泰国本土老师拿试卷电子档),整理出一些汉语考题,带领学生反复操练。

传统的填鸭式教学在泰国课堂是很难开展的,也会让学生觉得汉语很枯燥。我们可以根据学生们的情况,在自己的课堂上大胆创新,探索更有意义的教学方法。这就是所谓的"教无定法,贵在得法"吧。在泰国刚开始的两三个月里,在课堂上从"魔鬼学生"到"可爱天使",这是学生最大的转变!这并不是压抑孩子们活泼的天性,而是引导他们的天性在汉语学习上发挥更大的作用!

看着学生一点一滴的进步,我觉得成就是双向的,我教给他们知识,同时他们也让我成长了许多。有一天下午,在教学楼楼道里,当学生们大笑着张开怀抱奔向我,"老师老师""老师今天开心吗""老师我的汉语有 100 分啊"……黄昏时刻的太阳爬上他们的脸庞,那一刻,我觉得他们温柔了我的生命!

三、中泰文化之间的碰撞

文化是一个国家的灵魂。作为国际汉语教师志愿者,我们身上流淌的每一滴血都带有中国文化的烙印。与泰国人的邂逅也是中泰文化间交流,当两种不同文化相遇,又会发生怎样的故事呢?

(一)"入乡随俗"

泰国属于佛教国家,有许多习俗禁忌,比如:不可触摸小孩子的头、女性不可以触碰僧人、男士必须出家修行、交通驾驶靠左行驶等。我们去一个国家前,首先要了解当地的习俗,以便日后更好地融入这个国家。但这并不是让你照本宣科地学习他国一切文化习俗,而是在坚持自身底线的原则上再"入乡随俗"。

我清晰地记得,智民学校组织全校师生纪念泰国国王诞辰的时候,全体教师要在国王画像前面跪拜。当时就单纯觉得很别扭,犹豫着要不要和泰国同事一起行跪拜礼。虽有点犹豫,但绝不是对泰国国王不尊重,只是作为一个中国人,从小接受中国文化的熏陶(比如中国人只"跪天跪地跪父母"),遇到跪拜国王的时候肯定会有些许不自在。正当我们志愿者不知道如何婉拒泰国老师的时候,中文部胡明霞校长(胡校长是侨办老师,她十分和蔼可亲并处处维护中国的形象)让我们以"坐"代"跪",一同行礼。

此处谈到的一点跨文化交际问题并没有说泰国文化的不好,也不是说要对比中泰文化谁优谁劣。每个国家都有自己的文化,我们要做的就是不违背自己原则的情况下尊重他国文化。我们当时恭敬地"坐"在地上行礼就足以说明这点。

泰国人认为头部是神圣的,不可以被人随便触碰。所以我时刻提醒自己不要抚摸泰国学生的头,去表达自己对他们的喜爱。但有一次我去三年级上课,刚走进教室,几个小朋友就拿着自己做的贴画板围住了我,和我分享上面的内容。他们真的特别天真无邪、笑容纯净、无敌可爱。招架不住他们的热情,我突然鬼使神差地抚摸了一下身旁小女孩儿的额头,并像触电了一般赶紧收回手。小女孩儿眨着大眼睛,笑得特别灿烂:"老师,我得画漂亮吗?"我舒了一口气,竖起大拇指:"哇!小芊真棒!"

(二)中国文化进泰国

第一次在那么遥远的地方过中秋节,难免会有些思念家乡。但智民学校从未让我们感到身在异乡的孤独。先是学校主席送月饼、花生糖,后是学校理事长邀请中文部教师共进晚宴,然后学校也准备了各种有趣的中秋活动,令我印象最深的是:携中秋进班级活动。中秋节当天,老师们都穿着中国服装(部分泰国老师也会穿):汉服、民国服、旗袍、唐装等。老师们两两一组(中泰老师搭伴儿),随行一名高中生,带着节日展板到小学部、初中部和高中部各个班级去讲解中秋节的来历和习俗,一组老师负责两到三个班级。

进入班级之后,由中国老师讲解中秋节知识,泰国老师再进行翻译(虽然中国老师讲解过程中都伴有肢体动作,但有些中秋节必用词语,低年级学生可能不太理解,比如:嫦娥后羿、长生药),然后由随行高中生辅助完成猜谜语环节,猜对的学生会奖励一块儿月饼,很是热闹!

"中秋节"主题

中文部部分老师合影

时光飞逝,红红火火的2020年在泰国如期而至。智民学校对于中国传统文化十分重视,迎新春活动就准备了大大小小的十几项,比如诗歌朗诵比赛、歌唱比赛、汉字游戏比赛、讲故事比赛、手工比赛、绘画比赛、短视频大赛(针对高年级学生)等等,并且所有的比赛都需要借助中文来完成。春节当天(学生没有课),校园成了红色的海洋,全校师生几乎都穿着红色的衣服,在餐厅(餐厅比较大,舞台就搭建在餐厅最左边)观看舞台表演、舞狮表演,齐庆新春!那天我和几个小伙伴都穿了带有中国元素的衣服:红色的旗袍、乳白色的旗袍、红色的汉服。学生看到我们后就簇拥过来,"老师,你真漂亮!""老师,看我的衣服!"说着便揪着自己的红色小旗袍和红色小唐装,特别可爱。

除了中国节日在智民学校备受欢迎,中国文圣人孔子备受尊崇。学校新建的"中国语言文化中心"大楼正中央就是一尊孔子塑像,并且学生们去参加汉语比赛之前,都要去拜一拜孔子。除此之外,大楼里面还有一个图书馆(不是很大),存放了各种各样的书籍:

四书五经、四大名著、《中华字典》等,除此之外还有象棋和毛笔。当我看到还有大学专业课书籍《汉语可以这样教——语言技能篇》时,着实很震惊!

全校师生观看春节表演

比赛前学生拜孔子

四、放在心底的再见

汉语教师志愿者的生活已接近尾声,但心中还尚未有离别的感伤,因为经过再三思考,我与小伙伴决定再留任一年。总觉得还会再回智民学校,但2020年新冠肺炎疫情打乱了我们所有的计划。一声"再见,珍重"都没有说出口,都没有好好告别泰国的同事和我的学生们,离别总是猝不及防。所以啊,就把"再见"留在心底吧,只愿一起奋战的泰国同事们工作顺利,朝夕相处的学生们快乐学习、茁壮成长!越来越喜欢汉语和中国文化!

校董会携中文部教师一起祝福中国

高中部同学们为中国加油

尾记

我一直都认为国际汉语教师是一个十分神圣且光辉的职业,大概是因为使命感和自豪感吧。我很开心,2019年因为我的选择而变得难忘和多彩。从大一点的方面来说,我们为汉语国际教育事业贡献了力量,聚是一团火、散作满天星;从小一点的方面来说,在美好的年纪去经历与众不同的事情,把那段很炙热的青春记忆刻在生命里。

对于职业选择的问题,我想每个人都有自己的想法,只要遵从自己的内心就好。回国之后我选择继续做人民教师(本身我理想的职业就是教师),因为我很喜欢和学生们待在一起,很喜欢属于他们那个年龄段特有的朝气!最后,真诚希望每个人都能忠于自己的选择,做自己热爱的事情!

国际中文教师叙事文本(7)

本文以作者在泰国的教学实践展开叙事,在对任教学校学生特点分析基础上探索出的中文教学路径呈现出"体现语言交际性""中文教学模式多元化""测试评估常态化"等的教学信念,也是作者对汉语言本质特点的一种认识。

作者简介:刘艳维,平顶山学院2018届汉语国际教育专业本科毕业生,郑州大学汉语国际教育硕士在读。2018年赴泰国呵叻府呵叻中学任汉语教师志愿者。

甜蜜岁月

"对外汉语行业不同于其他教育行业,它通过教授汉语本体知识,向它的世界学子们'传古播今,上善新民;传而有道,以文化人'。它是宏大的,需要你价值多元,群书博览,心胸豁达,才艺精通;它又是细小的,需要你对学生体贴入微,对政治问题谨慎作答。因此,我们既需要仰望星空,去探索更大的天地,更宽的领域;又要脚踏实地,立足本体知识,做好教学实践。"这是我在2020年10月河南省职业生涯规划大赛上的演讲中的一段。2018年6月底,我踏上了去往泰国任教的征程。这一年,是经历,是见识,是光辉的履历,也是人生的充电。这一年,无与伦比。也正是这次难忘的经历,让我对汉语国际教育行业和汉语教师志愿者有了更深的感悟和思考……

一、我的教学实践

(一)我任教的学校

我任教的学校 KRP(Korat Pittayakom School)是泰国东北部呵叻府的一所公立学校,开设汉语课程已有四年的时间。该校有汉语外教1名(即汉语志愿者教师),在校学生约500名,初一至高三共6个年级,一共有20个班级,每个年级每星期仅安排1节汉语课,时长50分钟。

学校没有相应的汉语教材,学生没有课本和练习书籍,教学内容由教师自由组织。汉语教室没有多媒体设备,学校也没有相应的汉语教学配套设施。在全校范围内开展的以汉语为主题的比赛活动也很少见。因此,大部分学生的汉语仍处于初级水平。

(二)学生整体特点

1.学生整体基础知识较差,但学习态度比较认真

汉语课堂教学中,大部分学生能够拼读拼音,但是如果没有标注拼音,学生便不会朗读,日常的汉语教学也仅局限于简单的日常汉语词汇。由于汉字是表意文字,若学生仅

仅按照拼音拼读,即使程度较好的同学,通过课堂上的短时记忆简单运用,课后仍会忘记。另外,学生认为汉语太难,不论是发音还是拼写,他们所写的汉字往往没有笔画顺序,仅仅依葫芦画瓢,画在作业本上而已,即使刻意强调过也并无显著改进效果。但每次汉语课将汉字书写在黑板上时,学生们都会自主抄录笔记,对于把握不准确的读音会用泰语进行标注,有课堂练习时会积极响应教师,帮助教师顺利完成课堂任务。学生良好的学习态度为我日后的教学工作起到了促进作用。

2. 汉语课堂秩序不好

泰国学生大都性格活泼,这一点也体现在课堂上。课堂上吃零食、随意走动、聊天打闹、画漫画等情况屡见不鲜。由于泰国的教育政策,中学每节课之间没有课间休息时间,学生还经常会打断课堂出去上厕所,完全没有中国中学生秩序井然的课堂氛围。

3. 对中华文化兴趣度高

每一次的文化课教学,学生们的动手能力都很强,并且会问很多关于中国文化的问题。同时也会对中泰文化进行对比思考。比如在教授五步拳时,学生们好奇道:"老师,中国人都会功夫吗"? 在教授中国剪纸时,学生们不满足课堂教学图案,课下也会积极地向老师要更多的剪纸图形。此外,他们还会课上积极问老师或者课下自行主动探索中华文化活动的文化内涵义。比如:"雪和冰都是白色的,但是为什么剪纸时要用红色的纸?""中国传统服饰只有旗袍吗?"等问题。

4. 游戏参与度高

泰国学生尤其喜爱游戏,这里的学生也不例外。在进行方位词教学时,我采取了"兔子吃小萝卜"的课堂游戏进行教学练习。学校没有相应的教具和完善的基础设施,因此我就自己用纸制作了一个小白兔拍子和一些纸胡萝卜,并用胶带将它们固定在黑板上提前画好的16宫格里。选一个学生走到台前来,蒙上眼睛,拿上小兔子拍子,在同组同学们"左、右、上、下"指令语的提示下,找到即"吃掉"所有胡萝卜,用时最短的小组获胜。再比如,在进行运动的专题教学时,我采取了"你表演我猜"的课堂游戏进行教学练习。整体的课堂游戏练习环节中,学生参与度极高,进行汉语知识点的讲解与练习效果甚优。

(三)我的中文教学招术

针对学校汉语教学的大致情况,以及学生学习汉语的整体特点,我在 KRP 中学所做的课内外工作有如下几个方面。

1. 推进晨会时间"汉语开口说"活动

泰国每天早上8点是升国旗时间,升旗仪式结束后会有10~20分钟的会议时间。这两项活动中间的一段时间,我们外语组的老师们将其安排为"外语开口说"时间。周一周三为"汉语开口说",周二周四为"英语开口说"。一般是由两个学生以对话的形式进行展示,之后再教读。如"A:你吃饭了吗? B:我还没吃。你呢? A:我吃过了。"这样不仅调动了学生学习汉语的兴趣,也让"开口说"不再是一个人或者是一部分人的任务。

我制作的各种教学道具

晨会时间"汉语开口说"活动

2. 开展中华才艺活动

在汉语综合课的教学之外,还开展了中华才艺课——剪纸、灯笼、中国音乐、中国功夫和中国节日。让课堂活动和课外活动相结合,理论知识和实践技能相互渗透,这样才是学习语言的最高境界。没有教材不是上不好汉语课的借口,只要教学活动开展得当,无教材的汉语课堂也是丰富多彩的。

3. 利用多媒体辅助教学

学校的汉语教室没有多媒体,学生也从来没有在课堂上观看过与中国文化有关的视频。于是我就借用学校的多媒体教室来展示中国城市、中国风景和中国文化。如:在春节期间观看《2019年春节联欢晚会》中的《少林魂》《梨园戏曲》等节目的精彩片段。这样可以让学生更加直观地了解中华文化,对中国文化的多样化也有更清晰的认识。

4. 强化汉字笔顺教学

对于学习汉语的泰国学生来说,写汉字是个"老大难"问题。由于汉语和泰语的书写符号有很大差异,因此当汉语教师对汉字没有系统教学时,大部分学生不是在写而是在临摹。即使有了前些年的汉语学习,学生们对汉字笔顺、笔画以及简单象形字的演变依旧了解甚少。

为了避免学生在写汉字时出现依葫芦画瓢的情况,我在每次教授新的重点汉字时,都会从第一笔开始写;然后在写一个空格里先重复第一笔,再写第二笔;然后在第三个空格里,依次写上前两笔,再加第三笔……以此类推,在最后一个空格把整个字写完整。最后询问学生这个汉字一共有多少笔画,学生只要数用过多少格子就知道答案了,在写汉字的时候也会下意识去模仿老师的笔顺。长此以往,学生的汉字书写问题有了很大的改善,学生通过方格对汉字的方块构成也有了一定的了解。同时,我还对"日""月""水""火""木""目"等简单汉字进行了详细的阐释以及动画演示教学,让学生了解简单象形字的演变,从象形字中发现学习汉字的乐趣。

5. 教学方式多元化

泰国学生与中国学生不同,自由散漫,活泼好动。这种性格也同样表现在日常的学习中。在汉语教学中,我没有采取传统的教学模式,而是采用表演法、游戏法、互动法、情景演绎法等多种方法进行教学。比如:在教授"运动"这一话题时,我采取了表演法让学生两两练习,即让一个学生举着背面印有相应图案的拼音卡片,另一个同学看着注音的汉字表演相应运动动作。这样不仅能够让学生加深印象,同时还能达到寓教于乐的效果。在教授"象形字""动物"和"水果"话题时,因为都属于比较形象的词汇,所以我就采用了"画画式"的教学法,并布置了相应的家庭作业;在教授"上""下""左""右"等方位词时,采用了游戏法,即通过制作简单道具进行词语练习。

6. 以考促教,教学测试常态化

在这里,我把教学测试单独列了出来。因为在真正的对外汉语教学课堂中,教学测试是教学工作中普遍被忽视的一项教学内容。

我会在每节课的课前留出 10 分钟时间,对上节课内容进行简单复习。根据教学内容的多少,两周或三周进行一次汉语小测试,在检查学生学习难点的同时来提高学生学习汉语的主动意识。此外,在我任教的 KRP 学校,一个学年有两次大型考试,类似于国内的期中和期末考试。我在考试前一周会带学生进行整体复习,在不透露试题原题的情况下,以考试内容为主,以其他内容为辅。复习工作一方面是考虑到学生的整体汉语水平普遍偏低,另一当面则是顾及到学生学习汉语的积极性,让认真学习的学生通过自己的努力拿到好的分数,在学习汉语的过程中获得成就感。

测试是重要的,针对不同的测试对象,测试的内容、形式、分值也是需要认真考量的。初一至初三年级的学生,智力发展相对不完善,汉语水平较高年级差,因此,我在测试中适当加入了有趣的图片,设计了选择、连线、连词成句等题型。而在高年级的测试中,我针对不同汉语水平设定了相应的汉字书写题。此外,随着整个学年的教学,学生对中国文化也有了一定的了解,因此,我在每个年级的测试内容中都考查了适量的中国文化。在题型合理的前提下,题型的多样化、趣味性都会在侧面减少汉语枯燥、难学的刻板印象。测试结束后,给优秀的学生颁发奖状。

二、作为总导演编排一台春节活动

在保证完成自己本职教学工作的基础上,我也极力争取到了组织和参加多个中国文化活动的机会。譬如作为总导演编排一台春节活动。

由于学校基础设施较为落后,学校资金有限,作为兴趣课的汉语课程在学校的受重视度也不高,所以学校仅有的汉语活动就是春节活动。通过与泰国老师的交流我了解到,在前几任汉语教师任教的过程中,春节活动都是一个小活动。时长不长,节目数量也在两个左右。而春节活动作为学校仅有的面向全校师生充分展示中国文化的汉语活动,我极其珍惜并重视这次机会。在与泰国老师的沟通协调后,我争取到了总导演的角色,这意味着活动的策划、准备和进行都由我来把控。于是在春节活动的前一个月里,我的工作量骤增。从节目的预设和编排,演员的挑选和教授,主持人的选定和主持词的编写,后期人员的调配和道具准备等都在整个工作安排中,整个准备阶段都是忙碌而又充实。这对于第一次做汉语教师的我来说是一种巨大的考验也是一种磨练。

2019年2月3日,长达2个小时的KRP学校春节活动顺利开始。合唱《新年好》《茉莉花》、现代舞《pick me up》、歌曲《童话》、古典舞《凉凉》、武术《五步拳》、诗朗诵《热爱生命》和豫剧《花木兰》8个节目完美上演,春节活动在全校师生的欢呼声中圆满落下帷幕。

导演指挥风采

外语办公室教师合影

整个春节活动期间,火红的灯笼和各种红色元素点缀了整个学校,学生和老师们也穿上具有中国特色的服饰,庆祝新春佳节。活动结束后,全校的老师同事和学生们纷纷过来跟我合影,并给予整个活动、所有演员、节目以高度评价,甚至很多高龄老师们提出想跟我学"中国功夫"和戏曲。活动结束后的合影留念环节,老师们主动提议并向我询问,决定采用中国式的祝福手势记录快乐的瞬间。活动期间,校园里到处都洋溢着欢乐的节日气氛。至此,准备长达一个月的2019年KRP中学春节活动圆满成功。

结语

在泰国的这一年里,也有些许令人心酸的时刻:奶奶的骤然离世让刚到泰国的我心痛懊悔;异国他乡的陌生感也曾让我茫然;教学和班级管理过程中出现的各种意外更打得我措手不及。但我始终时刻提醒自己,汉语教师志愿者并非个体,而是当地人了解中国、感知中国形象最直接的一个窗口。我最应该做的,就是保持一个积极的心态,时刻展示出祖国最美的模样。

这一年的志愿服务工作,收获的不仅是教学实践和本体理论的有机结合,不仅是作为中华文化传播使者的喜悦和成长,更是一段用热情和信心书写成的青春无悔的难忘故事,更是用心血构筑起国际友谊之桥的光辉岁月!作为汉语国际教育专业的一名学子,我们既是汉语教师,更是中华优秀文化的传播使者。行深而知远,汉语国际教育推广历程实为艰辛,而我们每一位汉教学子,理应为推动共建"一带一路""构建人类命运共同体"贡献自己的一份力量。

国际中文教师叙事文本(8)

本文以作者在泰国的中文教学成长为叙事线索,其中的"教材讲义编写观""教学方式多元观""课堂管理观""课外语言练习观"是帮助泰国学习者建立语言学习信心和学习热情的重要指导信念。

作者简介: 陈艳,平顶山学院2019届汉语国际教育专业本科毕业生,上海大学汉语国际教育专业硕士在读。2019年赴泰国彭世洛府Rojanawit Malabiang School任汉语教师志愿者。

感谢与你相遇

前言

高考后选择汉语国际教育这个专业出自偶然,但在四年的学习中,我看到了专业课老师、外派的学长学姐奋斗在汉语国际教育事业上的热情,看到了开遍世界各个角落的汉语之花之美,发现自己喜欢上了这个能不断接触新事物、不断给自己注入活力的专业。之后的每一次选择都成了必然:选择汉硕、选择汉语志愿者、选择成为一名汉教人。我的母校平顶山学院每年都会有大量的学生参加汉语教师志愿者项目,文学院的老师也会积极地向学生介绍这个项目,之后从赴任的学姐学长口中更多了解到他们丰富多彩的异国之旅,这让我逐渐从喜欢走向了向往,想要挑战自己,尝试一种新的生活。2019年,在即将毕业的大四,我也怀着激情与向往加入了汉语教师志愿者的大家庭,奔向我的赴任国——泰国。

一、赴泰初体验

一到泰国,踏上这片土地,滚滚热浪向我袭来,这里的闷热让我一时无法适应。在早上五点抵达曼谷后,来不及休息,志愿者老师们紧接着便赶往赴任大会。我与其他三位志愿者老师分到同一所学校,这对我来说是极大的安慰。我们四位志愿者被分到彭世洛府的Rojanawit Malabiang School,对于彭世洛府我一无所知,不过既来之,则安之。我们见到了赴任学校的校长和助理,从他们那里我了解到这所学校包括幼儿园和小学,汉语是一门全校推行的必修课,但汉语老师十分紧缺,志愿者老师需要负责小学部的汉语课。

到达彭世洛府后,校长将我们送到校外的公寓,亲自检查了水电设施,将一切安排妥当后,嘱咐我们好好休息,调整好状态迎接之后的新生活。刚到这里时,周围的一切都是陌生的,我们在不断摸索、尝试后,进一步了解到,彭世洛府是泰国北部的一座具有历史文化底蕴的城市,有的地方还保留着传统的古建筑。泰国是一个崇尚佛教的国家,在彭世洛府尤为突出。学校教学楼前陈列着一排佛像,时而还会看到僧人,这甚至让我误以为自己来到的是一所宗教学校。附近大大小小的佛教寺庙,来来往往的僧人,在佛教文化的浸染下,这座城市充满了宁静与祥和。这里的居民以农业和手工业为主,并没有太多的大型工厂,碧水蓝天随处可见。没有城市的喧嚣,没有机械化的追赶,这让我不自觉地放慢生活的脚步,用心体会生活的点滴。一切开始逐渐步入正轨,慢慢地我发现大部分泰国人正如我在历届志愿者教师口中所了解到的那样,热情好客、真诚待人,他们的热情让我逐渐放下了心中的不安。

二、成长在泰国的三尺讲台上

这所小学的汉语老师比较少,一至三年级每周每个班只有一节汉语课,四至六年级每周两节课。此外,还会开设汉语兴趣班、YCT 辅导班、HSK 辅导班等。我在这边主要负责一到三年级共十八个班的汉语课,学生近九百人。

(一)我的那些小学生

学校为中国老师提供了教学大纲,往届志愿者老师也留下了他们的教案、试卷,用文字传达他们的宝贵经验。从前辈们留下的教学资料中,我们发现近几年的汉语教学内容并没有太多的变动,年级之间的教学主题也有不少交叉部分。这个学校开设汉语课程已有十年之久,学生应该有一定的汉语基础,至少不会是零基础。第一节课是三年级的,我准备了简单的日常用语测试学生现阶段的水平,当我走进班中学生争先恐后地向我说:"老师,您好!"这让我感到欣慰,学生很喜欢汉语,也具有一定的汉语基础。然而第一节课下来,发现三年级的学生仅仅只会几个常用的词语,这完全超出我的想象和预期。一周之后我对各个班级的汉语水平都有了大致的了解,学生的水平参差不齐。三年级的学生从幼儿园开始接触汉语,学生汉语虽然不是零基础,但也好不到哪里,一、二年级的更是如此。询问了五、六年级的志愿者老师,大家的情况都差不多。这也让我们认清楚了现实,一切还是要从零开始。

我的汉语课堂

(二) 自编讲义初试手

学生也没有汉语教材,之前的教材对于他们来说难度太大,学校便让老师自己按照大纲进行教学。学校教学设备比较简单,中文教具都需要教师自己制作,也没有多媒体设备,这对于习惯用多媒体进行教学的老师来说是一大挑战。

第一周的教学结束后,我意识到了之前准备的教学方案根本无法实行,学生还是要从零基础开始。没有教材,这对教学带来了极大的困难,学生每周接触汉语的时间少之又少,想要加大汉语的输入量也是不现实的。我们四位志愿者和校方经过一番商量,开始自编教材,教材的内容都是根据学校给出的大纲再结合学生的现有水平进行编写,以话题为主,如动物、植物、天气等。这些话题贴近学生的生活,大部分实物都是学生见过的,有利于给学生带来直观的学习体验。语言材料来源于日常生活,学生触手可及,能够在一定程度上调动学生的积极性,为之后的语言交际活动打下基础。一至三年级的课本更侧重于"说"和"听",对"写"不做过多要求,学生只要能够认出汉字就行。由于教材的打印和装订都要我们自己做,时间紧迫,最后只能以课页的形式提前一周发给学生。提前发给学生后,又出现了新的问题,不是忘家里了,就是找不到了。每次遇到这种问题都让我十分无奈,泰国的打印纸较贵,无论是汉语作业本还是教学课页,每个学生只有一份。为了避免这种情况,有的班级只能在课上发给他们。每周只有一节汉语课,汉语的输入量也只限于七八个单词,三年级会多增加一组对话。在课堂上我会更多地为学生提供运用汉语的机会,精讲多练,多提问,用所学的内容与学生进行简单的对话,尽量让学生开口说。基础阶段的学生要以鼓励和表扬为主,多为学生提供成功的机会,及时给予学生肯定。学生在尝试过程中,出现错误是在所难免的,此时要适度纠错,既不能忽视,也不能抓住学生的错误不放。

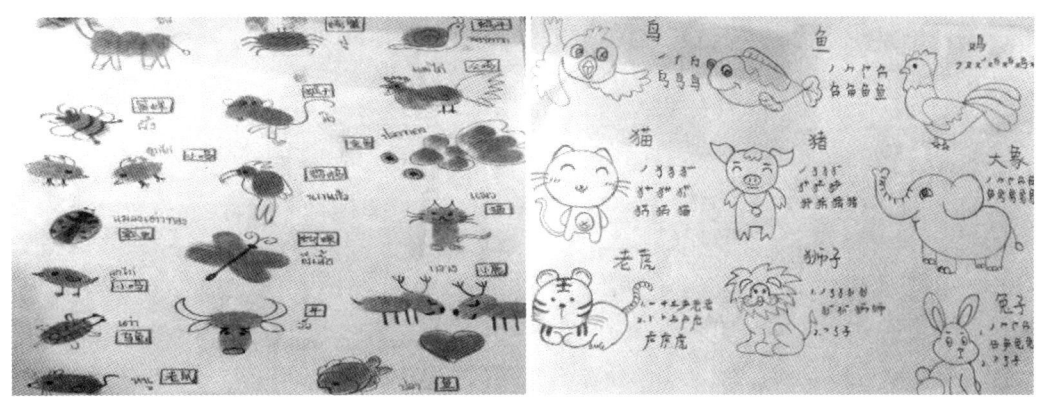

自制教具

(三) 多元方法齐上阵

我在教颜色这一话题时,有一个班级让我印象十分深刻。"绿色"这个词有的学生会读成"瑞色",有的学生甚至会发出弹舌音,我用手势模拟,不是十分直观,也解释不清,便让学生听我读,集体跟读了两次,没有学生发弹舌音了,但有的学生还是会读成"瑞色",又针对问题比较严重的几个学生进行两次单独纠正,仍然没有达到我想要的效果,但继续纠正将会打击学生的自信心,只能暂时放到了一边。在复习阶段,我用学过的"快乐"一词和"绿色"进行对比发音,这次比之前好多了。有些错误在纠正时无法达到立竿见影的效果,只能采取不同的方式慢慢纠正。

在泰国大部分学校都是一节课一小时,没有课间休息,这对活泼好动的小学生来说,让他们老老实实上课是不可能的,因此在这一小时要合理安排各个环节。我的学生年龄较小,他们热情、活泼、好动、不受约束,不喜欢遵守课堂纪律,所以每次都要抓住前二十分钟进行教学,这一段时间学生的注意力比较集中,剩下的几十分钟便开始闹腾了,想要完全按教学计划走是非常困难的。此时,我便准备一些课堂活动,如拼词卡、猜一猜、我问你答等,寓教于乐,同时也可以巩固所学知识,这也是操练的一种形式。这些活动会暂时吸引学生的注意力,让学生再次回归课堂。

学生之间的集体荣誉感是非常强的,教师可以抓住这一点设计课堂活动。我经常运用竞争机制,让学生分组比赛,激发学生的进取心,在课堂中开展学习竞赛,调动他们的积极性。课堂活动设计一定要符合现阶段学生的水平,不能太复杂,要具有可操作性。有一次我在二年级开展一个课堂活动,我希望所有学生都能参与到其中,就设计了"找朋友"这一活动,让学生分为四组,同时进行。为了便于学生理解,我提前让几个学生示范,但由于场地有限,学生较多,有的学生还不太清楚规则,现场十分混乱,完全未达到我所预期的效果。此外,课堂活动是为教学服务,不能喧宾夺主,脱离教学目的。在组织课堂活动时,教师要树立公平意识,让学生公平参与到活动中。学生十分重视公平问题,如果教师的行为有失偏颇,会破坏师生之间的信任,尤其是小学生。其实现阶段汉语课对我的学生来说,还只是兴趣课,而我要最大限度地调动他们的兴趣,而不是灌输死板的知识。

颜色词教学

动物词汇教学

所在学校还开设有汉语兴趣班,这是非强制性的,还要收取额外的费用,因此来汉语兴趣班的学生本身就很喜欢汉语,在课上会积极配合老师的教学工作,在课下也会抓住一切机会学习汉语,这些学生总会让我建立满满的信心。兴趣班上课学生是10个左右,小规模教学提供了很多便利,学生易于管理,教师可以更好地掌控课堂。为了给学生提供更好的学习体验,我会尽量使用笔记本进行教学,搜集可以供教学使用的视频、音频资料,加强教学的直观性。兴趣课的教学形式更加多样化,除了上课以外,也会教他们一些手工,如剪纸、折灯笼等。零基础的学生在非目的语环境中学习汉语时所能接触到的目的语文化是少之又少的,除非教师专门安排。我在兴趣班尝试教学生中国的古诗《静夜思》,借助课件提前将古诗的大致思想感情用泰语写出来,尽量让学生理解每句话的意思。我还插入了古诗歌曲和相关的手势舞,让学生动起来。泰国学生唱跳能力很好,只要有音乐,他们就可以随意舞动起来,这种教学形式也正符合他们的特点,教学效果自然十分理想。泰国学生的动手能力也很强,我的学生年龄较小,也十分顽皮,为了学生的安全考虑,很少教学生手工。在平时的课堂上,一学期会有1节手工课,教学生制作新年贺卡,提前让学生准备好材料,避免在课堂上使用刀具。兴趣班一星期两到三节,时间更加充足,手工课会多一点。通常手工课制作的东西都是与之前的学习内容有关,在过年期间会教学生学习和新年有关的单词、句子,手工课便可以教学生制作新年贺卡、折灯笼等,这也为学生提供了进一步接触中国文化的机会。

制作灯笼

画脸谱

(四)课堂管理活起来

课堂管理是每一位志愿者教师都必须面临的问题。我只会几句简单的泰语,刚开始上课时我会用英语辅助教学,一个星期下来后,我会发现大部分学生根本听不懂英语,学生听不懂,课堂就很容易混乱起来。所以学习赴任国语言是十分有必要的,尤其是课堂指令语,这有助于更好地管理课堂。我任教的学校采取的是班主任坐班制,上课时班主任就在教室里办公,有时会帮任课老师维持纪律。这群孩子,课上的小恶魔可不是说着玩的,在课堂上他们毫不拘束,有的学生甚至随心所欲,根本不会老老实实地坐在座位上,他们会以任何奇怪地姿态出现在课堂上,坐在地上,趴在地上,有的还会躺在地上,只有少数学生会乖乖地坐在座位上。一个班级大概有四五十名学生,有的班级将近六十,上课时我很难兼顾到每一位学生。泰国学生活泼好动,他们不怕外教,即使有泰国老师在班中,他们照样会捣乱,课堂管理真的是一大考验。有的班级只要班主任在,学生就不会太放肆,然而有的班级连班主任都拿他们没办法,天不怕地不怕。

课上的小恶魔

课下的小天使

每个年级都会有一两个管不住的班级,这一类班级让我十分头疼,每次上课都要斗智斗勇,不仅是脑力活,更是体力活。这时需要根据班级学生情况制定相应措施,学生的课堂表现关乎到他们的期末成绩,表现好的加分,表现差的扣分,每次加分和扣分都让学生自己在点名册上标注出来,学生能够切实地看到自己平时成绩的变化,对于大部分学生来说,扣分真的不是一件光彩的事情,这也会让他们暂时老实一会儿,有的学生还会因此积极表现,争取加分。适当的奖罚机制能够在一定程度上稳定课堂秩序。但是一年级的小朋友对分数没有什么概念,不是十分在意加分和扣分,所以我准备了小贴纸这种即得奖励,贴纸不能太花哨,不然学生会分心。我在上课之初也为学生制定过相应的汉语课堂班规,实行起来并未像想象中那么容易,如学生会在上课时会去接水、上厕所等,学生需直接向老师请示,这经常打断我上课,也十分浪费时间。没有课间休息,这种情况是在所难免的。为了不影响其他学生,我规定每次上课后,前五分钟可以出去接水、上厕所,向我请示时必须说中文,不然不可以,这也为他们创造了使用汉语的机会。当我真正地成为老师走近他们时,才明白什么叫"痛并快乐着"。

(五)课外辅导忙起来

这所学校是当地的一所私立学校,学生并没有我们想象中的那么轻松,他们有着各种各样的课程,经常参加大大小小的比赛,学习的内容相当丰富,学校对汉语的重视程度要低于其他课程,学生能分给汉语的时间也很少,即使如此仍然阻挡不住一些学生热爱汉语的脚步。每学期都会有 YCT 和 HSK 的考试，志愿者教师会在图书馆提供免费的辅导，每天中午学生吃过饭后会准时地跑到图书馆上辅导课，中午半个小时的辅导课学生格外珍惜。

此外，醒民孔子课堂每年都会举办中文演讲比赛，我们学校挑选了两名学生参加比赛。中文演讲比赛学校很重视，学生既期待又害怕，报名的学生都是该校的佼佼者，名额有限就择优选择。通常都是挑选高年级的学生，其中一位四年级的小女孩因为落选而难过到哭泣，对于被淘汰的学生我们感到万分不忍。通过学生和老师的努力，最后学生斩获"彭世洛府中文演讲比赛二等奖"。当我工作不顺时，我总会被学生的求知精神打动，他们有各种各样的问题，我们虽然语言不通，但学生毫不畏惧，总会使尽浑身解数大胆尝试，运用简单的汉语来表达自己。课下他们和你玩闹，丝毫不畏惧中国老师。走在校园中，很多学生都会热情地向我招手，给我一个大大的笑容，对我说一句"老师好"。每当此时，所有的疲惫都被他们温暖纯真的笑容所驱散。

中文演讲比赛

尾记

赴泰做汉语教师志愿者的经历，更坚定了我成为一名汉教人的决心。我所在的这个府虽然不像曼谷、普吉那样繁华，但这里的学校只要有条件都会开设汉语课。我们校长也曾经真切地问过我们汉办（现更改为"中外语言交流合作中心"）为什么不让志愿者老师教幼儿园，语言应该从小抓起。我在泰国认识的志愿者朋友，有的在任期结束后顺利到其他学校当外聘汉语教师。之前我会时常质疑自己毕业后能做什么，现在我看到了汉语教师的需求量如此之大，如果自己有足够的专业能力，又怎么会没有用武之地？回国后，由于疫情我暂时休息了一段时间，之后便着手国际汉语教师资格证考试，所幸这次的积淀和付出逐渐得到了回报。我也正按照自己的规划一步一个脚印，坚定地走向未来，迎接更好的自己。

第二节 "汉语怎么教"的信念

这是国际中文教师对汉语作为第二语言教学的内容、方法、手段的认识,即对"教什么"和"怎么教"的综合认识,具体涵盖教学目标信念、教材信念、教学法信念、语言偏误信念、媒介语信念、测试评估信念等。

1. 多元教学目标信念

"培养学习者中文交际能力"是中文教学的大目标。但具体表述可能根据教学实践的不完全相同而有所不同,有的教师以培养学习者"综合语言运用能力"为目标,有的以"运用中文进行跨文化语言交际能力"为目标,有的以"目的语言语技能和言语交际技能"为目标,有的以培养学习者"听说读写综合语言能力"为目标,有的以培养学习者"中文表达能力"为目标。可以说,表述呈现多样化的特点,侧重点也不尽相同,但本质上却都是围绕运用目的语进行交际的能力展开的。

在本书的文本叙述中,中文教师呈现出的海外中文教学目标会根据课型、课程地位不同而有所调整。在坚持"培养学习者用中文进行交际的能力"大目标的指导下,教师更多的是结合中文课程在所在学校的地位、所在国的教育理念以及课程的不同类型而有所变化。

有的教师是幼儿园中文教师,这所幼儿园所在的集团学校里还有小学和中学,在这样的背景下,学生的中文学习很可能处在一个持续性的课程体系中,教师就会注重基础知识的牢固性,同时以培养学习者的中文学习兴趣为目标。除此之外,有的中文教师接收的班级是不拿学分的,汉语也并没有纳入教育学分体系,教师认为如果按照常规方式上课会流失生源,并认为"培养学习者的中文学习兴趣就是埋下一颗主动学习的种子",也会以培养中文学习兴趣为教学目标;有的教师受到课型、学校或者学生需求的影响,教学中坚持"考教结合"的思路,就会以汉语水平考试为教学目标;有的教师的教学对象年龄偏大,中文学习动机相对稳定,也有一定的学习基础,这种背景下教师就会以提升学习者的汉字书写和写作训练为教学目标。

2. 教材信念

教材信念指的是中文教师对汉语二语教材的看法。传统的教材即教科书(textbook),广义的教材指一切可供教学使用的、各种类型的材料(teaching materials),是"师生用于促进语言学习的任何材料"。理论上说,教材不仅要有体现国别化的教材,更要有多元化的针对不同教学类型和教学对象的教材,比如通用汉语教材、专门用途汉语教材、成人使用的教材、青少年使用的教材等。

教材是中文学习资源的信念。教哪些内容涉及到教材选择和使用的问题。"当前,世界第二语言教学进入后教学法时代,教育领域迎来移动教育、泛在教育的转变,我们应当积极吸收教育理论和教育技术的创新,提高对教材的性质和功能的认识,将视野由传统的教材扩展到教学资源",除了主干教材外,教师需要给学习者提供练习册、试题集、挂图、词卡以及视频、网站、学习平台等数字学习资源。教材反映的是学科理论和教学实践的发展水平,教学中应该充分尊重教材的编写意图、内容选择和呈现方式,但"只教教材、死教教材"的观念和做法是不符合海外教学实践的,这一信念应抛弃。

在本书文本叙述中,教师基本持"教材是中文学习的媒介和资源"信念,教学使用过程中偏向以教材内容为主,根据学习者的语言水平和学习需要,对教材内容进行必要而适当改编的做法。海外中文教学环境差异明显,学校资源配置不尽相同,中文教师发挥主观能动性做了不少有益尝试。有的教师持"用教材教语言"的信念,不宥于一本教材,而是把相似风格的两套教材内容融合在一起使用,也避免了改编过程中出现无意纰漏的问题。在不能提供教材的学校,中文教师持"从学生需求出发根据主题编写教材"信念,以引发学生学习和交际反应,促进中文应用和体验为目标,在已有同仁编写的教材基础上继续完善教学内容或者另起炉灶进行编写,这些教师认为学生学习应该有所依托,教师还会把编写的教学内容和训练材料打印出来分发给学生。这在海外中文教师志愿者队伍中比较常见。

3. 教学法信念

教学法信念是指教师对汉语作为第二语言教学法的总的认识和看法。"教学有法,教无定法",如何实现汉语作为二语教学的教学目标,教师的教学方法起着重要作用。

互动的教学法信念。"课堂互动是正规教学环境下影响第二语言习得的主要因素",而且"互动是现代教育和教学所提倡的基本方法和理念"。第二语言教学中讲和练是一种教学常规形态和基本方式,李泉老师(2018)提出"互动的理念和做法比仅仅提倡'课堂教学要处理好讲和练的关系'的教学理念更具有规范性和操作性",认为互动的根本价值在于"通过师生、生生之间的互动方式,教师可以更准确地把握学习者对教学内容的认知、理解和运用的实况,从而可以更好地作用和影响教学进展"。这也和互动模式在语言课堂中体现的 IRF 模式相一致,即"教师发起、学生反应、教师提供反馈"三个阶段相呼应。几乎所有的国际中文教师都坚持互动的教学法信念,认为中文课堂教学需要高质量的师生互动。然而不同的教师实践出来的效果会有差异,熟手教师会从形式和内容上双向互动,互动的方式和内容会与学习者的应对能力和学习目标相一致,能在互动中使教学更具有针对性和实用性,从而与第二语言教学"培养学习者的语言能力"的目标属性相一致。相对的生手教师会经历一个调整的过程,会从注重形式的互动走向形式和内容相结合的双向互动。互动的方式一般有问答、交流、学生的神态和体态反馈等。互动中会使用比较多的活动,主要有如下几种:角色表演。教师认为通过进行角色表演活动,可以更好地促进学习者练习口语从而增加其开口度,同时还能监测学习者对所学内容的掌握程度并能及时发现偏误,这也是强调学习者主动性的一种做法;完成指令或者任务。这是持"功能操练信念"教师的具体做法。他们肯定反复操练对汉语学习的重要性,强调学习者对语言的交际应用,认为活动不仅是练习语法的隐形做法,还是训练学习者中文交际能力的重要途径。

多样、有趣的教学法信念。教师不拘泥于一种主要的教学法,而是会根据教学内容和学习者特点采用多元的教学法。譬如翻译法、直接法、交际法、任务型教学法、全身反应法等结合在一起。在实际教学操作过程中,国际中文教师非常注意在课堂上控制教学内容,并根据教学内容的特点采用多样的教学方法。譬如在练习方式上会采用多样有趣的方式,同一语法项目的练习,可以采用先给出例句,再提供情景让学习者产出句子、用语法点做替换练习、用语法点完成对话、完成游戏等多样方式来提高学习者的兴趣。教师坚持"培养学习者的学习兴趣是教师重要的任务"的信念,会把语言教学和文化活动相结合,会创设接近学生生活的课堂情境,鼓励学习者用中文表达自己想表达的内容,师生共同完成某些教学内容等方式培养和提高学习者的学习兴趣。又譬如汉字教学,适当编一些口诀、歌谣、顺口溜,还可以利用多媒体以生动形象的方式进行笔画、笔顺、部件和结构的教学,就会避免枯燥乏味的机械学习。练习方式上比如用描写、临写、抄写、组词等方法让学生掌握汉字的形、音、义。在解释字义时可以采用图片法、古文字法、实物释义法等。

整体上,文本叙述中发现大多中文教师持"学生的课堂参与很重要,教学要关注学生的学习效果差异及其原因,课堂学习活动需呈现交际化特点"的大教学法信念。在教学实践中,教师对"教学有法,教无定法"有着更深刻的看法,能积极主动去根据学习者的学习风格和整体的个性特点设置教学方法,并能根据实际的教学效果进行及时的调整。这些教学信念和赵金铭先生提出的"把'以学生为中心'理解为,'教什么''怎么教''何时教'和'怎样评'都应该根据学生的情况而决定"的观点基本一致。

4.语言偏误信念

语言教学还涉及到教师对学习者呈现出的语言偏误的看法,即教师的偏误信念,具体包括对学习者产生偏误的看法以及是否应该纠错,如果应该纠错该怎么纠,纠错对语言学习有多大影响等的看法。就"学习者呈现的言语表达错误是否正常"这一看法,几乎所有教师都认为这是一种常态现象,有的教师还把学习者的语言偏误看成是学习者主动学习、主动试错的一种积极的表现(毕竟不表达就不会出错)。形成共识的看法是,偏误是学习者学习目的语时的常态,是正常现象;面对学习者出现的偏误,要适当纠错,不是完全不纠也不是见错就纠;不同教学环节其纠错时机不一样;学习者的语言水平、偏误性质、学习者的特点等因素会影响教师的纠错标准。

关于教师的偏误观,李泉老师(2018)提出这样的参考意见:语言偏误是二语学习过程中的常态,要有容错的信念;偏误不是洪水猛兽,恰是学习者二语学习的标记,对学习者、对教师都是有价值的;不必时时处处有错必纠,也不应时时处处永不纠错,教师要有纠错的意识和本领,要有辨别应纠偏误的能力,要有纠错的意识和本领。

文本叙述中中文教师对学习者偏误的纠错信念有一个排序,呈现出语音偏误＞语法偏误＞词汇偏误＞语篇偏误的特点。有意思的是教师同一偏误类型的纠错信念呈现多元化特点。譬如语音偏误方面的信念,有的中文教师认为"学生正确的发音习惯非常重要,尤其是初级阶段的学习者",语音偏误纠错力度大;但有的教师认为不影响交际的"洋腔洋调"是一种常态现象,对待语音偏误就比较宽容;有的教师认为声调的准确性高于语调的准确性,对声调纠错较为严格;有的教师认为汉语的特殊音素需要准确发音,但不是全部的特殊音,比如 ü 音就要尽可能正确,但舌尖后音 zh、ch、sh、r 要求相对就没有 ü 那么严格。这源于教师这样的二语语音学习看法:部分汉语母语者也存在一定的舌尖后音发音困难,如果母语者也发不好的音就不应该对二语学习者过于苛责。有的教师赞同让学习者之间相互纠错,比如小组成员间的相互纠错,或者是找出一个学习者作为"小老师"或"教师助手",让"小老师"指导其他语音不标准同学的做法其优势在于,"小老师"会给其他学习者用自己的母语解释,更利于沟通,也有利于形成榜样的力量。有的教师期望通过引导和点拨让学习者自我纠错。

教师的语言偏误信念受到多种因素的影响。相对来说,新手教师的纠错信念系统并不稳定,一些信念不能完全转化为教学行为。一些教师受到自身学习经历的影响,可能会忽视某一类型的语言偏误。一些教师受到学习者的反馈影响可能会调整自己的纠错力度。另外,学习者的性格也会影响教师纠错信念等。

5. 媒介语信念

媒介语是"教师进行课堂教学所使用的语言"。在国际中文教学领域,媒介语通常指"为了方便汉语初学者的学习而使用的一种师生双方都能够理解的辅助教学语言"。媒介语是一种教学语言,使用对象一般为初级水平的学习者,使用的目的在于给二语学习者提供方便。对于二语教学学界是否可以使用媒介语一直持有不同的看法。一部分研究者认为教学媒介语应全部使用目的语,避免媒介语的使用,这与克拉申的"输入假说"中关于可理解的语言输入促进习得的观点一致,也与二语习得研究中"二语习得基于大量的二语输入"的观点相契合。一部分研究者如(DiCamilla&Anton,2012)提出的二语课堂中不应担心学习者母语的出现,相反的,初学阶段应努力创造机会发挥使用媒介语的优点。库克(Cook,2006)指出二语教学中使用一定数量的媒介语进行教学能够有效地密切师生关系,有助于二语教学的开展。这也与刘弘(2015)针对一位三年教龄教师的对外汉语教师课堂教学语言使用情况考察的个案研究结论相一致,该教师在对外汉语课堂上使用英语的目的"不仅包括帮助学生理解语法和词汇,还包括借此来提高课堂教学的效率"。

在中文教学媒介语使用信念上,"中文教学最好要减少媒介语的使用,能不用最好不用,但掌握媒介语是必要的""课堂上应该有计划地使用媒介语""根据课堂教学实际选择媒介语的使用频率"等的媒介语信念并存。一部分教师认为教师的媒介语或者学习者母语的流利程度会影响学习者的态度,如果教师对赴任国语言掌握较好的话,可以和学习者有更多的交流并能迅速拉近彼此距离,还能引导学习者建立起一种积极的语言学习态度,起到鼓励作用。但教师的专业背景不同,教师使用媒介语的程度还是有所差异。一般来说,对外汉语或者汉语国际教育专业出身的教师受专业课程学习的影响,坚持"用目的语讲目的语"的信念更明显。

值得关注的一个问题是,"课堂尽量不使用媒介语"的教学信念会发生一个变化。前文说过,教师在最开始教学时会出现一个"高估学习者汉语水平"的现象,然而真正开始教学实践后,发现学生水平比预期的要差一些,即便是已经上过一到两个学期的中文课,等新一任教师接手时学生的基础还是约等于零起点,教学进度也没有预期的那么顺利,加上可能教师本人也并不是完全具备用中文进行教学的能力,就出现了某些教学内容或者课堂指令借助学习者母语或者媒介语的情况。部分教师表示用学习者的母语作为教学指令能取得比较理想的教学效果。

6. 教学测试与评估信念

教师在教学过程中对学生和自我教学的测试评估认识和看法形成了教师的教学测试评估信念。教学测试与评估是国际中文教育教学的重要组成部分。教学测试和评估既能客观反应教学效果,督促学习者调整学习方法,又对教师、教学决策者、管理者起着重要的指导作用。语言教学测试能准确评估学习者的学习能力和学习效果。语言学习过程中,语言输入和输出常常是不对称的,不能做到完全成正比,也会时常出现语言技能表现不协调的情况,这种情况就需要及时对学习者的语言能力进行测试与评估。语言教学测试是"采用一定手段对人的语言能力进行测量的工作",教学评估是"利用各种与语言能力有关的资料和信息对人的语言状况或水平进行评价的活动"。通过测试与评估,"测量出汉语学习者的语言能力或者潜力,检查汉语教学质量并且引导和指导教学"。

多元化的教学测试信念。教学测试是教师及时了解和掌握学习者学习情况以及教师教学效果达成度的重要途径。选择合理的测试方式和题目进行教学质量测评是教师的必备功。常用的测试有标准化测试、阶段性测试、短期测试、课堂提问四类。具体的测试方法有:标准化考试、入学前水平测试、期中考试、期末考试、作业测试、小测验、随堂测试、课堂提问等形式。教师除了实施常规性的阶段性考试外,短期测试的频率因人而异,课堂提问因其直接、简便和及时的特点成为教学测试常态。

客观的自我教学评估信念。教学评估要多元化、全面化,除了语言测试,课堂观察、成绩比较、问卷调查、学生访谈、教师日志、学生档案袋等都是教学评估的方法和手段。获得科学的评估成果需要配合多种手段,评估结果相对才会真实可靠。

利用测试和评估促进教学发展的信念。测试和评估是教学流程的一部分,分析测评效果的产生原因,调整或者改变教学方法,其最终目标是让学习者积极地学习中文、逐渐建立汉语思维习惯,并用汉语进行交际的教学目标。

文本叙述中,教师的测试和评估手段是多元的。有的教师顺利编制各种测验题目,有的教师设置带有趣味性的作业,有的教师在课堂提问中设置单人回答、小组回答、抢答、计时答等灵活多样的方式,这些测试成为教学的常规化手段,使得测试和教学紧密结合。

下面的四篇国际中文教师叙事文本《四年汉教路纪实》《如果没有走汉教这条路》《小城大爱》《我与Surasakmontree的倾城时光》主要是围绕教学目标信念、教材信念、教学法信念、语言偏误信念、测试评估信念等有关"汉语怎么教"的教学信念展开的。

国际中文教师叙事文本(9)

本文以作者在菲律宾和阿尔及利亚的中文教学理念为叙事主线。其中,提出的"以HSK为教学主线,生活口语教学为副线"的教学法信念是教学目标信念和测试评估信念的集中体现。

作者简介: 李超,2016届平顶山学院汉语言文学(文秘方向)专业毕业生,福建师范大学汉语国际教育专业硕士。2017—2019年赴菲律宾红溪礼示孔子学院任汉语教师志愿者,2019年以来在阿尔及利亚奥兰大学任公派汉语教师。

四年汉教路纪实

三十岁之前,我先后在两个国家教汉语,一个是基督教国家菲律宾,另一个是伊斯兰教国家阿尔及利亚。

一、菲律宾教学经历及文化体验

2017年7月,我来到菲律宾红溪礼示大学孔子学院下属教学点开展汉语教学工作。我所在的项目是红溪孔院的"教育部项目",即红溪孔院与菲律宾教育部合作,为菲律宾公立中学培训汉语教师师资的项目。该项目的汉语志愿者教师的主要工作是负责三所公立中学的本土汉语教师跟踪辅导、辅助本土教师开设中国文化课、组织中国文化活动和YCT汉语考试等。每年7月中旬赴任,次年3月下旬离任,每个任期为8个月左右。我的教学点位于大马尼拉地区,我在这里工作了两个任期,对自己负责的三所学校的汉语教学情况有一个比较全面的了解,接下来我将其进行简单介绍。

2017-2018年菲律宾大马尼拉地区三所公立中学的汉语课情况

学校	年级	课程性质	每周课时数	学习年限	本土教师数	班级数	平均班级人数
A	7—8	必修课	3	2	2	8	35
B	9—10	选修课	3	2	1	2	30
C	7—10	选修课	5	4	2	4	3

由上表可知:

(1)菲律宾公立中学的汉语教学对象为7—10年级学生,在菲律宾7—10年级为初中,11—12年级为高中。

(2)除个别学校将汉语课纳入必修课外,其它菲律宾公立中学的初中生是可以自主选择一门外语进行学习的,其它外语有日语、韩语、西班牙语、法语和德语等。

(3)无论是从每周课时数还是学习年限来看,汉语课的学习时长是有充分保障的。

(4)菲律宾公立中学的汉语教师是从各公立中学在职教师中遴选,经校长推荐,来到红溪礼示大学孔子学院接受连续三年的暑假强化班学习,大部分老师的汉语水平能达到HSK2-3级水平,可以胜任YCT1-4级的汉语教学任务。

(5)三所公立中学的汉语学习人数差别较大,主要还是A校将汉语课设置为必修课的原因。

目前菲律宾公立中学使用的教材是《快乐汉语1-2》,每个学年学习一本教材,即学习一年汉语参加YCT1考试,学习两年汉语参加YCT2考试,以此类推。根据本土教师教学实际来看,YCT1-2通过率非常高,几乎能达到100%。不同学校会根据本土汉语教师水平开设YCT3和YCT4的汉语课,教材也将推荐使用《YCT标准教程》系列对应教程进行学习。

(一)教学工作理念

关于本土汉语教师周末辅导工作我的主要做法:

(1)主动沟通,了解本土汉语教师的汉语水平、汉语教学情况、汉语学习计划等,在此基础上为其制定专属学习方案,有条件的情况下多观摩本土教师上课。

(2)最常见到的情况是本土教师以有兼职、工作忙、在职读研、家里事情多等各种理由拒绝参加周末面授辅导,针对这种情况,可以采用录制课程的方式,拷贝给本土老师,要求其在规定的时间内学习,并给出阶段性测试。这种方法可以督促本土老师利用碎片化时间进行学习。

本土教师跟踪辅导

关于文化活动组织与开展工作。由于菲律宾公立中学原则上不允许外国教师直接参与课堂教学,因此汉语教师志愿者需要与本土汉语教师沟通,在得到对方允许的情况下进行中国文化课教学及组织一些中国文化活动等。

作为志愿者教师,我曾做过以下活动:

(1)菲律宾每年的外语才艺大赛含有中国知识竞赛,内容包括中国文化知识和中国国情知识,要求学生能听懂中文问题和选项,在规定的时间内能选择出正确的答案即可。志愿者教师可以帮助本土教师去整理翻译相关的题库并加注拼音,来帮助本土汉语教师辅导学生参赛。

(2)留心、关注有关中国的节日、热点新闻、热播影视剧、流行歌曲等,搜集整理相关教学材料去设计一些中国文化漫谈系列专题,先与本土老师进行讨论和交流,然后请本土老师将这些内容教给学生,自己去现场观摩。

(3)和本土老师一起组织一些汉字文化课,教学内容主要以象形字、会意字为主,学习之后可以组织学生用毛笔来摹写小篆书法作品。

(4)在举办中国文化活动方面,每年有汉语文化角活动,全校师生都可以来汉语教室参观,可以辅助本土教师在教室里面布置中国人物图片展、学生汉语学习笔记展、中国美食品尝、谜语树、现场手工制作等内容,同时还会组织学生表演一些中文歌曲和跳舞等。总之,志愿者老师要积极主动与本土老师沟通,大胆提出自己的教学规划和计划,当地老师对汉语教师志愿者的工作都会给予比较积极的配合和支持。

关于YCT工作。YCT汉语考试每年11月份举行,志愿者老师在辅助本土教师组织考试时要做到紧密沟通,需特别注意如下问题:

(1)保证学生报名信息的准确无误。

(2)考试收费要及时,以便最终确定报名人数。

(3)考试时间要与本土教师协商(在孔院规定的截止时间之前完成)。

(4)参与监考的其它本土老师的监考费发放核对与沟通。

(5)要求监考老师在考试之前对学生如何填写答题卡再进行强调,考试结束要对答题卡再进行全面检查,确保准备无误。总之,汉语考试需要与本土教师保持沟通,这样才能有条不紊地完成考试。

(二)菲律宾文化体验

菲律宾的宗教、气候、学校学年时间、生活方式等都与中国有很大差别,因此我将从以上四个方面谈一下我的体验。

1. 基督教对菲律宾人行为的影响

菲律宾是一个基督教国家,大部分人信仰基督教。基督教对人们的影响很大,例如:有很多宗教节日。菲律宾人喜欢过节,尤其以圣诞节为重,每年从九月份就开始筹备。平时的宗教活动主要是每周六去教堂参加宗教活动。在学校,学生课前会集体做祈祷,然后再上课;教师在办公室也会利用工作间隙对着一些神像做祷告。

菲律宾学生课前祈祷仪式

2. 气候对菲律宾人性格的影响

菲律宾属于热带季风气候,全年平均气温在30摄氏度以上,每年分干湿两季,每年12月到3月是旱季,4月到11月为雨季,雨季台风多,台风期间会经常停水停电,学校也会放假。受炎热气候的影响,菲律宾人的性格比较温顺,遇事不急不躁,喜好说笑,活泼开朗,热情好客,大人小孩皆如此。他们喜欢举行各种派对和活动,人人能歌善舞,晚上经常能看到有人在露天KTV。学校也经常会举办各种各样的文化活动,其中校庆是每个学校一年一度最隆重的校园活动,学校会举办大型文艺演出,邀请学生家长来学校观看学生们的表演。

3. 菲律宾公立中学学年安排及有关中文赛事

菲律宾公立中学每年4~5月是暑假,两个月假期,6~10月为第一个学期,11~3月是第二个学期,第一个学期结束会有两周的假期,第二个学期中会有2周的圣诞和新年假期。红溪孔院每年会在11月~次年3月举办一些固定赛事,例如:"本土汉语教师教学技能大赛""我和中国征文大赛""FOT外语才艺大赛(中文)""全菲公立中学YCT考试"。其中"FOT外语才艺大赛(中文)"是红溪孔院与菲律宾教育部联合举办的比赛,包含中文歌曲大赛、人物Cosplay大赛和中国知识问答大赛三个部分,参赛人数最多,影响最大。

4. 菲律宾的生活体验

菲律宾的官方语言是菲律宾语和英语。在菲律宾,学习一些菲律宾语的话,同事、校长和学生都会更喜欢你。当然,只会英语,在菲律宾工作、生活也是非常方便的。菲律宾马尼拉时间和中国北京时间无时差,因此和国内亲朋好友沟通没有时差问题。在菲工作期间,学校管早餐和午餐,自己可以做饭解决晚餐和周末食物。菲律宾公立中学的汉语志愿者教师是在负责的几所中学轮住,一般一学年换一次。

本土教师为汉语志愿者教师离任组织的欢送会

二、阿尔及利亚教学经历及文化体验

2019年3月,两年菲律宾汉语教师志愿者工作正式结束。同年6月,我也从福建师范大学硕士顺利毕业,7月,国家汉办(现为"语言合作中心")公布2019年夏季公派汉语教师选拔通知,那时我正好符合报名资格。从专业发展、未来职业发展规划、自身外语能力提高以及薪资待遇保障等多方面考虑,我认为能成为公派教师将是一个非常不错的选择,于是果断报名,最终成功上岸。

(一)阿尔及利亚教学经历

1. 奥兰大学汉语教学情况及存在的问题

2019年12月,我来到阿尔及利亚奥兰大学开展汉语教学工作,目前处于在岗状态。奥兰大学汉语教学点成立时间是2012年12月,是在大学的语言强化中心(CEIL)进行的。目前主要分为三个级别,分别为A1-1,A1-2和A2-1。其中A1-1由奥兰科技大学的教师付婷美老师负责授课(曾在武汉大学留学6年);我主要负责A1-2和A2-1的授课。

语言强化中心的语言学习属于收费课程,对于学生和老师,一个阶段语言学习的收费标准为3000 Da(1元可以兑换25 Da),其他人员收费标准为5000 Da,通常情况下一个阶段的学习时长为40个小时。

第二章 国际中文教师的教学信念

2021年12月,奥兰大学语言强化中心搬迁到学校图书馆大楼一楼办公,有4间教室,教学环境与之前比较,有显著改善和提高,教室可以容纳20人左右同时上课,教室配备有台式电脑、投影仪和幕布,可以进行多媒体教学,提高了汉语教学的视听化程度。

2012－2021年奥兰大学CEIL汉语学习人数统计表

汉语级别	2012—2013	2013—2014	2014—2015	2015—2016	2016—2017	2017—2018	2018—2019	2019—2020	2020—2021
A1/1	5	22	40	49	0	19	34	30	20
A1/2	0	6	8	20	0	0	21	7	7
A2/1	0	1	0	5	0	0	6	4	7

表中相关信息:

(1)2012—2013年只有5人的主要原因是教学点刚成立。

(2)2016—2017学年无学生的原因是因为无教师,2016—2017学年只有A1—1,其它两个级别无学生的原因是只有本土汉语教师付老师而没有公派汉语教师,而付老师只有每周六有时间来语言强化中心兼职教汉语。

(3)汉语学习人数在2015—2016学年达到峰值,为74人。

(4)2019—2020学年主要是因为疫情,少招收一学期学生而造成学生人数减少。

从上述变化可以得出以下结论:

(1)该教学点生源人数比较固定,在无疫情影响的情况下,每学年的学生人数在50人左右。

(2)教师队伍的稳定性直接影响A1-2和A2-1的招生情况。

(3)A1-1,A1-2和A2-1学习人数呈递减趋势,符合语言学习规律,即随着语言等级的提高,学习难度加大,学习人数会减少。

目前,奥兰大学汉语教学点存在如下问题:

(1)开设了三个级别的汉语课,对于有更高需求的汉语学习者而言,无法满足要求。主要原因还是很多人不知道这里有汉语教学,另外坚持学下来的学习者人数较少,无法达到开设更高水平汉语课的要求。

(2)生源构成比较复杂,在读大学生占比一半,专业背景有药学、平面设计、牙医、英语、电气工程等;另一半为在职教师和社会人士。通常情况下,在读大学生的出勤是最高的,其它人员的出勤比例比较低,进而影响整个教学进度和质量。

(3)学生中存在英语水平不高的情况,尤其是年级较大的学习者,只会法语和阿拉伯语,这对教师提出了更高的要求。

(4)很多在职人员虽然有汉语学习需要,但是由于教学点的时间安排比较固定,很多人无法协调时间。

2. 我的教学理念

教学年龄（教龄）对教学经验的积累非常重要，教龄越长对所教科目的理解和领悟就越深刻。四年的汉语教学经验让我形成了自己特有的教学理念。

（1）重视HSK考试的指导作用。HSK考试是目前为止汉语教学界最权威的参考资料，是各级HSK考试大纲的具体体现，多角度研究HSK考试题目有助于汉语教师准备把握各级HSK教学重难点，统筹安排教学进度和内容。

（2）重视培养学生的汉语口语交际能力。生活口语的目标是培养学生运用汉语进行日常交流和沟通的能力，讲究真实和实用。总体而言，HSK教学是主线，生活口语教学是副线，两者相互促进，互为补充。

3. 教学计划

以2021年第一学期为例，教学周为10周，每周1次课3个小时，A1－2和A2－1的授课目标是分别达到HSK2和HSK3的水平，两个级别的学生人数均为7人。我的教学计划为1~5周教授新知识，6~8周复习，9~10周考试。为了贯彻自己的教学理念，新知识教学主要分为生活词汇、汉字、阅读、口语和听力五个模块，考试也对应这五个模块出五份试卷进行有针对性的考查。其中阅读、听力、汉字三个模块的考试内容均选自HSK2和HSK3试卷。生活词汇和口语问题则进行专门设计，其中两者关联度很高。

4. 教学内容和方法

我的教学内容及相应的教学方法可以归纳为如下四点。

（1）HSK2和HSK3的词汇表（按字母顺序排列）学习，教学方法主要是造句举例或者给出常见的词汇搭配，这是推进教学进度比较有效的教学方法，词汇表在教师的补充下，学生更易于记住词汇表的内容，这个过程是必须且必要的，注意：教师在补充时要力求简单、实用。

（2）HSK2和HSK3分题型学习，精选每个题型的题目作为教学内容进行学习，教学方法主要是语法翻译法。因为HSK考试题目非常灵活，常常会出现旧词新义的情况，并且每道题目都具有很强的目的性和逻辑性，这种优势是教材无法取代的。

（3）汉字教学主要讲解汉字笔画的名称、汉字书写规则、常见汉字偏旁、造字法（形象字、会意字和形声字）等，将汉字书写放在课后完成，每次课后给学生布置25个汉字书写作业，每个抄写20遍，时间为一周时间，下次课之前学生将汉字书写作业拍照发给我，课堂上对学生汉字书写作业中易错的地方进行重点讲解并进行正确的汉字书写示范。

（4）生活词汇教学，素材均精选自脸书（facebook）上的汉语学习小组，每张图片都有一个主题，里面的每个词汇都配有图片、汉字、拼音和英文翻译，在学习词汇的过程中，教师会围绕这些词汇提出一些实用的问题，教学生如何回答。整个汉语教学过程中，要注重调动学生学习的积极性和主动性，尽可能给学生创造更多的开口说话的机会，例如：纠音方法：请一位学生领读，其他同学跟读，如果领读读错了，其他学生能及时进行更正，如果没有人发现错误，老师再进行更正。听力方法：请一个学生朗读听力材料，其他学生做听力练习。

5. 复习讲义设计思路

课程结构构成：讲课：复习：考试＝5：3：2，其中复习阶段是重点，如果做不好复习阶段的工作，讲课再好或者考试题目出的再好，学生的获得感也不是很强。我们常说"不考试，学生所学知识就会全部还给老师"，考试成功的关键就是复习，专门留出时间老师指导学生科学高效地复习巩固所学内容，才能帮助学生顺利通过考试。在复习阶段，我将分别制作生活词汇、汉字、阅读、口语和听力五个模块的复习讲义供学生复习使用，讲义结构与考试试卷结构一致，讲义内容三倍于考试内容，并告诉学生这些就是考题的范围，认真复习这个讲义就能顺利通过考试。

除生活词汇和口语之外，其他复习讲义的编写框架和考试题型是对应的，以考试题目的形式呈现，通过三倍于考试内容的量来达到督促学生掌握所学语言知识的目的。理论上，考试题目是从复习讲义中抽取，大部分的题目不变，只是在关键的地方进行局部修改。在复习阶段，教师会对可能有修改的地方进行补充说明，要学生在复习时要有所注意。复习讲义的考试题目均选自HSK考试题目中的中高难度的题目，排除过于简单的题目。

6. 考试题型及分值

我的教学目标是A1－2和A2－1分别对应HSK2和HSK3考试，因此，在考试题型的选择上更多地参考这两个级别的考试题型，根据HSK考试题型专项教学发现，学生反映对有图片的HSK题型来说难度不大，因此考试题型就排除了这一部分题目，主要参考那些不含图片的题型。同时结合不同考试类型也引进了一些HSK考试中没有的题型，这部分我做得比较细，具体如下：

一、生活词汇试卷题型（有拼音）

生活词汇复习内容均精选自课堂教学中使用的生活词汇图片，共由21个话题，大约200个词汇。生活词汇考试题型及分值如下：

1. 汉字（拼音）与英文翻译5－5匹配，共计8题，40分。

2. 词语主题分类，即给出15个词语和3个主题，要求学生将15个词语归入3个主题中，共计2题，30分。

3. 排除不同类话题的词语，即一组5个词语，其中一个词语与其它词语不属于同一个话题，共计10题，30分。

生活词汇题的出题目的在于将同一话题的词汇打乱，要求学生在打乱的词汇中识别这些词汇的意义或者类别。目前题型数量太少，有必要在今后进行进一步探索和开发，例如：完型填空、选词填空等方向。

二、汉字考试题型（无拼音）

汉字考试的内容均选自HSK2或HSK3词汇表。

1. 写出汉字的笔顺，共计10题，10分；

2. 汉字与拼音5－5匹配，共计4组，20分；

3. 汉字与意义5-5匹配,共计4组,20分;

4. 看拼音写汉字,共计20个,20分,例如:(Xià)雨;

5. 将词语排序组成正确的句子,5题,10分,例如:A.您 B.见到 C.高兴 D.很;

6. 抄写汉字,20个,20分,例如:黑颜喜舞菜等。

汉字考试题型考查能力有:(1)单字笔顺书写规范且正确的能力;(2)识别词语的发音、意义和在词语中默写字的能力;(3)词语意义和发音的认读,以及组词成句的能力;(4)复杂汉字抄写正确的能力。以上题型皆针对初学汉字学习者,考查能力比较全面,对学生系统学习汉字有比较好的指导意义。

三、听力考试题型(有拼音)

听力考试题型也主要选自HSK2或HSK3题型。

1. 数字题,5题,10分,重点考查学生对钱数、日期、时间、房间号等数字的理解。

2. 情景题,5题,10分,重点考查学生根据对话信息来判断对话发生的地点、对话者的工作、对话一方的意图、对话双方讨论的话题等。

3. 数字推理题,5题,10分,重点考查学生根据听力材料中的数字及关键词对数字进行加减计算,常见的有年龄、频次、时间、年份、日期、体重等。

4. 换种说法题,5题,10分,重点考查学生对同一种含义的不同表达方式的理解,例如:没有时间的同义词有:上班、忙、有事情等。另外也喜欢考反义词,例如:很近与不远。

5. 二选一,10题,20分,三个选项中有两个选项在听力材料中出现。

6. 三选一,2题,10分,三个选项均在听力材料中出现。

7. 听材料,判断句子正误,10题,30分,该部分容易考查同一种含义不同的表达方式、数字推理、情景猜测等类型的题目。

听力考试题型是在分析HSK听力考试单选题的基础上进行分类的,旨在帮助学生理出听力题目的复习思路,题型对学生在听力时的思维方式有一定的提示作用。对于"听材料,判断句子正误"的题型,虽然是正误判断题,但是在真实汉语听说交际中有很强的实用价值,因此建议在汉语课堂上多加应用。

四、阅读考试题型(有拼音)

1. 选词填空5-5匹配,4组,20分,该部分考查学生根据句子或对话来选择适合的词语,其中名词、动词已考查意义为主,助词以考查语法意义为主,例如:的、地、得;着、了、过等。

2. 先阅读材料,后判断句子对错,10题,20分。

3. 选阅读对话,后选择三选一,10题,20分。

4. 对话匹配题5-5匹配,4组,20分,该题型重点考查学生对对话语境的把握。

5. 将词语排序组成正确的句子,10题,20分。

阅读考试题型,除选词填空、对话匹配和词语排序外,其余两种题型均选自HSK听力题,这些听力题在HSK阅读题中也有相同题型,特此说明。

五、口语考试题型

口语考试以实用为主,复习讲义精编了30个问题,这些问题大都和生活实际紧密相关。口语考试过程中,教师像平时聊天那样和学生交谈,在学生困惑时,会适度给一些提示,例如:你的出生日期是什么时候?当学生不理解问题时,老师可以换种问法,例如:你是几几年几月几号出生的?最终引导学生说出正确的答案,当然,不能说英语等辅助语言进行提示。提问不能形式主义,要对学生的回答多问为什么,以此达到真正的交际目的。例如:你喜欢什么样的天气?为什么?

口语考试也是一门综合考试,它可以对学生掌握的汉字、词汇、语法、语音语调、中国文化进行全面考查。

1. 汉字考察:可以问学生某个字怎么写,例如:"女"字怎么写,让学生按照笔顺的顺序说出每个笔画的名称,以此考查学生对汉字笔画名词的掌握。

2. 词汇考察:要求学生说出与某一个话题相关的词语,例如:请说出三个有关职业的词语,来考察学生对话题词汇的掌握情况。

3. 语法、语音和语调的考查:主要是通过与学生对话来了解学生汉语输出中是否存在语序不当、语音语调不当的问题。

4. 文化考查:语言与文化是密不可分的,可以通过设计一些口语问答题来考查学生对中国文化的了解,例如:你喜欢唱中文歌曲吗?你最喜欢的中文歌曲叫什么名字?这首歌是谁唱的?或者是你喜欢旅游吗?如果有机会去中国旅游,你最想去中国的哪个地方旅游?前者是讨论中国音乐,后者是讨论中国地理。

口语考试也是调查学生汉语学习情况的好机会,可以设计不同的题目来达到调查目的:

1. 了解学生对汉语课的真实感受,例如:汉语课哪一部分最简单?汉语课哪一部分最难?你最喜欢哪一部分?

2. 了解学生学习汉语的动机,例如:你为什么学习汉语?

3. 了解学生每天学习汉语的时间,例如:你每天学多长时间汉语?你为什么学习汉语?等等。

(二)阿尔及利亚文化体验

阿尔及利亚是一个非洲国家,大部分人信仰伊斯兰教。宗教对女性穿着要求严格,例如已婚女子外出时会全身用黑布包裹,只露两个眼睛;宗教对饮食的要求严格,例如穆斯林禁食猪肉、禁饮酒等,斋月期间,从日出至日落不能吃食物也不能喝水。

阿尔及利亚的官方语言是现代标准阿拉伯语和柏柏尔语,但是人们日常习惯说当地阿拉伯语方言 Darija,法语成为国家行政、贸易和教育领域的专用语言,大部分中老年人能说一口流利的法语。相较与菲律宾,来阿国会说法语或阿拉伯语是非常必要的,否则工作和生活会遇到很多问题。

阿尔及利亚曾是法国的殖民地,所以在很多方面都有法国的影子。饮食上,当地人就喜欢吃各种各样的法式面包和甜点。去当地人家里做客,常见的招待客人的食物就是这些法式面包和甜点,还有放有薄荷和冰糖的绿茶。人际交往上,当地人也流行贴面礼,即以互吻两颊来表示欢迎。当然中国人与阿国人交往时可以用握手来代替贴面礼。去当地人家里做客,主人会热情地给客人端上一些法式甜点和面包,以及一杯放有薄荷和冰糖的绿茶。

阿尔及利亚国土面积位居全球第十,非洲第一,不过国土面积三分之二都是著名的撒哈拉沙漠,不适宜居住,大部分国民居住在沿地中海一带。我所居住的城市奥兰也是一个海滨城市,属于地中海气候,冬季温和湿润,夏季炎热干燥,降水主要集中在冬季,夏季几乎不下雨。阿国是一个产油国,石油价格便宜,普通汽油一升一元钱,汽车自有率较高。

奥兰大清真寺

2021年庆祝中国新年留影

三、海外中文教师之路感想

我2016年考研,以第一志愿上岸福建师范大学文学院汉语国际教育专业(目前已停招,招生名额转至海外教育学院),2016年12月份参加汉语教师志愿者选拔,报考志愿是福建师范大学合作的孔子学院"菲律宾红溪礼示大学孔子学院",相对来说比较容易上岸。2019年7月参加孔子学院夏季公派汉语教师招聘(志愿者转公派教师专场)第一志愿苏丹喀土穆大学孔子学院(当年停招),调剂到同属北非地区的阿尔及利亚奥兰大学教学点。以上即是我的海外汉语教师之路,总体而言,比较顺利。我认为海外汉语教师之路由于是海外就业,能坚持走下来的人很少,同期赴菲汉语教师志愿者250余人,坚持从业者不足10%,因此坚持就是胜利。如果你立志长期从事汉语教学工作,本科毕业时就要考研,同时也建议在本科毕业时参加汉语教师志愿者选择,先工作一年,再回来读研也是一个不错的选择,这对今后的论文选题和写作是非常有帮助的。如果仅仅想体验一下汉语教学工作,也非常欢迎,考研就不是必选项了。在考研择校方面,要首先对自己有一个全面认知,量力而为,争取一次上岸;其次是考虑目标院校的合作孔院,为海外就业提高上岸概率。

2016年平顶山学院本科毕业合影

2019年福建师范大学硕士研究生毕业照

我在阿尔及利亚的任教时间最长可以持续到2023年7月份,彼时已是31岁,而立之年,距离35岁的就业分界线还有4年时间。回国后的职业规划主要有以下几个方向:攻读汉语国际教育专业博士学位,这个需要根据论文写作和发表情况最终决定,论文发表情况是证明自己是否有科研能力的最直观量化指标,如果有博士学历,就业年龄可以放宽到45岁以下;合同制的专职汉语教师,2年国内工作+4年国外工作,是继续从事汉语国际教育的专业发展路径;公立大学或私立大学的汉语国际教育教师岗,目前来看,硕士学历进公立大学的难度较大,进私立大学的几率较高;普通中小学语文教师。

总之,教师职业是我未来就业的主要方向。无论是就职公立大学还是私立大学,亦或是就职普通中小学语文教师,都与汉语国际教育方向有相似之处,只要不断学习,总是有机会进一步深造读博或者做外派教师的,所谓"条条大路通罗马",年轻人不要急于求稳定,而是要在探索中求发展。

国际中文教师叙事文本（10）

本文以作者在泰国和克罗地亚的中文教学为叙事主线，呈现出"以举办活动促进学习者中文学习兴趣"的教学目标信念。

作者简介：郭鸽，平顶山学院2015届对外汉语专业本科毕业生，黑龙江大学汉语国际教育专业硕士。2015年赴泰国任汉语教师志愿者，2017年赴克罗地亚任汉语教师志愿者。

如果没有走汉教这条路

一、人生是个选择题

2014年的冬天，我还是一个徘徊在人生岔路口的大四学生。因为课堂上老师的一个建议，因为同宿舍好友的一个"鼓动"，我不厌其烦地跟随室友的脚步，打印、填写、拍照、扫描、提交，申请了赴泰汉语教师志愿者的项目。在我跟随考研大军夜以继日焚膏继晷企求将来也能有个临阵厮杀、一朝登科、光宗耀祖的机会时，却在迷迷瞪瞪不知所以然的情况下，被一个惊喜杀得猝不及防——祝贺您通过志愿者选拔考试……于是，在机缘巧合且幸运加身的情况下，我选择了先出国、后读研。

第一次出国，准确说是第一次走出家乡，我踏上了号称"微笑王国"的国土。带着一整夜的惴惴不安和惺忪睡眼，从飞机出舱到跟随大部队走出机场口的那一刹那，我感受到的不是"微笑王国"，反而是一波滚滚热浪的"拥抱"，闷热潮湿裹挟着身体的每一个细胞，连头发丝都在用力提醒着临时宕机的脑子，原来，这就是泰国。

像一只初出茅庐的鹿，在首都曼谷和朋友之间的窃窃私语还未说完，就猛然间被人接到了离首都四五个小时车程的乡野，自此便莽莽撞撞地在这个陌生的国度开始了我的探索。依稀记得，头天晚上刚刚歇脚在学校安排的住所，还未收拾停当，第二天一大早便被叫去了学校，还要在全校师生面前做自我介绍……总之，走完了流程，如提线木偶般跟着主管，听着当时并未习惯的泰式英语，只能点头如捣蒜般接受任务和一切安排。就这样，我的第一节课开始了。

一向当惯学生的我，突然站上了真正的讲台，面对这么多学生，我慌了，慌得不知所以，脑子里一片空白。但我知道这次不能出糗，也不能怂。在努力让自己平复下来之后，一番提前准备的自我介绍和蹩脚的泰语，让学生和我都乐不可支，氛围也轻松了不少。接下来就是对学生们的了解。我让他们一个个做自我介绍，并尽量尝试用学过的汉语来表达，他们有的自信超然，有的腼腆害羞，有的干脆妄图浑水摸鱼，虽然话说不利索，但逗趣的表达却惹来了一群同伴损友的"嘲笑"。我提前告诉了他们如果不会说汉语就可以以才艺展示代替,当时活跃的那几个男学生乐此不疲,似乎在向我这位新老师"炫技"。我又趁热打铁给学生们展示了欢乐的中文歌曲《健康歌》,发给他们提前准备好的歌词附带拼音,学生们相当认真地看着自己手里的歌词,尝试自己拼读,和着音乐仅仅两遍的原声播放,他们就能马上跟唱,甚至还有学生自信地想要脱稿。随着课堂的渐入佳境,学生们很快学会了一首中文歌,并能够随着伴奏自行歌唱,就连坐在后排听课的老师们也都跟唱了起来。

拘谨又乖巧的第一节课

聪明活泼的初一学生们

泰国学生非常聪明也都很活泼,以唱歌的形式开始汉语学习,学生们都纷纷表现出了兴趣,而且第一堂课欢乐的氛围对于维持学生们对汉语的热情和自信心都有很大的帮助。也就是自这天起,我真正成为了这个大家庭的一员,成为了我所任教的学校历史上第八任汉语教师志愿者,同时也开始扮演起了我为期十个月的汉语教师志愿者的身份和角色。这份工作有时候确实也是比较令人头疼,最主要的原因是初中两个班级参差不平的汉语水平。有的很早就开始接触和学习汉语,基本的日常用语和基本词汇都没有问题,有的人却还是第一次接触汉语,这就对老师的教学提出了不小的挑战,尤其是在备课的时候要考虑到不同学生的接受能力。从没吃过这方面亏的我,在刚开始的几次课上就完全乱了阵脚,学生们一片喧闹,有的觉得内容太简单,有的觉得太难,忙前忙后地单个辅导,却还要忙不迭地给程度好的学生布置额外的新任务。其实同样的情况在高中部也有发生,也是同在一个班,有的学生可以用汉语流利对话,有的学生得从汉语拼音学起。所以我在备课的时候就要多准备不同水平的内容,而且在语言学习的同时多加入中国文化知识,一堂枯燥的汉语课学习立马就变得生动起来。现在回想那段时光,有辛酸也有欢乐,更多的是经历过后的收获和曾经作为他们中的一分子的那份骄傲以及风雨后的欣喜若狂。

后来,等一切教学步入正轨,我和同事准备了完整的活动策划之后,跟学校申请并举办了我们的第一场文化活动——"七夕欢乐汇"。从创意的产生到提交申请、置办道具、活动宣传、节目编排、场地布置等等,我和学生们一起为这次活动奔走着,忙碌着。拿到学校的批准之后,学生也积极展开了活动宣传的准备工作,通过让他们自己动手制作展板,充分了解并学习到中国传统的七夕情人节,之后通过校园广播的形式向全校学生传递活动的具体时间和地点,并广发邀请扩大影响。活动由歌舞表演开场,也就是每个汉语班级准备一个节目助兴,高中部的学生们表演了中国传统功夫扇子舞,随之由中文老师带领全体师生共同学唱"幸福拍手歌",并配上动作,带动活动氛围。随后重头戏节目是师生共同演绎的"牛郎织女"中文故事表演,使学生明白中国七夕节的由来。第二部分游戏环节,开场时每人手中拿到了一个号码,游戏时随机叫号码,一男一女为一个小组,完成背靠背过障碍传递气球的游戏,在规定时间内哪一组用时最短即为获胜组;另外还有用筷子夹乒乓球的游戏,由男女学生搭配接力完成。学生们兴致高涨,参与积极性特别高,也将活动气氛推向了高潮。最后一部分是颁奖环节,我们为获胜的小组颁发了不同种类和等级的礼品,学生们开心游戏的同时也对中国文化产生了浓厚的兴趣。在活动的尾声我们给每一位到场的学生发了一张彩纸,让学生们尝试用中文写下自己的情人节祝福,或者对未来的美好希冀,写好的学生还把这封"情书"折成心形,放到我们的中文展览室,留作纪念。

学生动手制作展板

"牛郎织女"故事演绎现场

高中部中国功夫扇子舞表演

发放彩纸写下七夕祝福

之后跟随外语部主管老师前往其他学校参加了两次英语夏令营,我们在活动中设置了中文展台用来展示中国文化。展台背景板上贴有漂亮的剪纸,两侧悬挂有中国特色的山水画,以及有着浓郁中华气息的中国结等。现场我们给学生分组,采用"车轮战"的方式教学生剪纸、书写汉字、制作中国美食、进行汉语对话等,确保每组学生都能领略汉语和汉字的魅力,从而激发学生对于中文学习的爱好,对中国文化的兴趣,感受中华文化的博大精深。

剪纸

汉语对话

后来由于受到泰国本土社会活动"BIKE FOR DAD"的启发和感染,我们向学校申请了"WRITE FOR DAD"的汉字书写比赛。也是出于在平时批改作业的时候发现很多学生的汉字书写相当漂亮,至超过了很多中国人的字,然而平时课堂上老师的一些口头表扬或者小礼物可能没有这种公开的奖励给予他们的激励作用来得大。此外,我也想通过这个活动增强学生学习汉语的信心和决心,让他们有一个努力的目标和学习的标杆。在活动上,由学生用中文和泰文主持开场,中文老师发表讲话,然后以我编排的手语舞"感恩的心"为开场秀,正式拉开比赛的帷幕。汉字书写比赛分为两个阶段,前期海选和现场正式决赛,前期海选面向全校学生,凡是对中文感兴趣,都可以参赛,在规定日期内提交作品到中文老师办公室即可,然后老师选出书写漂亮且符合规范的 20 名学生参加现场决赛。决赛上中文老师提供歌颂父亲的中文现代小诗一首,学生们在规定的 30 分钟内抄写出最漂亮的字体,最后在每个年级中选出前三名,并颁发由校长签字盖章的证书作为一个认证和肯定。活动的最后以所有观赛学生一起制作父亲节贺卡完美收尾。

手语歌"感恩的心"表演

学生汉字书写比赛现场

学生们心心念念的每年一度的校园开放日终于来了,届时不仅会有全校师生,还会有周边学校师生、学生家长以及其他感兴趣的人来参与,我们外语部自然也不甘落后。在学校的十大展区中,我们中国文化展区共分为了六个项目:包饺子、剪纸、中国结、汉字游戏、书法、中文歌曲。虽然场地经费有限,但是学生们还是充分感受到了中国文化的魅力。最受欢迎的就是包饺子活动,学生们和老师们都跃跃欲试,在欢乐中不仅学习了中华美食,还锻炼了动手能力和生活小技能,所有经过中国展区的人都为这次活动点赞。

校园开放日·中国展区

校园开放日·中国结学习区

校长参观中国展区　　　　　　　　　　师生一起包饺子

当然除了这些,我们还举办过中文夏令营、中国流行现代舞《小苹果》学习、中国手工扇子制作比赛、辅导学生参加世界中学生汉语桥比赛⋯⋯转眼回望,这些都已经成为过去,当时的年少轻狂只觉世界都在脚下,时间何曾惧怕。不想,就在时间一点一点把你遗忘的时候,只有FACEBOOK还在提醒着你的那年今天。六年前的一切如胶片电影在你面前一幕幕浮现,美好的回忆如万马奔腾疾驰而来,仿佛近在咫尺,却又抓握不住⋯⋯竟已过了六年?当时的每次绝望和失落,都会让我想到从此放弃、一别两宽和不顾一切地奔赴家乡,可如今竟是抵制不住情感的驱使,思念起了当时。人或许就是这样的矛盾体吧,在失落中寻找希望,在失去中寻找曾经。

二、七千七百公里的思念

七千七百多公里,这是从克罗地亚到中国的距离,也是我和我的父母四年间思念的距离。自泰国工作一年结束之后,我回国继续我的研究生学业。在外实习的一年让我意识到了自身的很多不足,尤其是专业上的"缺斤短两"。我清楚地知道自己有些侥幸,但人生不会一直给你侥幸的机会。就像外婆在我成长道路上一直给我的警醒"技多不压身,无技压死人",所以,利用曾经积累的教训和失败,从头再来,没什么大不了,拿着攒够的研究生学费,我重新投入了专业知识和技能的培养学习中去,有一句话不是说的好吗,"投资自己总没错儿"!经过了一整年的专业学习和实操培训,在研一的课程尾声之前我报考了国家汉办赴欧洲大洋洲汉语教师志愿者的选拔,并成功通过了一面、二面、培训等流程,向着欧洲的后花园——克罗地亚,开拔!

原定于2017年9月前往克罗地亚开展汉语教学工作,因为某些客观原因我们晚了两个多月才到达。我当时所任教的工作地是萨格勒布大学孔子学院,它位处克罗地亚首都,临近市中心,与上海对外经济贸易大学是合作伙伴关系。当时报考的我其实心里忧得很,原因在于欧美国家及地区大部分的孔院在择取志愿者老师时,以自己合作院校的内部人员为主要对象,而我并不在此行列。但幸运之神又一次在我身边降临,我成功入选,得偿所愿。

最初选择这个国家作为我的心仪之地,是出于我自己的性格和喜欢的生活状态或工作环境来考虑,因为我并不是很喜欢高楼林立车水马龙现代感太强的大城市,反而更倾向于恬静闲适的自然风光,或者有引人入胜的历史人文风情,或者惬意安谧却有自身特色的小地方,这只是我偏安于一隅的小小心境。那么当然如果你喜欢万花丛,或者对自身要求颇高,喜欢有挑战的,自是理所当然,不管当初选择如何,你生活的好与坏、苦与甜都只取决于你自己当下的心境。

我们当时一行二十几个冠以"汉语教师志愿者"身份的中国人,在克罗地亚当地受到了很大的关注。同时几乎我们每个人都是第一次到欧洲,对于我们来说,每个地方无时无刻都饶有兴致,一切都充满了未知,一切也都充满了新奇。很多东西要从新学起,比如坐电车、买票、找路线去孔院、熟悉街道等,刚开始每次出街成群结队的我们身边总能有一波不小的注视和打量,后来也就慢慢习以为常。最有趣的是,刚开始我们所有人都在首都,在安排每个人的住处之前我们都被临时安排住在旅馆里,大家挤在一个房间里,生活在一起,还找回了些曾经大学或者中学时代同宿舍的姐妹情。接下来住的那个旅馆周边的街区没有见高楼,都是低低的小巧的房子,要么是通街的商铺,商铺门也都矮矮的,窄窄的,甚是可爱。我们还曾一度怀疑这里被定为首都的真实性。后来熟悉了之后,也就笑而不谈当初的一叶障目了。

我工作的学校是整个克罗地亚唯一的一家孔子学院,萨格勒布大学孔子学院共开设有语言项目、文化项目、商业项目等三个综合性的课程设置。其中语言项目包括汉语水平测试、标准中文、商务汉语语言、中国儿童和青少年的语言、准备到中国旅行的语言、在克罗地亚共和国的中国公民语言课程、额外的汉学的学生课程以及在线课程汉语教学等。文化项目包括中国象棋、中国书法、中国传统水墨画、讲座在中国、咏春拳、太极武术、中国菜、中国传统医学的基础知识、中国小说和纪录片介绍、中国文化活动的参与及组织,还有孔院安排组织的文化活动等。商务项目包括翻译服务、针对中国经济和法制的讲座、克罗地亚商界在中国的研讨会和讲习班、中国商界在克罗地亚的讲座、研讨会和讲习班、为业务用户短预备课程、中文导游和旅游同伴服务等。

萨大孔院基础设施齐全,语言及文化课程设置安排丰富多彩,从孔院院长到负责各个项目的助手,从管理教师到各个志愿者教师都认真负责,对待工作一丝不苟,来报名参加孔院汉语课程的学生络绎不绝,所有的一切组成了我们这一个缤纷的大家庭。虽然之前我们那一批志愿者老师来得晚了几个月,但是这并不影响我们对教学工作的态度和热情。正式开始工作后,一部分教师被安排去了克罗地亚境内其他的六个教学点,一部分教师被安排在首都。而留在首都的老师们一部分在中小学教学,一部分就留在孔院大本营承担汉语教学工作,有时候也协助开办及组织一些文化活动。

我很荣幸地被留在了孔院大本营里,并接手了这一年度汉语零基础的成人班教学。这个 A1.1B 班属于汉语零基础班,使用的汉语教材是《当代中文1》,这个班级一周一共两大节课,每次课90分钟,相当于国内或普通教学的两个课时,共有学生15人,年龄从二十出头到四五十岁不等,他们有的是在校大学生,有的是已经工作的成年人,但是汉语水平基本上都是零起步,很多人还都是第一次接触汉语,有一两名学生之前可能接触过一些简单的汉语问候语或者中国历史文化。学生的汉语水平不高,但是这个班的学生学习态度很认真,学习中文也都是出于兴趣,学生积极性很高,有时候上课还经常提问问题,有个别学生课下还进行汉语自学,练习汉字,甚至询问各种汉语考试项目,想要证明自己。这些都证明了这个班的学生汉语学习的积极性和对汉语的热情度。教学上语音部分主要包括声母、韵母的教学、声调的教学及练习、声韵调拼合规律的练习、复韵母及零声母的特殊拼写、声调位置标注的学习、轻声的教学及练习、三声变调的教学及练习,以及让学生了解并感知到中国汉字的基本演变、汉字的基本构成、汉字的基础笔顺规则、汉字的基本部件了解、基础简单入门汉字的书写练习及分析、数字的教学包括汉字的写法和中国人对数字的手势表达等。另外,还进行了《当代中文1》第一课"您贵姓"的基础知识教学,包括所有生词的教学、语言点"是""吗""呢""不""都""只""也"的教学、基础汉语问候语的教学(包括询问姓名、打招呼、道歉、询问国籍、询问说什么语言等)以及课文的学习。课文学习包括课文的认读、提炼问题、挖空练习、角色扮演、情景练习等,通过各种方式方法对课文进行一个系统的学习和操练,使学生充分掌握语言点和生词的同时,也能脱离课文进行情景对话。

第二章 国际中文教师的教学信念

A1.1B 班课堂情景练习

A1.1B 班中文对话练习

　　除了带 A1.1B 零基础汉语教学成人班,我还承担了即将去中国旅游的旅游汉语课的教学。这个班一周只有一大节课,90 分钟,只有一个学生,年龄大概有四五十岁,也是零基础,之前从来没有接触过汉语,但考虑到是快速的短时间内的旅游口语课的教学,所以为这个学生准备的课程都是旅游中能够切实用到的符合实际情况的学习。第一周课的内容包括基本人称的表达、基础汉语陈述句及疑问句的表达、基本问候语、汉语基础语音知识的介绍、汉语声调的学习、以及"这是……""那是……"的学习等。第二周课的内容包括数字的表达、人民币的认识及表述、在商场买水果零食衣服等的表达、各个时间在中国的不同的表述方法以及语言点"要""吗""二和两"的区分、简单量词的认知等。第三周课包括如何买火车票的对话练习,星期、月份、时间的表达,怎么去旅行的介绍,作为克罗地亚人如何进行完整的自我介绍,与克罗地亚相关的关键词的学习,以及语言点"一下儿"的学习和操练。第四周课包括方向的表达、去某地的对话练习、颜色词的教学、中国著名景点尤其是学生此次旅行城市著名景点及特色的学习、语言点"太……"的学习、形容词"大""小""冷""热"等的学习。第五周课包括如何进行点菜、在出租车上如何与司机进行基础对话表达、"你感觉……怎么样"的问答学习、在宾馆如何办理入住和退房,另外补充了很多基础问话中的关键词和疑问词等。这些汉语基础口语的学习,可以使学生迅速了解并学习到如何用汉语表达自己,非常实用。

　　除了在孔院大本营的教学之外,我还在萨格勒布大学体育学院带汉语选修课,一周也是一节课,90 分钟,学生全都是体育生,汉语水平零基础。我的第一节课只简单介绍了中国,包括地理位置、中国文化、各地方特色美食、具有代表性的中国文化的介绍以及基本问候语的学习等。让学生能够在开始放松对待汉语学习的紧张感,提高学习动机并培养学习兴趣。之后是进行语音部分的学习,包括所有的声母、韵母及声调等。因为体育生的原因,课时安排紧张,且学生不能按时到场,上课期间随时离开训练的情况也时有发生,所以当时对维持课堂教学进度和安排出现了一定的问题,经常来的学生掌握非常好,已经能够熟练掌握学习过的知识,可有的学生进度迟缓、脱节,完全跟不上,这在一定程度上打击了我的信心和对这个班级的期望度。后来我及时调整了教学内容,摒弃了程式化的教学,转而辅导他们学习一些日常会话和体育方面词语的表达,收到了很好的效果,学生的热情和积极性也都回来了。最终的测试由老师自行出卷,因为是选修课,以维持学生对汉语学习的兴趣为主,在综合考虑了多方面因素的情况下,我选择了简单的题型比如选择、图片对应、连线等,并分了 A、B 卷,方便学生解答的同时,也能在一定程度上检测到学生的学习效果,并且避免抄袭作弊的情况发生。

体育学院学生汉语测试

书展现场义卖活动

当然,不仅有汉语教学活动,我还参与到了孔院组织的相应的文化活动,包括参加当地书展、去 MATIJA GUBEC 国际小学做 workshop,孔院在植树节组织的汉语学习及水墨画的文化体验等。我们在书展现场进行义卖活动也受到了热烈欢迎。参加 C'est de best 的街道文化节时,我们在鲜花广场设置中国文化展台,给来往的路人分发饺子,品尝中国美食;在另外一个欧洲广场表演舞狮和中国功夫,展示中国武术的魅力,吸引了众多路人的驻足;在市中心的 ZRINJEVAC 公园安置中国文化学习区,卡通缤纷的桌子和凳子、周边悬挂的中国手工红灯笼、红帽子,也吸引了很多经过的小孩子停留观看并动手学习,小朋友们认真涂画,小心粘贴的情景着实引人入胜。此外,由孔院策划举办的一年一度的端午节划龙舟比赛也成为当地盛会,吸引着一波又一波的华人和克罗地亚人参加参与。

MATIJA GUBEC 小学做 workshop

MATIJA GUBEC 小学的学生们涂鸦中国

鲜花广场分派饺子　　　　　　　　ZRINJEVAC公园中国灯笼手工体验

在孔院工作的两年里,给我留下印象最深的也是最有趣的就是我们一行人作为中国代表团首次参加里耶卡国际狂欢节的游行表演,狂欢节全程由克罗地亚国家各大媒体、欧洲时报等媒体机构对现场进行全程直播。我们所有人在收到了这个消息后,激动万分,也对这次活动充满了期待。经历了前期的意见采集、节目编排、置办服装道具、规划行程和队伍流程等等之后,狂欢节活动之前我们一行人来到了里耶卡这个海边重镇。活动当天,我们早早地起床集合、换服装、整理造型、节目彩排,一个小时又一个小时,每个人都饥肠辘辘,在休息室一直等得八爪挠心,却也还是兴奋不已。终于得到指令可以入场在等待区排好队形,穿过一群群来自世界各地的奇装异服的人们以及街道边满眼五彩缤纷的装饰,我们终于来到了等候区等待上场。周边不时有外国人拍照、嬉笑、打招呼,希望和我们合影,一片混乱却又一片欢乐。最后终于在带队负责人的指令下,我们中国队由锣鼓舞狮组合带领,身穿汉服和其他民族服装的中国老师们紧跟其后,随着一路的超大广播播放着《小苹果》的音乐,我们保持队形跳着唱着,也不时用中文和主路两旁的观众打招呼,说着"你好"!游行结束后,我们带着孔院设计的游戏任务在街上分发印制有孔院信息的名片,让更多人了解萨格勒布大学孔子学院,了解中国语言和文化。整个城市的人们都无拘无束,尽情狂欢,我们的加入也为大家带来了新鲜感,路人纷纷驻足求合影,交谈中国文化、去中国旅行的经历等。参加这次狂欢节,很好地宣传了孔子学院,也让中国、汉语等符号和词语在克罗地亚人以及来参加活动的其他国家的人的心里烙下了深刻的印象。

报社刊登中国老师在狂欢节的表演　　　　狂欢节上的中国志愿者老师

一节节中文课、一次次的中国文化宣传,拉近外国人和中国人、中国文化距离的同时,也是在一遍遍勾起我对家乡和家人的思念。人都说你离家越远,对家的思念也就越重,你不出趟国,你就不知道祖国有多好。以前我不信,现在,没人不信。且不说身在异乡,以前习以为常的各种习惯被打破重来,远离了赖以生存的故土,远离了自小相伴的家人,远离了摸爬滚打一起成长的亲朋挚友,渐渐地你会发现,这不仅仅是距离上的远离,更是精神上的难以维系的疏离。于是,你就会发现,越长大越孤单,从来都不只是一支歌那么简单。有些思念如海,走得越远思念越深入骨髓;有的思念如土,时间越长思念越浅一吹就散。而我,在远隔七千七百多公里的异国他乡,这思念一经开始就难以扯断。

三、特殊到普通,你准备好了吗

志愿者生活,无疑是你人生道路上的一笔浓墨重彩。不管是在哪个国家,也不管你是在什么地方从事汉语教学,汉语教师志愿者这个头衔,还有你的汉语教学经历都将成为你以后生活里不断怀念和重复记起的慰藉和光。

有个朋友,以前一起待在国外的时候,我们聚在一块时常聊起的话题就是某某班级多么难管,某某学生老是不交作业,某某学生的发音让人苦笑不得、着急上火,言辞里尽是对这份工作的厌倦和不耐烦,甚至想赶紧结束回国。现在如愿以偿,任期结束后在国内找了份相当稳定的公务员工作,每天朝九晚五,还谈了个男朋友,看上去一切都朝着心中希望的样子发展,稳定且美好。但是在和朋友的聊天中说的最多的话却不是现在多么多么好,而是怀念以前的种种,当初被嫌弃得要命的一切都在时光的洗礼下,消磨了缺点和杂质变得闪闪发亮,每每在你被生活压得喘不过来气的时候如光那样悄然照进心里,温暖片刻。

路是自己选的,走得直还是走得歪,走得顺利还是费劲,你都得给生活一个微笑。什么是你向往的生活,你选择的就是你所向往的吗?这个问题不必纠结,因为你的心是什么样,你看待的世界和你的人生就是什么样。如果没有走志愿者这条路,我可能从一开始就是个普普通通的打工人,拿着微薄的工资,干着辛苦的活儿;如果没有走这条路,我可能再也不会有空闲或者机会出国,认识可爱的异乡人,见识不同的世界并拥有丰富的体验,收获那些不一般的点点滴滴;如果……没有如果,曾经发生的都是你的财富和以后回忆的资本。珍惜当下,无悔选择,这便是我能给你的最后的忠告。

国际中文教师叙事文本(11)

本文以作者在柬埔寨和英国的中文教学为叙事主线,呈现出"根据学习者特点调整课堂教学节奏和教学内容"的教学法信念和"对教材内容进行取舍和改编"的教材信念。

作者简介:冯圆明,平顶山学院2014届对外汉语专业本科毕业生,中山大学汉语国际教育专业硕士。2014—2016年赴柬埔寨卜迭棉芷省培成学校任汉语教师志愿者,2018年赴英国阿拉丁Danestone Primary School任汉语教师志愿者。获评教育部语合中心(原国家汉办/孔子学院总部)优秀汉语教师志愿者。

小城大爱

美好的事情需要被记录。时至今日,依旧清晰记得在柬埔寨和英国中文教学的美好瞬间,情动于心而形于言,那么就让文字来定格一下那段时光。

一、在柬埔寨的两年时光

美丽的西北小城——士芬,我和它的接触经过一点小小的波折。抵达柬埔寨后,经过一次岗位的调动,最终我被分到士芬这个城市。离开饭店,我们坐上了去车站的嘟嘟车,看着路两边的人流和车流,潜意识里都是我将要工作的培成学校,偶尔也会被某个摩托车车主娴熟的技术所吸引。在车站等车的过程中,眼神也会时不时地与当地人相撞,大家都带着对彼此的好奇,忍不住也会多看两眼。但由于长相差异并不显著,这个好奇也是稍纵即逝。但也是在这个熙熙攘攘的车站,作为异乡人的我瞬间觉得我的社会价值和个人价值在无形中被放大,这种感觉对身在异乡的我还不错,望着眼前的热带地区的阳光,竟也有一丝丝的亲切感。看着车站里来来往往的公车,一片片"神似"的柬国文字显得格外醒目。

校长带着我们顺利地坐上了车。我选了一个前排又靠窗的位置,路况和美景一览无余。我们行驶在6号国际公路上,从车窗向外望去,蓝天和白云相衬,干净明朗,随手一拍就是一张电脑桌面壁纸的那种。路两旁是广阔无边的稻田,有时会有一两棵笔直高耸的叫不上名字的树突兀地出现在稻田中。那次坐车最深的印象就是,时间好长、路途好远,对不习惯坐长途车的我来说,幸好有那么好的天气和风景陪伴。此后,我在这个城市一待就是两年。

(一)汉语教学:摸索中前进

培成学校,是士芬市唯一一所中文学校,学校治学严谨,其教学风格也吸引了当地很多学生前来学习。开学伊始,我被分到五年级当班主任,顿时感到肩上担负的责任重大,

第二章　国际中文教师的教学信念

伴随的还有巨大的压力。

初见这些黝黑肤色面孔的孩子,让初来乍到的我既兴奋又激动。全校有200名学生,开设有七个华文班级,目前有中文老师七位,其中包括我在内的两名汉语教师志愿者。教学任务上,这个学期我主要教授二年级的华文和说话、五年级的华文和中二的史地和说话。教学语言上,我们全程采用汉语教学,这不仅有利于营造学生学习汉语的氛围,同时,利用目的语教学也能更好地提高学生的听说读写能力。然而,在教学中也存在一些困难,比如有些学生学习积极性不高,经常性迟到甚至不按时交作业,同一个班级的学生学习程度差距较大等,都给教学带来一定的难题。而面对这些困难我也采取了相应的措施力争最大程度解决好这些问题,比如制定严格的奖惩制度来督促学生按时上课和按时交作业,挑选难度适中的教材,并在课下帮助学生补习汉语基础知识,经常与学生一起吃饭、聊天,并通过举办一些汉语活动来提高学生学习汉语的积极性。每当看到学生的一点点进步,那种成就感和满足感是不言而喻的。

柬埔寨学生都非常尊重老师,会主动跟老师打招呼,帮老师拿东西,带老师去吃饭等。这一年的汉语教学,让我印象最为深刻的是二年级的汉语教学。二年级的学生汉语基础非常差,虽然在幼儿班已经学过拼音了,但还是不会读和写。针对这种情况,我就从最基本的a、o、e、b、p、m、f音素教起。我任教的学校所使用的教材为《快乐汉语》,我的教学进程大体上是按照教材单元,但是除此以外我还会教学生其他的日常用语,例如:我要去……(厕所、喝水、吃饭),我喜欢……(中国、老师、画画)等核心句型,顺带扩展学生的单词容量,再以对话、游戏等手段帮助学生记忆。

由于所教授的学生年龄段较小,对中国的认识还不够,我就利用汉办所发的中国粘贴式地图让学生大概地认识中国,利用汉办所发的一套北京名胜古迹明信片让他们认识我们的首都,并且打印一些彩色的图片让学生了解中国变换的四季和南北方的差异,利用所带来的毛笔和中国结绳教学生书写中国毛笔字、编织最简单的中国结,利用上一届志愿者留下来的折纸教学生折叠有趣可爱的图案……平时在教授基础知识外我也会穿插教学生一些中国儿歌,例如《小兔子乖乖》《小毛驴》《春天在哪里》《生日快乐歌》《两只老虎》等。这些寓教于乐的方法,不仅充分利用了现有的教具,更重要的是可以让孩子们对中国产生极厚的兴趣,继而增加他们学习汉语的主动性。由于年龄小的学生注意力容易分散,我便在课余时间做一些有趣又漂亮的教具来吸引他们的注意力以此提高学生学习汉语的积极性。有时在上课之前还会准备一些我自己从中国带来的小礼物,比如铅笔、样式不一的书签、小印章、小币值的中国硬币等对表现好的学生进行奖励,异国的小礼物总能激发全班同学学习的兴致。

到目前为止,二、三年级已经有70%以上的学生可以认读拼音,看到拼音可以读出正确的发音。教会学生认读拼音以及引导学生走上喜欢学习汉语的道路是我最满意也是最令我欣慰的成绩。

（二）汉语课外活动：毛笔书法体验活动

为了弘扬中华传统文化，在完成学校要求的教学任务之外，我开设了两期的毛笔书法课。我把汉办发的毛笔和书法纸给每个学生都发了，他们看到毛笔和宣纸全都热情高涨起来了。我从基本的笔画"点、横、竖、撇、捺"教起，每讲一个笔画，我都会让他们自己在纸上写一下来点真实的体验。五个基本笔画讲完，他们的热情丝毫未减，我让他们自己写几个字试一试，他们有的写的是"我爱中国"，看到这四个字，我内心无比激动，我想也许通过这节课的教学，他们对中国的认识、理解和对汉字书写的热情又会增加一点。后来，还有学生在课下经常问我这个字怎么写，那个字怎么写，我经常被他们这种学习汉字的精神所打动。

此课程的开设，不但激发了学生写毛笔字的热情，而且有效地培养了学生自己动手实践的技能，得到了老师和广大家长的一致好评。

（三）忙里偷闲的生活体验

十个月里，闲暇的时候我也和朋友们结伴去了几个地方，西哈努克海岸沙滩的炽热，蒙多基里骑大象的欢乐兴奋，蓝天白云下逛吴哥窟的空旷烂漫，金边博物馆的博大精深……都给我留

学生们在认真听毛笔书法课

下了深刻的印象。且不说金边的繁华，西哈努克港的友好，光是小小的白马就让我神魂颠倒忘乎所以。不同地方的不同文化都给我留下了深刻的印象，在每次旅途中碰上不会说的柬语，这时候会说华语的当地人会热心地帮助我们，我们的心里觉得无比温暖！一些柬埔寨人得知我们是中文老师后表现出非常大的热情，那个时候自己心里也非常高兴。在这样一个陌生的国度里偶尔也会遇到一些汉语讲得非常流利的当地人，当时就觉得我们这些志愿者们的工作是值得的，是很有意义的！

回忆两个任期的生活，我最想说的两个字就是"感恩"，我真的很感谢这两年汉语教师志愿者的生活，它教会了我太多东西。虽然在开始时，有太多的不适应，心里特别的难受和痛苦，时刻有种想逃离这种生活的感觉，但是每次静下来心认真地思考时，又会从这种生活的境况中汲取到很多东西，也是这种沉淀让我不断地去完善自己，去强大自己。我想，在以后的生活中，不论遇到什么问题，这段经历都会给我带来力量。

二、在英国孔子课堂的生活

2018年9月9号，经过27个小时的飞行，我终于踏上了这片神秘的土地，踏上Danestone Primary School这个我将要工作一年的地方。虽说是第二次出国，然而迥然不同的

环境带来全新的感受,一切都是新鲜的,对一切都是好奇的,完全是"蜜月期"。

阿伯丁,位于英国东北部,被称为"欧洲石油之都",港口的邮轮络绎不绝,路上随处可见的海鸥,花岗岩尖顶型的建筑风格,冷色调让这座北部的城市又少些温度,给人一种傲居于世,不可靠近的感觉,但这些影响不到它的美,所有的所有都无不告诉自己:生活的环境已经从广州来到阿伯丁!

我所任教的单位

(一)压力与挑战并存的教学

经过一周的岗前培训,我上岗了。这是我第一次教小学,起初非常担心自己不能很好地胜任。由于面对的是低龄学习者,单位负责老师告诉我要经常使用儿童语言与他们交谈,还要营造出轻松愉快的学习氛围,需要设计多样游戏让孩子们参与,教学中最好穿插一些中文歌曲。我觉得这对毫无经验的我来说是一个巨大的挑战。然而,对志愿者来说,把压力转换为动力是必备功。此后,当我没有汉语课时,我总是会听一些本地老师的课。

学校的全职汉语老师黄蓝玉老师是我的教学顾问。和她一起上课的时间,更多是我观摩和学习的时间。黄老师有着十几年的英国中小学汉语教学经验,不但能够明了透彻地讲解汉语语言知识,还十分熟悉英国孩子的思维方式和学习习惯,能够合理地掌握课堂节奏和教学秩序。她的汉语课堂让我最受启发的是,她始终以汉字教学为主线,通过有趣的讲解引发学生的联想,让学生在抄写汉字、默写汉字、拓展短语、造句写作的过程中循序渐进地学习汉语。

对我来说,我的教学路不仅不平坦反而是困难重重。学校各年级各班每周均有一节中文课,一次课半小时。由于教学时间短,学生没有所谓的中文教材,我们主要依据《YCT标准教程》来制定教学大纲和安排教学内容。刚开始,我不太习惯30分钟的课堂节奏,给二年级上第一次课时,由于备课的内容较多,我没有在规定时间内完成当堂课的教学任务,这让我自责了很久。从那以后,我便开始根据学校的实际教学情况来合理调整课堂节奏、安排教学内容,经过两到三周的教学实践,总算找到了一套比较合适的教学模式。通常,我每一周的教学会对应一个主题,比如饮料、水果、蔬菜、运动等。确定好主题后,在课时安排上,第一课时我会选讲4~6个常用的生词以及常见的搭配短语,第二课时我会将所学生词和句型相结合,这样安排一来可以复习生词和短语,二来能够引导学生进行成句表达或者交际练习。

尽管汉语课的课时十分有限,英国孩子的学习效率也相对较低,但当学生坚持学习汉语到11年级时,就已经能够独立完成一篇一两百字的作文了。再加上学校每年会在暑假组织学生到中国进行为期两周的游学,中国之行回来的学生,往往能在汉语口语上有突飞猛进的提升。

和学生的合影

就前半个学期的教学情况来看,效果还是不错的,不仅能够在规定的时间内完成教学任务,同时也能让孩子们在玩的过程中真正地学到常用的中文表达方式。而相较于上半年,学校下半年的工作变得更加紧凑。9月开学,我又迎来了两位新同事,短暂磨合后,我们对全校的中文课重新做了分工。摆在我们面前的第一个挑战便是教学大纲的问题,由于学校下半年将接受综合教学评估,中文课也被纳入其中,因此学校很重视整改中文课程的相关内容,其中教学大纲便是重中之重。然而现有的教学大纲是借鉴同属集团下另一所学校的,很多内容和课时安排并不适用于我们学校,整体上的安排是不合理的。为此我们开启了"边上边调"的模式,一边参考YCT系列教材的教学内容,一边自定教学主题,根据现有的课时来灵活安排这些内容。与此同时,学校开始为中文科目设置专门的"Mandarin Book",这就意味着我们要在现有的教学基础上加入对汉字书写的练习,同时课后还要批改学生的作业。当时觉得压力重重,任务烦琐,倒是现在回过头来看,从最开始的新鲜紧接着到各种不适应乃至到后来的各种享受,都离不开我可爱的学生和同事的支持和帮助。这些都是一笔笔宝贵的财富。

当然除了克服教学上的困难带来一定的成就感外,我也收获了学生的一份特殊礼物——学生们极富创造力和想象力的中文作业。对于低年级的孩子来说,他们主要以书写生词或短语为主,书写之后再让他们画上相应的图画;而高年级的孩子主要以书写句子为主,同样在书写完成后自行手工作图。至今我都无法忘记孩子们在写完句子"他是冷老师"后对我的临摹画像,可谓是千奇百怪!是啊,原来我在他们的心目中还有这么多面。

(二)工作之外的生活

孔子课堂的工作相对还是多元的,除了上课,我还经常参加总部的各种培训,日日夜夜奋战的 final report 和 presentation,做全英报告等,但依旧记得 melry 分享的各种实用的活动,还记得最后一次孔院培训时的各种贴心服务……

工作之外的生活依旧美好。最美不过阿伯丁,它的建筑有着独特的花岗岩灰色基调,市中心的马夏尔学院(隶属于阿伯丁大学)的主体建筑,是世界上第二大花岗岩建筑,美不美你说了算。

海滩是必去的地方,这里东临北海,石油资源的丰富成就了它的快速发展,港口几乎每天都是繁忙的状态。每次看到近海的游轮,我都会联想到《海底两万里》,就想近距离接触它。

时间流逝得悄无声息,在英国做汉语教师志愿者的最大的收获是提升了与自己相处的能力。这是一次真正意义的独立,工作和生活更多的是凭自己张罗,日常练习的就是

马夏尔学院

如何与自己更好地相处。在独处的时间里,我更加认识自己,了解自己。有人说:生命的意义不在于你活了多少日子,而在于你记住了多少时光。抱着这样的信条,我尽量多做不一样的尝试,尽量多发掘生活中不一样的美好,尽量让每一天都值得铭记。我在工作之余开始健身,开始学吉他,开始主动社交……这些不仅是我过往岁月里的闪亮瞬间,也是未来日子里的珍贵回忆。

结语

我还记得通过项目选拔后自己跟身边朋友说自己要做汉语教师志愿者的自豪和朋友们羡慕的祝福。柬埔寨的两年时光和英国的一年时光暂时让我的志愿者生活告一段落。这三年的时间,也许是我整个生命里很短暂的一段过往,但是,它将会是我最华彩的记忆。在这段时间内,我为我的国家做了自己的些许贡献,体验到自己对原生家庭的责任,同时也认识了许许多多的志同道合的天南海北的好朋友,拥有了很多可爱活泼的学生,这是我最有意义的经历,也是我最得意的地方。我很幸运,因为我曾经是一名汉语教师志愿者,这是极有意义的一件事。

国际中文教师叙事文本(12)

本文以作者在泰国的中文教学为叙事主线,呈现出"因材施教做设计""寓教于乐、创新教学内容"等的教学法信念。

作者简介:马艳花,平顶山学院文学院2015届汉语言文学(文秘方向)专业本科毕业生,重庆大学汉语国际教育专业硕士。2015—2017年赴泰国任汉语教师志愿者。

我与Surasakmontree的倾城时光

写在前边:我和国际中文教学的缘分

还记得2014年秋季刚开学的一个下午,我漫步在图书馆广场前,一位老师拉我过去帮他摆一个展板,摆好后,我便仔细看起了展板的内容,那是我第一次了解"汉语教师志愿者"这个项目。看着展板上平顶山学院学子在世界各地教汉语的照片,我的心里也萌发了一颗种子,我也想像他们一样去不同的国家教汉语,去看看外面的世界,去把中国文化带给更多的人。

一、我的中文教学

2015年,我如愿以偿拿到了赴任材料,心中的那颗种子终于要破土了。

(一)猝不及防的第一节汉语课

2015年5月20日,是我到泰国的第二天,也是开启我第一节汉语课的一天。永远忘不了第一天自己上班穿的那双磨破脚的三厘米的高跟鞋,黑色长裙,淡蓝色衬衣。起初以为到了学校会有一两天的适应时间,或者有一个英文好的老师带着我介绍一下学校的教学楼分布,直到第一天七点半拿到课程表,看到八点十分就有课的时候才知道是真正要上"战场"了,一切都没有时间适应,自己要做的就是拿着提前发的话筒直接去上课。现在想想,这何尝不是一个对外汉语人必须具备的素质——学会面对和处理各种紧急情况。

第一节汉语课是初一九班的课,之前在培训时只是听说泰国学生很活泼,但真正见到他们的那一刻才发现,他们已经不能用活泼来形容了。这是我对他们的最初印象,那一节课是50分钟,只记得给孩子们每个人都起了中文名字,从我的亲戚到朋友,能用的名字都用上了。像我第一次等待泰语老师给我起泰语名字一样,每个学生也期待着从我口中念到他们的学号,黑板上写出的名字,自己听完自己的名字还要听一下别人的名字,谁的名字发音比较好玩,他们就会一起大声朝着那位同学念好几遍,第一节课就从一张张期待听到自己名字的可爱面孔中度过。

第二章 国际中文教师的教学信念

(二) 因材施教做设计

我所在的学校共有4个中文教师,每个中文教师都被分配到了不同的班级,我负责的是初中21个班的汉语教学,这些班的汉语教学都属于选修课,一周只上一节,教学的主要目的是让他们对汉语感兴趣。

在教学内容上,我来的时候带了几本初级汉语的教材,但是当我真正开始教学的时候才发现,每个班学生的汉语水平参差不齐,如果"一刀切"地用教材进行教学,学生学起来会有一定的难度,因此,在进行一周的摸查之后,我决定根据每个班的汉语情况自己编写教学内容。一来可以切实地结合学生的汉语水平进行教学,二来也可以秉持"学用结合"的原则,教给学生一些现下流行的、实用的汉语表达。后来在和学校的本土汉语老师沟通过之后我了解到,学校历届的汉语教师也都采用自己编写教材的方式。跟几个汉语志愿者商量之后,我们参考了《对外汉语教学词语手册》上的内容,选取了在生活中使用频率高的一些词语,并将这些词语按主题进行分类,每个主题又找了相应的高频语法和句子表达。这样学生在学了词语和语法句子之后就可以利用替换法生成不同的句子,并用于生活交际之中。按着这样的教学内容教下去,最大的收获莫过于学生在校园中碰到我时,会尝试着用汉语同我交流,每每看到学生那股想用汉语讲话时的认真劲,就觉得一切都是值得的,一切都充满了美好。语言的力量是伟大的,那一刻语言不再是一串串字符,而成为我和学生熟悉、沟通交流相处的工具。

(三) 寓教于乐,创新教学内容

学生一天要学习很多门课程,汉语课如果不能有一些创新性的内容学生就很容易跑神。我联想到学校经常会有活动,学生又对手工有着浓厚的兴趣,为何不将学生的喜好与自己的汉语课结合起来呢?说做就做,为了让自己的课堂多样化更具吸引力,我请泰国老师帮忙设计调查问卷,统计学生的兴趣。然后将自己的汉语教学与学生的兴趣相结合去进行教学设计,在学习语言知识外设计了很多手工课,如剪纸、脸谱、毛笔字、中国结、卡片制作等等。在这些课上我先是用汉语教他们这些东西的名字,然后我便开始用汉语夹杂着少许的泰语进行教学,遇到需要掌握的汉语词汇我会重复说好几遍,这样一节课下来,学生不仅学会了这些词,还能做出一个小小的手工品。最后呈交作业时,我要求他们用汉语写上作品的名字和他们自己的名字。这样的课也获得了学生的喜爱,尝到乐趣的他们甚至会主动在脸书上查询中国的一些手工品拿给我看,希望能在课堂上学习,那一刻我感受到了,只要用心浇灌,每一份付出都会开花。

泰国学生本身就很喜欢画画,而且很多学生在画画方面都有着极高的天赋,上课或者考试时他们就喜欢在作业本上或者试卷上画一些自己喜欢的画。于是我便开始寻找传统文化中的和画画相关的内容,在筛选一番之后我最终选取了脸谱,我先是给学生简单介绍了不同的脸谱代表的人物性格,又复习了之前学过的颜色词,之后便将打印好的脸谱分到不同的小组让他们进行创作,完成后要在旁边写上自己所用到的颜色,以及所画脸谱所代表的人物性格。这节课他们完成得都非常好。有的按我给出的样例画,有的给脸谱画了触角,有的还给脸谱画了泳帽。当我看到这些作业时除了惊叹于学生的画画水平之外,更为学生心中的那份天真和创新想法动容。

汉语专业班学生为 open house day 做的熊猫

(四)日志中的教学"小确幸"

在泰国教学的那段日子于我而言是快乐而又美好的,学生常常带给我很多感动,我也习惯了用文字记录每个感动的瞬间,在日后闲暇的时光打开每一份"小确幸"。

2015年6月8日,今天给初三五班上课,虽然开学很早,但因为各种活动冲了课,这是我第一次给他们上课,班里的每个人都听得很认真,自己在上面教生词,下面就像开演唱会一样一呼百应,新词秒懂,句型操练秒懂,最后我还跟他们一起合唱了自己学的泰语歌曲,唱歌的时候他们有很配合的挥手、打拍。这是我来到这个学校上的最开心的一节课。

2015年7月10日,刚刚上完初一十一班的课,因为要去体检不能去初一七班上课,一群孩子就拦着我说"老 Si 老 Si,our class,"我说:"老师要去医院体检这节课不能去上了,你们赶紧回教室吧。"一个男生就说老师要 Bai hong nang(泰语上厕所的意思)……下楼梯时又碰到这个班的学生拦着我要告诉我他们的课,但因为英语有限又不能表达清楚,看着他们那样急迫的样子都快哭了,我觉得好笑又感动。因为我所在学校的班级是按学习好坏排的班,一班到五班都是听话学习好的学生,从六班到十二班都是些比较爱玩的学生。初一七班也是一个稍乱的班级,所以平常上课没少跟他们发脾气。可是他们不会记仇,今天还因为我不能去给他们上汉语课急成这样,我的心瞬间又被他们一个个可爱的脸庞融化了。

2015年9月4日,虽然我已经大学毕业成为了一名老师,但其实内心还是个孩子。今天在初一七班上完课以后,学生大部分都走了,我在批改剩余的作业,班里有几个女生在编辫子,因为我也想学就认真看了好久,一个女生好像看出了我的心思,就说:"老师,给你编个头发吧。"于是就拉着我坐下来开始给我编起了他们那个年纪认为最好看的发型。那一刻,我的心又一次被这些单纯的孩子感动了。是呀,每个学生都是可爱的小天使,他们爱笑爱闹爱跑爱跳,每一个脸庞都有着最迷人的笑。

2015年10月28日,刚刚给初二十二班上课,我们学校默认的越往后的班级越不好,所以初二十二班是最乱的班。但是今天给他们上课,孩子们却很听话,虽然还是闹了点,但是大部分人都在认真听课,积极回答问题,也可能是因为新学期,也可能是因为今天讲的生日话题他们感兴趣,但无论怎样,自己还是很感动。想着那句"没有教不好的学生只有方法不对的老师",新学期,加油!

2015年11月3日,学校中文课改革,给初三一班上的第一节活动课,让学生表演自己的爱好,真的很欢乐,小组几个人一起画画,放着恐怖音乐画万圣节,一起打响指唱歌。一个小组表演的爱好是运动,一个男生就坐在另一个男生的背上做俯卧撑,结果把那个男生坐趴下了……整节课大家都很开心,其实看到你们开心,老师比你们更开心,作为一个老师最大的欣慰莫过于此……

这样的感动太多太多,当我此刻坐在这里翻看自己之前写的这些教学日志时,总会热泪盈眶,让我感动的不只是这些孩子们的听话懂事,而是自己和他们在这个过程中的共同成长。我虽然学的是中文专业,但是当真正去教外国人中文时会发现自己的那一大套语法、一大堆教学法要真正融入自己的教学中并不是一件容易的事。想起刚开始上课时,有时候自己讲不好,学生纪律也不好的时候曾经对他们严厉地发脾气,会因为语言不通不能将一个很小的知识点讲好而懊恼不已。记得有段时间整天为上课的活动设计发愁,后来就上网查各种课堂游戏和课堂活动的资料,课堂才慢慢丰富起来。其实有时候一节课下来并不是怕自己有多累,而是害怕学生没听懂或对自己教的内容不感兴趣。所以周末有空时我便会看一些英语的基础课程找话题用中文讲给学生。付出总会有收获,后来听到管理老师说有学生夸我讲课讲得好,他们能听懂,自己真的很欣慰,那种感觉就像是自己的浇水施肥种了很久的种子终于发芽了一样。

二、我在泰国的文化体验

泰国的学校一般活动都比较多,来这里几乎每个月都有很多活动。但是令我印象最深的还是那次退休教师晚会。这个活动是为那些即将退休的老教师举办的。要退休的老师坐成一排接受学生和年轻老师的跪拜和献花。我记得那一次我哭了,因为看着一个个要退休的老师时真的感慨万千,这些退休的老师中有送给我伞和笔的那个老师,还有每天看起来很严肃的副校长,说实话自己每次看到副校长是有些害怕的,因为她看起来极其严肃,也很少笑。但是当我看到她和那些教了三四十年要退休的老教师坐在那里接受跪拜时(跪拜礼是泰国的一种重要礼仪,一般用于晚辈向长辈行礼、普通人向僧人行礼或学生向老师行礼,以表示崇高的尊敬,每年一些老教师退休时,各个学校会举行教师退休晚宴,会派一些学生代表向这些教师行跪拜礼,并送鲜花对他们表示感谢),我对她的那一点害怕瞬间化为乌有。想到他们要退休了,以后在学校再也见不到他们时就莫名地难受。畅想着未来的日子,倘若回国后自己当了老师,有一天也会这退休,不禁潸然。那一次晚会让我领悟很多,我告诉自己,即使在这里只教一年的中文,也一定要像他们一样做一个称职敬业的好老师。

学校活动普遍比较多,经常在上课时可能就会有学生找你请假说要去准备什么活动,一般都是让学生去比较好,因为泰国老师也是如此对待学生请假去参加活动这件事的。学校在排课表时,也会给出三个上课的时间安排,如无活动时,执行 Plan A 一节课 45 分钟从 8 点 10 分开始上课,有小型活动执行 Plan B 9 点上课,一节课 40 分钟,有大型活动,执行 Plan C 一节课 35 分钟。

退休教师晚会

所以汉语教师一定要在课表发下来的时候仔细看好每一个计划的时间,以便能够按时到达教室。

泰国人都比较热情,泰国学生也是这样。有些女生在校园见到女老师会直接抱着老师,所以要习惯他们的这一方式。但是正规场合他们会很礼貌地跟老师打招呼,弓着腰从老师身边走过。泰国人谈话的距离小于西方,但是大于中国。女生也会拉着手或者挽着手逛街,男生之间的亲密距离有的也比较近,作为一个老师如果在课堂上看到这种情况尽量不要有异样的目光,否则学生会觉得老师不尊重他们。

在学校里,作为老师不要去拍学生的头,因为在泰国,头是他们最神圣的地方,除了父母和僧人,其他人不可以碰,所以作为老师在教学中一定要注意这个问题。其次,教师在学校要特别注重个人形象和卫生问题,泰国属于热带国家,他们每天都会洗澡,而作为教师更应该注意此问题,每天要更换衣服,保持好的仪容仪表。有的学校甚至会要求每天穿不同颜色的衣服,所以这些都需要你在上班前提前了解好。除了勤换衣服之外,也要注重衣服的材质,不要过紧过露,衬衣尽量要有领有袖。此外,无论是在聊天还是在教学中,都不要去谈论王室和政治之事,因为泰国王室在泰国是极受尊敬的,随意议论王室容易触犯他们的禁忌。

写在五年后

时光太瘦,指缝太宽,在泰国的那两年虽是匆匆,却是我人生中重要的一段。在那里,我看到了汉语的魅力,语言和语言交织,文化与文化碰撞,心与心的距离。在那里,我感受到了对外汉语的美好,所以才更有力量回国考研,继续读汉硕,去追寻心中那朵挚爱的汉语之花。在那里,我感受到了淳朴善良和乐观,所以在未来的日子里我都会有一汪精神之泉,鼓励自己乐观向上。现在那段时光已经过去五年了,以后会是十年,二十年,甚至更久,但永远是值得我骄傲的一段倾城时光,汉语之花盛开的地方,我也曾到过……

第二章 国际中文教师的教学信念

第三节 "汉语怎么学"的信念

　　语言学习观念是指学习者对如何才能掌握好语言知识、语言技能和交际能力的主张,简言之,就是人们对如何学好语言的各种认识。国际中文教师的"汉语怎么学"的信念是指教师在教学中对学习者"汉语如何学"的认识,这里涉及教师对二语学习的认识以及对汉语作为第二语言学习的认识。

　　认为"掌握语言知识对学习外语非常重要"是一种形式操练观念,认为"在交际中运用语言知识对学好外语非常重要"是一种功能操练观念,认为"通过翻译来学习第二语言是捷径"是一种依赖母语的观念。从不同的学习观角度看,持"行为主义学习观"的教师,相应的就会在教学中进行比较多的强化练习;持"建构主义学习观"的教师,就会在教学实践中帮助学生搭建中文学习的"脚手架",引领学习者建构中文学习意义;持"认知主义学习观"的教师,就会在课堂内外加大中文的输入量,积极创造中文学习的外部环境以期激活学习者的语言习得机制。在具体的教学实践中,教师对汉语学能信念、学习者是否能最终习得中文的信念、汉语技能要素难度信念、学习策略信念等都会直接影响教学实践和教学效果。

1. 汉语学习本质信念

　　汉语学习本质信念是教师对语言学习本质和汉语学习本质的看法。郭睿(2015)提出"工具性和交际性都是对外汉语教学的本质属性,交际性更重一些"的观点。"对外汉语教学"学科设立之初就是为了帮助留学生正确地理解和运用汉语言文字,使其具备基本的汉语言语言技能以及更高层次的言语交际能力而设立的,从其设立的原因和背景看,对外汉语教学作为一个学科符合"工具学科"的理念精神。从学习者学习目的角度看,绝大大多学习者是把汉语作为一种工具来学习的,是把汉语言作为一种交际工具或者媒介来沟通的。

　　语言学习的本质是实现运用目的语进行交际的目的。不管是语音的学习还是词汇的学习,都是第二语言学习的重要组成部分和基础,然而这些都不是语言学习的最终目的。学习者学习语音是要有一个正确的语音面貌,词汇学习还是为了将词汇组合成句,将句子组合成段,再将语段组合成篇以最终实现运用目的语交际的目标。教师的语言学习本质信念将指导教师对不同语言点教学和练习时间的安排,譬如,"词汇教学所占时间和比例不应过大、过长,一般控制在20%~25%",大部分时间放在语言点的讲练和表达训练及交际任务的完成方面,从而为最终的交际目标达成服务。又譬如,指导教师用真实的话题和语料,为达成语言学习的交际性目标服务。在中文学习"工具性和交际性"属性信念指导下,判断教学效果时应该以"能够有利于学习者学会使用汉语进行交际"为标

121

准进行判断。教学过程中以互动性、活动性的言语交际为主而不应以讲授或者单纯操练为主。

汉语学习应遵循汉语的系统性特点。譬如,先进行系统的语音学习,再开始词汇和语法的系统学习。然而在实际操作中,不同的教师对系统性特点有不同的认识。譬如,有的教师认为语音训练相对枯燥,如果不是中文专业的学习,长时间对学生进行语音训练可能让学生感到无趣,因而进行系统的语音教学时间较短,而是把语音和词汇教学放在一起进行,最后再进行系统总结和训练。这是根据学习者的实际情况进行的教学设计,也与中文课时相对有限有关。

2. 汉语"听、说、读、写"四大技能的内部难度信念

教师基本上遵循"听说领先,读写跟上"的教学理念。认为听、说的难度比读、写难度小,在教学实践中,听和说的训练比例较高。在"听"与"说"的难度级别上,教师一般认为"说"比"听"难一点,因为"说"既要掌握音义结合的词汇,单位还要发音正确,同时还要注意语法和适当的修辞。然而,有教学经验的教师都有这样的体验:老师能听懂学生的中文表达,但学生之间却不那么容易相互听懂。这源于教师对自己学生学习水平的相对熟悉,能够根据学习者的发音特点和习惯以及关键词推测出学习者想说的话,但对于不熟悉的人来说,提供的信息并不足以让人理解。因此,部分教师把听和说结合起来训练学习者,并且会想办法增加学习者的开口度,鼓励学习者发声。在"读"与"写"的难度等级上,教师基本认可"写"比"读"难。"读"可以借助阅读策略进行,然而"写"需要清楚、正确的表达,需要一定的学习基础才能进行。然而,从文本叙述中看到,即便有些教师认为汉语"写"的技能相对较难,但同时认为汉语写作能全方位提高学习者的水平,坚持让学习者循序渐进写汉字、句子、短文、文章,并积极探索写作教学模式,这是有益的探索。

3. 汉语学能信念

语言学能(Language Aptitude)是学习者在学习某一种语言时所表现出的较为稳定的认知倾向,是预测第二语言学习成效的重要个体差异要素之一。汉语语言学能是把汉语作为目的语的学习者在学习汉语时表现出的稳定的能力倾向。语言学能研究百年来几乎认为学能是稳定变量,一般不会受环境或者学习经历影响而发生明显的变化。但近些年来的一些实证研究发现学能很可能会受到学习经历的影响,李红、马莉(2016)曾明确提出,学能是固定不变的观点正在发生改变,学能很可能是动态发展的。从理论上看,以表意文字为主的汉语语言系统与表音文字为主的语言系统不同,"表意汉字和声调是汉语比较突出的两大特征"。就汉语语言学能来说,学习者在学习汉语时体现的语言学能必然与汉语的独特性有关。

考虑到学习者的学习环境、学习经历等因素的影响,有些教师持"华裔学习者学习中文更容易"的汉语学能信念,但教学反馈效果却并不和这一信念完全一致。这也说明某些汉语教学信念需要在实证研究的基础上建立,经验可能是不完全可靠的。在教学实践

中,部分教师对华裔学习者要求更严格一些,期望值也更高一些。部分教师认为部分学习者存在语言学习天赋,对已掌握多种语言的学习者要求更高,给予的任务也更多。一部分教师赞同成人阅读和写作能力比儿童强,针对不同年龄学习者教学时要求会有所侧重,对儿童的听说要求多,对成人的书写要求多。已有的研究证实学能测试成绩和汉语学业成绩呈现显著正相关,学能测试对汉语作为目的语的学习者的学习潜力有很好的预测作用。部分教师持"语言学能测试能更好帮助教师进行针对性的教学"的看法,在操作过程中可能根据学习者的语音编码能力、汉字感知识记能力、汉语语法辨识能力、汉语形音义对应识记能力等的某一方面的表现或者倾向来判断某一群体的语言学能,而不是个体的语言学能判断。

4. 语言结构要素信念

语言教学离不开语言要素的教学,语言结构要素信念反映的是教师对汉语言的语音、词汇和语法的相关认识,也直接反映出是教师对学习者习得这些语言要素的认识。信念不同会影响具体的教学方法和教学时长问题。教师对某一语言要素的重要性认识不同会影响教学安排,譬如,认为"语音教学是语言教学的基础,也是贯穿教学始终的内容",就会在总体设计中倾向语音教学。认为"有效的语法教学才能卓有成效地提高学习者的语言能力和语言交际能力",就会把语法教学放在重要的位置。认为"词汇是语言的建筑材料,是组成语言这架机器的零件",就会关注教学中词汇的学习和积累。形成共识的是,不同语言要素的教学时长与学习者的水平密切相关,初级阶段的学习者语音和词汇学习时间较长,中高级学习者词汇和语法学习时间较长。

具体到某一语言要素上,教师在不同教学信念指导下会采用不同的教学方法。譬如在语法教学层面,有些教师持意义信念,认为语言的意义比形式重要,会从一开始学习时就鼓励学生尝试用汉语交流或者表达自己的观点,即便学习者的语法知识是不正确或者不完全正确的。有的教师尤其是大学的中文教师持归纳信念,认为归纳比演绎更重要,就会在讲解语法时通过举例的方法和反复训练让学习者掌握该语法点,训练一般会采用任务型教学法进行,这一信念与海伦娜和卡罗尔(Helena&Carol,2011)提出的"最好让学生在情景中学习语法,通过使用而非分析将其掌握,语法本身不是教学内容"相一致,可以看出教师受交际法的影响。也与郭睿(2015)提出的"让学习者学习汉语时遵循言语—语言—言语的路径,即先接触群体的言语,再学习语言,最后体现为学习者个人的言语"思路一致。相对的,中小学中文教师使用演绎法的相对多一些,因为面对中小学生,直接采用自上而下的演绎法呈现语法规则更能引起学习者对语法规则的注意,从而让学习者把握重点,对教师来说也是一种相对安全和保守的做法。持句型信念的教师认为"句型练习是成功学习语法必不可少的一项",句型训练能够帮助学习者掌握语法结构,也能增强学习者的语法监控意识。句型练习是一种传统的教学方法,与交际性教学信念在操作方式上呈现矛盾的一面,但也是因地制宜,各有各的效果。

从文本叙述中看到,教师大多重视语法教学,也会通过多样方式进行语法结构的训练。教语法时教师认可"尽量少用语法术语,尽量减少学生学习中的困难和障碍",追求"想办法用最简明易懂的语言和其他方式表达语法教学内容"的效果;对语音的辨音方法关注较多;词汇部分主要在于识记和运用。这样的操作思路反映的是教师"重语法轻词法"的学习信念,至少在文本叙述中词法教学的内容比例并不高,远远低于语法教学的内容(关于词汇教学,部分教师通过分析汉语词汇的构词法帮助学生记忆单词,这是积极的)。王添淼(2019)的实证研究从学习者的角度看,学习者呈现出的是和教师不一样的信念,即"学生群体具有重词法轻语法的信念特征,更注重汉语学习的生词积累量"。这也启发中文教师在教学中要关注学习者的相关信念,带着研究的意识和行动去开展教学。

从文本叙述中还发现一个有意思的现象,在海外任教两年及以上的教师,尤其是在任期间去了不同赴任国的教师,教学设计是会发生明显转变的,譬如语法教学从重视"形式"和"演绎"慢慢转变为重视"意义"和"归纳",这与教师的海外教学熟练度有关,也与教师的主动实践和反思有关。

5. 学习策略信念

语言学习离不开一定的学习策略支持。埃利斯(Ellis,2000)提出语言学习策略(Learning Strategies)指的是语言学习者为有效地掌握语言规则系统,发展言语技能和语言交际能力,解决学习过程中所遇到的问题而采取的各种计划、途径、步骤、方法、技巧和调节措施。学习策略大体上可以分为认知学习策略和元认知策略两大类。从学习策略概念这一角度说,教师的"语言学习策略"信念指的就是教师对学习者习得第二语言过程中使用的方法或技巧持有的看法。主要表现在以下几个方面:一是教师强调"词义猜测"这一学习策略的重要性,鼓励学习者通过已有的语言知识和具体的语言情境进行猜测,并帮助学习者证实其所做的假设。二是重视语言课堂上的反复练习和练习强度,提倡学习者张口大量练习。三是提倡学习者通过已有知识对新学的语法规则进行归纳分析,帮助其内化规则。关于帮助学习者内化所学语法规则路径这一点,教师呈现不同的教学信念:有的教师讲解和训练语法采用的是归纳法,有的教师采用的是演绎法。四是认为学习过程中学习者的自我监控意识很重要,引导学习者在语言输出过程中加强监控。五是认为学习过程中的实践活动非常重要,学习者应该树立积极的自我交际意愿,主动寻求加入交际群体以尝试语言材料练习。六是认为"纠错时机"很重要,倾向于认为初学者一开始犯的错误需要及时纠正,否则容易出现"化石化"现象。中文教师尤其关注汉语里特殊语言点的纠错力度。譬如在语音教学中,元音 ü、舌尖后音 zh、ch、sh、r 等都是高频纠错点。又比如语法教学中的"是"字句、"把"字句等都是教师花费时间较多且格外注意纠错的点。

在影响第二语言习得的诸因素中,动机所占比例约为33%。所谓二语学习动机,是激励第二语言学习者学习的内在动力,通常表现为达到掌握第二语言这一目标而付出努力的愿望。教师对"学习者的学习动机"的信念反映的是教师对学习者动机的重要性、如

第二章 国际中文教师的教学信念

何维持、激发学习者动机的看法。从文本叙述中看到中文教师普遍认为不管学习者是出于工具型动机还是融合型动机，都要加大来自教师层面的外部因素的影响来激发并维持学习者的内部动机。具体表现有：一是教师建立奖惩制度，一般以奖励和表扬为主，用来刺激学习者主动学习并巩固其已有动机，注重给学习者以成功的机会并加以肯定。譬如，有的小学中文教师通过发小红花兑换礼品的形式鼓励学习者；有的教师通过加盖奖励印章的方式肯定学习者的学习成果；有的教师通过录制视频的方式让学习者看到实实在在的学习效果，帮助学习者建立学习信心；有的教师给家庭困难的学习者提供具体帮助，让学习者看到自己学习的进步空间。二是不断给学习者已有的学习动机"充电"，使学习者的学习动机不断增强。尤其是面对兴趣班的学习者，中文教师主动、积极地和学习者沟通，通过文化教学和语言教学相结合的方式，主动组织文化体验活动，引导学习者树立自觉的、长期的、与其理想志趣相结合的动机。还有的教师通过给学习者介绍中国大学的招生政策、奖学金政策以及中国景观，帮助学习者在了解中国的基础上建立一种学习目标，激发学习者为获得知识或成功而主动学习的内部动机。三是通过第二课堂激发学习者的交际需要，比如组织学习者去中餐馆点餐、和学习者一起做活动等方式来增强学习者的学习动机。四是教师不断改进教学，创设生动活泼的课堂，运用多元教学方法引起学生的兴趣。部分教师也会积极学习学习者的母语，通过拉近与学习者的距离帮助学习者热爱学习中文。值得关注的是，教师个人魅力也是激发学习者学习动机的一部分，文本叙述中不乏存在因为喜欢中文课堂和喜欢中文教师而喜欢学习中文的案例。

除此之外，国际中文教师还有关于学习者是否能最终习得中文的信念。这一信念是教师对学习者能否最终掌握中文这一语言学习结果的看法。大多教师认为在掌握汉语规则的基础上加上勤加练习，最终是能习得汉语的，但教师也承认学习效果存在明显的个体差异。值得肯定的是在教学操作中，中文教师在承认习得效果差异的基础上秉持"不会放弃学习效果不理想的学生"的信念对学习者持鼓励的态度。在语言习得与文化环境信念上，教师普遍认为创设目的语学习环境能有效促进中文习得，目的语文化对学好中文是重要且必要的。不少教师重视教室环境的布置，中国地图、书法作品、国画、中国结等充满中国元素的装饰品很常见。除此之外，有的教师还给学生的作业本封面做带有中国元素的设计，或者在黑板上设计分组奖励，尽量营造中文学习氛围。

国际中文教师呈现出的"汉语怎么学"信念除了受第二语言习得理论的影响，还会受到海外实践教学中学生表现出的具体特点以及自身二语学习信念的影响。在对学习者中文水平的看法上，不管中文教师持哪一种主要的语言学习信念，一般情况下根据教学实践会形成一个从"高估学习者的中文水平"到"低估学习者的中文水平"再到"客观看待学生中文水平"的变化过程特点。

下面的四篇国际中文教师叙事文本《青春的"行囊"》《"泰"慢，"泰"匆匆》《在韩记》《心之所向，无问西东》主要是围绕"汉语学习本质信念""汉语技能难度等级信念""汉语学能信念"等这些"汉语怎么学"的信念展开的叙事。

国际中文教师叙事文本(13)

本文以作者在泰国和吉尔吉斯斯坦的中文教学为主线,围绕如何构建让学习者接受的教学模式展开叙事。文本中呈现出的"交际性是汉语学习的本质属性"是"汉语学习本质信念"的典型体现。另,作者的反思教学信念非常清晰,给国际中文教学提供了一个样本。

作者简介:柳晓飞,平顶山学院2015届汉语言文学专业毕业生。2015—2017年任泰国那空沙旺男子中学汉语教师志愿者,2018年以来任吉尔吉斯斯坦奥什国立大学孔子学院公派汉语教师。获评教育部语合中心(原国家汉办/孔子学院总部)优秀汉语教师志愿者。

青春的"行囊"

一、在泰国的两年时光

2015年5月,我光荣地成为一名"汉语教师志愿者",踏进了一个充满微笑的国度——泰国,并且一待就是两年。如今,我依然能够想起在那个风雨交加的夜晚,在那辆奔驰的迷你小巴上,一切的未知毫无征兆地开启了我未来两年的志愿者生活。从做早餐、换制服到赶双条车、签到打卡,再到教书上课、批改作业,全新的琐碎在悄无声息中改变了我原本的生活。新奇与恐惧是我初见人生征程的感知,但我没有退缩,因为此后的经历让我深深地喜欢上了这里。

(一)初登课堂,相伴学子

行走在校园里,仿佛遨游在梦想的顶端。我所在的学校是泰国那空沙旺男子中学(Nakhon Sawan School),是一所百年名校,在当地有很高的声誉。在我来之前,曾有一位女志愿者在此任教,由于工作突出使得学生们对中文教师的印象很好,在她离任后我就接手了她的班。一开始,学生对我这样的新教师是不适应的,上课没精打采的,说话、玩手机,干什么的都有。我当时压力很大,特别担心学生们失去对中文的兴趣,也十分害怕自己刚走上讲台就受到挫折而造成心理障碍。刚赴任时的意气风发被这真实的课堂给狠狠地上了一课,我想象过事情的糟糕,但没想到会如此严重。如果说酷暑的摧残还能靠街区的夜色来降温,那么课堂上自我的否定就会让人痛不欲生。

如何让学生喜欢中文,接受我的讲课方式是当下最要紧的事情。我反问自己,课堂上以学生为中心、启发式教学、师生互动、熟悉教学对象,这些都做到了吗?课前教具的准备、教案的书写,这些都做好了吗?我在一遍遍地剖析自己,让自己在孤独与无助中寻找那根可以带来光亮的稻草。在同之前的志愿者沟通之后,我逐渐熟知这个班学生的性格特点以及他们的喜好,我开始了有针对性的课堂策略实施。

这个班有一名学生叫志远,中文相对较好,特别喜欢在课堂上回答问题,同时他也能带动周围学生的积极性。不过就是上课爱说话、好动,不是特别守规矩。之前我对他是极其严厉的,曾罚他站在教室的后面,但好像自那时起,他上课就不怎么举手了,似乎是对我产生了敌意。后来,我在提问问题的时候总是率先提问他,他很聪明反应也快,很顺利地就给出了满意的答案。我借机在班级中表扬了他,还给他送了一个中国结,以资鼓励。至于他上课爱动、说话的情况,我也在课后找他谈话。虽是性格使然,但在多次沟通之后他也克制了许多。当初那个莽撞的我,那个在课堂上大声批评学生的我,那个在没有深入学生就仰仗教师权威的我,逐渐地与学生建立了感情。那些问题学生、那些胆小不爱说话的学生也在一次次的磨合中,对中文产生了兴趣。时至今日,他们的名字我依然还记得,也忘不掉同他们每一个人在课堂上所碰撞出来的故事。当然我也明白了在海外教学,在文化背景不同的情况之下,对于教学对象的了解至关重要,在一定程度上会对教学产生推动作用。

文化教学——书法

夏令营教学

随后我也尝试了课堂之外的夏令营教学。户外教学我就要面对一群陌生的学生,不了解他们的程度,更不知道他们的喜好。但是有一点是肯定的,就是必须要让学生喜欢你,让他们甘愿跑过来听你的课。简单地说,就是在有限的时间内,你要营造课堂氛围,调动每一位学生的积极性。开营之前,教具的准备是必不可少的,根据教学内容我亲自找材料,制作了便于户外使用的教具,同时也向有经验的教师请教,并学会了当时最受学生欢迎的课堂互动游戏。我一遍又一遍地完善方案,一次又一次熟悉上课流程,就像自己精心设计的一件艺术品马上要参展一样,丝毫不想让他在公众面前出丑。

那天一群群天真可爱的学生加入到我的中文营地,虽然学的都是简单的词语和对话,但是他们真真正正地感受到了乐趣。都说兴趣是最好的老师,也许那时候我就在他们的心中埋下了热爱中文的种子。夏令营结束之后,泰方的中文负责教师给我的反馈很好,学生们都夸赞教具很可爱,互动游戏非常有意思。在那时学生的一个微笑,泰方教师一句肯定的话语能让我发自内心地幸福很多天。汉教之路看似平凡,实则需要用心对待。这次的经历也让我对以后的工作有了更多的勇气和信心,一件看似复杂无比的工作,在我耐心的分解和用心的钻研下,反而变得没有那么难了。带着这样的信念,我又迎来了那空沙旺学校最为隆重的新春庆典。如果说教学的困难我可以请教别人,那么文化活动的筹备就要看自己的才艺和统筹活动的能力了,在这个环境里别人给不了你想要的。

(二)新春活动,挑战自我

泰国那空沙旺府是一座具有百年历史的中部城市,这里聚集了大量的华人,当地保留了很多来自中国的传统。尤其是中国农历新年,上到政府官员下到平头百姓都相当重视。学校提前两个月就把这个活动告诉了我,还专门配备了一位本土教师来协助我的工作。可是具体做什么,怎么做,学校未曾给我建议,在他们眼中所有的中文教师就是一个万能的老师,筹备这样的活动应该是一件轻而易举的事情,就好比很多外国人认为每一个中国人都会功夫一样。任务下达后的那段时间,除了日常的教学外,我天天琢磨的就是应该呈现出一个怎样的作品这件事。有一次下班后,我在公园里偶然看到一群打太极的泰国人,起初是惊讶后来就兴奋了。因为我曾经专门找过武术学校的老师,学习了一套小洪拳。现在我可以每天来公园里重新温习洪拳的套路,然后再一招一式地像他们打太极一样教给学生啊。之后我就将教武术的想法告诉了学生,并承诺他们如果表现出色可以在春节期间登台演出。学生们兴奋极了,两个班30多个男生全都报了名。接下来两个月的时间,我将每一天都进行了细化安排,并且严格按照计划执行。

这套拳法属于柔拳,对练习者的腰部、腿部的柔韧性要求较高,而学生们又都没有基本功,因此在每一个动作练习之前都要进行体能训练。炎热的天气,人站在教学楼下不动,就能出一身汗。然而,学生们下了课丢下书包就会直冲操场,在我的监督中做完武术动作学习的前期准备。我当时将五步拳和小洪拳进行了动作分解,一天一个动作,然后在练习以前动作的基础上学习新的招式。学生们刚开始都觉得很简单,但到了最后要想熟练且连贯地打下来就困难多了。中途有体力跟不上掉队的,有动作记不住无奈放弃的,一个月下来,队伍人数稳定在了20人左右。下一步就是调整队形,根据音乐进行节目的编排。这一阶段虽然没有之前那样辛苦,但是在团队的默契程度上以及武术动作同音乐的衔接上却颇为麻烦。还好泰国人的性格比较温和,在我一边又一遍的重复中,他们嘻嘻哈哈的很是愉快地听从着我的指挥。我也是初次看到学生们可以为了节目的成功而放弃周末来学校排练,为了想出更好的办法,他们私下在Facebook上建立中国功夫群进行讨论,那些在课堂上打不起精神的学生也会为了这次活动而拼命地重复练习着一个动作。有这样的团队精神,我深深地感动着,也逐渐改变了对他们的看法。毫无疑问,春节当天,在全体师生的见证下,在学生家长的关注中,我们的武术表演获得了经久不息的掌声。穿着武术服装的中文班学生,成了那天那空沙旺学校最瞩目的明星。

(三) 拜师礼节，尊师重道

一路走来，在这个陌生的国度里，这些孩子们给予我的不仅是对课堂及文化活动的认知，更重要的是他们让我看到了一个"师者"应该有的样子。每年六月份的任何一个星期四，泰国各个学校都会举办隆重的拜师节，也可以说是教师节。学生们在节日当天要向教师行跪拜礼、献花以此来感念师恩。平日里，我走在校园与学生见面，学生都会很自然地向我行合十礼，如若我在办公室，他们找我问一些问题，也会跪在地上以表尊重。对于这些礼节性的东西，我由初来时的不解到如今的接受，其实也反映了我作为教师内心转变的过程。尤其是在拜师节那一天，几百名学生一起伏在地上，听高僧讲授教师的恩德，牢记要尊师重道。学生代表一路跪行到教师面前，献上本班级制作的精美鲜花。教师们则尊贵地坐在椅子上，深情凝望着每一位前来行礼的学生，要是有的学生同教师感情深厚，还会伏在地上痛哭流涕。在我看来，这是加深师生情感的道场，更是尊重知识，崇尚师德的精神洗礼。在那时，我深刻地体会到，学生往日里行的合十礼、跪拜礼是向我传达着一种信号。这种信号时刻提醒着我是一名汉语教师，要更加用心地上好每一堂汉语课，做好每一场活动。时至今日，我依然觉得教师是最幸福的职业，也是最伟大的职业，也许这种感觉会一直指引着我向前进。

拜师节现场 1

拜师节现场 2

(四)重拾"行囊",走向远方

两年的志愿者生活远去了,但是青春的"行囊"依然没有卸下。回国后,我在教育行业里继续前行,成为一名中学教师。偶尔,我也会收到泰国学生的微信问候,也会通过各方途径去打听那空沙旺中学的事情。起初,我以为这种挂念只是短暂的人之常情,但是时间长了,过往的汉教经历却更加让我怀念这份职业。我知道踏上汉教这条路就注定了要远离家乡和亲人,甚者在青春年华奔向一个相对不稳定的环境也不是明智的。可是,如果不趁年轻去做自己想做的事,我很可能就会留下遗憾。

当志愿者的时候,我就一直梦想着能进孔子学院工作,好让自己在另外一个平台成长,我想象着同那里的优秀教师们一起探讨问题,一起做更多元的和中文教学有关的工作。时隔一年,当看到吉尔吉斯斯坦奥什国立大学孔子学院的招聘时,我再也抑制不住自己内心的激动,果断在网络平台上输入了自己的名字。从此,漫长的征程就如一幅画卷在我的青春岁月里悄然展开。

二、在吉尔吉斯斯坦砥砺前行

2018年8月,通过选拔考试和培训,我来到了吉尔吉斯斯坦奥什国立大学孔子学院,终于向着我的梦想出发成为一名公派教师。此刻,我拖着沉重的行囊踏进了这片又一次见证我青春岁月的土地上。

(一)初到孔院,积极融入

第二次踏上汉教之路,虽没有初入泰国时的新奇与恐惧,但总感觉未来充满了挑战。奥什国立大学孔子学院(简称"奥什孔院")位于中亚国家吉尔吉斯斯坦南部地区的奥什市。奥什孔院中文专业门类齐全,设施完备,不仅有自己独立的图书馆,还有一支由几十人组成的中文教师团队。这同之前在泰国的工作环境相比有着天壤之别,毕竟这是一个具备完整教学体系的中文本科院系。而让我有压力的是我对孔院的工作方式还不是很了解,不过我早已做好了心理准备,当初报考孔院就是想提升自己的汉教水平,在专业环境中磨炼自己的。因此之后的日子,我不敢怠慢,唯恐稍有疏忽就误人子弟,影响孔院的声誉。

刚开始工作时,院长同我进行了一次谈话——"团结友爱,融入集体"。我本想会聊一些教学工作上的事情,但就是这短短的几个字让我明白了如今的我已不是之前的孤军奋战状态,而是在一个集体当中,是孔院这个大家庭的一分子。自那以后,我时刻牢记着这八个字,因为我知道要想把海外中文教学这项伟大的事业做出成绩,唯有大家齐心协力。

由于已经有了之前的志愿者出国经历,在环境适应方面我没有不适,刚到的第一天我就在同事的陪伴下置办了所有的家当,很快就安顿了下来。这里离新疆很近,饮食以面食为主,这对来自北方城市的我来说仿佛就是在邻居家蹭了一顿饭一样,熟悉而亲切。

奥什四季分明,同家乡的气候很相近,在头一个月里,我都沉醉于这迷人的环境之中。孔院的同事新疆人居多,他们热情活泼就像春天的花儿一样。尤其是老教师,对像我这样的新人在生活上都特别照顾,奥什的大街小巷都有他们领着我游走的痕迹。我深知,他们是想让我在这里找到一种归属,以便能更好地度过平凡的每一天。因为新奇总会过去,寻找适应自己的生活方式至关重要,毕竟公派教师的工作一干就是两年。那时除了上课,我便与同事一起跑步、学当地语言、研究菜谱,将平凡的每一天过出色彩。

(二)孔院教学,奋勇成长

我在孔院教 kl2-16 班(本科三年级,汉语翻译专业)学生中文。他们的中文水平都还不错,有两年的汉语学习经历,能同我进行正常的交流。起初我还在庆幸学生水平高,但后来就意识到自己的知识储备得时刻跟上学生们求知的速度才行。因为学生经常在网站上浏览一些关于中国的新闻,随着涉猎知识面的拓展,所产生的疑虑也就增多了。这也督促我经常去学习一些新的知识点,直到彻底搞清楚了才放心,这样才能保证在课堂上能给学生讲清楚说明白。比如让我介绍中国的城市、讲一些神话故事、说一些当下普通中国人的一天等等。都说"教学相长",我深有体会。

与奥什孔院 kl2-16 班学生合影

我们班有 18 个学生,有两个学生已经过了 HSK5 级,其余的都过了 HSK4 级,他们当中还有 4 个到中国做过交换生,对中国的文化有一定的了解。学生们每周有五节精读课和三节听力课,虽然课程学习起来有压力,但是他们也没什么畏难情绪,还是比较积极地去学习。比如说遇到比较枯燥的语法点时,他们总能造一些新奇的句子让课堂活跃起来。记得有一次,我讲比喻句,张超同学就率先发言打破了教室的宁静。他看了看坐在旁边的迎春同学,就说"早晨的天气很不好,就像迎春失恋的心情一样"。他话音刚落,其他学生马上就会意了。迎春是班里的"痴情小花",她上课的发言基本上都是和爱情有关。因此张超的这个比喻句并没有让她觉得难堪,反而成了班级公认的调侃。后来他们在课堂的讨论中也经常会将学到的知识融入自己的生活,那些干巴巴的知识点顿时充满了生机。在上听力课时,他们同样会关注一些话题,比如"网上购物""租房""交友"等。他们很好奇这些事情在中国是怎么做的,于是就查阅资料,大家一起探讨,之后再进行反复地听力练习,最终收货颇丰。

不过我们班的学生也挺不走运的,三年来换了3个班主任。本科四年,这样频繁地更换班主任对学生来说的确有些不适应,尤其在大三的时候。虽说我之前在泰国做过两年志愿者的工作,但面对的都是一些中学生。而如今的学生都是具有独立思想的成人,不管是教学方式还是日常的工作管理,我都要摸索出一套自己的办法。好在年级组的老师都很给力,特别是每周五下午的教学研讨会,几位有经验的老教师都会毫无保留地说出自己的高招,让我受益匪浅。

一位叫紫苏的同学至今让我印象深刻。从我认识她的那天起,就感觉她对待中文的态度不是很积极,经常不写作业,旷课迟到。有一次我还大声地在班里对她训斥,当时就感觉她顽固不化,听不进一点建议。事后,我冷静下来,感觉紫苏还是有一些优点的,比如上课爱举手。虽然有时她不能很正确地表达,但是能感觉到她想说什么。我经常告诉自己,对待学生不要急于去贴标签。他们都是成年人,已有自己的做事风格和态度。我应该思考的是怎样才能点亮他们内心的那道光,引导他们找到学习的方向。之后我一直在观察,不能轻易地将她放弃。有时在课堂上遇到一些简单的问题,我都喜欢让她来回答,逐渐帮助她建立自信,同时对于她犯的错误也是以劝解为主,不再着急发火。上半学期期末考试,她没有及格,但是她的表现已经有了很大的进步,我就悄悄地在她的平时成绩上多加了几分。她知道后,没说什么。春节过后,她便主动找我要求去参加汉语桥比赛,可凭她的实力,参加汉语桥比赛简直就是天方夜谭。但是我又不能打击她的信心,因此就找了一个成绩突出的学生同她一起准备这个比赛。当时距离这个比赛还有两个月,我原本以为她只是开玩笑,遇到困难就放弃了。但直到有一天,一位同事告诉我每天下午孔院四楼的书画室里有一个叫紫苏的女生在练习国画,我才恍然大悟。没想到紫苏这次是认真的,更没想到她坚持了这么久。在比赛的时候,我特意去了现场,由于缺乏经验,加上紧张,她没能顺利地完成演讲。比赛结束后她很伤心,哭得稀里哗啦。当时我很内疚,自责没有在平时好好地督促她。之后为了让她积累更多的经验,在接下来的戏剧小品大赛上,我又鼓励她参加,并对她进行了辅导。这次她表现很好,在台上没有紧张,把两千多字的台词十分流畅地说了出来。赛后她笑了,我也笑了。

在教学生活中,遇到这样那样的学生是很常见的。有时候就是因为教师自身的情绪和判断可能就会忽略掉学生的某些优点。那空沙旺学校的志远和奥什孔院的紫苏都让我清楚地认识到,教师在教给学生知识的同时也是他们成长道路上的引路人、打灯人。

学生们渐渐地步入大四，普遍开始将就业与汉语学习紧密地结合在一起。面对学生的成长，我除了要强化他们的汉语学习，还要对他们未来的发展提供意见与指导。大四带给我的挑战是在不违反常规要求的前提下，如何让学生在这一年里，找到自己的价值所在，人生定位。学期快结束时，我们班18个学生，其中11个学生有进一步学习汉语的想法，7个学生也已经规划好了其他的方向。对于那11个继续深造的学生来说，我们经常聊的就是如何用自己的汉语水平来给未来的研究生院校留下好的印象，并且我会鼓励他们不能松懈，勇敢攀登。而对于另外的7个学生，我常说学习汉语是他们人生中最美的一场邂逅，而大四又是一生中最让人怀念的时刻，进而让他们享受每一堂课，不留遗憾。总的来说，做一个有温度的老师，讲好汉语，带好学生，一切困难都会迎刃而解。

疫情前同这届学生的最后一次聚餐

疫情前学生为我过生日

2020年6月，他们顺利毕业。我很骄傲能看到他们在奥什孔院的成长。因为新冠疫情的原因，只有半夏、平安、江莱、当归、张超、左蓝6个人拿到了奖学金进入中国高校读研究生了，尽管他们是在家里上网课，不能感受中国高校的魅力，但我还是挺欣慰的。从志愿者到公派教师，一路走来学生陪伴了我的成长，我也见证了他们在学业上的进步。身为教师，还有什么比培养出优秀的学子更叫人难忘的呢。我们跨越千山万水，曾梦想着怀揣一身武艺，仗剑天涯，看到他们拿着奖学金证书在班级群里展示时，顿感自己的人生价值在此刻得到了体现。那时我们可以很骄傲地说我们没有耗费青春，没有辱没肩上的使命。

（三）组织活动，提升自我

"在孔院工作除了会教学，每个教师还应该具备组织活动的能力"这句话是孔院的一位老教师告诉我的。刚开始我不以为意，但经历了第四届"丝路杯"中国国情知识大赛之后，我才有深刻体会。当时我是这个活动的总负责，刚接手时感觉也没什么，毕竟以前的大风大浪也是见过的。但随着活动时间的临近，整个大赛的雏形就显现了出来，这时我才明白了这绝不是一个普普通通的活动。身为总负责你要跟奥什领事馆的人沟通、要去买各种比赛物品、要开发票、要协调学生与老师的时间等等，所有的一切都是我之前从未想过,也从未做过的。我焦虑过、惆怅过,真的想找别人换换。可要是真的放弃了,当初我来孔院的初心就改变了。还好孔院有一个优秀的团队,在我拿出自己策划时,他们帮我提建议,出点子,反复梳理各个环节。活动奖品定不下来,我就趁着周末跑遍大街小巷寻找,比赛场地租用布置谈不好,就多次找酒店经理协商。那段时间只要是一个小细节有问题,我就会找同事们反复推

我负责举办的中国国情知识大赛

敲拿出新的解决方案。虽然艰难,但是在这样的一个集体中,在大家都齐心协力地做一件事情的时候,我就感觉没有什么是我们解决不了的。最终大赛进入十月,我们筹划了初赛;进入十一月,我们举办了复赛以及决赛。三场比赛下来,我整个人都处在一种虚脱状态,不过一切都值得。

后来我又接手了学院新闻编辑的工作。说起新闻编辑,像孔院这样正式的还是头一次。学院的新闻是对外宣传的窗口,关乎中文教学事业的发展。说实话,自己对于写作是有兴趣的,但是肩负如此重要的工作,自己的确诚惶诚恐。每次新闻稿完成之后,我都要审个两三遍,然后找有经验的教师指正,最后确保无误后才交给院长审核。由于没经验,写作时往往带有主观的描述,常常偏离写新闻的原则。于是我就关注了几个公众号,从模仿开始一点一点矫正自己的用语,有时为了写出新意还会浏览几个小时的新闻,然后再动笔。为了使每一篇稿件都有亮点,都能结合实际推陈出新,我还要深入活动现场去感知氛围,了解学生及教师们的真实感受。虽然自己并不是一个专业的新闻工作者,但肩负着这项任务,就要认真为每一场活动撰写出最真实、最有力的文字。现在,我已经能独立编辑孔院公众号,并且在全球孔院公众号综合评分排行榜上,奥什孔院的公众号名列前十。我一直在用心记录着孔院的成长发展,尽管有时加班很辛苦,但感觉意义非凡。

之后我还成功主办了第三届戏剧小品大赛,孔院年末汇演的时候我也加入了玛纳斯艺术团,并负责了汇演节目戏曲《探清水河》选段。这些事务活动让我学到了好的工作方法,也积累了宝贵的经验,促使我在孔院的日子里奋勇成长。

(四)网络授课,不辱使命

转眼到了 2020 年,但这一年似乎所有人都想匆匆迈过。年初,回国休假的老师因国内疫情原因而不能按时上课,奥什孔院面临着师资严重不足的困难。那时奥什市还没有出现疫情,学生们和平时一样在孔院上课,而留守的教师们则扛起了繁重的教学工作,基本上每位教师都是身兼数职。我除了带本科四年级的汉语翻译和听力课外,业余时间还

要兼顾图书馆的工作以及孔院新闻稿的编辑推送事务。早上赶着班车来到孔院,一直忙到晚上回家。说实话,真的很累,但是国内疫情正在疯狂肆虐,所有人都在拼尽全力,共同抗疫,而我们能做的就是把孔院的各项事务做好。

为了支持国内抗疫,我们为学生举办了关于新冠病毒的讲座,让他们明白中国人是如何同新冠病毒做斗争的。每次上课,我也会给他们穿插一些新闻资讯,让他们不要被一些谣言迷惑。大四的学生很关注中国的发展,因为这个学期他们要报考研究生,对中国的动态尤其感兴趣。那段时间,我真正地感受到作为一名海外教师身上所肩负的使命,除了要教好汉语知识外,还要讲好中国故事,在孔院最需要我们的时候,一定要挺身而出,决不后退。

接手图书馆工作

与同事一起组织疫情防控宣讲

可是好景不长,三月中旬,吉尔吉斯斯坦也受到了新冠肺炎疫情的袭击。不久,我们就拟定了隔离期间的规章制度、收到了第一批物资,还同大使馆及国内单位进行了联系。生活逐渐明朗,我们也在适应着突如其来的不确定。海外教师此刻具备的胆识和勇气,沉着与冷静使我们又一次征服了自己。在网络授课的大背景之下,学生们更是触摸到一种新的学习方式。他们拿起手机记录日常的中文口语练习、还通过各种平台学到了很多有趣的知识。以前很少有学生会去主动做的事情,现在他们都在努力完成着。我想我们没有因为疫情隔离而无所适从,相反,我们还有更加远大的目标。即使是线上上课,我们也会利用这段时间的经验来更好地丰富我们的课堂,管理我们的孔院。

尾记

从事这项事业已有五年,不管在哪里都积极地面对挑战,用尊重谦虚的态度接纳他人是我的准则。内心里有阳光,世界都会因你而感到温暖。在我眼里,中文课堂就是这样的一个能给我带来温暖,并且能够给予我生活力量的地方。学生们虽然皮,但绝不会忘记在你生日的时候,请你吃他们当地有名的抓饭。老师们虽然工作繁忙,但也从来没忘记给你惊喜,让你心情舒畅。工作在汉教大集体中,感觉生活就在脚下,而在人生的长河里,用脚踏出这坚实的一步也许就是对自己的最大的鼓舞与肯定吧!

国际中文教师叙事文本（14）

本文以作者在泰国的中文教学方法探索为主线展开叙事，呈现出的"游戏教学法""小组合作""汉字教学动态化""课程测试类型丰富化""演讲比赛活动常态化"等教学方法的实施提高了学习者的学习效果，这些探索是"汉语学习本质信念"和"学习策略信念"的集中体现。

作者简介：于如梦，平顶山学院2019届汉语国际教育专业本科毕业生，郑州大学汉语国际教育专业硕士在读。2019年赴泰国符镇功学校任汉语教师志愿者。

"泰"慢，"泰"匆匆

一、情怀·放心里

专业课老师曾告诉我们：选择了汉教这条路，就要做一个有情怀的人，善良、可爱、大度、有包容心。听到这句话时，我觉得自己做为一个汉教人，是一件很值得骄傲的事情。这时的我，没有真正踏出国门，没有真正教外国人学汉语，只是在专业课的海洋里去摸索着做一个有"情怀"的人。这时的我，其实不知道做一个有"情怀"的人是一件不简单的事情。

2019年4月份，我幸运地通过了汉语教师志愿者项目的选拔，于6月份带着好奇与热情来到泰国，开始了为期9个月的任教生活。带着"泰国是一个友好微笑国家"的认知，我满怀壮志，心揣情怀，努力备课，积极适应。可是一切好像都偏离了轨道，我忽视了中泰双方的差异，调皮的学生，难以控制的课堂，无法沟通的语言，生活习惯和思想观念的不同……这一切的不和谐，使每天去学校上课成为了一种"噩梦"。我开始想逃避，经常问自己为什么要来到泰国，为什么要这样受苦受累，甚至忘记了自己的专业，自己身上肩负的责任和使命。那时的我才认识到大学老师所说的"情怀"，所说的做一个"善良、大度、有包容心"的人，看来不是一件简单的事情。

二、教学·摸索中前行

2019年6月15日，在曼谷开完赴任大会之后，所有的志愿者分散在泰国50多万平方千米的土地上，各自开始自己的任教生涯，摸索前行。

（一）学校微印象

对于自己所任教的学校，在没有到达泰国之前，一切都是未知数。因为历来有前辈的分享，对自己任教的学校也不敢有太多美好的想象，但当真正见到学校的大门时，心里的惊喜不言而喻，因为学校的地理位置和条件还是值得称赞的。我任教的学校位于泰国甘烹碧府的市中心,中文名字为符镇功学校。该校是由泰国教育部审查许可并授予办校许可证而创办的私立华校,归属于泰国民教委。学校教学条件相对较好,多数教室都配有多媒体课件,也有专门的中文教室,校内开展了泰语、英语和汉语教学,还有跆拳道课、电脑课和游泳课。全校共有学生500多人,40多位教师,其中有4中文老师和10位菲律宾老师。

在任教期间,我主要担任小学1到6年级的汉语课,学生总人数约为130人,每周18到21课时。学校所使用的教材为自编教材,编写人主要为学校的负责老师,数十年来任教的志愿者对教材进行修订。本着"语言学习是掌握交际工具"的理念,教材一课一话题,内容偏向于日常交际对话,遵循的是交际性教学原则,课程目标着重培养学生的交际能力。提升学习者学习汉语的兴趣。

(二)课堂教学·教学方法多元化

之前就听闻泰国学生有"下课是天使,上课是恶魔"的双面形象,但在真正踏上讲台之后依旧措手不及。第一次上课前的紧张,打好草稿的自我介绍和做足准备的讲课内容,在见识到娃娃们的"本领"之后,变得惨不忍睹。大部分学生的汉语水平都相对较低,我又是独立给学生上课,没有泰国老师的帮助,而且泰国学校没有课间休息,几乎时时刻刻都有学生去洗手间、喝水、去垃圾桶旁边削铅笔、借橡皮、趴在地上等与课堂教学无关的情况发生,有的在认认真真听课,有的沉浸在自己的世界里画画,有的一不留神就不知道跑到哪个角落里了等等各种情况。但是作为汉教人,还是有自己的看家本领的。面对百花齐放的学生,也只能老师自己一人来争鸣。考虑到第一次上课的出其不意,也对学生的情况有一定的了解,我开始慢慢不断地适应调整,想出相对有效的方法。

喜欢在地上写作业的学生

百花齐放的学生

首先,设置游戏,增强课堂的趣味性。对于汉语水平不高的小学生来说,汉语对他们来说有一定的难度,而且泰国学生天性活泼,需要用游戏去吸引注意力,从而能更好地实现螺旋式的训练,让学生在潜移默化中习得汉语。因此,在任教的期间,我在课堂上尝试了不同的游戏,如在训练动物词的时候,我利用了"石头剪刀布"的游戏。将动物词卡片(正面是图片,反面是汉字)依次放在底板的空格里,每次找两个学生站在卡片两端的五个空格处,其余学生坐在游戏场地的旁边,石头剪刀布的口令换成空格里动物卡片的读音。当游戏开始后,一边喊口令(参加比赛的学生和其余学生都要喊口令)一边出自己的拳头,赢的一方可以前进一个空格,直到最终拿起卡片,并大声说出来动物的名字,方可获胜。值得一提的是,在开始游戏之前,学生要对训练的内容有一定的基础,而且老师也要用简单的句子给学生讲清楚比赛的规则。最重要的是,因为学生的活泼和跳跃性的思维,老师要知道游戏是为学生习得所学内容而服务的,时刻注意控场,把握游戏的度,不要一味强求趣味性,偏离训练的主题。

拼图游戏　　　　　　　　　　　抽签识词游戏

其次,建立小组,利用荣誉感激发学生的竞争意识。虽然我教的学生都很小,汉语水平也不高,但是竞争意识是一个屡试不爽的办法。在慢慢摸索出上课的小技巧之后,我每次在上课之前都会将学生分成小组,并将小组的序号写在黑板上,每次回答问题积极,表现良好的小组,我会在黑板上画出一个笑脸,相反,笑脸会被擦掉。每节课结束后笑脸多的小组会获得奖励,而且由每个小组的组长记录自己组每天每周每月的笑脸数目,由此定期为自己的组员领取相应的奖励。这样的办法实施之后,为了获得笑脸和奖励,每个小组都会齐心协力,认真学习的学生会带动调皮捣蛋的学生,课堂秩序的维持就相对容易起来。

最后,在主导课堂的基础上充分发挥学生的自主性。因为学生汉语水平不高,我的泰语水平又几乎为零,有时候我说出的词语或者句子稍微复杂一点儿,学生都会疑惑的看着我,再加上学生活泼好玩儿的天性,一节50分钟的课很难进行下去。为此我尝试不同的方式让学生行动起来,由他们到讲台上点读,拍苍蝇,或者将词语和图片匹配起来,再或者在黑板上给出提示,学生自己进行对话等等。慢慢地,学生知道了上课的流程,往往我说现在我们开始玩游戏之后,学生会举手告诉我他要到讲台上当小老师,给学生点读,或者帮助我在黑板上布置生词卡片的摆放,再或者找自己的小伙伴组队进行比赛,忙得不亦乐乎,课堂秩序虽然有点儿难以控制,但是课堂效率提高了不少。

生词与图片匹配

学生做"小小老师"

(三)汉字教学动态化

对外汉语教学注重培养学生听、说、读、写的四项基本技能,因此汉字的教学也是必不可少的。但是,考虑到我所教授的学生汉语水平不高,日常的教学更多注重的是学生的口语能力,汉字教学所占比重较小。由于学校的教材都是根据话题编写的,所以我会每讲完一个话题之后选取该话题里的2~3个汉字教授给学生,教授的内容是汉字的演变过程,汉字的笔顺。

在真正实施的过程中,也是波折不断。一方面泰国学生对于整齐方正、横平竖直的汉字没有太多的概念,另一方面泰语由上到下的书写方式给汉字教学带来了一定的负迁移。因此,为了提高学生学习汉字的兴趣,我基本上都会利用学校的多媒体,以图片和动态的方式给学生展示所学汉字的发展演变过程,让学生在兴趣的基础上以此来加深学生的图像记忆,了解汉字的博大精深。另外,为了避免学生汉语书写方式带来的负迁移,在讲解和训练汉字时,我经常用到的方法是隔空书写和给汉字贴小鱼。隔空书写是自己课下制作各种样式的指头套,学生自愿举手选取自己喜欢的指头套戴在手上,然后跟随我或者PPT上的动态笔顺演示图在空中反复书写,加强汉字的书写顺序。给汉字贴小鱼是老师提前在A4纸上打出大大的汉字,并剪出无数条小鱼,然后利用小鱼头和尾,让学生在汉字上面贴小鱼,告诉学生小鱼的头是每一笔的书写方向,效果很好,学生很感兴趣。

除此之外,最有效的方法是利用书法来提高学生的参与度。因为学校有专门的中文教室,里面有很多毛笔和水写布供教学使用。在学生对汉字笔顺有一定的印象之后,我会将PPT定格在动态笔顺演示图的页面,将毛笔和水写布发给学生,让学生自己练习,我在旁边观察纠正。练习一定时间之后,我会将水写布贴在黑板上,学生自愿上讲台进行展示,由其余学生监督写的是否正确,最后由我进行总结和反馈。一节课下来,不少学生能基本记住汉字的书写方向和书写笔顺,师生双方都有较大的成就感。

(四)课程测试类型丰富化

对于课程测试,我所任教的学校中文老师需听从负责老师的安排,该负责老师在中国读过四年的汉语国际教育本科,同时她也是学校的校长兼总负责人。而学生最终的成绩,也是以学校的规定为基础,结合学生一学期的综合表现给出最终的等级评定。

一方面,对于平常的学习效果的检测,在我所任教的学校,学校除了有自编的汉语教材,还有自编配套的两套练习册(两套练习册的完成情况需定期交由负责老师检查),一个是学生带回家的家庭作业,设置的题目比较简单,并配有泰语翻译,包括连线、画画、涂颜色、选词填空、补全对话等;一个是需要在课堂上完成的练习,该练习册难度较大,没有泰语翻译,而且题量很大,汉字书写较多,不太符合学生的汉语水平,完成起来较困难,效果不大。另一方面,汉语作为该校的必修课程,学生每个学期有两次汉语考试,分别为期中和期末考试,试卷由4位中文老师合作完成。试卷的题型和分值由泰国的负责老师告知,分别为选择、选词填空、选词组句子、笔顺、连词成句。4位综合自己的讲课内容和各自学生的学习进度呈现出两套试卷,交由负责老师审核修改,最后决定出一套适合的卷子进行考试。

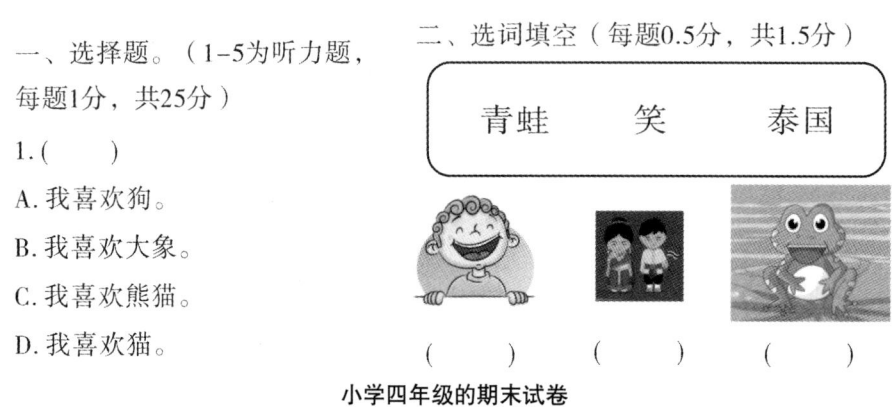

小学四年级的期末试卷

综合以上情况,平常的测试我主要结合家庭作业来检验学生的学习效果,每节课会留出5分钟的时间布置作业,给学生讲清楚作业的要求,等下次上课时,我会对完成好的学生进行表扬,并展示他们的作业,完成不好的会让他们站着听课,这样实施之后,虽然有的学生不一定会写对,但整体完成度很高,我也会对学生的学习效果进行检测,从而查漏补缺,有针对性的改进。除了家庭作业,课堂上需完成的练习册,在和负责老师商量之后,我只是挑取上面相对简单的题型给学生做,而那些需要书写的题型,我会每隔一周利用一节课的时间,用口语的方式对学生进行测试,并进行打分。最终,学生课堂上的表现、作业的完成情况、平常口语测试的分数、期中考试的成绩等会作为学生的平时成绩,加上期末考试的成绩,对学生做出最终的等级评定。

(五)演讲比赛辅导活动常态化

除了课堂教学,我和其他三位中文老师经常担负起辅导学生演讲的责任,具体包括演讲稿的撰写、逐字逐句教学生发音背诵、一遍一遍纠音、抑扬顿挫的语调、手势和面部表情等。因为比赛准备的周期很长,辅导基本贯穿于任教的整个生涯。为了不耽误课堂学习,每天练习的时间为放学后的一个小时,反复听他们说,然后每次记录下学生容易出错的地方,反复地纠正练习。

其实,一篇 500 字左右的纯中文的演讲稿对学生来说,有一定的难度。但幸运的是参加演讲比赛的两个女孩子很勤奋,态度也比较积极,最值得我们中文老师比较感动的一件事情就是学习翘舌的发音。因为泰语基本没有翘舌的发音,学生分不清"z c s"和"zh ch sh",我们几个老师经常利用手势法演示两者的不同,慢慢地她们了解到两者的区别,但是翘舌舌位的前后不一定能把握好度,听起来就比较奇怪,只能一遍遍地模仿纠正。两个学生不管是在辅导时,还是上中文课时,亦或者在校园里玩耍时,都会默默练习,见到中文老师就会读出某个翘舌音,好学地问:"老师,对吗?"慢慢下来,她们也能基本发对演讲稿里所有的翘舌音。虽然最后的决赛学生没有拿到前三的名次,但是初赛和复赛,学生都是以第一名的成绩一举夺冠,这也是值得欣慰和骄傲的瞬间。

学生在练习演讲稿

学生去参加演讲比赛

三、文化差异中的适应与调整

离开自己熟悉的一切,来到一个陌生的国度,对一个新手老师来说确实是一个重大的挑战。面对那些教学不顺、语言不通、饮食不同、风俗各异的多重压力,我们也总要有一个不断适应,不断调整的过程。

令我印象深刻的是与学校泰语老师的相处。初到学校时,总觉得泰国以微笑著称,泰语老师会对我很亲切。但是刚来的一个月,泰语老师总是对我比较冷漠,很少有人对我讲话,再加上语言不通,有什么问题我也不敢和她们交流。后来通过负责老师才知道,泰语老师是因为不了解我的性格,而且她们不会中文,英语也不怎么会说。知道这个原因之后,我会积极主动地和她们打招呼,借助翻译软件和手势和她们交接工作,偶尔会送她们在中国带的小礼物。慢慢地相处下来,泰语老师会帮助我管理学生;带我去租泰式的衣服;早上迎接学生时,会用中文向我说"早上好";在市场碰到,大老远的喊我"于老师",向摊主介绍我……

四、汉教路上的感悟

作为汉语教师的我们,在汉教这条道路上,要学习的东西有很多,特别是新手老师,虽然在课堂上学习了一定的理论,包括课堂教学的原则和方法、教师语言以及课程测试等,但是并未形成系统的知识理论体系,而且在真正的对外汉语课堂中,有太多出乎意料的事情发生,有时我们没有足够的能力将理论很好地运用到实践当中,也没有足够的经验很好地解决课堂管理的难题。另外,除了教学能力,文化知识的储备、中华才艺的掌握以及文化活动的组织都是对外汉语教师不可或缺的技能。面对这些情况,汉语教师需要不断学习,努力充实自己,积极吸取自身和他人经验,更好地去适应对外汉语教师的角色,更从容地应对课堂难题和其他问题,从而实现有效的教学,文化的传播,完成自身的责任和使命。

国际中文教师叙事文本(15)

本文以作者在韩国从苦恼、头疼到反思再到找到适合自己教学模式的中文教学历程为叙事线索,展现出的教学设计案例体现出"汉语技能难度等级信念"和"汉语学习本质信念",给中文教师信念的确立提供了一个动态的发展变化轨迹。

作者简介:范娟,平顶山学院2015届对外汉语专业本科毕业生,陕西师范大学汉语国际教育专业硕士。2016年赴韩国任汉语教师志愿者。

在韩记

我曾多次幻想自己去韩国的场景,那时我应该是一名普通的游客,我也会像其他游客一样流连在首尔的大街小巷,然后满载而归。很幸运,我的愿望实现了,我来到了这片土地,但我的身份不是一个游客,而是一名国际汉语教师志愿者,与幻想完全契合的是我依然收获颇丰,依然满载而归,依然欣喜若狂。

一、汉语教学趣味多

作为一名汉语教师志愿者,首要的也是最重要的工作自然是汉语教学。赴韩的汉语教师被分配到了不同的地区和学校,一般都是一所学校1名汉语教师,教学模式为汉语教师和韩国本土汉语教师合作上课。我所在的全南外国语高中在韩国全罗南道是数一数二的高中,因为是专门的语言学校,所以相应开设的语言科目种类比较多,除了有德语、法语、英语之外,还有汉语,学校里有专门的中文系。学校整体上对学生们的汉语学习是比较重视的,除了中文系,高一高二的英文系学生也要学习汉语。与其他学校教学模式不同,全南外国语高中汉语志愿者老师和本土籍汉语教师是各自独立授课。志愿者教师主要负责会话课,提升学生汉语的听、说、读的能力,韩国本土籍教师主要负责汉语的写和译。正因为如此,该校对汉语教师的需求要大于一般的综合类学校,每年都会有2名汉语教师来到这所学校任教。所以被分配到这所学校的老师还是很幸运的,在生活和工作上都会有1个小伙伴。我和我的小伙伴每人各带每个班一半儿的学生,教学内容同步。每周有15节课,高一和高二的中文系每周都是4节课,英文班则是1~2节不等。

刚开始上课的时候缺乏经验,也没有掌握好汉语会话课的教学方法,课堂上真的是手忙脚乱。虽然在北语进行培训的时候有过多次试讲的经历,但是当自己真的身临其境,面对真实课堂的时候,讲起来跟培训时模拟的课堂还是有很大的区别的。所以刚开始压力很大,甚至白天上课效果不好的情况下,整晚都睡不着觉。特别是高二中文班,因为学生们已经习惯了上一届志愿者教师的授课模式,一时间接受不了我的课堂,最严重的时候竟然有很多学生在我的课堂上睡着了。这些让我很苦恼也很头疼。我开始反思自己,主动和上任老师交流经验,不断地总结自己的课堂。在一次次的尝试和努力下,我慢慢找到了适合自己的模式,教学工作渐入佳境。

现在,在备课的时候,我会先把本周的教学内容和思路设计好,然后把这些设计贯穿到一个星期的四节课中去。我不会再死板地按照课本上的内容按部就班地进行教学,会仔细斟酌课本内容,课本上不太符合我教学思路的,我会舍弃或者做出适当的调整。我也渐渐学会了自己编写课文,在和学生日常的交流中发现学生感兴趣的话题以及与学生的生活密切相关的话题,再根据这些话题去设计相应的会话课,这样的课程内容往往能收到意想不到的效果。下面就分享几个话题的教学设计。

案例一: 该教学设计的想法来源于高二中文班的学生。暑假期间,中文班的学生都会去中国,进行为期2周的汉语夏令营的活动。他们会真正融入到汉语的语言环境,感受中国的文化。学生们回来后我会和学生们交流他们的感受和经历,其中有很多的学生告诉我中国的交通很方便,有很多的交通工具,但是马路上人很多,有时候坐车需要花很长的时间(堵车问题)。我发现学生们对交通工具很感兴趣,他们会说一些汽车、公交车、火车等的交通工具,这些是高一时已经掌握的词汇,但是还有很多的交通工具以及与交通有关的词语学生们是不知道的。于是我便设计了新的教学内容,在学生原有的基础上推进他们对交通这一话题的了解,从而提高他们的语言表达水平。

1. 授课对象

高二中文班12名学生,高一已经学习并掌握了基本的交通工具词汇,大部分学生已经通过了汉语4级水平考试,少数学生通过了6级汉语水平考试,具有一定的语言表达能力。

2. 教学设计

(1)第1课时复习高一期间学习的时间词语、交通工具并学习新课词语。

(2)第2课时学习新课文中与交通拥挤有关的词语和课文对话。

(3)第3节课我给学生准备了3个问题,让学生进行分组对这3个问题进行调查。因为我认为从课本中学到的和从老师口中知道的文化信息都不如学生自己动手记忆深刻。调查的方式有很多,他们可以借助自己在夏令营期间的经验,也可以通过通信方式采访自己的中国笔友,也可以询问身边的中国朋友。

(4)第4节课是学生展示时间。针对这样的3个问题:中国的交通工具;中国的交通情况;中国最受欢迎的交通工具。学生可以自由选择话题进行展示。孩子们都借助了PPT,集思广益,各显神通,有的还编成了剧本演出来。我给他们制定详细的评分标准,给第一名颁发了中国的奖状,学生们在这样的课堂中都愿意去表达自己的想法,课堂上都很开心,最后还有学生跑过来说下次也要拿到奖状。

课堂展示表现优异的学生

案例二：该教学设计的思路是在课本原有教学内容的基础上做出的改动。身体部位是汉语初学者都会学习的内容，高一中文班的学生有些已经通过了HSK4级考试，身体部位内容的简单教学已经不能满足学生的学习需求，并且如果单纯就身体部位进行汉语会话课的教学，难免会显得单调乏味。如果将这一内容融入到学生们感兴趣的话题中，应该会更有趣味一些。有一天课间休息时间，一个男生看起来不是很开心，我过去问他原因，他很可爱地向我倾诉说他想有一个女朋友，因为班级里的男生都有女朋友。我随后问了句"那你喜欢什么样的女孩呢？"，他就很开心地边说"头发"这个词，边用手比画"长长的"这样的意思。在学生描述的过程中，我突然觉得身体部位的内容其实可以换一种方式来进行学习。

1. 授课对象

高一中文班12名学生，大部分的学生已经掌握了身体部位的部分词汇，如"眼睛""鼻子""脸"等。

2. 教学设计

我把课本标题定为《我的理想型》。我想他们正处于青春期懵懂的时候，韩国的文化也是允许他们高中时期谈恋爱的，所以这个话题学生们一定会很感兴趣。同样我也将这个话题分为4个课时。

（1）第1课时学习基本的身体词汇并且用"手忙脚乱"的游戏来帮助记忆，同时用"……疼。"来代入句型。

（2）第2课时学习描述五官的生词。课本选入的一些词都是生词，学生看第一眼肯定会很懵。为了便于学生理解，我在课文后面附了一篇课文，通过描述，让学生来猜我的理想型。这样不仅能够引起学生们的好奇心，而且如果想要猜对、得到奖励必须认真听，不知道的就要翻看生词表，这样也在不知不觉中练习了生词。最后由学生来描述自己的理想型，其余的3~4个学生根据这个学生的描述来画她的理想型。在这个过程中描述的人不能转身看画的人。没有参加的学生都在仔细听偶尔也会起哄。结束以后，描述的人看到画的结果都会大吃一惊或者哈哈大笑,也有的争先恐后地要和自己的理想型一起合照。

(3)第3课时,让学生画自己的理想型,并写作《我的理想型》。

(4)第4课时学生展示我的理想型,并试着脱稿说出自己的理想型。

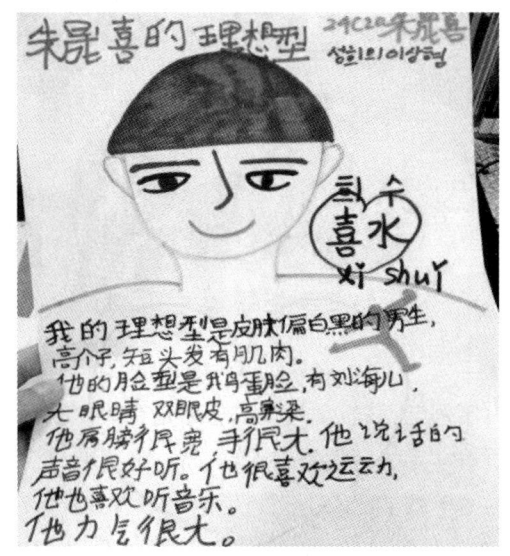

部分学生的作业

学生们在这里不仅分享了自己的理想型,而且也提高了自己的语言表达能力和交际能力,他们愿意说,主动进行表达,更重要的是经过这几节课的学习我似乎和学生们的关系更亲近了,他们也更愿意把心里话告诉我。这让我由内而外产生了一种幸福感和自豪感。

像这样的教学活动还有很多,再比如学习了《喂,张明在吗?》这一课后,我便让学生们给我的中国好朋友打电话,组内的几个人都凑到电话前等着跟我的中国朋友通话。每组有两次机会,第一次是尝试,他们虽然说得乱七八糟,但是格外兴奋。第一次结束后,我带领大家总结经验,然后问大家是否还需要我补充什么句型。第二次的通话大家都更有信心了,说出来的句子多了,而且更有条理了。这两次我安排的是不同的中国人,使学生在遇到不同的中国人的时候提高自己的应变能力。在此之前我已经把学生的词汇范围和句型发给了我的朋友,让我的朋友在这些范围的基础上自由发挥。因为他们也是对外汉语老师,所以聊天的效果很好。

当然,除了语言学习课程,我也会不定期地给学生们开展文化课:中国结、中国熊猫手工制作、中国剪纸、中国书法、脸谱、中国歌曲、绕口令比赛等。这些文化课程在汉语课堂上很受学生们的喜爱。虽然在这些课堂上学到的仅仅是皮毛,但是通过这些活动,学生们对中国文化有了更深一步的了解。很遗憾,很多活动没有留下照片。

脸谱体验

熊猫制作

通过一年的学习、交流和了解，慢慢地，学生们开始喜欢我的汉语课，他们也更愿意将自己的心事分享给我。会有男生悄悄告诉我："老师，我喜欢……"还有学生跑过来说："老师，今天是我妈妈的生日，可是我忘记了！"学生伤心地哭了，我给了她一个拥抱，用还说不好的韩语加上英语和汉语安慰她。虽然不知道她听懂了没有，但她能找我倾诉，我真的有说不出的感动。和他们熟悉了以后，他们会经常给你暖心的小纸条，表达他们喜欢汉语课，喜欢你的想法。

学生带给我的感动

二、忙里偷闲看看"你"

因为这是我第一次出国,所以对于一个资深的韩剧迷来说,在教学之余背上行囊出去到处看看,便是一件再自然不过的事情了。如果你不出去走走,你会以为这就是你看到的世界。在韩国的这段时间里,旅行不仅是我接触当地文化、认识更多志同道合朋友的最好选择,同时也是我缓解自己压力的绝佳方法。

每次在旅途中我遇到不同国家的人,我都会尝试告诉他们"为什么中国人说话很大声?""为什么同属于儒家文化圈,韩国人、日本人见面相互鞠躬,而中国人却不鞠躬"等问题,他们听完以后也就颇为理解了。所以大家以后走出国门的话,一定要时刻记住自己代表的是自己的祖国,在坚持自己的同时,也要多看看别的国家的人是怎么做的,"入乡随俗"也是一种礼貌。

尾记

成为一名汉语教师志愿者,远离家乡,远离亲人朋友,那种孤单,不身临其境是无法理解的。有时独处时会问自己一个问题,"我为什么会选择成为一名汉语教师志愿者呢?"在我还没有真实去经历这一切的时候,我的理由就是因为我学习的是汉语国际教育这个专业,因为我想借此机会出去看一看,仅此而已。但是当我真正去实践并一路走来后,当我在这个过程中看着学生们在我的课堂上欢呼雀跃时,当我看到自己传播的中国文化被人接受时,当我看到不同的风景,感受不同人文时,那种发自内心的欣喜之情是溢于言表的。我清晰地知道了成为一名汉语教师志愿者是因为我发自内心的对这份事业和工作的喜爱,是对汉语的喜爱,是对中国文化的自信和喜爱。虽然期间也有迷茫、痛苦、彷徨,但是如果再给我一次机会,我还是选择在这条路上闯一闯。经过这一年的锻炼,我想以后无论到哪里,我都可以勇敢地告诉自己:随时准备好自己强大的内心,遇到困难的时候不抱怨,吸收工作和生活带给我们的磨炼。这些成果虽然收获缓慢,但是坚持下去以后,你会感激那样的自己。

国际中文教师叙事文本(16)

本文以作者在泰国中文教学中趣味性教学手段的探索为主线展开叙事。其中提到的"音乐汉语教学""动作汉语教学""故事汉语教学""文化汉语教学""游戏汉语教学"等是以提高学习者学习信心和学习热情为目标的有益探索,是"汉语怎么学信念"的集中体现。

作者简介:王鑫倩,平顶山学院2019届汉语国际教育专业本科毕业生,中国海洋大学汉语国际教育专业硕士在读。2019年赴泰国春盛公立公民学校任汉语教师志愿者。

心之所向,无问西东

"一个人至少拥有一个梦想,有一个理由去坚强。心若没有栖息的地方,到哪里都是在流浪。"如果说大学毕业那年的心还漂泊无依,那么从踏上郑州飞往曼谷航班的那一刻起,归宿便有了。

一、心有所属

立志做一名赴泰汉语教师志愿者是在大二那年就已经许下的小小心愿。作为汉语国际教育本科专业科班出身的一份子,成为国际汉语教师志愿者将是我的必然选择,老师们的鼓励也更加坚定了我前行的信心。

六月中旬那个艳阳高照的上午,在郑州大学的校园内与爸妈做了简单的告别,妈妈头也不回就进了车,后来才知道是不想让我看见她忍不住的泪水,母女心连心,她又何曾不知道我一定会偷偷抹泪。送走了爸妈,我明白此时要扔掉自己的任性、依赖和脆弱,取而代之的必将是独立、坚强和勇敢。因为"责任"在支撑着一切。下午五点登机前,我在朋友圈告知大家,我真的要走啦,那个未知的世界令我紧张又新奇,但有一群有趣的人儿正肩负着伟大的事业绽放在世界的每个角落,而我就是其中之一。那是第一次发自内心的自豪。登上了飞离中国大陆的飞机,那一次,我们穿的是汉办统一发来的T恤,五个汉字格外醒目——"河南志愿者",我们代表的是河南省,更代表的是整个国家,这个T恤并无华美装饰,却是我终身不会丢弃的,它是一种执着,一种信念,一种为国际汉语教育事业奋斗终生的精神在鼓舞着我们每一个人。

二、九月如流

从赴任大会结束,跟着学校领导坐了整整五个小时汽车才到达了目的地——那空沙旺府春盛县。那一路,我没合眼,一路看尽了泰国北部的民间风光。只觉得,这里的天更蓝,白云更大,热带植物绿得扎眼。不知道绕了多少弯,到达了我将生活九个月的小县城。小小的县城在负责老师的带领下不一会儿就逛完了,我惊讶一个县城竟还没有我们的村庄大,但一句话来概括它再合适不过——"麻雀虽小,倒也五脏俱全",住所附近的各种饭店和商铺也为生活提供了极大的便利,这么说来,小小的县城也有绝对的丰富和奇妙。

(一)教学生活之初体验

2019年6月17日,是我赴任的第一天。作为新手教师,尽管在大学期间上了无数次讲台,写了无数次教案,但面对全校几百名学生的忐忑不安还是直涌心头。刚踏入办公室的那一刻,一双双灵动的大眼睛在你的身上一刻都没有离开过,所有的"机灵鬼"都会说一句"老师你好""老师漂亮""老师可爱",我着实被她们逗笑了,因为在国内20余载,也从未受过如此的"吹捧"。后来才知道,他们只会熟练运用这几个词而已。

还没缓过神来便去分别给四个班上了第一节中文课。我负责教授五年级和六年级的中文课,五六年级属于学校的高年级学生,已经经历了前几任中文教师的"洗礼熏陶",对于我的到来也并没有像低年级学生那样兴奋到起飞的地步,对我们的初次见面模式也已经了如指掌,眼神中透漏着一丝看破一切的自信。无论如何,初上任的我绝不能被这一帮孩子拿下,我的中文课也绝不能成为他们嬉戏玩闹的游乐场,就这样在师生互相认识之后我便明确地给他们设定了中文课堂的规章制度:首先,在中文课上有四不准——"不准迟到、不准聊天、不准吃东西、不准跑来跑去";其次,实行个人积分制度,表现好的加分不好则扣分,五分可换一个贴纸,每个班级有一张贴纸竞争表进行公示,学期末根据贴纸的多少进行奖惩。为了提高学生们学习的积极性,我提前将在国内备好的带有中国特色的贴纸、明信片、中国结等各种小礼品进行展示,激励他们遵守制度,努力学习。奖惩制度的制定在第一节中文课必不可少,面对天生活泼的泰国学生们,教师能在第一节课及时树立起威严,明确师生关系,对于接下来教学生活的顺利开展都是举足轻重的。规则设立完,我又重新为没有中文名字的孩子起了一个响亮而好听的名字,伴随着孩子们的欢声笑语,第一堂课愉快而又轻松的结束了。尽管来之前对泰国学生的特点早有耳闻,但实际学生们的热情,比我想象中要高涨得多,着实有点招架不住。在接下来的每一天,我都如同被三伏天晒过的秧苗,心力交瘁。而万万没有想到的是这样的情况在接下来的教学生活中愈演愈烈。

(二)教学难题之课堂管理

泰国学生"课堂如魔鬼,课下是天使"的习性早已是耳闻目睹,几乎每个班总有中文教师管不住的调皮学生把整节课搞得鸡飞狗跳。

我依然清晰地有几名学生令我无数次的头疼与无奈,其中最典型的一名学生名叫英杰。那是某个下午的中文课,我一边在黑板上板书生词,一边带着学生朗读课文。板书完毕,我扭过头来突然发现少了一名学生,其他学生纷纷指着桌子下面向我示意。我走近一看,这个学生正是英杰,他正坐在桌子下面玩自己手里的玩具。我叫他的名字,让他立马出来坐在椅子上,可叫了两三遍,他丝毫不理会,继续玩自己手里的东西,一直在挑战我的忍耐力。这时,我准备拿上手机把这一幕拍下来,然后告诉他课下会给他班主任看,吓唬一下这名学生,说不定他因为恐惧泰国本土老师就立马出来坐在椅子上了。结果我拿上手机对准他后,他丝毫没有羞愧和畏惧,反而对我咧嘴笑,没有要出来的意思,我简直对他的行为无话可说,又不能影响上课的情绪,黑着脸告诉他会把照片给班主任看,无奈之下继续进行教学活动。这样的现象想必每个中文教师在泰国的汉语课堂上都会遇到,但值得我们思考的是,学生又为何会出现这样的问题行为?在泰国本土教师的课堂上是否也一样存在?

事实证明在相对易管理的班级当中,学生的问题行为也普遍存在。五年级(1)班是个比较乖巧的班级,从心底里我比较喜欢这个班级,但也没想到会发生这样的事。那是一个上午的第一节课,我怀着愉快的心情,拿着课本和教具提前来到了教室,学生们也精神抖擞,纷纷向我问好,那天上课我带上了手机(平时一般不带手机),因为想着课上会做游戏并用手机来计时。我刚把手机放在讲台上,坐在第一排的一个性格比较活跃,名字叫大东的男生跑前来,拿上我的手机就在教室里转圈圈奔跑。上课铃响了,大东没有停下来的意思,我叫着他的名字并让他把手机送过来,他也没听到还在继续玩耍。就在这时,手机"啪"的一声屏幕朝下摔在了地上,当时全班同学包括我自己都愣住了,教室鸦雀无声,男生惴惴不安地把手机交给了我,我极力保持冷静,思考着怎么去处理这件事情,然后我问大家:"在泰国,学生应该拿老师的手机玩吗?"学生回答:"不应该。"我说:"很好,那如果是泰国老师的手机,大东也会这样做吗?"学生说:"不会,老师,他不敢。"我问:"那为什么可以拿中文老师的手机呢?"学生沉默,我继续说:"学生拿老师的手机是很没有礼貌的,老师认为五(1)班是很有礼貌的班级,但今天的事情,老师很不高兴。"这时,大东站起来连连向我道歉,说:"老师,对不起,我不对。"我暂且原谅了他,但我尽量用简单的中文向他们解释这种行为是非常不尊重老师的,中文课和泰语课一样都应该有良好的课堂秩序,老师的东西更不应该随便玩。全班学生低下头来一言不发,从学生的表情中我能感受到,他们知道错了,因为这件事情今天只是发生在了大东身上,下次可能发生在其他同学的身上,在课后我没有将大东的行为告诉泰国本土老师,因为我相信自己能够处理好,我想用自己的方法让他们明白,中文老师不是只会通过告状来寻求帮助,他们愿意去理解并平等对待每一名学生,也希望自己能得到应有的尊重。

中文课堂管理问题一直是在泰中文教师所面临的突出问题,一个个课堂管理事件背后所呈现的是中外课堂文化所带来的差异性,在跨文化交际的课堂管理中,由于不同国别的教师和学生的成长环境和教育背景不同,形成了不同的思想观念和行为方式,加之不同国别间的教育理念与学生观也具有差异性,师生之间在进行互动交流时难免产生冲突,导致课堂管理工作难以顺利开展,这种差异性越大,教师面临的挑战就越大。由此来看,中文教师应培养良好的跨文化交际意识,充分认识到中泰两国课堂文化的差异性,包括教育理念、课堂管理制度、秩序观等各个方面,理解这种差异性,适当的进行包容教育,但并非是对学生一味的纵容。教师应多了解学生的心理特点,多沟通,多进行口头表扬。根据经验,对待问题行为的学生,适当的鼓励与耐心引导比一味的批评指责更能改变其学习汉语的态度。对于像英杰这样的问题行为学习者,在了解他的性格特征之后,在接下来的中文课中,我会单独给他布置简单的中文任务,耐心地鼓励他完成,及时发现他的优点并提出表扬,比如他的中文字体写得很工整,他听到我的表扬之后先是很惊讶,随后便认真书写起来。看到他对中文学习的一步步改观,我内心也充满欣慰。我想这也算是在慢慢成功吧。

（三）教学手段之趣味性

在针对小学生进行的汉语教学课堂中,尤其在秉持着"成人教育"理念的泰国,"寓教于乐"的教学原则显得尤为重要。为了能够让学生真正的"在玩中学,在学中玩",我通过在"抖音、bilibili、YouTube 等各种视频软件上寻找思路,尽可能地设计出"音乐汉语、动作汉语、故事汉语、文化汉语、游戏汉语"等,这也是韩国汉语教育学院院长金仁淑教授致力于儿童汉语教学研究所开创的教学方法。在这些教学理念的指导下,我主要做了以下的探索和实践:

1."音乐汉语"教学

主要是让学生们能在音乐中学习汉语,重点是将教学内容配上旋律,改编成简单易学的儿歌。比较典型的是:二年级小学生学完汉语21个辅音声母后,我将这些声母配上旋律带着学生唱出来,快速帮助他们记忆,每节课课前让他们唱一遍,很快便能够将所有声母背诵下来。

在学习"头、肩膀、膝盖、脚"等人体器官词语,我们也将这些词编程有趣的儿歌,引导学生们边唱边指着身体的部位去辨别词语。在学习有关"交通工具"的词语时,依然可以将交通工具融入到儿歌当中,并搭配抢板凳的小游戏,引导学生边玩边唱"火车来了,火车来了,嘟嘟嘟,嘟嘟嘟,快点快点上车,快点快点上车,要走了,要走了。"

2."动作汉语"教学

"动作汉语"主要就是将汉语知识搭配动作,让学生去表演出来,使得所学内容具有律动性。最典型的是我在教"十二生肖"的时候,因为在泰国也有十二生肖,所以学生们学习起来并不陌生,为了提高学生们的学习兴趣,我为每一个动物编了一个标志性的动作,让学生去扮演动物,重点是加深学生对动物词的理解与记忆,最后又通过一首十二生肖歌,巩固练习,最后学生们都能够将动物表演出来,且记清楚十二生肖的代表动物。那节课的学习成效非常明显,每个学生都学得很开心!

教师先介绍"十二生肖"

学生结合动作演示"十二生肖"

3. "故事汉语"教学

"故事汉语"顾名思义即是用讲故事的方式将教学内容串入故事情节中,情节衔接紧密,吸引学生的学习兴趣。有一次我们讲解《司马光砸缸》这一课,我将这门课的故事内容以图画的形式画在了白板上,只标注了几个简单的生词,简化故事内容,带着学生学习。学习完毕后,派几组同学上台来,选一名同学来讲故事,另几名同学负责表演,泰国学生具有极强的表演能力,将"司马光砸缸救人"的情节表现得淋漓尽致,充分发挥了学生们的表演天赋,又能够激发学生们的学习积极性,学生们在本节课上表现出了极大的热情。但这样的方法也极考验教师的课堂管控能力,教师应充分抓住学生注意力,避免课堂失控,更好地达到教学目标。

教师自画《司马光砸缸》图

学生根据图片及关键词讲故事

4. "文化汉语"教学

"文化汉语"主要是利用中国文化中的特色元素辅助教学。在我的教学实践中比较典型的是利用中国特色传统节日辅助进行语言教学,如中秋节、国庆节和春节等。中秋节我们主要介绍了该节日的由来及习俗,带着学生们学习了"月亮、嫦娥、玉兔和月饼"等词汇,并分享了"嫦娥奔月"的故事，随后布置作业让学生回家晚上进行赏月。第二天可爱的学生跑过来给我反馈："老师，昨天我看了月亮，上面没有嫦娥。"当时收到反馈的我哭笑不得，好可爱的学生呀！不过有没有嫦娥不重要，重点是中秋节已经记在了他们的心中。有关"国庆节"的文化元素介绍，正好可以搭配我们六年级教材上有一课内容《唐人街的国庆节》，当时向学生们介绍了中国的国庆节的同时，还将国庆节全中国人民举国同庆的盛大场景展现给了同学们，浩大的声势也令学生们惊叹。"春节"作为中国最重要的传统节日，自然对于我所在的华校来说也是备受重视的，节日初临之时，我们中文教师被安排任务，要求教授学生们文化知识的同时，多设置活动和竞赛组织学生参加。为此，我带着五六年级的学生进行手工制作，剪窗花、做灯笼，将每个作品标注好班级和姓名，并挂在教学楼前进行参展，除此之外，组织进行了"一笔画龙"的比赛，共有八名参赛的学生，规则是谁能在有限的时间内一笔完成，画得又快又好，完成之后为每张作品编上号码，最后请学校的老师们进行投票，最终按照票数选出前三名并给予奖励。该比赛极大地调动了学生们的参与积极性，比赛顺利完成，也得到了学校老师们的认可。

这些独具魅力的中国文化元素不仅帮助学生们学会了汉语知识，掌握了汉语技能，也进一步在学生们的心中搭建了一个中国形象。

5."游戏汉语"教学

游戏教学在中小学课堂上具有重要的地位。设置课堂游戏不仅能够降低学生们的语言学习压力，激发竞争意识，还能够实现真正的"在玩中学，在学中玩"，并且根据克拉申的情感过滤假说，学习者拥有积极的学习态度对所学的内容就会抱有积极的情感，能够有效推动学习过程，并促进良好的学习效果。

关于汉语课堂教学的具体游戏类型数不胜数，推荐大家阅读《中文游戏大本营——课堂游戏100例（上/下册）》和周健老师的《汉语课堂教学技巧与游戏》。这些游戏具体到对各个语言要素的训练，大家可根据自己的需要做出具体的选择，尤其在教授具体的语言点的时候，能够充分将语言点与课堂实物相结合，或准备具体的教具。譬如，在学习"我拿出来……"这个句型时，我准备了一个箱子，里面放了各种常见的物品如"本子、铅笔、剪刀、毛笔、水杯、筷子、糖……"，通过做"拿出来"这个动作，让学生也感受到"拿出来"这个具体动作的同时，也又巩固复习了不少生活中的常用词汇，完全不需要去告诉学生们"动词＋趋向补语"这样的结构。印象比较深刻的还有一个"把字句"的教学，我用硬纸片制作了一个房间，里面有床、枕头、沙发、娃娃、书包、桌子、书、衣服、衣柜等物品，模拟场景，让学生一边整理房间一边说"把……放在……上（里）"，之后请两位同学上台来，一位说一位做，这样学生便很快练习了"把字句"，等学生将"把字句"熟练运用了之后，便可以教给他们进行"被字句"的转换，一切都是自然习得的，教师无需过度强调知识结构的问题，但教师也有必要将"把字句"与普通的句子进行结构比较，让学生感知宾语的位置变化。

"把字句"教学　　　　　　　　　　学生操练"把字句"

6. 有关教材改编

一位合格的国际汉语教师不仅要具有专业知识素养、高超的教学技能、一定的跨文化交际能力,而且还有更重要的一点,能够根据实际的教学对象与教学情况对教学内容做出调整,合理优化教材内容。我所在的华校所用的中文教材是当地政府下发的由暨南大学出版社出版的《汉语》系列教材,从一年级到六年级共有 6 册,并有配套的练习册,这类教材知识量比较庞杂,内容丰富,每节课分为生词、句子和课文三部分。在五六年级的教材当中故事性的文章设置较多,以六年级的教材为例,课本中会设置《小蝌蚪找妈妈》《刻舟求剑》《王冕学画》这样的内容,在我看来,这样的课程内容更适合针对国内低年级小学生的语文教学,而泰国小学生学习起来有一定的难度,学生吸收起来较为困难,教学进度缓慢,在教学初期面对这样的问题也常常令我苦恼不已。

为此,在我跟本土中文中文教师进行沟通协调之后,开始对不适用的教材内容进行改编,对每节课中近 20 个生词选择教学,只教授常说常用的十多个生词,如《小蝌蚪找妈妈》这一课,我会让学生重点会用"找"这个词,能说出"……找……"这样的句子。其次,选出课文中"青蛙、蝌蚪、乌龟、群、池塘、水草"等生词,简单让学生明白蝌蚪变成青蛙的过程,学生最终能回答出"蝌蚪的妈妈是青蛙,不是乌龟",另外能分辨出"一只蝌蚪和一群蝌蚪"的区别,由此来看,无须让学生们熟记整篇课文,仅仅需要几个生词和句子就可以让学生明白课文中心观点并学会运用生词说出恰当句子即可。讲完之后,我会充分利用泰国学生擅长绘画的特点,让他们在纸上画出"小蝌蚪找妈妈"的场景,并标注生词加深印象,学生们的作业完成情况令我惊喜,就算是平时不认真学习的男生都能发挥想象努力地完成作业。

除了改编教材中较难的课文之外,我会常常选择不同的话题设置场景对话教给学生们去运用,如"购物、点菜、询问天气、询问衣着……"。这些是教材当中没有,但是在生活中是常常用到的,学生们比较愿意去学习简单易学且常用的语言知识,实用性在对汉语教学内容的选择上相当重要。

"颜色词"与"服饰"结合教学

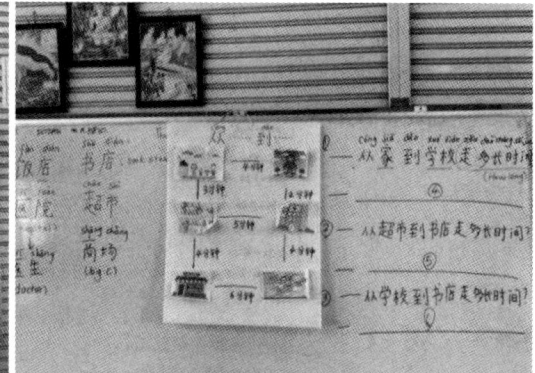
"从……到……"结构教学

由此来看,不论是音乐汉语、动作汉语、故事汉语还是文化汉语、游戏汉语加之对教材的改编,趣味性原则是贯穿始终的,紧密结合泰国学生的生理、心理特点,始终吸引学生的注意力是十分必要的。具体的语言要素教学本身具有很多现实的问题,也是国际汉语教师不断面临的问题,如语音教学机械乏味、词汇教学内容庞杂、语法教学抽象难懂、汉字教学枯燥繁琐以及文化教学深奥陌生。但充分利用各种有趣的教学手段,将语言教学与音乐、动作、故事、文化等要素充分结合,学生们在学习的过程中不必区分各种语言要素,反而在游戏和活动中无形地对语言点进行理解、内化、操练、掌握并有效输出。

(四)教学生活之终感悟

九个月的志愿者教学时光如白驹过隙,回想过去的点点滴滴,最大的感动莫过于学生多记住了一个生词、多明白了一个句型。依然清晰地记得每次下课后,学生们偷偷塞给我的包满糖果的纸团。奖励给学生小本子后,他们会在本子上写下"我为了爱老师,我打算听老师。"这样不太通顺但令人心头温暖的话。教"把字句"的那堂课,在反复练习中,学生竟然造出了"我想把我的爱给王老师"这样的新句子,听了之后,我激动的小心脏颤抖着,有时候幸福来的就是这么简单,成就感来自于看到这些孩子们对中文的喜爱,每天都在进步。

再后来,他们看到老师在吃饭,不只是会问一句"老师好吃吗?"而是会加上一句"老师,吃饱了吗?"想要夸奖老师,不再是"老师漂亮""老师可爱",而是会说"老师又高又瘦""老师又漂亮又可爱",向老师示爱,不再仅仅是"老师,我爱你",而是会说"我希望老师不要忘记我,老师,么么哒!"……这样的例子太多了,九个月酸甜苦辣咸,五味俱全,曾无数次在讲台上被气到咬牙切齿想要拂袖而去,但又看到课下如天使般的他们忍了又忍,他们中文水平在不断提高,老师再累也值得!对这段经历的情感,如同一杯加满冰的苏打水,"泰"强烈。

三、与子同袍

2020年的春节,是我第一次在国外过春节,而也未曾想到因为新型冠状病毒的影响,原本鼓乐齐鸣欢聚一堂的日子,却百业萧条、人们闭不出户,这个春节过得刻骨铭心。

我所任教的地区,那空沙旺府也叫北榄坡府,是泰国著名的华人聚居地,华人数量庞大,至今保留着隆重而传统的过年习俗。春节时的北榄坡还未受到疫情的影响,这个被誉为泰国历史最悠久、最负盛名、最具中国传统特色的春节活动照常举行了,我怀着期待而又紧张的心情,戴着口罩惴惴不安地前去观看。那一天,我真的被震撼到了。一个中国的传统节日,竟然在泰国被庆祝得如此声势浩大,各式各样的灯车,各种类型的传统服饰,汉服、唐装、清代服饰、旗袍……应有尽有,尤其当看到写着汉字的"中泰一家亲"的旗帜向我飘来时,一股暖流直冲心头,我竟分不清自己是在国外还是在国内。华人用这样的方式将东方的节日氛围带动起来,将中国传统节日展现在了世界的面前,虽身处国外,但血液和内心依然是东方精神呀!

春节时的北榄坡府

"中泰一家亲"的横幅

"岂曰无衣,与子同袍"出自《诗经·秦风·无衣》,原本用来形容深厚的战场友谊,如今用来形容真挚的中泰情谊,一点都不为过。中国疫情暴发,泰国作为最早声援的国家之一,一直展现出温暖积极的一面。上至泰国政府,下至普通民众,都表现出对中国疫情的极大支持。在泰国本土医用口罩短缺的情况下,还倾尽全力为武汉捐赠医疗物资。在泰华人、志愿者和留学生尽自己的绵薄之力援助中国,暹罗街道随处可见的"中国加油""武汉加油"横幅,如此场景怎会不令人动容。表现在我身边的,是学校领导为中文教师一人发一整盒口罩以表示关心,本土泰国老师见到你,都会竖起拳头用中文,向你说一句"中国加油"。学校组织全体学生为中国祈福,学生们用心做的贺卡流露出他们真挚的情感。同办公室的泰国老师,给你看泰国医护人员为中国鼓励的视频,并主动给你一个大大的拥抱,当听到那句"你不是一个人"之后,我实在忍不住了,眼泪哗地流下来,我真正体会到"中泰一家亲"不仅仅是一句口号,而是摆在眼前不争的事实!

疫情来袭时的泰国师生

春盛公立公民全体师生为中国加油

四、芭蕉物语

从初来时的数着日子盼回家,变成了留泰之日倒计时,也不曾想过,光阴似水可真就是一瞬间的事。这一年我尝遍了泰餐的酸甜苦辣,体会了泰国北部的淳朴民风,结交了真诚善良的好友,培养了才思敏捷的学生,播下了瀚宇之花的种子,让它在泰国北榄坡春盛县生根发芽,这里是我的梦想启航之地,是筑梦之地,是向往,是归宿。

回顾国际汉语教师职业历程,这条路支撑着我们的,是来自内心的坚守。不管是因需要而选择,还是为完善而努力,当选择这份工作并付诸行动时,其行为本身便富有了意义。国际汉语教师这份职业,并不在于职业本身,更重要的是我们肩负大国使命,承载着大国力量,传播着中国声音,其对自己、对祖国、对世界都有着重大的意义。自己身边的国际汉语教师志愿者们遍布世界各地,任期已结束却因为疫情方才归国甚至还未归国,他们在赴任前也曾做了巨大的心理斗争,但通过我们能够让更多的外国朋友喜欢上汉语,喜欢上中国,学习到中国文化,了解了更加真实的中国,当不同肤色的人们汇集在一起,说出那句"你好,中国"之时,一切便足够了。

第二章　国际中文教师的教学信念

第四节 "教师是谁"的信念

教学是在特定的社会文化语境中展开的,会受到社会文化的影响,而社会文化的影响集中体现在师生角色上。"教师的信念体系建立在他们对教学内容和过程所持的目标价值观和信仰上,也源于他们对教育系统和自身角色的理解"。"教师是谁"的信念是教师对自我角色的认知,即国际中文教师怎么看待自己在课堂内外的角色。

1. 三种重要的教师角色信念

教师角色是教师对自我身份认同的一种表现,譬如对国际中文教师来说,作为老师意味着什么,教师在面对来自不同文化背景的学生时,如何反思自己的文化背景与学生形成良好的互动等。"在中国历时文化和教育传统土壤中成长起来的汉语教师,在跨文化教学中应从主观上和行动上树立和践行师生平等的信念,力避高高在上的感觉,力戒权势者的形象。"如何平衡与所在国文化的教师角色期待,如何设立边界,尽责又不越界,减少课堂跨文化冲突是海外中文教师的基本共识。国际中文教师角色信念不一样就会采用不同的教学指导行为,比较常见的有"学习引导者""知识传授者""学习合作者"三种信念。

持"学习引导者信念的"中文教师认为自己是第二语言教师,在课堂起着"穿针引线"的作用,理想的教学状态是通过引导和启发学习者,让学习者在对中文语料的接触中扩大输入量,增强语感,实现良好的教学效果。在教学中多采用鼓励的方式进行教学,注重给学生提供切合学习者自身经验和兴趣的表现机会。具体操作时选好教材,同时也不再把教材当作教学的金科玉律,而是会把它看做一种教学资源并注重对其进行创造性使用,同时会给学习者提供更多关于中文和中国的信息,开阔学习者的视野。

持"引导者"信念的教师,认为课堂上应该照顾到各个层次的学生,每位学生都应受到重视。语言学习中由于学习者心理、身体、精神状况的影响会产生一定的语言学习屏蔽效应,教师关注学生很大程度上能营造低焦虑环境,给学习者带来低屏蔽效应,这与克拉申的"情感过滤假说"对教师的建议较为一致。然而"每位学生都应受到重视"的这一信念会随着教师工作时间的增加和教学实践的效果发生一定的变化。教师在最开始的时候坚定地持这一信念,然而在教学实践中发现某些所带班级学生比较懒散,而且教师也不能像国内基础教育管理模式那样让家长参与到课程学习中来。在这样一种背景下,如果保证大部分学生能掌握所学内容,经常会花费多个课时进行复习和查漏补缺,同时教师还认为应该兼顾教学进度完成教学计划,基于此学情,教师会参考能跟上教学节奏学生的情况来安排教学计划,即使教师信念中认同"重视所有学生",在实践中却很难落实。

159

持"教师是知识传授者"信念的教师,认为教师是知识的传授者,需要在教学中体现师者的尊严,表现出权威的角色,就会在教学中对学生多一些规矩和要求,更多以"师者"自居,言语表达中多以"老师"而非"我"称谓自己。然而一旦在工作中产生跨文化冲突,就会有强烈的挫折感。

持"教师是学习者的合作者"信念的中文教师,会调整自身角色和所在国的文化相适应,尤其是和所在国的教育制度相适应。比如大多在泰国的中文教师就会受到泰国的《国民教育法》中提出的"新世纪的学习应该是'一种快乐的学习''一种参与性的学习'"的影响,在主观和行动上就会倾向"快乐教育"的方式,就会在教学中采用更多的参与式、活动式、趣味式的教学设计,会有针对性地采取措施实现有效教学。

2. 教师的评价信念

教师在教学活动中经常会针对学习者的表现进行评价,譬如要针对学习者的学习态度、学习方法、学习效果、思维水平、道德行为等进行及时、有效的教学评价,而这种评价是贯穿于教学中的即时的、情景性的评价,主要是课堂教学评价,具有导向和激励作用。教学评价具有诊断、导向、调控、反馈、发展等功能,教师评价反映了教师的教育智慧及教学能力,有效的评价具有激励性,会直接影响学习者的学习效果及语言学习自信。反之,不当的评价会挫伤学习者的自尊或者阻碍学习者的思维发展,因此说教师要具备评价素养。

国际中文教学是一种第二语言教学,对于一部分学习者来说,还属于兴趣课,而且初级阶段的学习者占比较高。教师采用赞赏、激励性的评价有助于保护学习者的自尊心和上进心,给予学习者持续学习的动力。国际中文教学中的教学评价有一部分是和偏误纠错联系在一起的,教师纠错应以学生为本,关注学习者的发展,采用知识评价和情感评价相结合的方式,发挥评价的矫正功能,尤其是在评价后给予学习者改进或者调整的方法,促使学习者在原有水平上提高和发展。当然,需要强调的是发挥评价的激励功能让学习者体验成功是正确的,但绝不是不能对学习者进行否定评价,譬如对学习者的错误回答一定要指出,当学习者出现认识的偏颇时就要加以纠正。表扬与批评相结合,鼓励优秀,指出不足方能促进学习者有更大的进步。这也与努南(Nunan,1991)的研究结论一致,即教师在给予积极反馈时,不仅能使学习者知道他们正确地完成了任务,同时还能通过赞扬增强他们的学习动机,积极反馈比消极反馈更有利于改进学习者的行为。

文本叙事中,几乎所有中文教师都注意给予学习者正向的反馈评价,对初级阶段学习者的鼓励和支持更明显,对中高级阶段的学习者评价相对严格,评价的语言风格也会有差异,也会关照学习者的个体差异和主观体验。对于混合班(不区分年龄和学习者水平的班级)的学习者评价也呈现差异性特点,因人而异,因时而异,因情境而异。除了课堂上的评价,中文教师也注重课堂外的评价,譬如,线上沟通的隐性评价等。然而,值得注意的是,国际中文教学中的文化差异是一种客观存在,国际中文教师或多或少都遇到过来自学习者的正面抵抗或者私底下的反抗,譬如为自己的发言争取权利,为学生之间受到的不公正待遇而抵抗,或者以沉默、不配合预习或者不写作业的形式进行反抗。譬如,在学生出现不预习或者不复习现象后,学生配合教师的积极性大为降低,有学生表达了课程无聊的意见后,教师"我花费了很多功夫给你们做的课程,就十几分钟的时间,你们都不愿意预习,课上不做练习又能……"的评价语就显得不够积极,也是没有深入了解学习者特点只是从教师层面进行的话语评价。造成这些后果的其中一个原因就是教师给予学习者评价时出现了不良的伴随性情感效果,即受到了学习者的意义拒斥。面对多元文化的国际中文课堂,教师所认可的积极的评价语对于学习者来说可能是积极的也可能是消极的,教师应该"创造出一种平等、民主、协商、和谐的氛围,在这种氛围中不同的文化属性才能得以并敢于彰显,从而实现异文化之间的相互理解,实现共通与共识",从而使教师的评价成为学生学习信念和兴趣的一种激励和助推器。

国际中文教学中的教师评价发挥的甄别和选拔功能较弱,教师的评价需要"关注学生发展过程,促进学生潜能、个性和创造性的发挥,使每一个学生具有自信心和持续发展的能力,评价既反映了学生全程学习结果,又能促进学生的实际学习与发展",这就是发展性教学评价。教师的发展性评价以促进学习者的发展为目的,以过程评价为主,注重个体差异,主张"因材施教"。文本叙事中教师的发展性教学评价信念较弱,评价手段和方式有待于进一步丰富,关于学习者发展变化的资源这些反映学习者进步轨迹的资料较为缺乏。

3. 教师的教学管理信念

国际中文教师在教学管理特别是课堂管理上会花费很多的精力,尤其是中小学的课堂管理。教师管理信念也是"教师是谁"信念的重要组成部分。所谓教学管理信念,指的是教师对学生的考勤、作业和课堂秩序管理的看法。教师是教学的组织者和管理者,要有管理的意识和策略。只有在教师充分发挥组织管理的主导作用的前提下,才能更好地调动起学生的积极性。尼泊尔的一位中文教师用"我有张良计,熊孩子有过墙梯"来形容尼泊尔的课堂秩序,泰国的中文教师经常会用"课堂上的魔鬼,课堂外的天使"来形容泰国学习者。可见由于学生问题行为存在及教师课堂管理方式的失当,一定程度上影响教师的课堂教学进度、教学效能感和学生的学习效果,有效管理才能让课堂有序有效,否则教学很难顺利开展。

教学中,应建立"差异中求秩序,教学要序、有效"的管理信念。譬如,泰国的课堂教学秩序和中国有很大的不同,学校组织活动学生不上课,课堂规则约束效果不好,有的教师用"佛性"来概括泰国学习者的特点,指出泰国学习者缺乏竞争意识。除此之外,多媒体设备的欠缺、课堂物理环境较差等都是影响课堂教学管理的因素。然而中文教师在受挫后能够认识到中泰课堂文化的差异并能根据学习者的特点主动去制定管理规则,一般以奖励为主,强调原则的坚守,从而最大限度地发挥学习者的学习积极性和课堂的参与性。北美的中文教师会根据学校管理制度在与学生沟通后设定考勤和课堂秩序的规矩并严格执行,体现出一个有规则又能执行规则的中文教师形象,有温度又有秩序。尼泊尔的中文教师在制定课堂规则时会先了解学校的校规制度,然后和学生讨论课堂上应该做的和不应该做的事,在征得所有同学同意后把规则写在白纸上,并把违反规则将要受到的惩罚清楚地告诉学生,最后让所有学生签字通过。这种共同制定并带有仪式感的课堂规则制定会让学习者之间互相监督,加上教师的言出必行,课堂管理就会顺手。不过,不同的中文教师其管理风格也是千差万别,有秉持严师出高徒信念的,有温和宽容型的,有宽严相济型的,有雷厉风行、斗智斗勇型的。

有效的管理兼具学生管理、教师管理、环境管理和规则管理,即建立一种系统的、全方位的教师管理信念。文本叙事中,中文教师的规则管理意识和能力有待于提高,教师的自我管理信念有待于加强。同时教师也要注意授课时间的分配、教学节奏的调控、课堂氛围的营造以及教学环节的设计等方面多下功夫为教学管理的有效进行提供最重要的保障条件。

下面的四篇国际中文教师叙事文本《海外中文教学回忆录》《回眸我的汉教路》《背负使命,踽踽前行》《感恩遇泰》主要是围绕"汉语教师角色信念""教师的评价信念""教师的教学管理信念"等这些"教师是谁"的信念展开的叙事。

国际中文教师叙事文本(17)

本文以作者在柬埔寨和美国的中文教学经历中的"教师的教学管理信念"为主线展开叙事,提出、践行并反思"手机监狱"这一课堂管理模式,呈现出"系统的、全方位的教学管理信念"。

作者简介: 张倩,平顶山学院2014届对外汉语专业本科毕业生,广东外语外贸大学汉语国际教育专业硕士。2014年赴柬埔寨金边公立崇正学校任汉语教师志愿者,2016年赴美国任公派汉语教师。

海外中文教学回忆录

写在前边的话

转眼间,从平顶山学院对外汉语本科专业毕业已经快七年时间了,回顾这七年,我做了三件改变我命运的事:一是考研,二是去柬埔寨做汉语教师志愿者,三是到美国做公派汉语教师。以现在的眼光审视,我认为这三件事是环环相扣的。2013年下半年,我生平第一次完全出于自愿地全心全意准备考研,半年时间整天泡在图书馆,三点一线的生活成了那时的日常,那半年的刻苦学习给我的专业发展打下了坚实的基础。功夫不负有心人,最后我以初试第三名的成绩考上了广东外语外贸大学的汉语国际教育专业硕士,而且当年还顺利通过了国家汉办的汉语教师志愿者项目的面试,成为2014年赴柬埔寨志愿者的一员。在广外读研期间,我报名国家公派汉语老师,后来机缘巧合被调剂到美国做公派汉语老师,自此开启了在美的奇妙之旅。

一、柬埔寨的教学生活

当时通过选拔考试成为柬埔寨汉语教师志愿者一员后,有些朋友和家人都劝我说,柬埔寨不发达,条件太艰苦了,真去了会很吃苦。但当时的我就觉得这是一个很好的看世界的机会,如果我20出头不去吃这些苦,估计以后的生活都很难再有这样的出国经历了。我很感谢当时做了这个正确的决定。

2014年,我22岁,刚刚走出大学校门,来到柬埔寨这个神秘的国度,开始了我的志愿者生活。还记得8月,随着一声轰鸣,飞机冲上蔚蓝的天空,我像一只展翅高飞的鸟儿,飞向远方。我很幸运,赴任后被分到的是柬埔寨的第二大华校,学校条件并没有想象中的那么艰苦。在柬埔寨的所见、所闻和所历,给我的世界打开了一扇窗户,世界真的很大,很不同,人生真的万紫千红。

(一)浓墨重彩的中文课堂

柬埔寨地处东南亚,和我国的文化虽有不同,但师生关系很相似,学生普遍很尊重老师。我所教授的班级人数在30~60人,教学设备简陋,只有白板。但我把这看成是磨练我教学水平的环境。平时教学所用教材和测评要求华校都有规定,中学用的教材是和中国国内同级别学生一样的教材。在华校,所有的课程都是用中文教授的,我主要教语文(华文),此外还会有数学课、地理课和历史课。这些课程全部都是用和中国国内同级别学生的教材,可想而知,这对学生来说是多么大的挑战呀。根据此观察和体验,在柬埔寨做志愿者的时间,我也在不停地反思和收集教材的资料,随后在广外读研期间写了硕士论文《柬埔寨华校中学教材《华文》适用性分析以及应对策略研究——以金边公立崇正学校为例》。

汪国真说,既然选择了远方,便只顾风雨兼程。刚来到这个陌生的国度,难免有些许紧张和忐忑,但是学生的质朴、热情,总能带给我勇气。他们是我收到的最好的礼物,虽然有时候有点调皮、捣蛋,但在我每一次真的要生气时都会承认错误,逗我开心,在那一瞬间,我就不得不缴械投降,开怀大笑。他们也很暖心,在我有点累的时候递上几颗糖果,在停电的炎热天气里,他们会送上一杯冰豆浆,他们会告诉我很多我不知道的东西。不要小看他们中学生,可能他们走过的国家比我多,他们的英文比我流利,他们有的能歌善舞,有的已经拿到了摄影证书可以做专业摄影师。他们真的好像洋葱一样,一层一层的剥开,却发现里边还有,好像永远都剥不完,永远有我不知道的东西。他们在很多时候是我的支撑,我的依靠,在我感到孤独、寂寞、纠结时,他们给我力量,陪我度过那些快乐亦或有点难过的岁月。

还记得第一次走进教室时,还很青涩,看着学生忽闪忽闪的大眼睛,竟有那么些许的害羞,他们手舞足蹈、热情洋溢地大喊:"老si好!"刚开始还没反应过来,后来发现,原来是因为他们发不好平翘音,分不清zh、ch、sh和z、c、s,忍不住在心里偷笑,真的太可爱了,被他们的天真无邪打败了。而此时,已经要给他们上最后一课了,看着他们明媚的笑脸,心中有万分的不舍、留恋,我不敢跟她们提起离别,怕自己控制不住泪水,我要留给他们最完美的形象,让他们每当想起中学的语文老师张老师时,嘴角最会闪出那些明媚的微笑。

这里的学生很懂事,他们尊敬老师,从不吝啬他们的赞美,每天都有孩子嘴巴甜甜地说:"老师今天很美。"不用说,听到这样的话,一个微笑,用云淡风轻来掩饰内心的心花怒放。而且经常有学生跟我"告白"说:"老师,我爱你!"爱是一个普遍的存在,在她们眼里,喜欢就是爱,每次听到都会觉得暖暖的,我能做的就是回报他们更多的爱。

柬埔寨课堂,学生为我庆祝生日

华校在中国驻柬埔寨大使馆舞狮

中学三年级一班的语文,我教了一年的时间,当年下半年他们就即将毕业了,他们想让我教他们直到毕业,当他们得知我不留任要回国了,下半年没法再教他们时,班长达玲就跑来小声跟我说:"老师,你要走了吗?为什么不教我们了?"我只能跟达玲说:"老师和你们一样,也要回去读书,不能陪你们毕业了。"达玲没有说话,低着头看自己的脚趾,过了一会儿,她说:"老师,等我们毕业的时候你能来吗,能来看我们毕业吗?"那一瞬间,有一些湿热的东西在我的眼眶打转了,我不知道应该说些什么,我想答应他们,我想来看他们,但是我不一定能做到,便不能随便允诺他们,给他们希望,又让他们失望。他们只是单纯的孩子。我也舍不得他们,他们给我温暖,给我面对的勇气,但是,因为种种原因,我却不能留下来陪他们了,像是抛弃了他们,辜负了他们对我的信任。

(二)云淡风轻的柬国生活

胡适在《梦与诗》中说,醉过才知酒浓,爱过才知情重。这很像我在柬埔寨的生活。在大家的印象中,柬埔寨人均GDP为1000美元,是世界上最不发达的国家之一,觉得它贫穷、落后,甚至可能还有些许的不堪入目,而事实上这个国家并没有这么凄惨。人们的幸福感很高,很会享受生活,他们不会去盲目追求物质生活的满足,他们单纯、热情,但又不缺乏惊喜。也正如他们的国家就像19世纪时,法国人为寻找热带动物,无意中在原始森林中发现神秘的吴哥窟,你也会发现这个神秘的国度总会在不经意间给你一个大大的惊喜,让你猝不及防的陷入一个又一个幸福陷阱,恨不得把嘴角挂在耳朵上。

这里有世界第七大奇迹——吴哥窟。当我置身宏伟壮观的吴哥窟时,会情不自禁地感叹自己的渺小,在断壁残垣中体会人类的智慧,感叹大自然的力量。鸟儿自由飞翔,将树籽不经意地撒向了庙宇,树籽继而从庙宇的墙壁中悄然发芽,茁壮成长,最终长成粗壮的参天大树,傲然挺立,而庙宇在自然的面前瞬间崩塌,在500多年的无人问津后,形成了这番壮观的景象,大树和庙宇相互依偎,互相衬托,同生同灭,这时,我惊奇的发现,这不正是中华文化里所讲的天人合一吗?吴哥窟展示给我们的不只是一些破旧的石头、废墟,它让我看到了生命的坚强与执着,让我感受到大自然与人类文明和平共处的奇妙。

| 吴哥窟图片 1 | 吴哥窟图片 2 |

而转眼间,为期 11 个月的旅途即将结束,让人不免有些伤感,感叹时光的匆匆流逝。这一年的生活简单、充实,又时刻充满惊喜,它教会我很多,教会我感恩、珍惜,教会我勇敢,是我永远不会忘记的光荣岁月。当阳光照耀大地,绿叶涌上树枝,犹如电影镜头中万物飞快的生长。那熟悉的信念又回到我的心中,夏日来临,新的生活开始了。

二、北美课堂管理故事

2016 年 9 月,怀揣梦想的我到美国阿肯色州的一所高中开启了中文教学生活。

(一)具有个性的北美教学环境

美国文化和中国文化有很大的不同,在美国学生和老师是非常平等的,以学生为中心的教学理念渗透在各个方面,而且每节课最多 30 个学生,我教过最小的班级曾经只有 6 个学生。学生的水平真的是零基础,要从拼音教起的那种,学校的教学设施非常完善,多媒体教学深入每个课堂。

美国的老师有很大的自主权,教材、教学内容、练习形式、课程考评,以及教室需要什么设施、如何装饰等全是老师自己决定,所以每间教室都是个性化的、独一无二的,美国老师特别擅长做这类事情。作为美国教师的一员,突然给我这么大的自主权,刚开始竟然还有些惶恐不安。美国的老师也很有创造性,动手能力、引导能力很强,他们更善于将艺术和生活融入教学,每次看到他们学生的作品,不免感慨他们的创造性和艺术感。

美国学生喜欢动手,而且动手能力确实极强,他们从中可以得到很多乐趣。这种特点对老师的要求就是首先设计的任务要吸引人,内容要挑选好,在整个实施过程要不停地引导、督促和鼓励,因为学生永远是三分钟热度,他们的思想很自由,很容易被自己带跑。这一点对我来说,自己动手或引导学生动手做是一大弱项,因为这是我们的教育缺失的一大块。而对美国的老师和学生来说,却是信手拈来!

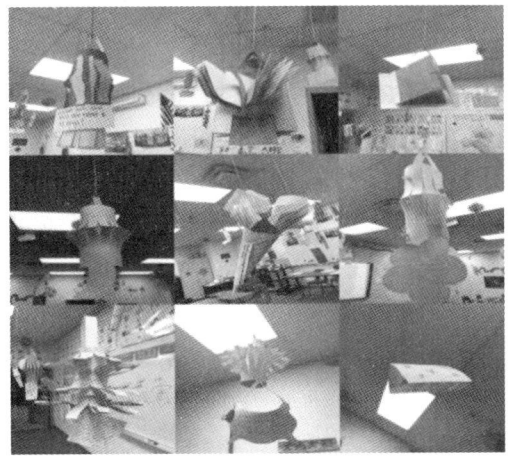
元宵节学生的灯笼作品

元宵节猜灯谜活动

美国学生喜欢很酷(Cool)的事情,如果他们觉得这件事情很酷,就想要挑战,很有积极性,有些学生选择中文就是觉得中文很酷,中国文化里的功夫、食物等等很酷,他们也更乐于学习这些,但有时候总免不了三分钟热度。学生的文化活动和作品,我都会拍照或录视频,过一段时间会打印出来展示在教室外边,或者制作一个视频展示给他们,他们就会觉得很酷,而且会邀请自己的朋友来看。这样做很能激发他们对中文及中文课堂的热情,也能起到宣传中文项目的效果,甚至一些没选中文的孩子专门来我的教室跟我打招呼。

有一次我经过走廊,看到一个孩子在看中文课堂郊游的照片展示,看到我就问了我一些问题,我们就友好地交流了一下,结果过了一个星期,这个孩子在校园里见到了我,就说,"Ms. Qian,我已经选修了中文课,我真的很愿意去享受中文课堂。"这件事让我很感动,我们教学的意义不就是这样吗? 给孩子们打开一扇门,引导他们看到一个不同的世界。

(二)极具挑战的课堂管理

众所周知,处于青春期的高中生通常会有些叛逆,美国的中学生同样如此,而且他们的思想更加自由,思维也更为跳跃。所以中文课上的课堂管理,一直是我面临的课题和挑战。

刚开始的一两个月里,我和学生对彼此都充满了好奇和新鲜感,都觉得对方是美丽的天使。但是随着时间的流逝,我慢慢意识到,学生在课堂上太过自由散漫:上课时间吃东西,来回走动拿纸巾、削铅笔、扔垃圾,等等。在这些众多问题中,最让我头疼的就是学生们在课堂上频繁使用手机(几乎每个学生都会带一部手机)。尽管有时候确实是学生家人有急事,需要联系他们,但大多时间他们在课堂上使用手机是为了给朋友、恋人等发短信,浏览Facebook, Twitter, Instagram等App,遇到了好玩的事情还会在课堂上拍照、录视频,更有甚者还会在上课时间网上购物。在美国我不能简单地强制学生把手机收起来,因此课堂上经常会出现这样的对话:

"龙东,把你的手机放进书包。"

"Ms. Qian,我正在给我爸爸发短信。"

"请给我看一下。"

龙东打开手机短信,点开爸爸的短信,但是我清楚地看到,那是半个小时前的短信记录,他在撒谎。我拿起他的手机放进他的书包中。

"熊猫,你在做什么?"

"对不起,Ms. Qian,我只是看一下手机。"然后就把手机放进了口袋。

"王振祥,你在做什么?"看到王振祥在玩手机游戏,我问道。

"我的任务完成了,所以我可以自由活动。"

"但是我们还有下一个任务需要完成。"

"好吧。"王振祥不耐烦地把手机放进了口袋(王振祥是华裔,因为这个缘故,学中文总比其他学生要快一些)。

这个问题着实困扰我,还记得在第一天到学校的时候,我问校长助理,在学校教学有什么需要注意的吗?他的回答,很重要的一点:课堂上禁止使用手机。

为了解决这个问题,我向一些本土老师讨教,思前想后,结合他们的经验和建议,我想到一个主意,那就是在教室里设置"手机监狱"(Cellphone Jail)。所谓"手机监狱",就是我在教室前边摆放一个书架,在这些书架中摆放着写有学生名字的立体名卡,他们的手机,将被统一放到这里。就是这个,看起来很酷吧?

我最开始实行的办法是,要求所有的学生一上课就自己把手机放进"手机监狱",或者是由一名学生充当手机监狱管理者,把手机集中收起来,统一放进去。可是很快,这种方法的各种问题就开始显现。

"哦,Ms. Qian,他摔了我的手机。"听到了咚咚响的声音后,韩小凤大喊道,"手机监狱"管理者王小伟显

手机监狱

第二章　国际中文教师的教学信念

得有点尴尬和局促不安，"对不起，我不是故意的。"然而韩小凤并不买账，她本来就不想把手机放进"手机监狱"，这下更是不依不饶了。我只能快步走到王小伟身边，让他回到座位，亲自完成收集手机的工作，但也因此浪费了大量课堂时间。

"Ms. Qian，鲁伟在用手机。"另一位手机监狱管理者孔胜利向我举报，但是鲁伟听到后，就特别不礼貌地对孔胜利竖起了中指。眼看一场冲突就要发生了，我赶紧过去，对鲁伟说，"在中文课堂，be nice，不然我就会通知教导主任。"然后把他的手机放进了"手机监狱"。

"Ms. Qian，王小伟收了我的手机，但是他自己却在玩手机，这不公平。"龙英雄气愤地跟我说，我看了看王小伟，把他的手机放进"手机监狱"，并且告诉他和其他学生，"手机监狱"管理者必须做好自己的工作，如果再有第二次，我就会取消手机管理者的工作，然后在这个课堂工作的项目中给他零分。

面对这些问题，我改进了"手机监狱"的管理办法，每堂课前，先巡视一圈，然后要求学生把手机放进书包，如果在课堂上我看到了谁违规使用手机，就立刻把他的手机放进手机监狱中，而手机监狱管理者则负责监督不准学生随便把手机拿走。一旦学生完成了所有的课堂任务，他们就可以把手机拿走。如果有哪位学生有特殊情况需要使用手机，必须举手告诉我原因，如果理由合理，他就可以使用。

刚开始使用这种方法的时候，大部分学生都有点排斥，但是渐渐地，只要我能做到对所有学生一视同仁，他们便选择遵守规定。而且在此之前，我已经在教室里设置各种课堂工作，让学生自己选择工作，其中有一项工作就是"手机监狱"管理者，所有学生都有自己的工作，大家各司其职，共同遵守规定。但是也有些班级的手机管理者不负责任，对自己的朋友区别对待，这时就要对他进行惩罚，或者更换手机监狱管理者。

半个学期下来，对"手机监狱"的管理也在不断的完善，尽管还有一个别些学生会冒险尝试使用手机，但整体而言，学生使用手机的现象大大减少，"手机监狱"终于发挥了它的作用。并且我恍然发现大部分学生都能可爱地用中文说："把手机放进书包。"这让我忍俊不禁，语言的学习果然需要大量的输入。

美国的学生都喜欢很酷的事情，"手机监狱"的存在让他们觉得很新奇，很酷，同时也给长达九十分钟的的课堂平添了一些乐趣。在美国的中小学教学，课堂管理尤为重要，每天要和一群"熊孩子"斗智斗勇，就是所谓的"魔高一尺，道高一丈"，老师要花费心思去管理、去设计。

(三)"手机监狱"课堂管理方式带来的反思

在美国的中小学，学生自由散漫，加之课程表安排紧凑(以我所在的学校为例，每节课90分钟，课间休息5分钟)，很容易导致课堂失去控制，效率低下，这给汉语教学带来了巨大挑战。因此制定课堂管理制度尤为重要，而且要严格执行，不然即使准备再好的课，也会被课堂上各种各样的事情扰乱，严重影响教学效果。

老师们需要动脑筋，制定属于自己课堂的管理制度，例如"手机监狱"、座位表、电子设备的使用规定、教室里的签到制度；又如形式多样的奖励制度：放学可以早走五分钟、少做一项课堂任务,可以得到一件小礼物;还有惩罚制度:必须最后一个离开教室,必须帮老师整理教室等等。而对于各种制度的制定,老师不能武断,要和学生商讨,基本达成共识,也要及时向美国本土老师讨教,学习借鉴经验,还要和其他中文老师多交流,课堂上多点仪式感、形式感和创意,找到最适合学生的管理方法。

 写在最后

现在的我,马上要结束为期两年的MBA工商管理硕士的课程,拿到第二个硕士学位。我喜欢教中文和传播中国文化,但做美国课堂管理有些许疲劳,而且自觉心中还有梦想,还有想尝试做的其他事情,所以两年前的我决定再次步入校园,给自己重新找到一个方向。我现在不太清楚以后的我是会继续做一线的中文老师,还是创建一所发展符合自己教学理念的中文培训学校。但是我很感谢当初读了汉语国际教育这个专业,感谢专业带给我自己的中文教学经历,感谢专业开阔了我的视野,这会是我一辈子的财富。

世界真的很大,我很庆幸,也很感恩能有这样的际遇,有这样的生活。无论是十一年前刚步入平顶山学院时,还是七年前毕业时,抑或三年前从广外毕业时,这一路的生活经历和今天的生活都告诉我,不固步自封,也不做井底之蛙,心有多大,梦想就有多大,我会继续勇敢面对未来的生活!

第二章 国际中文教师的教学信念

国际中文教师叙事文本(18)

本文以作者在尼泊尔和墨西哥的中文教学中的"课堂管理信念"和"教师角色信念"为主线展开叙事,呈现出"教师是课堂教学的引导者和管理者"的角色信念。

作者简介:王花,平顶山学院2013届对外汉语专业本科毕业生,南宁师范大学汉语国际教育专业硕士。2013-2016年赴尼泊尔APEX LIFE SCHOOL任汉语教师志愿者,2019年赴墨西哥孔子学院任汉语教师志愿者。

回眸我的汉教路

我在对外汉语这条道路上已经游走了十年,四年对外汉语本科专业学习,三年尼泊尔中文教学,两年汉语国际教育硕士专业学习(2020年6月硕士毕业),目前已有快两年的墨西哥中文教学经历。如果能重回原点,我会更加科学规划,但是依旧会义无反顾选择汉语国际教育这条道路。世界上没有如果,但有相对的经验。

一、在尼泊尔和墨西哥的中文教学

(一)在学习中不断探索的尼泊尔中文教学

初到尼泊尔,我见到了一个新奇的世界,这个国家到处充满着古朴的特色,我内心装满了好奇。我抽到的学校APEX LIFE SCHOOL位于加德满都,我教授的是三年级至七年级的学生,那是一段在学习中不断探索的教学岁月。

初站讲台,我以为自己讲得很好,其实,那是一种盲目的自信。当初上课,我觉得自己讲得很简单,但是学生认为很难,而且很枯燥。我当时像在国内一样,把课本的知识搬到黑板上,没考虑到教学对象,比如学生的国别,学生的年龄,学生的兴趣,学生的认知能力,学生的接受度等等。大概过了半个月,我发现学生不喜欢配合老师,我当时还以为是学生不好好学习,后来才知道原来是学生们没有学会。那时我开始反思自己,查阅相关资料,慢慢摸索着上课。

有段时间,我上课会征求学生们的意见,只要学生们提出的,我课下就努力准备。但是又过了一个月,有些学生说他们学过这些内容,我当时很失落,我迷失了自己,我不知道自己怎么办。

有一次,前任老师告诉我一句话"你是老师,不要让学生们牵着你走"。那一刻,我突然意识到自己已经是老师了。从那以后,我开始调整自己的状态。课前,我分析了每个班及每班的每个学生的相关情况,如每班以前的学习进度,每班的班风,每个学生的汉语水平、学习风格、兴趣爱好、个性特征等,随后,我备课时特别关注课程内容的重难点以及如何教授。课上,我重新立了课堂规矩:每节课,都会有不同的游戏,都会有奖励和惩罚。大概过了一个月,学生们开始喜欢我了。此后的课程,我会变着花样上课,目的是希望学生们在快乐中学习汉语。

在三年的尼泊尔教学中,我尝试着把在学校学习的各种流派的各种教学法不同程度地运用到教学中。我印象最深刻的是将"任务教学法"成功地运用到汉语教学中,学生们在玩中学会了汉语知识。如《快乐汉语1》第三单元《饮食》,我让学生们扮演不同的角色,如家庭成员、商店成员、消费者等,利用学习的词语和句子进行简单的对话,完成任务后,在黑板上写出自己说过的内容或者词语,教师最后总结。

我在尼泊尔教学的三年中收获颇多。教学方面:第一,我清楚地知道了如何上好一节中文课,如课前需要备学生、备教科书、备班级情况;课中需要组织好课堂,需要处理好课堂中出现的无法预知的事件,需要布置好作业;课后需要自我反思,并做好总结。第二,我如何能长期地上好汉语课呢? 那就是我在教学中给予学生足够的爱、耐心和关注。第三,我在教学中的各项技能都得到了充分地锻炼,比如,如何控制讲练的度,如何处理突发情况,如何清晰地组织授课语言,如何更好地展示和教授才艺等。师生方面:我从学生身上获得了满满的感动和爱心,让我身在异乡却倍感温暖和幸福,让我感受到自身的价值得到了升华,让我能更自信地坚守在对外汉语道路上。学校方面:我得到了学校领导们的认可,受到了学校老师们的尊重。每每回想起当时我和学校领导们、老师们一起工作、娱乐的情景,每个瞬间都是一幅温馨的画面,时刻滋润着我的心田。

(二)在前进中的墨西哥孔院的中文教学

2019年8月,我再次踏上了汉语国际教育这条道路,来到了与中国有12个时差的位于北美洲的墨西哥,再一次开启了汉教的征程。初来墨西哥我已没有像初到尼泊尔时那种第一次出国的兴奋了。我任教于墨西哥城孔子学院,虽然之前积累了一定的教学经验,但在墨西哥儿童班的教学中还是出现了新问题。

我接的是墨城孔院总部的一个儿童班,班里有5个学生,学生们的水平相当于HSK2级水平,后来从其他班转过来3个学生,这3个学生的水平明显不如这5个学生的,就这样班里共有8个学生。有一个14岁的男学生名叫Gabriel Tehozol Martines,他有点与众不同,课堂上教师提出问题,他急着要回答,但答案刚到嘴边就会卡住,但是这个男孩子又很能活跃气氛,而且每次休息的时候就拼命地打游戏。第一次听课的时候,我就知道这个小孩子基本功不扎实,但是很要面子,还喜欢出风头。我刚开始认为自己有教学经验,学生们的水平都不错,就想着利用自己的学习平台引导学生们课前预习,课上练习与巩固。刚开始与学生们接触,彼此都不太了解,都保持着一种新鲜感,教师要求怎么做,学生就怎么做。我每次课前都精心设计学习平台上的内容,然后发送给学生们二维码或者链接,让学生自己下载软件注册然后预习。关于学习平台,我用的是中国版,在注册过程中学生遇到了麻烦,我就和学生们沟通直到成功。学生们第一次体验学习平台上的课程感觉特别好。有些学生还给我留言说很喜欢,内容很精彩。学生们的反馈让我误认为他们很喜欢学习平台上的课程。

孔院每周一次课程,每次课程四个小时。我上课的时候巩固一下以前学习的知识,把重点知识讲一下,下一步就进入练习环节。因为每节课做纯汉字的练习题,学生们需要耗尽脑子想这个字是什么、什么意思,四个小时的课程,教师的讲解和学生们的配合,一节课练习册能勉强完成。下课后,教师和学生明显有些疲惫,但是我和学生们之间的新鲜感还是存在的。随后,我接二连三地分配学习任务给学生们。

有一天上课的时候,我发现学生有不预习或者不复习的现象,学生们告诉我网络不好。当时我没在意,原谅了学生们。然后我就开始讲课,但是我讲课的速度还是有些快,因为我一直把他们当成是不错的学生,甚至是成人对待。课讲完了,让他们背课文,然后做练习,这样的状态又维持了两个星期。其他学生对我有意见,但是不敢提出来,我怎么讲就怎么学怎么配合,但是配合的积极性突然不高了。Gabriel 说"so boring",我听到后,第一次有些恼火,对学生们说:"我花费了很多工夫给你们做的课程,就十几分钟的时间,你们都不愿意预习,课上不做练习又能怎么样?"之后,学生们安静了不少,但从这之后,我的课堂气氛沉闷至极。

接下来的一次课程,有学生迟到,有学生不来,我也有些恐慌。不来的学生确实有其他原因,但来的学生多数不是自愿的,都是在家人的劝说下来学汉语的。我看到 Gabriel 一脸不情愿的表情,心里确实挺难过的。我反思了一下,这节课我得放慢速度。然后我按部就班地上课,上了两个小时,我见学生们没有什么反应。我问:"Is it boring?"学生回答:"是的!"我接着问:"是我讲的内容吗?"学生回答:"不是。"我松了一口气,接着又问"那是什么?"Gabriel 开口说:"课堂形式。"其他同学说:"以前老师给我们做游戏,比如说'星期天逛三园''炸弹'。"我听后,突然意识到自己的教学方法在这个班级有问题了,我把孩子们当成大人对待了,一心想着让他们多学点东西,忘了他们还是孩子。我立马说:"很抱歉,老师一直认为你们的程度很好,就把你们当成成人对待了,你们来这里是快乐学习的,老师马上调整教学方法。"之后,我利用课余时间询问其他老师课堂上都喜欢玩什么游戏,之前的老师告诉我这个班的学生喜欢玩的游戏,如:"星期天逛三园",让学生们一起说,星期天逛三园,大家一起问"这是哪儿?"第一个学生说"这是……",接着顺下去;"炸弹"就是在黑板上画出九宫格或者更多,里面写上学过的内容,然后用白纸或者花纸遮盖,让学生们选择,选对且可以正确说出方格里的内容就加分,选错(炸弹)就扣分等。我上课的时候也加入了游戏成分,但是感觉还是没有收到预期的效果。

碰壁后就要探究原因并尽快找出解决问题的办法。于是,我在课外时间查阅相关书籍,研究了一些游戏,比如说警察与小偷、接龙、找朋友等。接下来一次上课刚好是一些与疾病有关的名词,我立马设计了表演猜词等游戏,我对即将上的这节课充满了信心。那天,当我拿东西时,刚好撞见Gabriel。大早上,Gabriel看到我深深地叹了一口气,摇了一下头,就是他的动作,深深地触动了我的心,他来上汉语课,简直就像走到地狱底部了。我说:"来得挺早啊!"Gabriel说:"妈妈让我来的。"说完默默地走进了教室。我拿完东西后就回到教室,我是教师,一定不能让学生影响到我。这节课,简单的问候与复习之后,我将学生分成两个小组,在规定的时间内比赛写生词(五个)。写生词对于学生来说是一个挑战,学生就在白板上写,有的同学写得很快,有的同学写得很慢,写得慢的同学会趁机擦掉写得快的同学的笔画,这时候,小组内的成员就会笑着提醒,瞬间气氛活跃起来了。等快的小组写完后,我会提醒他们,检查一下。有的学生在白板上画上与生词相关的画,另一个小组就会擦,说挤了他们,这时候,你挤我一下,我挤你一下,笑声不断。最后我来评判,指出大家共同的错误,再让大家写一遍,我给他们指出印刷体和手写体的不同,让他们更好地记忆。接下来,我领着大家学习生词(五个),了解每个生词的意思,再让学生们造句。这五个生词我先让Gabriel用肢体语言表演出来,Gabriel的肢体语言很丰富,逗得大家哈哈大笑,"可能"这个抽象词,我本来要跳过,谁知道Gabriel左右手做了一个上下摆动的动作,清晰地把词的意思展示出来了。我当时心里还是挺佩服这个小家伙的,于是我表扬了Gabriel,他看起来挺开心的。接下来,我又换了其他的学生,其他学生为了不雷同,也是想尽办法表演,又让大家笑个不停。等讲课文时,我把课文分成两部分,一部分是今天学习生词的课文,一部分是下节课的内容,我展示提前做好的句子卡片,学生们很快就读出来了,五句话,一会儿就学习完了。然后,我引导学生看着生词说句子,速度有些慢,但是学生们也说出来了。我表扬学生们学得真好,不仅会写汉字,课文也不知不觉记住了。随后,我将准备好的卡片发给每个小组的学生们,让他们在规定的时间内组词,哪组快,哪组赢。大家兴致勃勃。接着是组句子,一个比一个难,但是学生们玩得不亦乐乎,最后玩儿警察捉小偷,用今天和以前学的内容对话,如果你是小偷,要骗过警察。这节四个小时的课,学生们在快乐中下课了。我问学生们:"有意思吗?"学生回答:"很有意思。"我看到学生们开心的面容,我也感到无比开心。

之后的课程,我发现学生们很喜欢在白板上写汉字,这个方法一直延续着,其他的游戏会根据课文内容的不同而改变。每次看到学生们积极配合和开心的笑容,我真得很高兴。这之后,学生们发生了很大的变化,变得比以前更积极,上课也不迟到了,特别是Gabriel,做什么都很积极。有一次,我带着一个新老师来听课,学生们那天被吓到了,以为我给他们换老师呢,下课的时候都纷纷跑过来问我,当时我很吃惊也很暖心。圣诞节,我意外地收到了Gabriel的礼物。

通过教授这个班我明白了,作为教师一定不能自以为是,一定要以学生为中心,以教师为主导,学生们的进步和满意才是对教师最大的肯定。教师在教学过程中,一定要先备学生,分析学情,适时变更教学方法,因材施教。教学中遇到问题的时候,先进行自我反思,与学生坦诚沟通,不能片面地将问题归咎于学生的不配合等。"投我以桃,报之以李",教师认真负责的态度会影响到学生们,学生对教师的信任也是一点一滴培养出来的。总之,教师对学生们要充满耐心和爱。

Gabriel Tehozol Martines(右二)

二、在文化差异中提升自我

印象中,在尼泊尔的教学还是比较顺利,文化交流方面也没有出现过冲突,甚至能够很好地融入当地的文化中。但是,在西半球的北美洲遇到很大的文化差异,文化习俗也不尽相同,会时不时出现不同程度的冲突。

我刚去墨西哥城外的COLEGIO LIVS. VICOISKI学校任教时,按照以往的教学经验,教师在第一节课需要讲解汉语课堂上的规则。我教授五个班级,在其他四个班级都进展得很顺利,只有到五年级班级时,发生了意外。

五年级的学生年龄小,课堂上很活跃。我一进班级就强调汉语课堂上的三规则:第一,上课不能随便走动,去卫生间只能用汉语说,否则不能去;第二,有问题举手回答,不能乱回答;第三,教师说"安静",学生回答"一、二、三"并且迅速安静下来。我刚讲完规则,这时候,有三四个小男孩就擅自走到讲台上,在那里又是问我问题,又是跳舞,又是做鬼脸,乱七八糟的。我很尴尬,立马说,"刚才老师说不能乱走动,请大家先回去。"其中三个小男孩都回去了,只剩下一个小男孩,我双手搭在他的肩膀上,低头对他说:"请你回到自己的座位上。"然后我左手顺势指向他的座位,小男孩的表情瞬间发生了变化,回到座位上说"NO CHINESE"。我突然意识到了一个问题,不应该做那个手势,我也不记得是不是接触到了小男孩的后背了。这节课上,我观察到那个小男孩的表情很不愿意,既不配合也不说话。我为了鼓励这个小男孩子,特意提问他,他依旧很不开心。临近下课前,我给表现好的学生分发了小奖品,也特意给他发了一个,并且告诉他教师不是故意的,很抱歉,不要介意,这时候,看他笑起来了,我以为没事了。等放学前,我还是不太放心,又找了他一次,问:"你心情好吗?"他回答"很好"。我松了一口气,希望没有对孩子造成心理上的阴影。

课后我进行了自我反思,提醒自己以后一定要注意自己的手势,同时避免与学生有身体上的接触。一个星期过后,学校系主任告诉我,那个学生的妈妈来学校告状了,说教师打学生了。我当时很吃惊,立即向学校系主任说明了情况,系主任了解完情况后,告诉我在墨西哥的学校里,教师可以严厉地批评学生,但是不能接触学生们的身体。我告诉学校系主任,我当时真的不是故意的。从那之后,我始终和学生保持一定的距离。很庆幸家长没有投诉我,说我有暴力倾向等等。这个小男孩,每次上汉语课问题很多,随时打断老师的讲课,与课堂内容有关的,我给予正面回答,与课堂内容无关的我会采取冷处理。坐班教师有时候会给这个小男孩必要的批评,我却不再强力约束他。有一次,正当我走进教室时,这个小男孩说"No Chinese",我说"那你们不用上汉语课了",其他的学生立马躁动起来了,这个小男孩就不好意思了,从这以后,变得乖巧起来了。因为当初的一个举动,让这个小男孩厌恶起汉语课,又因为长期接触,让他慢慢地接纳汉语课,所以,教师每到一个新的教学环境,一定要了解当地的教学规范、校园文化和文化背景等,避免出现不必要的麻烦。

三、做好准备,用"三心"对待学生

我在教师志愿者这条道路上已经走了近五年,在这五年的生活中,我深刻地体会到作为国际中文教师需要有奉献精神、有爱心、有耐心,更需要用心。

汉教圈有句话:"教学有法,教无定法。"每位老师都会在时间的冲洗中沉淀自己,都会有所成长,有所进步,作为我,还是希望未来的你,能够提前做好以下的准备。

1. 提升自身的综合教学修养

(1)从本体论角度讲,教师要知道教什么;从方法论角度讲,教师要知道怎么教;从认识论角度讲,教师要知道学生怎么学(如学习动机、学习风格、学习策略等)。

(2)具有鉴定与分析偏误的能力(与汉语本身有关、与学生母语有关、学习策略等)。

(3)具备课堂教学管理能力(如何掌控课堂、如何处理突发事件、如何组织游戏等)。

2. 培养扎实的专业基本技能

(1)普通话标准;

(2)熟练掌握一门小语种;

(3)熟练掌握办公技能;

(4)增强自身知识修养:语言知识(汉语知识、外语知识、语言学知识等);中国知识(中国历史、中国社会、中国文化、中国艺术、中国地理等);共通的百科知识、世界知识等。

3. 提升个人魅力

至少有一种或者多种自己独特的中华才艺,为以后的教学生活打下必要的基础。

第二章 国际中文教师的教学信念

尾记

我之前喜欢对外汉语是源自它的实惠,学的东西多;现在喜欢汉语国际教育是源自它带给我内心无形的福祉;未来喜欢汉语国际教育是源自它将会实现我的人生价值。

回眸过往经历的一切,我个人认为我收获最多的是爱和尊重。每当看到学生们满意的笑脸时,我是开心的;每当学生遇见我,给我一个大大的拥抱,告诉我想我时,我内心是感动的;每当学生家长见到我,给予热情的见面礼(贴面、握手、拥抱)时,我内心是幸福的;每当领导或当地老师邀请做客,我看到那份精心准备的正餐时,我知道,我是被尊重的……数不清的"每当",数不清的温馨,数不清的难忘,让我有着如此美好的体验,让我一直坚守自己的初心,让我坚定地走下去。如果重来,我会更加努力地学好必备的专业知识,提升自己各方面的能力,抓紧该抓紧的时间,一直读到博士,然后开启更加精彩的人生。世界上没有如果,对于现在的我,抓紧时间充电,坚持读书,规划好未来自己做什么,目标是什么。

墨西哥志愿生活结束后,我将走上汉语国际教育国外创业之路。时代的发展造就了汉语国际教育这个行业,同时也塑造了我们这批有汉教情怀的人。决定进入这行的你,请做好自己的规划,明晰自己的目标,勇敢前行,放飞自我。

国际中文教师叙事文本(19)

本文以作者在菲律宾和哈萨克斯坦中文教学中的课堂管理信念为主线展开叙事,附以一定的文化叙事,呈现出教师既是"课堂活动和文化活动的管理者"又是"合作者"的角色信念。同时叙事中关于学生考试成绩的观念呈现出"正向、激励的教学评价信念。"

作者简介:邵垚楠,平顶山学院2016届对外汉语专业本科毕业生,西南大学汉语国际教育专业硕士。2016年赴菲律宾宿务宏伟中文学校任汉语教师志愿者,2018年赴哈萨克斯坦阿拉木图阿布莱汗国际贸易与关系大学孔子学院任汉语教师志愿者。获评教育部语合中心(原国家汉办/孔子学院总部)优秀汉语教师志愿者。

背负使命,踽踽前行

人生总要有那么一次自己做主,义无反顾地做一次志愿者,不问目的,只问初衷。无论我们经历了什么或将要历经什么,对我来说无疑都是一笔不可多得的人生财富。在菲律宾和哈萨克斯坦做汉语教师志愿者有辛酸,有无奈,也有意想不到的惊喜和成就感。

一、首次启航——菲律宾·宿务

"尚未佩好剑,转眼便江湖。"刚从大学校园走出来的"新新"毕业生,转瞬便踏上了去国外教学的征程,不得不说是一种挑战。学了四年的国际汉语教育,对这个岗位所要面临的情况已有相对比较全面的预测。然而,事实永远都与想象来的不同。

菲律宾气候炎热,未踏上这片土地之前我做出了种种猜测——动乱、疾病与贫穷肆虐。但是当我真正地身入菲国,热情与无数的笑脸便占据了我的脑海。我任教的学校是宿务宏伟中文学校(First Chinese Royal Academy),在菲律宾最著名的旅游城市——宿务。学校是一所私人华校,由华人与当地商人(校长)合办。学校规模不大,仅有一幢三层的教学楼(第三层为教师住所)和一个小篮球场。全校班级分布从 Nursery 直至 Grade10,共有两百多名学生。生源大多为菲律宾人,少数混血儿和极少数华裔,生源上完全看不出是所华校。

(一)纵观教学

教学工作是志愿者任期工作的核心任务,决不允许有丝毫的懈怠与敷衍。尽管我有相关的教学经验,但教学对象是菲律宾裔的学生还是第一次。我必须要打起十二分的精神迎接我的学生们。

第二章 国际中文教师的教学信念

1. 严格纪律，保证教学

开学的第一周，犹记得菲律宾一所学校的校长在培训期间对我们讲到，第一周不要忙于教学，要有足够时间去了解学生，记住学生名字，记录学生的性格特点，并在与学生交谈中逐渐确立起中文课堂的纪律及基本的课堂要求。由此，便开始了我的海外教学生涯。

在菲的教学任务相对比国内要来的轻松，学生人数不多，这就有相对比较充裕的时间可以自由支配。我住在学校宿舍，平时工作时间基本不需出门。早上 7 点 10 分准时参加升国旗仪式(有时我担任中国国歌的领唱)，之后备课并填写 Daily Lesson Plan(这个文件是每天必填的，记录每节课主要的授课内容)，结束后有多余时间便去办公室(志愿者没有办公室，在自己房间内办公)与当地老师和中文老师沟通和探讨教学。

我所教授的年级共有三个，分别是二年级、四年级和十年级，所授课目为"汉语"。在初期教学中我发现二、四年级的学生过于活泼，精力充沛，在课堂上永远有讲不完的话，散不完的步，吵不完的架和上不完的厕所。还没有来之前就听闻这里的学生活泼好动，课堂管理一直存在很大的问题。而且，志愿者老师基本上都是年轻教师，没有足够的课堂管理经验，一时之间颇为头疼。后来与汉语部主任协商，若有时间会在我的课堂上不定时的出现，以达到短期震慑的效果。但我知道这肯定不是长久之计，管理学生要有自己的方法，不能总依赖老教师。

于是，第一周学生和我共同制定了简单的四条课堂纪律"1. No sleeping 2. No talking 3. No moving 4. Can't go out without allowance"(贴在班级前面)。我决定先从上厕所(本地人称 CR)的问题解决，因为我发现每节课有很多学生不定时地要求去 CR，严重影响到教学秩序。(顺带解释下，我们学校相邻的两节课之间学生是没有休息时间的)。为了解决这一问题，我告诉学生，中文课开始前三分钟可以去 CR，其他时间非紧急情况不允许外出！这个规定对学生很凑效，减少了大量学生课堂时间外出的情况。

接着就是讲话和乱跑乱动的问题，对此我建立了印章奖励制度，根据学生课堂上的表现、课下作业完成情况以及参加中国文化活动的积极性三个方面进行评价。具体操作如下所示：每位学生都有基础的五个印章并将印章记录纸张贴在班级最醒目处。其中，在课堂上表现差的学生，将其名字写在黑板上，超过三次的取消一个印章并将名单告知班主任(Adviser)，事前与 Adviser 沟通好，让其代为约束。其他两项较好操作，完成一次作业得到一个印章，参加校外组织的中国文化活动一次可得到两个印章。每月总结一次，班级印章数前三名可得到老师的"神秘中国小礼物"。神秘小礼物要做具有中国特色，花样繁多，有趣易携带。比如：脸谱小书签、剪纸作品、自制沙包、民族风饰品等。

2. 理念各异，坚持原则

菲律宾的教育体制与国内大有不同，经过改革，总体来说学制比中国缩短两年。我们学校是私立性质的中文学校，缴费制度也"别出心裁"，采用每月到校支付的方式，并且学费与当月的考试挂钩,即本月没有缴费的学生,不得参加本月所有科目的考试测评。考试不分期中、期末,而是全学年分为四个 Quarters,每个 Quarter 有两次考试。也就是说基本每月都有考试(除了六月和一月)。每次考试结束把所有学生成绩汇总到各班的 Adviser 处,缺考的同学要督促其补考。每个 Quarter 结束后,学校将本阶段成绩进行排序,选出优秀的学生并举办全校性的表彰活动(家长参加)。

值得我们志愿者注意的是,考试的分数和及格问题。所有的卷子基础分为 40 分,试题分数为 60 分(也就是说只写个名字都有 40 分),学生及格分数为 75 分。事实上即使是这样,很多学生在中文课的得分也不尽如人意。而菲律宾家长和校方是很难接受不及格这个问题的,甚至在会议上专门就此问题要求各位教师降低不及格率。如果学生考得不好,家长也会直接来质问老师。第一阶段考试结束后,二年级的两位家长就要找我谈话,他们的第一个问题就是为什么其他科都九十多,只有中文八十多?我跟家长解释了分数的构成,也复查了学生的卷面成绩,的确是学生考得不好,就和家长沟通,希望孩子下次可以取得不错的成绩。当时的班主任和校方想让我改成绩,但是我拒绝了,这样做的结果对其他学生不公平,这种情况下作为老师要坚持自己的原则和底线。后来在我的耐心教导下该学生取得了一定的进步。自那以后,其他的家长再也没有因为成绩的事情来跟我沟通了。

3. 寓教于乐,教学相长

随着对学生了解的逐渐深入,我发现他们对学习汉语没有刚开始来的那么抵触,甚至还有可爱的小姑娘过来跟我说她很喜欢学汉语,而且觉着很简单。课堂上为了充分调动学生积极性,我会分组进行"我爱记生词"活动,还有"体验小老师"等活动,形式多样,主要以简单、有趣为主,没有那么多规则,胜出有印章奖励,学生学习积极性逐步提高。作为老师,感觉成就感爆棚!课下我会多待一会儿与学生们交流讨论,更多的时候他们有无限多的关于中国的问题,当然我会一一解答。另外,可爱的学生还图文并茂地制作了一小本简易的本地语"小词典",送给我并在课下教我学习 Bisaya(宿务本地语)。还有每到教师节、圣诞节、春节和情人节这些节日的时候,会有一群孩子跑过来送小礼物,感情的加深,使得刚开始的零零星星到三五成群的学生送贴心小礼物,还有写着"邵老师,我爱你!"的各种自制小贺卡,每次看到这些礼物就觉得我是世界上最幸福的人!直到现在,我连一片纸都没有扔过。

(二)活动掠影

关于课外中国活动的项目也有不少,远有去年十月一日的国庆节演出、重阳节演出,近有领事馆的迎春节晚会、校内组织的庆春节表演以及刚刚落幕的"Search of Chinese genius"。

春节体验活动——包饺子　　　　　　　宿务总领事馆举办的春节活动

国庆节是我们在菲律宾过的第一个盛大的中国节日,早在七八月份校长便通知我们要准备一两个节目去校外演出。由于学生平时活动太多,没有时间在八月份排练。九月份我们策划好节目,从全校开始选人,校方给了我们帮助,但是学生有各种各样的问题不来排练。最后想了很多办法,让本地老师通知学生家长、中文部主任督促,还有我们的实物奖励法,最后还算圆满地完成了排练。国庆节当晚我和另外一名志愿者带领十个学生参加了演出——《国家》手语舞蹈,节目最后我用事先准备好的"我爱中国"四个大字结束表演。最终赢得了全场的喝彩,"我爱我的国,我爱我的家!"歌曲手语舞蹈表达中国人及在菲华侨对祖国的深厚情谊。

《国家》手语

（三）生活剪辑

在异国他乡生活和工作绝非易事,尤其是我们这些"初生牛犊"们。来之前家人有很多的担心,担心照顾不好自己,等等。但其实正是这样,才慢慢地磨练出来我们在中国欠缺的独自生活的能力。

办公与教学之外,我还有比较充裕的自由时间,这就为我练就一身做菜好手艺提供了可能性。除此之外,我还每天坚持散步半小时,学习英语词汇半小时,十个月下来进步不少,尤其是与当地人的沟通也越来越顺利。另外练练书法、剪剪纸、做个小手工、学编中国结（可以作为小礼物送学生）等。我还开通了 Facebook,业余时间可以与学生和家长沟通,并时不时地分享一些关于中国文化的视频与图片,主动了解当地的风土人情,以此增进中菲的深层了解与互信,不得不说这真的是一个很好的沟通交流方式,对汉语课外知识文化的拓展也起到了不容小觑的作用。还有就是在宿务这个文明的旅游城市,环境和人文都相当不错,又加上校长时不时地带我们出去领略当地生活方式和美食,简直是个十足的"Lucky dog"!

二、再次出发——哈萨克斯坦·阿拉木图

自菲律宾回来后,我在重庆西南大学继续攻读汉语国际教育硕士,因学校国际学院的留学生众多,我也有了更多和留学生接触的机会。为了更好地学习本专业,我会利用课下时间与留学生交流如何学习汉字,和他们一起参加国际学院合唱团。甚至我和来自乌克兰的娜斯佳一起开设免费的二语学习课堂,和更多的在校留学生探讨中、英、俄三种语言之间的差异和羁绊。我努力地去了解只为了下一次面对对外汉语教学能游刃有余。时隔一年,终于等来了第二次机会,面对泰国、捷克、韩国、日本、亚美尼亚等众多海外实习院校,我陷入了沉思。我想去哪里？如果说第一次是新鲜感的刺激,那这一次我想从异国之旅中收获些什么呢？回想第一次的海外教学小孩子的课堂秩序成了我最大的问题,教学也得不到有效的保障。那么这一次我想选择大学生,想在一个完全不同于菲律宾的热带气候,于是,目的地就浮出了水面——哈萨克斯坦。

历史上,阿拉木图作为古丝绸之路穿过的城市以及连接欧亚经济贸易往来的重要纽带,与中国有各种各样的密切联系,是"丝绸之路"经济带核心区的重要节点城市,是我国重启中亚"丝路"繁荣的起点。

2018年6月,我作为汉语教师志愿者,前往阿拉木图"外交官摇篮"之称的阿布莱汗国际关系与外国语大学孔子学院任教。该学校坐落于阿拉木图城市的中心位置,学校有两个校区,我所在的校区非常小,仅有一座教学楼。短短一年,让我对汉语教学、"一带一路"、文化交流等有了全新的认知。

（一）中文教学

我所授课的班级为 HSK3、HSK5、双学位汉语课及汉语专业大四专业课程。教学对象是在校大学生,他们都是利用业余时间付费学习。教学过程中通过与学生交流,我发现很多学

生学习汉语是出于自身的兴趣爱好,他们会通过该校与中国高校诸多合作项目去结识中国学生、了解中国文化、主动用社交软件提升汉语水平、课下用学习软件练习汉字等。

办公室一角

中哈音乐交流——中央音乐学院

哈国学生多次告诉我,因为中国的"一带一路",他们才有更多的机会去了解中国城市从而爱上汉语,努力学习争取去中国留学,为哈国发展、中哈交流贡献自己的力量。哈国的青年学生在汉语学习的过程中能逐渐客观地认识中国的政策、文化、经济等各方面的发展并取长补短,这也是"一带一路"带来的正面影响。

(二)活动掠影

这所孔院成立于2017年,虽然是一所非常年轻的孔子学院,可短短一年我们举办了各类活动。如交流访问类的上海外国语大学"一带一路"青年考察团访问、重庆市代表团来访、广西师范大学领导访问等。

此外,为促进中哈的文化交流,我们孔院还举办了各种中国节日活动,如奖学金生赴华留学欢送会、"孔子学院日"系列活动、"中华美食节"等。高校学生的参与度非常高,尤其对中国的美食充满了向往。

广西师范大学访问阿布莱汗孔子学院

阿拉木图高校学生认真聆听

除了文化交流，更让我骄傲的是学生们积极参加各种比赛和考试等，无论是征文比赛、朗诵比赛还是演讲比赛，每一项重大比赛活动都有不少学生获奖，拿到了"孔院奖学金""中国政府奖学金"等，并可以来中国进行研究生的学习。比如大型"丝路情缘"阿拜诗歌中文朗诵赛、指导学生参加"中国国情知识大赛"、"一带一路"五周年大型征文比赛、阿拉木图地区的高校举办的2019春节联欢晚会及HSK考试等。

学生在"一带一路"征文中获得特等奖

其中，2018年9月11日的"感知重庆"哈萨克斯坦行活动让我感触颇深。中方院长一直强调这是一次小型的高级访问，所有节目准备都要完美无缺。活动前，我负责带领学生排练中国传统服饰秀、剪纸和书法。最后，我还准备了古色古香的安溪铁观音茶艺表演，流畅、优雅的动作、无可挑剔的茶艺解说令在场的阿拉木图副市长对中华茶艺深深着迷。平心而论我的内心很忐忑，但是所有的节目都得到了观众们的赞赏。对于节目的演出我有底气的，文化类的演出是我最不擅长的，但这一次的准备和表演让我发现自己还有无限的潜力。虽然不是尽善尽美，但是我从中学到了很多，也挑战了自我。

孔院的工作非常充实，我常常身兼数职。课上是汉语教师，活动前策划、活动中拍摄、负责节目、活动后期负责整理照片并撰写稿件，稿件多次被孔子学院新闻网和西南大学国际学院的新闻网站采纳。短短九个月，收获颇多！我知道自己的工作还有很多地方不完美，所以要趁自己年轻多向优秀汉语教师学习，丰富自己的教学实践！

第二章　国际中文教师的教学信念

重庆政府代表团访问　学生凯力书写"行千里,致广大"

写在最后

经过了两个任期的教学实践,我在教学能力、沟通能力、生存能力等方面都有一定的进步,但也有做得不好的地方,比如对待学生要更有耐心,尤其在对待调皮小孩的时候,要多一点耐心和关心。还有我希望自己以后能多学习才艺,比如跳舞、唱歌、折纸、简笔画等,相信这样会更有利地促进教学。希望自己在岗位上能越做越好!

十个月,初来觉得很长,临走又惊觉太匆匆,这两座小小的学校承载了我太多的记忆。还未启程,便有无数学生前来询问何时归国,拥抱着对我说"I will miss you!"。这两段难忘的岁月会一直留在我心底,可爱的学生,淳朴的当地人,异域的风情都会成为我生命中鲜明的记忆!

国际中文教师叙事文本(20)

本文以作者在泰国中文教学中的课堂管理信念为主线展开叙事,呈现出"差异中求秩序,教学要有序、有效"的管理信念,同时也呈现出"发展性教学评价信念"。

作者简介:部格,平顶山学院2016届对外汉语专业本科毕业生,郑州大学汉语国际教育专业硕士。2016—2018赴泰国Khoksiwittayasan学校任汉语教师志愿者。获评教育部语合中心(原国家汉办/孔子学院总部)优秀汉语教师志愿者。

感恩遇泰

一、从落差到调整

2016年5月20日,在去往任教学校的路上,我得知自己是一个人在学校任教,并且没有会说汉语的泰籍老师。最初有些失落,但还好,出国前我已经做好了一个人应对一切的心理准备。被学校负责人接走后,一路上泰方联系人都在与我交流。我有点不太习惯她的泰式英语,但仍努力地去理解,我想获得更多关于学校里的信息。泰方联系人给我看了很多有关前任志愿者的照片,只要出现有关中华才艺成品的照片,比如剪纸、中国结、毛笔字等,她总要问上一句"你会吗?",似乎是对我这个看起来像高中生的汉语教师并不信任。

终于到了学校,那天星期五,但学校里并没有学生,学校不大,我望着空荡荡又有些荒凉的学校,心想:天呐,这就是我要待十个月的地方吗?我有些不敢相信。看了住的地方和上课的教室,住的地方不大,但基本设施都有,有专门的汉语教室,还有多媒体设施。学校在村子里,学校附近除了我们这一片有几栋供教师住的房子,其他地方都是树林,没有什么人烟,更不用提商店和饭店了。

在这里只能自己动手做饭,前任志愿者留下的锅碗瓢盆都很齐全,然而没有食材,我提出让泰方联系人带我去大一些的超市买食材,却被婉拒了,而是把我带到了村里一个卖菜的小商店,菜不多并且不新鲜,无奈只能先买一些垫垫肚子。家里没有喝的水,泰国的自来水是不可以用来做饭

的,怎么买水,哪里有卖菜的,我什么都不知道,也没有人告诉我。初到这里,没有朋友,也没有温暖。我一直以为这个微笑的国度,所有人待人也很友善,不曾想过自己会有这样的遭遇。在我恨不得生出一对翅膀飞回国内时,我结识了一群热心的朋友。

有一天,下午放学后,我走在路上,正在为晚饭没有食物而发愁,突然看到亭子里坐了几位老师,我便走过去询问附近是否有卖菜的商店。其中一位老师得知后,直接开车带我去了二十公里外的大超市,家里有冰箱,可以储存一些食材。那位老师还在周末带我去了当地市场,我当时感动得说不出话,异国他乡,难得的一份温暖,我看到了生活的希望,我也努力地说服自己,调整、适应、坚持。

二、根据学生情况改编教材

我赴任那年是 Khoksiwittayasan 中学开设汉语课的第三年,我是这个学校的第二任汉语教师志愿者,第一任汉语教师志愿者在这所学校待了两年。也就是说学生的汉语基础可以分为三个层次,零基础(一年级)、一年基础(二年级)和两年基础(三、四、五、六年级)。虽然学生学习汉语的时间长短不同,但绝大部分学生只会说"你好,老师!""谢谢老师!""老师再见!",只有极个别学生可以用汉语与我进行简单的交流。

学校用的教材是泰语版《体验汉语》,只有几十本,分初中版和高中版。从前任志愿者留下的教学内容安排来看,并不是完全按照《体验汉语》的顺序来教的,内容主要涉及声、韵、调,家庭成员、五官、颜色、日期、食物,这几个方面都与生活实际密切联系。但学生似乎没记住多少内容,我翻看了《体验汉语》教材,以学生现有的水平,学习教材里的内容会很吃力。为了不让学生产生汉语难学的情绪,我便将《体验汉语》《快乐汉语》以及《跟我学汉语》的内容进行对比,选出了合适的内容,自编教学内容,进行备课。

我所在的中学女生偏多,学生的性格大都很活泼,爱唱爱跳,动手能力很强,学校拜师节的花篮以及一些手工展品都是学生自己做的。他们的思维很活跃,拥有丰富的想象力和创造力,喜欢各种色彩,喜欢绘画,喜欢追韩国的明星,爱聊八卦。学生里面有一部分特殊的群体 ladyboy,他们一般和女生一起玩儿,他们通常希望能得到老师更多的关注。从汉语课堂表现来看,高中学生比较稳重,初中学生更闹腾一些,不好管理,除此之外,有些学生的时间观念不强,总是迟到,还有些懒惰,不按时完成老师布置的任务或胡乱应付。

三、课堂管理相关案例及应对策略

在这一年的教学中,我遇到过不少有关课堂管理的问题,包括课堂环境管理、课堂纪律管理、课堂活动管理等,下面通过一些案例进行说明。

(一)课堂管理相关案例

1. 课堂环境管理案例

泰国到了雨季,几乎每天都要下雨。那天依旧是一个阴雨天,上午后两节是一(2)班的汉语课,我穿了一身改良汉服,中长袖加过膝长裙,早早地来到了中文教室。外面在下雨,教室却很闷热,我便打开了所有的窗户通风,不一会儿,学生都来了,几个眼尖的女生看到我今天的穿着跟平时不一样,跑过来问东问西,我听不太懂他们在说什么,但从学生的表情和动作来看,猜到他们大概在询问今天穿的衣服,这时坐在座位上的学生也了跑过来,我便用简单的泰语和汉语对汉服做了简短的介绍。上课铃响了,我用语言示意大家回到座位上坐好,首先带领大家复习了上节课的生词,在开始讲解句子时,窗外传来一声声雷响,雨下得更大了,雨拍打下来的声音盖过了我讲课的声音,起风了,风吹得窗外的树枝来回摇摆,雨随着风扫进教室,此时学生的眼睛早已盯向窗外,盯向扫进教室的雨滴。

从案例中,我们可以看到学生容易受外界环境的影响,如老师的着装、天气状况。初一的学生年龄大多在十二岁左右,注意力集中时间短,容易被其他新鲜的事物吸引,如果教师的授课内容和授课方式不够吸引学生,学生就容易走神。在这个案例中,学生的注意力是被天气状况带走的,教师可以采取一些措施来减少外界环境的打扰,如关上门窗,减少来自室外的声音,教室光线暗,可以打开教室的灯,先创造一个不被外界打扰的良好环境,再通过一些教学手段,例如提问、齐读等方式把学生的注意力拉到课堂上来。此外,学生对老师的衣服表现出了兴趣,老师可以以此作为切入点,向学生介绍文化。

2. 课堂纪律管理案例

最令我头疼的一个班级就是二(2)班,课堂真的十分混乱,每次给这个班上完课都感到心很累,一节课下来,学生安静的时间不会超过两分钟,批评、好言相劝、扣分威胁,与该班班主任沟通,班上有一个嗓门很大的女生,有时也会帮忙维持秩序,但都无济于事。这节又是二(2)班的汉语课,我望着这群吵闹的学生,感到很无奈。在上课时,我发现一个女生一直在低头照镜子,于是就请她起来回答问题,问题非常简单,她说不会,我有点生气,问她不会为什么还不好好听讲,她的脸色一下子就变了,很不服气地说:"不会就是不会,没有为什么。"我更生气了,没有让她坐下,然后继续上课,过了一会儿,那个女生自己坐下了,仍旧不听课,我也没有再搭理她。

这是一个问题多发的班级,但这种班级很少,通常这种班级里会有一些带头的学生,带头的学生一般比较叛逆,老师不能和这种学生对着干,否则她会煽动其他学生彻底扰乱你的课堂,例如你让大家读句子,她会用泰语故意和其他学生说不要读之类的话,案例中的女生就是该班的带头人之一。我没有考虑到学生的个性,在课堂上训斥学生,导致问题的产生,还可能会造成不良的影响,如该名女生从此以后,因为不喜欢汉语老师而排斥上汉语课。面对这类学生,我们不能硬碰硬,要多观察、了解他们的兴趣爱好,同时,不能对问题学生有刻板印象,要和他们多一些情感上的交流。如果汉语教师的泰语水平高一些,就可以主动在课下找学生了解情况,找出问题根源,采取措施,化解矛盾。

3. 课堂活动管理案例

二(1)班的学生在汉语课上表现一向都很积极,这节课学的是"运动",词组有打篮球、踢足球、打乒乓球等。学完后,我开始带领学生玩"传声筒"游戏,由于人数多,教室空间有限,我就把全班分成四组,每组人数相同,两组两组进行。前两组出列,站成一竖排,中间留一些空间,排好队后教师开始介绍游戏规则,我用英语夹杂着泰语边介绍边找同学进行示范,学生表示明白游戏规则后,游戏开始。我先叫出两列队的第一个人,在每人耳边说了一个词语,听到"开始"的指令后,第一个学生把听到的词组告诉第二个人,第二个再告诉第三个,依次传下去,最后一个学生要说出听到的词组,并做出相应的动作,还要说出在泰语中的意思,哪组最快给哪一组加分,获胜者全部队员平时成绩加一分。这时有一队没有遵守规则,故意大声传词,让最后一名学生听到,另一队学生很不满意,到我那儿告状,我又强调了一遍规则,才又重新开始。学生参与这个游戏的积极性很高,而另外一部分没有上场的同学,看了两个回合的比赛后就乱起来了,有直接拿毽子在教室后面踢的,有写其他作业的,有乱出入教室的,游戏没开展多久就下课了,另外两组也没有时间参与了。

这个案例是课堂活动设置不当引起的,课堂活动是汉语课堂的一部分。设置课堂活动是为了让汉语练习更有趣,是为了调动学生的积极性,让学生在学中玩,在玩中学,而不是为了活动而活动。活动的设计要考虑实施的可能性和参与度,即活动是否适合该年龄阶段的学生,是否容易开展,学生的参与度能否达到最高。其次,要将活动规则解释清楚,当你不确定学生是否真的清楚活动规则时,你可以提一些自己预想的、可能出现的违规做法,让学生来评判是否能那样做,在活动开展过程中出现的问题也要及时解决,避免出现不公正的情况。教师同时要明确胜利者将获得的奖励,这样学生才会有更多的动力参与活动。案例中的传声筒游戏,适合学生年龄特征,但是开展的方式和时间安排得很不合理,四组应该同时进行,而不是两组在进行时,另外两组没事干。教师可以找几个学生助手,在学生明确地了解了游戏规则后,每组派一名学生做监督员,再留两名学生给每队第一个学生传词,教师来计分,这样所有的学生都能参与,并且很有秩序,公平公正,同时要控制活动时间,不能过长。

(二)课堂管理问题应对策略

结合我的教学实践以及教学反思,针对泰国中学生的课堂管理,我认为可以采取以下三种应对策略。

1. 预防性策略

有效的课堂管理能最大限度地减少学生出现问题行为的可能性,而不是等待学生出现问题行为后再去处理。有效的预防措施可以帮教师省去不少麻烦。预防学生问题行为的出现,可以从改善教学环境、制定课堂规则、改进教学方法、鼓励和赞美学生四个方面入手。

(1)改善教学环境。环境具有潜移默化的作用,布置一个相对舒适的环境,有利于提高学生的学习兴趣,增进学习效果。学校如果有固定的中文教室,教师就可以进行装饰。教室的布置可以让学生参与进来,比如每学一节新课,选择班级里的一组成员一起做词卡或字卡,每组都要轮到,将做好的字卡和词卡挂在教室醒目的地方,做成长城式的汉字墙或生词墙,可供学生温习。开辟一块优秀作品展区,选择学生做得好的作业进行展示,可以是拼音、汉字或是笔记,要求学生进行观摩。设置一块荣誉榜,选出一些"汉语之星""进步之星""勤奋之星",张贴照片或写名字。多积攒些学生上汉语课或参加汉语营活动的照片,贴在教室墙上,这样教室会显得更加温馨。在教室的一角,可以放一些汉语图书,图书的难易程度要视学生的汉语水平而定,学生没课时可以到中文教室学汉语。墙上还可以张贴声韵表、汉字笔顺、笔画规则、中国文化介绍等,可以把这个任务交给学生,每组选一个文化点查资料,做成海报张贴分享。

(2)制定课堂规则。课堂规则的制定是为了维护课堂教学的秩序,保证教学活动地顺利进行,更重要的是为了培养学生的自制力,让他们养成良好的行为习惯。对于绝大多数赴泰汉语教师志愿者来说,第一次面对泰国学生,教师和学生之间都会有陌生的感觉,和学生一起制定课堂规则,能够让学生了解老师的需求、行为标准和期望。制定课堂规则的时间越早越好,在开学的第一节或第二节就可以制定。制定课堂规则,应注意一些事项:首先,让学生参与制定,教师可以根据自己的想法给予引导或提出建议,让学生参与制定的班规才更有可能被接受,进而遵守;其次,要用积极的方式阐明课堂规则,告诉学生,制定课堂规则是为了帮助他们创建一个更融洽的课堂环境,养成良好的行为习惯,教师期望并相信大家都能做到,不要让学生感觉规则的制定是教师带给他们的压力;最后,规则一旦制定就要贯彻实施,违规者必须进行处理。课堂规则的内容很丰富,我认为制定课堂规则可以从以下几个方面入手:迟到、旷课,随意说话、下座位,做与学汉语无关的事,如吃东西、睡觉、玩手机,作业不能按时完成,参与课堂积极性不高以及教室卫生问题,这些都是学生容易出现的课堂问题。

(3)改进教学方法。我之前参加培训时,有一位老师的话让我印象深刻。他说"汉语教师志愿者出国教汉语,并不是要求你必须教出多少个优秀的学生,只要能让学生感受到汉语的魅力,对汉语感兴趣并愿意继续学下去,就算成功。"所以,即便是兴趣课和选修课,我们也要重视起来,采用各种有趣的方式,让学生在玩中学,在学中玩,这需要教师花费心思去备好每一堂课。在国际汉语课堂上,教学讲究"精讲多练",精讲就是少而精,讲解的知识要通俗易懂,以让学生理解为主,注重启发;多练就是让学生多加操练,有效地操练,当然,练习是在理解的基础上进行。汉语教师志愿者要清楚地知道国际汉语课堂是"以学生为中心,教师为主导",不能用"满堂灌"的方式对待学生。

第二章　国际中文教师的教学信念

(4)鼓励和赞扬学生。教师的鼓励能让学生感受到学习的价值,帮助学生接纳自己,引发学生学习的内在动机,让学生看到自己的优点,让他们知道哪些行为是被教师所接纳的。鼓励主要针对学生的努力,而不是成就。鼓励可以通过口头,也可以通过肢体语言,如一个赞许的目光,一个会心的微笑,会意的点头,由衷的鼓掌等。积极的赞美可以加强教师和学生在情感层面的交流,当然,我们追求的是赞美的质量,而非数量。问题行为多发的学生虽然很令教师头疼,但教师不应对这个学生有刻板印象,对其所有行为都全盘否定,而要善于抓住其做得好的事情,给予肯定和认可,并且告诉学生老师表扬他是因为他做了什么,如果学生喜欢这种被赞美的感受,就会有意识地重复那些良好的行为习惯。赞美是需要技巧的,赞美的内容要具体,情感要发自内心,要让学生感受到教师的真诚,强化效果才会更好,总之教师可以多花费一些时间寻找和确认良好的行为,采取正确的强化策略。

2.轻度干预策略

轻度干预策略是指当学生的问题行为将现或乍现,课堂秩序略显混乱时,教师适时运用技巧,巧妙地进行处理,不让事态扩大,引起课堂骚动。这类处理方式相对温和,具体方法有非语言暗示法、接近法等。

(1)非语言暗示法。有研究表明,相比语言沟通,非语言沟通更能传递情感。当语言沟通和非语言沟通传达的信息不一致时,人们更倾向于接受非语言沟通传达的信息,因此,教师应善于运用非语言沟通的方式来提醒学生。教师脸部的表情,眼神以及手势动作相互配合,传达赞许,如微笑、点头,传达警告,如盯视、皱眉、抿嘴唇,传达不同意,如摇头等,以此引导学生回归课堂,收敛不良行为。在课堂上,教师要有自信,多和学生进行眼神接触。在上课前,可以用自信和期许的眼神扫视每一名学生,学生表现得好的话,可以在下课时给予学生嘉许的眼神,在课堂上,教师可以给那些爱捣乱的学生多一些眼神关注,通常学生在捣乱前都会看老师一眼,如果此时教师能够敏锐地捕捉到学生的眼神,学生就不敢继续作乱了。对于已经出现问题行为的学生,教师可以一直盯着他,等待他的眼神接触,然后摇头示意。

(2)接近法。当教师传递信息的方式无法制止学生的不良行为时,教师可以边讲课边走到违规学生的身边,或靠近其周围,停留片刻,待其注意力回到课堂上时再离开,必要时可以轻拍学生的背,制止不良行为的持续。

(3)运用声音的变化。教师在上课时,如果语音语调毫无起伏变化,学生会失去听课的兴趣,所以在平时上课时,教师应多注意自己的语调和语速,例如在讲到重点内容时,提高音量,减慢语速,反复强调,帮助学生加深印象。在遇到学生的违规行为,如睡觉、跑神、做小动作,教师可以突然提高说话音量,同时注视这些学生,他们就会有所收敛。当整个班级都乱哄哄的时候,教师可以停止讲课,静静地看着大家,当学生发现自己聊天的背景音没有的时候,便能察觉到问题所在,很快课堂就会安静下来。

(4)提问。"启发式"教学,免不了向学生提问题。担心学生上课注意力不集中,可以在讲解新课之前提醒学生,讲完课后要提问,然后用提问的方式来检验学生的学习效果。在讲课过程中,如果有学生做其他与学习无关的事,可以直接提个问题,请他来回答,如果该名学生回答不上来,再请一位专心听讲的学生来回答,答完后再让那名捣乱的学生重复问题答案,答对后再告诉他要认真听课。

(5)调整座位。泰国学生一般都自己选择座位,如果教师发现某些邻座的学生总爱说话或做其它事,是可以将他们调开的,对于个别特别调皮的学生,教师可以将其座位安排在离自己近的位置,方便监督和管理。

3. 中度干预策略

如果学生的问题行为严重影响他人,或轻度干预策略无法制止学生的违规行为时,可采取中度干预策略,中度干预方式包括语言警告和惩罚。

(1)语言警告。当学生的行为干扰课堂,虽破坏性不大,但是持续发生时,可以用语言进行警告。在其不当行为出现时,就予以警告,告诉学生,不可以再做什么,如果再做的话,就要采取惩罚措施,如果学生立即改正,并表现出合适的行为,教师可给予欣慰的目光。

(2)惩罚。惩罚是教师管理学生都会用到的一种教育手段。惩罚的目的是为了抑制甚至消除学生的课堂问题行为。在课堂管理上,惩罚是无法避免的,教师应该有效地使用惩罚。惩罚时要注意以下几点:首先,对学生要一视同仁,惩罚措施要公正客观;其次,针对学生的心理特征和性格特点,采取不同的惩罚措施;最后,要有底线,尊重学生人权。

总之,处理课堂问题行为的技巧有很多,在实际运用上,应该根据教育观念、教学对象特点和具体的问题行为,选择有效的处理策略来帮助学生制止甚至消除课堂不良行为,引导学生养成良好的行为习惯和学习习惯。

尾记

在泰国任教的经历拓宽了我的视野,增长了我的见识,磨炼了我的意志,锻炼了我的能力,更丰富了我的人生。从事志愿服务工作,让我有了更强的责任感,我是一个中国人,一名汉语志愿者教师,一名中华文化的传播使者,肩负的责任让我变得更加强大。感恩在泰国所有的遇见!

第三章

国际中文教师的文化交流信念

第三章 国际中文教师的文化交流信念

《"一带一路"文化发展行动计划》强调助推"一带一路"沿线国家和地区积极参与文化交流与合作,传承丝路精神,促进文明互鉴,实现亲诚惠容、民心相通、推动中华文化"走出去",扩大中华文化的国际影响力。汉语既是对外交流的工具和软实力策略,也是构建人类命运共同体的发展资源。在当前的"一带一路"进程中,国际中文教师担负起展现真实、立体和全面的中国的使命,即"讲好中国故事、传播好中国声音"的新时代使命。

国际中文教师的中华文化交流信念指的是秉承怎样的文化交流信念,选择哪些内容,以什么方式进行有效的文化交流等。

第一节 主动、积极的文化交流信念

党的十九大报告指出:坚守中华文化立场,坚持创造性转化、创新性发展,不断铸就中华文化新辉煌。"语言是通向文化核心的钥匙,能够保持国家和民族的身份,具有强烈的象征性,是一种核心符号,具有凝聚力。"中文是一种潜在的资源和内在的软实力,国际中文教师建构和发展汉语国际教育事业,促进中华文化与其他不同文化之间的交流,将增加中国和世界人民相互的了解和信任,是中国文化和世界文化沟通和交流中重要的桥梁和纽带。

1. 客观、积极的"在场"文化交流信念

李建军(2015)提出对外文化交流要注重"在场"构建交流力。"在场"交流是最基本也是最直接的交流形式和沟通途径,为深度交流和构建友谊提供可能性。对于国际中文教师来说,"应善于以讲故事来阐发事理和理念,善于以国际视野讲故事,善于讲对方感兴趣的故事",更好地推动中华文化走出去,以文载道、以文传声、以文化人,向世界阐释更多具有中国特色、体现中国精神、蕴藏中国智慧的优秀文化。同时,也要注重文化的感染力、创造力和精神境界,从而增强中华文化的交流力。

从行业标准看,《全球汉语教学总会汉语教师认证标准》提出十项国际汉语教师应具备的标准,认为国际汉语教师要具备以"文化现象""文化实践"和"文化理念"为主要内容的文化知识。国际中文教师进行的是汉语作为第二语言的教学以及文化交流工作,文化的交流是双向的,在对比中才能看到某一文化的特点,因此,主动累积中华文化基本知识、异文化知识和相关文化理论是顺利展开工作的基础。

从现实语境看,《关于加强和改进中外人文交流工作的若干意见》提出"构建语言互

通工作机制,着力加大汉语国际推广力度"的意见。与中国经济发展成就相比,中国在世界范围呈现出的价值观和文化产品还很有限,而且部分国家受西方媒体的影响而歪曲中国、误解中国,再加上信息的不对等,甚至对中国产生了负面的刻板印象。国际中文教师在赴任国的教学和生活,让更多的外国人了解真实的中国和中国人,是化解偏见、以柔性方式塑造当代中国形象的重要方式。

2. 开放包容、尊重的文化交流信念

文化交流不是单向的输出,而是文化之间的相互欣赏、相互包容和相互借鉴。在文化交流中,文化背景、信仰和价值观等类似或者接近的不同国家之间容易相互吸引,当信仰、立场和观点差异明显容易进入交流误区和盲区时,尊重差异、理解差异、包容差异,才能寻求交流的共识。从理论基础看,"人类命运共同体"自身具有文化共赢的理论特质。从现实逻辑看,全球化背景下文化的国际地位日益突出、不同文化间的融合和冲突日趋加强,中国文化自觉和文化自信都要求国际中文教师持有开放、包容、尊重的文化交流信念,积极开展跨文化交流活动,善于运用各种生动感人的事例,精准交流,推进中国故事和中国声音的全球化表达、区域化表达和分众化表达,广交朋友、团结和争取大多数,不断扩大知华友华的国际舆论朋友圈,为推动构建"人类命运共同体"做出更多实践探索和积极贡献。

国际中文教师是一个个民间外交官,是一张张中国的名片。持开放的文化交流信念,譬如主动学习赴任国语言、主动去了解和适应赴任国文化、主动进行交际是克服交际障碍的主要方法。从自身生活的角度看,语言障碍和文化习俗的迥异是海外中文教学遇到障碍的两个主要原因。语言不通,生活不习惯,宗教和文化方面的悬殊,会带来人际关系沟通方面的障碍,如果不及时解决会给教师带来情感的孤独和焦虑以及身体的不适,严重者会出现抑郁,这一切都将严重影响教师的身心发展以及教学水平的发挥和活动的开展。还有一些中文教师缺乏与所在国家的中文教学机构或者大使馆的联系,对赴任国的国情、民情和学情了解不够,角色转变慢,工作进展也不顺利。开放、包容的文化交流信念也是助力国际中文教师顺利适应赴任国文化和生活的重要保障。

就文化活动具体实施来说,国际中文教师组织和开展中华文化活动时,坚持"以我为主,兼收并蓄"思想的同时还要持文化相对主义,了解并把握当地文化思想和组织方式,不以自我为中心,也不用俯视的眼光去看待其他文化,更不用仰视的眼光去求得其他文化的认同,使中华文化在不同国家中既能体现独特的价值,又能尊重和理解本土文化,从而实现民心相通的目标。这也与李建军(2015)提出的"要'重叠共识',莫'光荣孤立'"相一致,即人们在承认价值观方面存在分歧的同时,在规范方面却可以形成共识,所谓的共识只能是叠加的共识、交叉的共识、互动后影响一方或双方做出改变的共识。

第三章　国际中文教师的文化交流信念

　　从国际中文教师呈现的叙述文字中可以看到,海外中文教师都持有积极、主动的文化交流信念,专业出身的教师会有意识地处理语言与文化的关系,且会在中文教学中主动揭示汉语中蕴含的文化,抑或从文化角度解释汉语言的特点。海外中文教师会在尊重所在国和工作地的文化背景下,既能选择带有典型特点的中国文化内容,又能积极找到和当地文化连接点的交流方式。这个过程对海外中文教师是具有挑战性的,尤其是对于某些地区或者特殊环境中的中文教师来说,比如所在单位只有一名中文教师的环境,偏远的不发达的地区,文化活动是没有现成的经验可以借鉴的,甚至还面临基础设备和材料严重不足的局面,这种情况下海外中文教师的文化交流信念就体现出重大的意义。持积极、主动文化交流信念的老师就会创造一切条件进行文化活动的设计和实施,而不限于单位的要求,而且注重反思和总结,会根据学习者的个性和特点进行开创性的工作,譬如在非洲的中文教师会主动建立"功夫俱乐部"带领学习者学习中国的功夫;在泰国的中文老师会主动建立"中文第二课堂"进行中国文化交流,同时还能把文化活动和中文教学有机结合起来。除此之外,中文教师还会主动融入当地文化,和本土教师及当地人建立一种积极的关系;相对的,持中和态度的老师就会按照工作单位的要求进行活动的组织,带着完成任务的心态去实施。从案例中发现,几乎所有老师在实施文化活动时都持有中华优秀传统文化和当代文化相结合的文化交流信念,当代文化反映中国当代的生活和变化,具有积极的时代意义。

3.灵活应对"敏感话题"的信念

　　国际中文教师项目的运行,促进了中国和其他国家不同文明的相互融合,增进了相互了解并促进了文明间的对话。然而,国际中文教师在从事中文教学和文化交流的过程中经常要应对学习者提出的关于中国文化的问题甚至是敏感话题,还要应对学习者民族或国家的文化问题。在这一过程中总会碰到一系列的涉及政治、宗教等敏感话题,遇到这些文化问题或敏感话题时,是回避还是应对? 怎么应对?

　　不同国家、不同民族具有各种相同或者不相同的禁忌文化,国际中文教学中出现的"敏感话题"就是跨文化交际中外国文化与中国文化的碰撞、摩擦甚至是冲突的表现。有些"敏感话题"是学习者无意为之的,但有一些是有意为之的。教师应该持什么样的文化应对信念,亓华(2013)认为回应和处理这些敏感话题最重要的是"要充分发挥汉语教师的跨文化传播沟通能力,以平等谦和的态度,针对留学生的国家背景,因材施教、因势利导,在多元文化的意识中引导学生换位思考"。这些信念在文本叙述中也得以明显体现,大多国际中文教师能够主动换位思考,不以本国或本民族的文化标准去衡量他国或民族的文化,也会把自身置于异文化的立场上,克服文化的刻板成见,能够主动从不同文化视角进行观察和思考,坚持文化间的平等对话,成熟的中文教师会从文化的"局外人(out-

197

sider)"转变成"局内人(insider)",更有效地引导和激发学习者以及当地民众了解中国、学习中文的热情。

下面的四篇国际中文教师叙事文本《绽放梦想,无悔青春》《我在泰国合艾的那些时光》《情由汉语所起,一往而深》《我在柬埔寨教汉语的日子》主要是围绕"如何主动融入当地社会""如何开展文化活动""如何应对敏感话题"等的文化交流信念展开的叙事,呈现出"主动、积极的文化交流信念"。

国际中文教师叙事文本(21)

本文以作者在尼泊尔和韩国的中文教学和文化体验为叙事主线,尼泊尔的"双向文化交流观"和韩国的"主动适应赴任国文化"的信念正是"主动、积极的文化交流信念"的体现。

作者简介:陈小芳,平顶山学院文学院2013届对外汉语专业本科毕业生,青岛大学汉语国际教育专业硕士。2013年赴尼泊尔Nexus学校任汉语教师志愿者,2015年赴韩国世翰大学孔子学院任汉语教师志愿者。

绽放梦想,无悔青春——我在尼泊尔和韩国的岁月

一、尼泊尔中文教学生活

我在尼泊尔的岁月,也许没有别人的那么闪耀,但这是属于我的独一无二的岁月,会成为我无法磨灭的记忆和人生中一段重要的旅程,在这里,我哭,我笑,我成长。

(一)我的中文课堂

刚开始上课,我就遇到了所谓的文化差异。每当我讲完一个知识点便会询问学生是否understand,学生就会左右摇一下脑袋,我以为他们不懂,就又讲一遍,再问还是如此,还发现学生边说yes边摇头,我很是困惑,渐渐地就发现,他们的左右摇头等于咱的点头,是同意yes的意思。不过我在心理上还是花了一小段时间来适应。

来尼泊尔之前就了解到,尼泊尔的学生调皮、闹腾、不容易管理。我上课第一天就彻底体会到了,学生非常调皮,特别闹腾,十分不好管理。刚开始时,我很有精力,干劲儿十足地与学生对喊,你声音大,我声音更大,我就不信我压不住你。几节课下来,嗓子都要冒烟儿了。后来实在是没劲儿跟他们对着喊,所以当纪律不好时,我就让班长管理,于是就变成班长跟学生对着喊了,后来我又将其分组,于是又变成小组长跟组员对着喊了,我"坐收其成"。但我每节课说得最多的话恐怕还是keep quiet,学生们一个个举着手叫喊着,乖一点儿的只是站起来举手,不乖的站在凳子上的,甚至还有站在桌子上的,拿个文具盒或尺子敲着桌子、墙壁,真可谓一派"龙腾虎跃""生气勃勃"的景象啊!

有一次,在8A2班上课,这个班人数很多,且男生居多,那节课要玩游戏复习所学知识。那节纪律从一开始就不好,强调了好多遍纪律,还是不行,在最后的十分钟,我怒了,摔门走人了。女孩子们出来道歉,让我进教室,可我最终也没进去。但下节我进8A2班上课,只要男生吵闹,不等我开口,女生们就会斥责男生。这让我看到了管理可以通过学生相互监督来实现。

为整治课堂纪律,起初我想了很多方法,但效果都不太明显。比如,谁回答问题,就可以得到一个小贴画,但发现回答问题的还是那几个积极的孩子,调皮的仍旧调皮。最后借鉴了一个老志愿者的方法,将学生分组,每节课都以比赛形式进行,纪律也在评比当中,哪组得分最高,就可以得到小礼物,这样学生之间就会互相监督。于是课堂纪律变得好多了。

当然课堂上也不乏有趣之发现。有一次,一个四年级的男孩子特别搞笑。分组比赛回答问题,这孩子非说另一组作弊,但那组不承认,最后把这孩子气得趴在桌子上呜呜地哭了起来。我当时没来得及管,接着提问了下一个问题,谁知这孩子立马抬头,边哭边擦眼泪边举手,又哭着回答问题,当时我就觉得这孩子学习中文的热情得保住。

我特别喜欢低年级孩子们的问候方式,每当我早上走进教室,孩子们就会边做手势边唱,good morning,good morning ,good morning to you,my dear teacher,we are glad to see you。看到孩子们这样满脸笑容,充满活力地向我问好,我就会觉得特别温暖,特别开心。后来我就把这个英文改成中文,让学生用中文进行问候。

尼泊尔学校为学生过生日这一点做得特别好。每当有学生生日,学校就会在早会上为其放生日快乐歌,全校学生一起唱生日快乐。小寿星所在班级在第一节课的开始时再为其唱一次,然后小寿星给同年级的孩子们还有老师们发糖。所以在这里,我从不缺糖吃,几乎天天都能收到学生的生日糖。且寿星当天可以不用穿校服,个个都是打扮得漂漂亮亮的来学校。所以孩子们在自己生日那天,就如同当天的小主人公,接受着所有人的祝福。我觉得这很富有人文关怀的气息,学校如同一个大家庭一样。

在这里,我也度过了人生中的第一个教师节,尼泊尔的教师节。教师节那天,每当进班,学生的问候语都变成了 Happy Teacher's Day,且每当从一个班出来时,我都可谓满载而归。因为学生会送我糖,巧克力,亲手制作的卡片等等,还有孩子送我寓意好的小松柏。而学校则安排一些高年级的学生端着饮料,拿着蛋糕,送给每一位老师。第一个教师节过得很有真实感。

(二)我看到的尼泊尔

文化的交流是双向的,来到这里发现尼泊尔有很多自己的特色。尼泊尔很多物品不能自产,需要进口。随便走进一商店,你都能看到印有中国字样的商品,大到汽车、家用电器,小到一支笔、一双拖鞋或者一个发卡。大街上还能看到有人骑着"二八"自行车。但是,尼泊尔人民的幸福值却无比得高。就拿孩子们平时的娱乐来说吧,没足球,孩子们就踢一小塑料圆球,没球门,找两块儿砖就当球门了。能看得出他们玩得很认真,他们会拼力去抢,有孩子会跌倒,但从没见过谁哭,守门的孩子会直接扑在地上去抓球,没人拦着他说地上脏。玩板球时(最初我以为那是棒球),没球棒找根棍子,找个木板当球棒,孩子们各自站好位,球一击出,跑得那个欢呐!尽管缺乏设施,但他们玩得非常快乐。

刚来时是雨季,每天都下雨,除了瓢泼大雨时大人小孩会往家赶,其他时候,人们都跟没事儿人一样该干嘛干嘛。学校旁边有个足球场,雨下得稀里哗啦,他们照踢不误。还有每天早上六七点到八点,都有四五个中年男子来学校打羽毛球,下雨天也不例外。起初觉得这儿的人很奇怪。慢慢地,真心羡慕并敬佩起来,敬佩他们那种崇尚自然、乐观的心态。在雨中看到他们玩,有时觉得他们身上有道光环似的。

尼泊尔人民很善良,尤其在为他人指路这件事上。在国内我问路时大多数人只是稍微指一下说怎么走。在尼泊尔问路时,他们会毫不犹豫地为我们带路,如果我们要坐公交车,他们就陪着我们等公交,直到我们坐上车才走;如果我们打的,会为我们拦车,帮我们报地名,甚至还为我们讲好价。他们是那么的淳朴善良!

在尼泊尔的大街上,到处可见羊啊,牛啊,狗啊等牲畜,它们悠闲地在大街小巷散步,没有人赶他们。每当看到这场景我都不禁感叹这里人与自然的和谐相处。

大街上悠闲自在的牛们　　　　　　公交车上的三只羊

尼泊尔的公交车也是一大特色,公交车都有 bus boy,负责揽客和收费。公交车的门一般都不关,bus boy 站门口,扒着门,半个身子都露在外面,有时在车子行进过程中,还爬上车顶,再爬下来。刚开始总是看得我们心惊胆战,担心其生命安全。后来证明,我们完全是杞人忧天。

车门口的 bus boy　　　　　　从车顶欲下去的 bus boy

在这里的十二个月,经历了很多,见识了很多,我也改变了很多,成长了很多。今后的日子里,我一定会常常想起这里,想起这里的点点滴滴。未来,我不知道自己会在何方,会做着什么,但这些日子,我会珍藏。

二、我的韩国岁月

尼泊尔的纯净和自然给予我的是一笔财富,正是这段汉教岁月激发了我去体验更多不同生活的梦想。我又选择了韩国,在这个我认为充满浪漫气息的国度开启了我新一轮的中文教学生活。

（一）在孔院的工作

我所任教的世翰大学孔院在木浦市中心,木浦坐落在韩国的西南端,属全罗南道,距离首都首尔四个小时的车程,是一座幽静的海边小城。这里的生活节奏缓慢悠闲,生活相当便利。

在孔院的上半年,我主要教授两个班级,分别是 freetalking 班和一对一班。我接触到的第一个班级是 freetalking 班,这个班级的学生大多为五六十岁的老年人。有医生、企业老板、艺术家、电视台台长等,都有一定的社会地位。第一次面对这样的学生,自己教学经验又不是很丰富,压力挺大。记得上的第一堂课,紧张、不安与些许期待,五味杂陈。上课之前我向老志愿者请教教学经验,了解学生情况,我认真准备,反复查资料,改教案。第一堂课总体感觉还不错。

但上完第一堂课,我发现一个很大的问题,学生汉语水平差异很大。有的学生虽然文章能读,但与其对话时,连一句简单的完整的话都说不出来,只能说单词。而且学生年纪偏大,自尊心较强,回答不出问题时有些难为情。这个班是中级班,学生出现这样的情况挺令我诧异。刚开始我很苦恼,不知如何去调节平衡这种差异。后来经过调查,我了解到每个学生的学习目的是不一样的,有的喜欢旅游,学汉语是为了方便去中国旅游;有的学生是出于工作的原因;有的学生喜欢看中国的武侠小说,喜欢中国的历史,学汉语是为了看书,并不在乎自己的口语好不好。所以这样的学生虽然文章能读,但口语表达很差。针对这样的情况,我改变了课堂上的互动提问方式,同一话题我在向学生提问时采用了不同的方式:针对愿意说且口语水平相对较好的学生,我采用开放式的提问方式,让其自由表达,比如"你觉得中国怎么样?""原因是什么?"而对于口语水平较差的学生,采用了半开放或固定的方式提问,如"你喜欢中国吗?""你喜欢中国的什么?"等等。这样就很大程度上避免了口语水平较差的学生回答不出问题的尴尬,也逐渐提高了他们说汉语的信心。

一对一的学生水平很高。这位学生十年前因为工作的原因在北京待过两年,汉语学得很好。可是这十年之间,他几乎没有说过汉语,他想重拾十年前的水平。我从未教过水平这么高的学生,感觉"压力山大"。经过交谈,我了解到该学生喜欢看新闻且想了解一些与商务有关的汉语。于是,每节课我都会给他准备一篇时事新闻,从时事新闻中学习词汇,并让其了解中国的变化,因为他对中国的了解还停留在十年前。教材是商务汉语,课本中有很多商务专业术语,这也为难了我,每次备课都要花很长时间弄懂这些商务术语及其关联知识。这对我来说也是考验,而我也乐意接受,因为这也能促进我的成长和进步,也是我学习积累的过程,我很享受这些过程。

下半年我教授了两个初级(上)班和一个一对一班。说实话,我更喜欢教授初级水平的学生。初级学生水平低,进步快,看着他们从只会说单词,到会说简短的句子,再到完整的长句,我很有成就感。

除了日常的教学以外,孔院的另一大工作就是汉语村体验。体验是不定时的,对象大多为中小学学生。汉语村有八个体验馆,分别是演艺厅、历史馆、现代馆、武术馆、料理馆、孔子馆、茶馆和饮食馆。我们志愿者的工作就是带领学生参观体验,向学生介绍中国文化,如教授简单的武术,教学生包饺子、学唱中国歌,等等。每次看着孩子们兴致洋溢的脸庞,我也感觉很幸福。

此外,我还参与组织了一年一度的韩中友好绘画大赛、中国文化节等活动,在中国文化节参与了扇子舞与诗朗诵的表演。另外还参与接待多个中韩访问团。通过参与、组织这一系列的活动,我看到中国文化深受外国人的喜爱,也总是觉得自豪不已。同时,我也感受到了作为一名汉语教师传播中国文化的使命感与光荣感。

在韩国世翰大学孔子学院工作的这一年里,我积累了很多经验,我也成长了很多,无论是教学方面还是为人处世方面,很感谢帮助我成长的每一位老师与朋友。当然,我也看到了自己更多的不足,在今后的工作学习中,我会牢记在心,努力弥补这些不足,希望自己能成为一名更优秀的对外汉语教师!

(二)生活与旅游

开启韩国生活之后,对其感受最深的一点是物价。其实来韩国前就早已知道韩国物价较贵,但到底贵多少,没有一个确切的概念。现在,终于知道了,一个苹果约 10 块钱,二三十根韭菜得 7 块左右,在餐馆里吃个煮泡面 18 块钱,草莓约 50 块一斤,一个西瓜约 100 块。买东西时,脑袋瓜里各种计算,然后不停感叹"真贵啊",那时候就特别想念家乡的大西瓜和各种好吃的。

工作之余走走看看。整个旅游的过程,坐车啊游玩啊吃饭啊住宿啊什么的,也是和异文化打交道的一个过程。当然,积累的这些素材也可以在中文课堂上巧妙地用上,这样一来和学生也多了更多的交流话题。而且遇到学生提到带有中国偏见的话题时,我也会把我曾经以为的韩国和亲自看到的韩国讲给学生听,这样的换位思考也激发了学生想亲自看看中国的心。

时光如白驹过隙,不经意间悄然而逝。在这里的一年,感触颇多,收获颇多。此刻,看着窗外的大雪,想到即将到来的离别,心中不禁升起一丝伤感与酸楚。回首这一年,想到第一次踏入课堂时的紧张与不安,第一次出游时的兴奋与快乐,第一次想家时的伤心与泪水……一幕幕,如同电影胶片在眼前闪过。这里的一切,即将成为过去,但中文教学时光却会永远珍藏在我的心里。

国际中文教师叙事文本（22）

本文以作者在泰国的中文教学经历展开叙事。通过对"趣味汉语班"的教学活动设计、教学技能大赛的成长过程、举办丰富的文化活动的叙事，呈现出"主动融入、积极交流的文化交流信念。"

作者简介：苏连成，平顶山学院2018届汉语国际教育专业本科毕业生。2018年赴泰国合艾国光中学孔子课堂任汉语教师志愿者，获评语合中心（原国家汉办/孔子学院总部）优秀汉语教师志愿者。

我在泰国合艾的那些时光

"国际汉语教师志愿者"是一盏光亮的灯，是一团青春的火焰，是一片诗意的星空。

一、中文教学的点滴成长

2018年，我大学本科毕业，那一年，我成功申请了汉办的汉语教师志愿者项目，来到泰国合艾孔子课堂。

泰国合艾有着很多的华人华侨，大部分人很重视学习汉语和中国文化。城市的街道上到处可见中国的装饰、建筑和汉字，中餐馆也是不少的。我所在的合艾国光慈善中学已有百年的历史，始终都尤为重视华文教育的发展，在泰国的华文教育历史上留下了浓墨重彩的一笔。

作为一名新任的汉语教师志愿者，我刚到这所学校时就被学校的中文氛围和学生的学习热情深深地打动了。很多的华裔学生汉语水平很高，他们都很积极地参与课堂小活动，上课时还经常帮助老师翻译课文，时不时还会问老师一些关于中国的问题。比如中国有哪些好吃的、好玩的东西。当然也有很多汉语零基础的孩子，虽然他们只会"你好""再见""谢谢"这样的简单词，但他们见到中国老师都会热情地说："你好，老师！"每次看到这些孩子们的笑脸，心里不自觉地就会觉得暖暖的。

还记得中国春节的时候，班里的孩子们早早就开始了各种设计和装饰品制作，红红的纸灯笼、生动的剪纸、精美的鞭炮挂件……他们张灯结彩，把班里布置得喜气洋洋。班里的中国文化展板是最醒目的，学生们用心地做着详细的文字介绍和漂亮的图片，还有像模像样的毛笔字。看着这些劳动成果，我也深深认识到作为一名中文老师的工作意义不仅仅是教授汉语知识和推广中国文化那么简单，这也只是以知识和文化作为桥梁，更重要的是这个过程中师生之间培养出来的珍贵的情谊。

在"一带一路"的背景下，国光中学孔子课堂推出"一带一路·孩子先行"的趣味汉语班。每个班里配有中文班主任和任课教师,我担任趣味汉语班 D 班的班主任,负责课堂管理和学生评估工作,平时也会和任课老师一起教授中华才艺。报名学习汉语的学生有很多,每个班里学生的年龄和汉语水平都不一样,这对课堂管理和教学工作是一个很大的挑战。我会在课堂开展游戏互动,积极调动学生的学习热情,通过中国剪纸、太极体验课,让更多的学生了解中国文化。同时我也会和其他中文老师一起合作,讨论各种教学方式,努力让学生们在快乐的氛围中感受到中华文化的魅力。

与趣味汉语班学生合影

参加汉语教师技能大赛

(三)用教学技能大赛和汉语比赛促进成长

在这一年里,学生们的汉语比赛和老师们的汉语教学技能比赛也让我记忆犹新。我辅导学生参加"汉语桥"中学生比赛,赛前改了很多遍的演讲稿,纠了很多次的发音问题,陪练了很多次的才艺。比赛逐渐推进,学生成功进入泰南选拔赛四强,即将赴曼谷比赛时,我心里那种看着学生一点一点成长的欣慰感不言而喻。我还辅导学生参加"国光杯"中华传统体育项目比赛活动。犹记得学生们在练习跳绳和踢毽子这两个最费体力的比赛项目时,个个都是满头大汗,但是他们从来没有说累,每天都还按时来训练。最高兴的是听到我的学生获得"国光杯"一等奖的时候了,学生抱着奖杯向我跑来,其他的学生也飞涌而来,他们对着我说"谢谢,老师",那一刻,我是如此自豪。

想起我参加的"泰南汉语教师技能大赛",从初赛前的教案准备到初赛时的课堂教学,再到决赛时的教学展示,每一步都花了很多的时间,无论是从 PPT 的制作、课堂活动的安排,还是教学时间的掌握、课堂检测的练习,我都充分地收集材料,寻找素材,不断地练习。这场比赛虽然最后只得了二等奖,但是收获却是不少的,我及时反思并总结自己教学的不足和优势,学习到了很多不一样的教学方式,我也会把大学学到的理论拿来检测,学会了学以致用,努力让自己的中文课堂更受学生们的喜爱。

我想,一个优秀的汉语教师是慢慢成长起来的,他要有面对自己不足的坦诚,要有承认自己优势的自信,更要有执着追求的信念。感谢这一年的时光,感谢让我成长的学生和老师,也感谢自己对中文教育的热爱,让我不忘初心,砥砺前行。

二、丰富的中华文化交流生活

在泰南,华人华侨的中国文化早就在这里生根发芽了。我们孔子课堂每年都会协助领事馆和侨团组织开展各种中华文化推广活动,宋卡总领馆国庆招待会、春节招待会、侨团的宗亲联谊、和平联合会等场合都有我们的身影,我们排练一个又一个精彩节目,准备一场又一场文艺表演,我们的付出也获得了总领馆、侨团和社会各界人士的赞扬,最重要的是合艾市民给我们的掌声和对我们的鼓励,让我们更有动力。

我还记得山东师范艺术团来访时,我们精彩的舞蹈不仅赢得了山东师大访问团的掌声,更赢得了台下学生们的阵阵欢呼与雀跃。我还记得和平联合会上,我们的大合唱《我和我的祖国》让台下的华人们都跟我们一起合唱起来,让老华侨激动地流下了眼泪。我还记得宋卡总领馆招待会文艺表演后,代总领事高度赞扬了我们的表演,并鼓励我们继续努力推广汉语和中华文化。

主持宋卡总领馆春节招待会节目

参加端午节特别活动

每到中国传统节日我们都会举办各种文化活动,端午节的粽香情、中秋节的团圆夜、春节的特别活动,每一次都紧紧握住了中国文化的根,牢牢扭住了中泰人们的情。让我记忆深刻的是中秋节的时候,我们泰南的汉语教师欢聚在国光中学孔子课堂,我们一起包饺子、吃火锅,一起玩游戏、录祝福视频等。中秋节是一家人团聚的美好时刻,远在异国的我们却丝毫没有感到孤单与失落,大家就像一家人一样欢乐地度过中秋夜,彼此祝福,彼此感动。春节特别活动时,我们在商场展示中国特色美食,我亲手制作的凉面受到了很多人的欢迎,他们品尝后还用中文告诉我:"好吃!"为期五天的春节活动,让合艾市民充分地了解了中国的文化,让春节在合艾这座城变得更具中国味。

在这一年里,参与汉语营文化活动也是必不可少的一项工作。国光中学孔子课堂的汉语营已经连续举办八年,覆盖泰国南部十个府上千名学生,在我的任期里,我也有幸参与到"第八届汉语桥"泰国南部优秀生中华文化营活动中。为了给学生最好的学习体验,老师们提前一个月就开始了准备,在一次又一次的开会研讨中,在一次又一次的模拟活动中,在一次又一次的调整策划中,老师们不断修改活动方式和内容,不断改进游戏环节和规则。筹备一个月,呈现两天整。然而,就是这两天丰富多彩的汉语学习和中华文化体验,让学生深深地沉浸在汉语文化氛围中,感受一次不一样的学习之旅。现在回想起来,那些日夜筹备的日子都是转瞬即逝的,而学生脸上露出的微笑和其他学校老师给予的表扬和鼓励会永远地留在记忆中。

文化推广借助媒体广播宣传,可以得到更广泛的传播,可以推进更深刻的交流。《你好,中国》是泰国南部首档介绍中国文化、旅游、美食等内容的电台节目,在宋卡广播电台、腾讯视频以及喜马拉雅电台等多个平台同步播出。我和泰国学生一起录制了《你好,中国》第三季的第一期节目,主要是分享中国古诗词以及介绍曼谷城市。我给大家分享"读万卷书,行万里路",告诉大家多读书和多行动的重要性。还和学生一起谈论了曼谷这座城市,介绍了曼谷好吃、好玩的一些地方。希望更多的人能听到我的声音,听到我讲的中国诗词和文化。

三、难说"再见"

不知不觉中一年的时间就过去了,想起我们给宋卡总领馆总领事送行时唱的那首《再见》中的:"明天我要离开,熟悉的地方和你,……我会牢牢记住你的脸,我会珍惜你给的思念。"在这里遇见了很多比我优秀的人,我从他们身上学到了很多东西,不管是工作方式,还是心态调整,都让我成长了很多。刚刚来到这里的时候,自己还只是一个刚大学毕业的学生,现在也慢慢变成了一个汉语教师。匆匆而过的十个月,有很多的老师陪伴着,我们一起度过那些难熬的日子,一起度过那些愉快的时光,每一张脸庞都还清晰地印在我的脑海中,每一分感动也都还清晰地镌刻在我的记忆里。

国际中文教师叙事文本(23)

本文以作者在蒙古的中文教学经历展开叙事,正如作者所说,"几乎没有什么不适应,我很快就融入到这里的生活中。在中文教学和文化活动这一主旋律外,我也在体验着蒙古的文化",全文呈现出的是"主动了解和适应、积极交流"的文化交流信念。

作者简介:毕瑞,平顶山学院文学院2016届汉语言文学专业本科毕业生,南京师范大学硕士在读。2016年赴蒙古国贺希格中学任汉语教师志愿者。

情由汉语所起,一往而深

自2016年赴蒙古国任教至今已经5年,回望过去,我更加坚信当时所做的决定是正确的。对自己而言,我从小到大热爱着语文,深爱着汉语,能够掌握一门外语,亲身体验异国他乡文化,提升教育教学能力,让海外学习者学习我深爱的语言是一件有意义的事情。

那时的培训是不间断的。2016年7月即赴任前,我参加了吉林大学举办的赴蒙志愿者教师培训。这次赴任前的培训在我日后的教学中起到了很大的推动作用。2016年9月25日,在成吉思汗大酒店举行了2016至2017年赴蒙汉语教师志愿者到岗培训会。2017年1月7日至1月8日在奥特根腾格尔大学举办了2016—2017学年蒙古志愿者到岗培训。这些干货培训给后来的志愿者教学工作带来了非常大的帮助,尤其是在教学理念方面给了我很大启发。

一、在贺希格中学的中文教学

我任教于蒙古贺希格中学。这里学生的汉语水平较高,1~3年级由内蒙古老师教授汉语,4~12年级由汉语教师志愿者教授汉语,刚转来的学生或者之前没有接触过汉语的学生会在GROUP班进行学习,不与同班学生一起学习,直到和同班同学汉语水平保持一致。贺希格中学给予汉语老师较大的自主权,上课形式丰富多样,既可以根据课程内容穿插电影教学、作文练习、手工制作、练字等活动,同时也可以根据学校、孔子学院举办的活动等安排授课内容,如字母节、汉语节、中华典籍朗诵等。总体上学校开设的课程有作文、HSK、汉语综合课、口语课等。

我很庆幸在贺希格中学承担了不同课型的教学任务,既有汉语综合课又有HSK课,因此,我体验到各种不同的上课形式。我负责的是7年级和11年级学生的汉语课,其中7年级上的是汉语综合课,所用教材是内蒙古教育出版社的《汉语》。《汉语》一共分为六个模块,分别是动物世界、植物王国、爱我祖国、难忘时刻、探索发现、坚守信念,这些模块涉及生活的方方面面,可以让孩子们更好地了解生活,了解大自然。根据教学大纲,7年级学生一年需要掌握汉字242个、认识汉字304个、掌握词语640个。11年级上的是

HSK 五级的课程,主要学习五级词汇表以及练习五级考试题,包括词语辨析、听力、阅读理解以及作文等。

在蒙古授课需要板书,把汉字、词语、蒙语、搭配、句子等抄写在黑板上,辅之词卡、图片等教具。还需要做词汇表,词汇表中包括词语、拼音、蒙语、词性、句子,然后给每个学生都发一份,为了防止丢失,交代学生将它们放在一个文件夹里。游戏教学,经常采用分组练习、贪吃蛇练习等活动。贪吃蛇要先用一个词语造句,接着词语数量不断增加,直到将本课学习的所有词语连在一起,编成一个故事为止,也可以利用词卡教学,效果都比较好。

蒙古学生比较调皮,我的经验是可以事先准备一些小礼物,如具有中国风的脸谱、书签、贴纸、奖状等作为学习奖励。当然,语言教学必须事先了解学生情况,做到"有的放矢",课堂上可以采取多种教学形式来吸引学生注意力,也要培养和他们友好相处的能力。

为了有效检测教学效果和学习效果,我们也要进行多样的考试,考试分为月考和期中、期末考。学生考试试卷是由各个老师自己出题准备,根据试卷模板以及近期教学内容出一份试卷。学校二楼有一个复印室,阿努老师会帮助我们复印需要的试卷。

在教学中,各个年级也都会有相应的公开课以及家长会。开家长会时,汉语表达较好的学生可作为我们的小小翻译帮手,学生们都很乐意帮忙。我们的校长贺希格女士会说英语、蒙语以及简单的汉语,达尔罕老师负责教学事务,阿迪亚老师负责纪律,迎春学姐是我们的汉语教导主任,有问题可以找她们以及各班班主任帮忙。

教学中我会做好教学设计,也会及时从学生和学校那里得到反馈。10 月 5 日是蒙古的教师节,也是我在蒙古迎来的第一个节日。教师节那天早上,孩子们拿着玫瑰花、卡片以及蛋糕来到办公室,我心里感觉暖暖的。正沉浸在幸福之中,七年级的孩子敲门而入:"老师,您去我们的教室吧!"进入教室后,孩子们撒着玫瑰花,教室中间摆了一个大大的心,这种感动,无以言表。孩子们围在周围,唱着动听的蒙古歌。我轻轻地抱着我亲爱的孩子们说着感谢,是她们让我在异国他乡感受到源源不断的爱。我一直觉得教育是一件很有意义的事情,是一个良心活儿,它需要一点一点地用心去做,只有真正的投入进去,才能感受到这是一件多么伟大而神圣的事。

二、文化活动及赛事

我们汉语老师一起组织了两次大型活动,一个是贺希格中学新年晚会汇报演出,另一个是贺希格中学汉语节汇报演出。这两个活动参与度高、节目质量高、创新意识强,获得了学校领导、家长以及志愿者管理老师的一致好评。尤其是汉语节,融合了中国的武术、太极、苗族舞蹈、古典朗诵、戏曲以及中国编绳、毛笔字、剪纸、脸谱等元素,对我而言是一场中华盛宴。

除学校举行的活动外,国立大学孔子学院也举行了很多活动。我带领学生参加了第九届"孔子学院杯"汉语征文比赛、蒙古国第三届中学生中国民族舞蹈大赛、蒙古国第五届中学生中华典籍朗诵比赛初赛与复赛、HSK 四级和五级辅导、第十届"汉语桥"世界中学生中文比赛等。朗诵比赛中学生初赛获第十名、复赛获优秀奖;辅导的 HSK 四级与五级学生通过了考试,汉语桥比赛也取得了优秀的成绩。但是在比赛中我也有很多遗憾和不足。通过这几次大型比赛,我和学生都有很大的收获,我将所有的得与失都写在了笔记本上,我相信如果有机会再次带领学生参加比赛,我和学生一定会有更好的表现。

  孔子学院特别举办了蒙古国第五届中学生中华典籍朗诵比赛,初赛时七年级及十一年级学生朗诵的是《念奴娇·赤壁怀古》。首先为了让学生掌握正确的读音,我在每个字的上面都注了音,标明了声调,但还是存在很多问题,比如"江"字,学生读的是前鼻音 jian,前后鼻音不分是蒙古孩子在学习汉语过程中存在的一个很大的问题。再比如"小乔",学生读的是 xiǎo qiǎo,他们一旦形成惯性便很难纠正过来,直到上场之前,我还在纠正那几个字的声调。当内容熟悉之后,我让学生反复地听录音、看视频,感受情感变化。这其中存在的一个问题便是模仿,他们模仿录音,模仿虽然可以提高学生的音调,但听起来略显干涩,情感不能完全得以表达,这也和文化有很大的关系,那种大江东去的场景以及怀古的伤感学生是很难想象和体会到的,老师需要不断地讲解。复赛时我们朗诵的是《破阵子·为陈同甫赋壮词以寄之》,这次比上次进行得顺利一些,再加入道具及情景元素,学生很快就进入了状态。总体来说我是很满意的,学生在此过程中也学到了很多朗诵的方法,并且感受了一把中国古代文人的情怀。所谓万事开头难,刚开始做的时候我们会遇到很多困难,但是适应之后会越来越好!

带领学生参加朗诵比赛

  10 月 29 日在乌兰巴托大剧场要举行古典民族舞大赛。听到这一消息孩子们都很兴奋,我们班一共有 9 个孩子参加。在排练过程中遇到了很多问题,时间是一个较大的问题,我们只有十天的练习时间,孩子们每天要学习三个小时。其次孩子高矮胖瘦不一,所以要不断调整队形。孩子们说,这是她们第一次参加舞蹈比赛,她们很开心,爸爸妈妈也很开心!蒙古人很喜欢跳舞,跳舞使人快乐,带给人力量!其中有个孩子,舞蹈动作对她而言很困难,有一次排练结束后,她对我说:"老师,我很喜欢中国的舞蹈!可是我很胖,舞蹈衣服我怕穿不上,我也怕别的同学笑话我。"我说:"没关系的,不要让这成为自己的负担,跳舞是一件快乐的事,在跳舞的过程中能够带给别人快乐,这是一件很有意义的事情!"她点头笑了笑,每次练习她都尽自己最大的努力,这让我很感动!中国古典舞蹈极具内涵,衣服、头饰、配饰、妆容都很有讲究,每一个眼神都要配合着动作做到赏心悦目,很大程度上体现了中国女性的温柔、美丽和大方。七年级 A 班的孩子手拿扇子,身着蓝色的汉服,九张笑脸,美由内而外散发出来!伴随着音乐翩翩起舞,眼前是一连串娴熟而又优美的动作,看着看着,舞台变成了一片绿海!这也是七年级 A 班的舞蹈首秀,九张笑脸点亮了整个舞台!这一支舞蹈虽然结束了,但她们对中国古典舞的热爱只增不减,我也看到了古典美被更多的人接受、喜欢的样子。

汉语桥比赛是我们要准备的非常重要一个比赛。比赛前段有的老师负责演讲和作文,有的老师负责节目,我们汉语桥比赛一共有四个比赛节目,包括歌曲、舞蹈、相声以及戏曲,我主要负责相声。最终让我们骄傲的是,我们学校拿下一等奖,并代表蒙古国到中国参加比赛。这份荣誉离不开每一位汉语老师的付出,由此,我也看到了团队合作的力量。

三、乌兰巴托的生活体验

2016 年 9 月 16 日 11 点 50 分,飞机抵达乌兰巴托,透过舷窗我拍下了蒙古的第一张照片。沿途我们见到了蒙古国最早发源的河流——图拉河,河流两边是一排排金黄色的树,让人仿佛置身于秋天的童话,我也从家乡的夏季过度到童话般的秋季。

几乎没有什么不适应,我很快就融入到这里的生活中。在中文教学和文化活动这一生活主旋律外,我也在体验着蒙古的节日氛围,像是圣诞节和白月节。圣诞节将要到来时,大街小巷都是灯和圣诞树,屋顶上会挂着很漂亮的灯和拉花等。教室里布置得也很漂亮,玻璃上贴着圣诞老人,孩子也会穿着很漂亮的衣服到学校。学校会举行新年晚会,并且组织所有老师一起庆祝新年,每个人都打扮得漂漂亮亮。总之,在 12 月份,学校一直会很热闹,孩子们也有很多活动。新年会一直在你脑海里,那一两个月你都会沉浸在新年的氛围当中。

蒙古庆祝传统节日时学校师生都会穿上蒙古袍,比如白月节。白月节是蒙古最重要的一个节日,相当于我们的春节。白月节前夕他们每家会包很多包子,包子会伴随着整个白月节,亲戚朋友到家里都会请他们吃包子。有的学生也会邀请老师到家里做客,他们会很热情地招待你,你也可以看到桌子上摆着蒙古特有的食物,体现民族特色。庆祝白月节时,孩子们也会穿着蒙古袍到学校。你会看到各种各样的蒙古袍,尤其是低年级的学生,穿着更丰富的袍子,看起来也更可爱。

情由汉语所起,一往而深。在蒙古的教学经历让我更加坚定了自己将来要做一名优秀教师的信念。回国后,我备战考研,我想趁着年轻多学习多武装自己,后来如愿以偿。如今,我在南京的这片土地上继续着我的教育学习之路,为我的未来储备着力量。

国际中文教师叙事文本(24)

本文以作者在柬埔寨的中文教学和文化交流经历展开叙事,围绕"如何克服环境的不适应""如何教学相长""如何化解文化冲突""如何举办文化活动"等的叙述,呈现出一种"积极融入、主动适应"的文化交流信念。

作者简介:王淑婷,平顶山学院2019届汉语国际教育专业本科毕业生。2019年赴柬埔寨皇家科学院孔子学院任汉语教师志愿者。获评语合中心(原国家汉办/孔子学院总部)优秀汉语教师志愿者。

我在柬埔寨教汉语的日子

开始于秋高气爽的九月,跳过了年味渐浓的寒冬腊月,结束于暑气弥漫的炎炎夏日,我度过了完整的一年海外中文教学生活。然而,对柬埔寨来说,却是一年盛夏。九月的柬国,没有凉风;一月的柬国,没有雪;三月的柬国,没有柳絮;七月的柬国,没有蝉鸣。对我来说,却不只是简单的数字和汉字拼在一起的日期,而是让我在以后漫长岁月里回想起来都能热泪盈眶的温暖和感动。

一、初入柬国

飞机落地已是凌晨,走出机场,孔院院长和老师们正在等候着迎接我们的到来,难以言说的复杂心情在当时都变成了暖暖的感动。在前辈们热情的嘘寒问暖和我怯生生的回答和询问声中,大巴车驶入了首都金边市区,到达了皇家科学院孔子学院总部的芳华大楼前。楼前有一座孔子雕像,孔子微笑地看着前方。我站在芳华大楼下的孔子像前,沉思了许久,这就是我在手机上搜了不知多少遍的柬埔寨皇家科学院孔子学院,这就是我将付出一年青春的地方,这就是我梦想开始落地的地方。

经过岗前培训和各种交接安排后,我随着老师和小伙伴从金边前往暹粒,暹粒的Angor high school是柬埔寨皇家科学院孔子学院的一个重要教学点。大巴车行驶在笔直的六号公路上,从金边到暹粒,高棉大地东部到中西部的风景一览无余。柬埔寨的九月,正值雨季,一切都是那么的亮丽明净:蔚蓝的天空,棉花般柔软的云,一望无际的原野,低头吃草的牛群,随处可见的椰子树……眼前的美景深深吸引了我,我因交通不便和路途遥远的疲倦也烟消云散。

在期待中,我来到了暹粒,一个美丽的旅游小城。因为交通不方便,路途劳顿了六七个小时才到达暹粒教学点,到达时已经是傍晚了。九月的柬埔寨,虽是雨季,可并不凉爽,再加上我还没有适应这里的天气,只觉得燥热难耐。留任的志愿者小姐姐带我去附近的市场买了生活用品,并嘱咐了一些注意事项。可就在一切都安顿好了之后,突然一种巨大的孤独感和落寞感情不自禁地产生了,可能是当初朝夕相处的小伙伴如今被分散到柬埔寨各个不同的教学点,也可能是一切喧嚣过后的平静带来的孤独,尤其是夜深人静时更加强烈。但是作为一名汉语教师志愿者,我早已有了心理预设,乐观地去看待,积极地去适应现在的新环境。

二、教学相长,亦师亦友

每年的九月,雨季正浓,此时也是 Angor high school 孔子课堂的开学季。这个教学点有些特殊,它不按照学习者年龄编排班级,而是按照汉语水平来分班。我所教授的汉语相当于兴趣班,想要学习汉语的柬埔寨人都可以前来学习。因此,一个教师往往要面对班级里不同年龄阶段的学生。

学生年龄悬殊的汉语课堂

学生为我过生日

柬埔寨的夏天,热情而浓烈,就在那个热烈的夏天,更加坚定了我做好汉语教师志愿者的心。我正在办公室低头记录整理每一个前来报名的学生的信息,突然传来了一个沧桑的声音说:"老师,我……报名……"闻声抬头,看到一个年纪较大的人,便问他给谁报名,他露出柬埔寨人淳朴的微笑,说:"我。"我仔细看着眼前这个人,穿着白衬衫,棕褐色的皮肤,茂盛的头发夹杂着几根银丝,看样子大概五十多岁,竟然还要学习汉语。我承认,当时的我被震撼到了,我没想到一个年过半百的人还有那么强烈的热情来学习一门外语,我没想到我口中习以为常的汉语竟然在这世界上某一个角落对一个人的影响那么大。作为一名汉语教师志愿者,我心中的责任感和使命感在那一刻全都袭来。后来,他的前任老师赵静告诉我,这名学生叫洪阳,是一名俄语导游,在工作中接触过很多中国人,现在想学习中文,做一名中文导游。给他取这个名字的意思,就是希望他把这种学习的精神弘扬下去。

怎么来形容我的第一节课呢? 紧张、期待、忐忑、兴奋、激动……在设想了好多种画面后走进了教室,学生们都在面带微笑地打量我。我快速扫视了全班,有端端正正坐在前排的小学生,有安安静静坐在角落里的老人,有严肃认真的中年人,也有羞涩活泼的青年人……我故作镇定地对每一个角落的学生都挥手打招呼,眼神致意,说着"你好!你们好"!学生们都能听懂,也回我:老师(si)好!老师(si)好!班里的学生大概学过半年中文,有一些中文基础。我尽量用简单的中文介绍自己,然后让学生也做一下自我介绍。通过学生的自我介绍,我了解到他们的不同身份,有僧侣,有商人,有导游,有司机,有中小学生,有博士……"你为什么学习汉语?"这是我在每学期的第一节课上都会提出的问题。他们的年龄差异悬殊,职业也不尽相同,但都有着清晰的学习目标:"我想去中国留学""我想做中国导游""我想做中文司机""我想和中国人做生意""我喜欢中国"听了学生的想法,我的心里微微一颤,久违的感动涌上心头。因为汉语,我从祖国来到柬埔寨;因为汉语,很多人有了奋斗目标;因为汉语,大家相识相知,为了各自的理想而努力。那节课后,我想了很多,想起了年少时的理想和情怀,想起了对一件事物倔强而执着的热爱,想起了自己当初跌跌撞撞一路走来做汉语教师志愿者的那份纯粹……唯有热爱,可抵岁月漫长。

最难忘的一节课是那一次的十二生肖课堂。在讲到"牛"这个生肖时,因为班里的李贤德中文很好,回答对了问题,我就用"你很牛"表扬了他,学生们都露出了诧异的眼神,我以为是学生不知道意思,就赶紧竖起了大拇指示意,表示是夸赞的意思。没想到学生开始互相看着笑,想告诉我一些什么但又难以表达清楚的样子。我立刻意识到可能存在一些问题,然后让大家解释"牛"这个动物的意义。一个中文较好的男生举起他的胳膊,表现出很有力量的样子,用磕磕巴巴的中文说:在柬埔寨,"牛"的意思不好,因为牛很strong,每天只努力工作,有很多这个……(蛮力)!还有一个女生拿笔指着她自己的脑袋说:老师,牛,没有这个……(脑子)!听了学生的回答,我恍然大悟,原来柬埔寨文化里"牛"的形象和中国文化里"牛"的形象大相径庭。随后,我向学生讲解了不同的国家和民族都有不同的文化,我们应该给予尊重。中国是农业国家,牛可以帮助人们干农活。"牛"是一个默默耕耘、勤勤恳恳、富有力量的形象。听了我的讲解,学生们好像很有兴趣的样子。于是,我开始让学生探讨不同的生肖文化,学生们都积极参与,发表自己的看法,一节课就在大家热烈的讨论声中过去了。

刚开始,面对这样一个特别的班级,我以为我会忐忑,不知道怎样和语言不通年龄段不同的学生相处。对学生来说,我是他们普通生活里的一部分,但是,对我来说他们却是我异国他乡生活里的全部,是我来到这里坚持下去的唯一理由。我必须主动靠近学生、走进学生,才能真正地融入学生、融入课堂、融入这个城市、融入这个国家的文化。我珍惜每一次的汉语课堂,尽量观察每个学生的特点,李贤德的汉语最好,我让他担任了课堂小助教;杨金凤是华裔,口语特别流利,我就对她书写要求严一些;温思如学习特别努力,但有点儿羞涩,我就经常鼓励她开口表达;蔡仁乐以她的哥哥为榜样,想去中国留学,我通过"孔子学院奖学金"项目帮她申请到了东北财经大学的 offer。

通过朝夕相处,我慢慢地了解到学生的想法,学生也经常和我分享一些小事:会唱几句中文歌《我们不一样》,最崇拜的偶像是中国的马云,有些女生觉得杨洋超级无敌帅,疫情期间也会在家看综艺节目《青春有你》……佛说:前世的五百次回眸,才换来今生的擦肩而过。那我前世一定经历了很多次回眸,才换来今生与他们在柬埔寨的相遇相知。

三、文化活动

为了把中华文化分享给更多的人,我们在做好教学工作的同时,还要珍惜每一次的文化活动,因为每一次文化活动,都是学生进一步认识中国的窗口。

(一)庆祝孔院十周年的书法主题活动

为了庆祝孔子学院十周年,我和其他几位志愿者绞尽脑汁,想要办好这次活动以期让更多学生了解更多中华文化。因为柬埔寨学生的口语比较好,而书写能力普遍比较差,甚至不愿意动笔写,结合这个特点,我们决定举办一次书法活动,让学生了解汉字的魅力。于是"挥毫泼墨,纵横书法"为主题的的书法活动展开了。我们先是通过视频和图画向学生展现了有三千年历史的书法艺术,作为中国特色文化之一,不仅可以修身养性,还能陶冶情操。然后,向学生展示了"文房四宝"——笔、墨、纸、砚,说明了宣纸和普通纸的区别、墨水是如何研磨出来的、如何握笔等相关知识,并亲自执笔书写,学生们也纷纷模仿。初步领略了书法的魅力后,我趁机向学生介绍了孔子学院的成立与发展。最后,进行了书法比赛和书法知识竞赛。书法比赛中选出了三幅最优秀的作品,书法知识竞赛则是关于笔墨纸砚、偏旁、笔画问题的抢答。学生们非常积极,整个活动的气氛异常热烈。趁着这个机会,学生们通过书法展示了对老师、对孔院、对中国的喜爱,以及对孔子学院成立十周年的祝福。活动过后,很多学生表示汉字很有意思。

学生在认真书写

书法比赛获奖学生合影

(二)春节庆祝活动

春节,是最牵动华人心的节日。为了吸引学校以及这座小城更多的人前来观看,我们最终选择了在校园里举办露天节目。在这个过程中,征集节目是我们遇到的最大问题。不仅要考虑到语言水平高的学生,还要兼顾语言水平低的学生;不仅要求节目的质量高,还要让节目尽可能通俗易懂,让观众看明白;既要形式多样,还要有内涵。

我们几个志愿者教师提前一个月就开始筹备了。不会中华才艺的汉语教师志愿者,不是一个真正的汉语教师志愿者,这时候,每个志愿者都拿出了自己的看家本领。中文不太好的甚至零基础的学生,可以报名参加打太极;汉语水平较好的学生,可以唱中文歌;喜欢中国文化的学生,我们几个志愿者老师把自己出国前准备的服饰拿了出来,汉服、旗袍、桃花扇,教学生传统礼仪,组织了一场中国传统服饰秀。为了让大家活跃起来。我们又在节目中间精心设置了游戏和抽奖环节。游戏有投壶、运乒乓球等,奖品则是中国结、精美的剪纸、窗花、书签、毛笔等。

活动开始那天,我们几个志愿者开始搭台子、拉桌椅、制作板报、贴春联、挂灯笼,仿佛要在这个城市掀起一场大型盛会。为了带动气氛,虽然没有舞蹈基础,但我们还是亲自跳了开场舞。这个春节,大家都过得异常开心和充实。

(三)参加使馆活动

除了承担学校的文化活动,有时候还需要和当地华人一起组织活动。新中国成立七十周年之际,作为孔子学院的代表,我也应邀参加了驻柬埔寨大使馆暹粒领事馆的国庆招待会。当我在吴哥歌剧院观看完了阅兵典礼,目睹全场华人不约而同的起立致敬时;当我在国庆招待会上,和当地华人合唱《歌唱祖国》这首歌时;当我看到各个广场的屏幕上显示的都是五星红旗时……第一次走出国门的我,在那一刻真正感受到了祖国的强大以及祖国带给我的荣耀。由此也想到了新冠肺炎疫情期间,我收到了祖国各方的防疫物资以及来自大使馆、孔子学院、管理老师们的嘱托,我更加明白,在异国他乡,我不是一个人,祖国永远是我的坚强后盾。

四、文化碰撞

走在柬埔寨的大街小巷,无论是繁华的都市,还是荒僻的角落,每个人的脚上都穿着一双人字拖。我曾打趣地把它叫做"拖鞋文化"。其实,刚开始我是有点难以接受的,因为,我的学生,无论大人小孩,上课也都穿着拖鞋,我觉得不分场合地穿拖鞋,太随意了,一点儿都不尊重人。后来,我渐渐发现,学生进入老师的办公室,无论穿什么样的鞋子,都会把鞋子脱掉,双手合十,赤足进去,不会觉得麻烦。我明白了,这是柬埔寨人尊敬老师的体现,只是与我们的方式不同罢了。柬埔寨的天气炎热,穿拖鞋比较凉爽,尤其是漫长的雨季来临时,穿拖鞋更加方便。我渐渐变得包容,理解并接受了他们的行为方式。

在柬埔寨一年的生活,让我看到了多样的生活方式。但有一点是最让我难以接受的,柬埔寨的卫生间没有卫生纸,而是如厕后用水进行清洗。刚开始我以为是因为贫穷,用不起纸巾,后来我发现,无论是热闹的城市还是荒僻的农村,无论是有钱人还是穷人,都是这样的。但是他们的卫生间普遍都非常干净,即使是在农村,也都会贴上一层明亮的瓷砖。

五、成长的故事

再美的风景也会看够,再好的美食也会厌倦,再大的激情也会在日常琐碎中渐渐褪去。一切的新鲜感终将逝去,逝去以后就是无尽的孤独与落寞,而远离家人朋友,又无处排遣。当时的我,一度觉得那里的生活不方便:交通不便利、食物难合胃口,天气不是下雨就是烈日当头。有时候通过手机看到国内的同学和朋友温馨的生活画面很是羡慕。

工作上,真实的教学实践充满了太多的复杂性,这是之前在大学模拟课堂上想象不到的。比如,学生不愿意开口、汉字书写困难等。岗中培训的到来,让我受益匪浅。针对柬埔寨学生特点,专家和老师们讲解了很多相关的教学方法,有一些是切实可行的课堂游戏,有一些是简洁明了的汉语知识,有一些是辅助教学的课堂技巧……当然,我知道这些教学方法不能生搬硬套,盲目模仿,还需要我们结合各自学生的特点,酌情合理使用。这次培训却带给我很大的启发,作为一名汉语教师志愿者,要有敢于探索、开拓创新的勇气。传统的教学模式已经不能适应汉语教学的快速发展,我们可以借鉴那些优秀合理的成分,但是绝不能因循守旧、墨守成规。比如,传声筒的游戏是一个特别好的教学小游戏,因为需要学生自己去听去说去写,但是一定要维持好课堂秩序;我经常使用的是"角色扮演"活动,在一个学习主题结束后,让学生自己模拟一个生活场景;学习汉字时,把汉字部件拆开再让学生重新组合也是很有意思的方式,特别是一些形声字,非常有助于学生去理解。

有些优秀志愿者已经在柬埔寨度过了两年或三年,我也向他们请教过一些问题,他们也很热情地分享一些经验。从他们身上,我看到了一种"身在田隅,心向星光;心中有诗,自在远方"的境界。不能改变环境,那就改变自己的心态,笑对生活,坦然处之。从汉语国际教育专业的学生到国际汉语教师志愿者,从开始报名参加汉办的选拔考试到圆满完成一个任期,从中国到柬埔寨,从汉语言文化的爱好者到传播者,我深深明白,跌跌撞撞地一路走来,每一步都是人生中的重要一步。

曾看到这样一句话:世界上最美好的事,不是睡觉睡到自然醒,也不是买买买,更不是满世界飞,而是和一群志同道合的人,一起奔赴在理想的路上,低头有坚定的脚步,抬头有清晰的远方,回头有一路的故事……所以,很无悔,我选择了做一名汉语教师志愿者;很庆幸,我遇到了一群可爱的人;很怀念,在这里发生了美好的故事。有些事情,只有去经历,才知道其中滋味。

第二节　多元文化交流信念

20世纪70年代,美国出现了多元文化教育的浪潮,自此之后多元文化教育和多元文化意识等一直成为被探索的主题。从全球范围看,"多元文化教育基本的价值诉求体现为权利平等、尊重差异、相互合作"。主张多元共存,培养多元文化理解能力成为多元文化教育的主导思想,接受并欣赏文化差异是其核心价值。多元文化倡导差异文化间的平等与互相影响,这一特征自然会对教育产生诉求,作为教育理念的多元文化主义,万明钢(2008)认为其目的在于"培养宽容文化差异的民主价值观,使人们能够包容和尊重文化差异和价值多元"。

1. 多元文化交流信念的重要性和必要性

多元文化的这一语境自然推及到教师职业化过程中的每一步。多元文化教育要尊重学生的多样性,多元文化背景下的国际中文教师是汉语教学走向世界的重要参与者。教学环境的变化,即在不同的文化背景和不同的教育体制中进行汉语教学,相应的,国际中文教师的职业角色自然要顺应新的要求和期待,在职业化过程中要具有多元文化意识和多元文化视野,具备多元文化交流信念,并在专业能力、职业素养上做好准备,把教师的多元性和专业性结合起来,由此才能在教育过程中更好地践行这一理念,才能成为"能够胜任在多元文化环境中独立工作的汉语教师"。

中外的教育传统和文化核心有所不同。朱志平(2020)提出,"中国的教育文化重视师德建设,师德体现的是中华民族的核心价值观,然而世界其他民族拥有自己的教育文化和教育传统,这些文化和传统可能也跟中华民族的将师德放在首位并不完全相同"。如前所述,国际中文教育主要关注中国以外的国家或地区的汉语作为第二语言或外语的教学,"教学对象以中小学生为主体",教学环境是非汉语的。国际中文教师在从事语言教育工作时不但要了解中华民族的教育文化和教育传统,也需要了解赴任国或地区的教育文化和教育传统。世界民族教育文化具有多元性,国际中文教育只有具备多元文化交流信念,才能将中华语言和文化传递给其他的不同民族。

国际中文教学的根本目标是培养学习者的语言综合运用能力,从指导国际中文教学实践的角度出发,《国际汉语教学通用课程大纲》对课程目标以及学习者应具备的语言知识、语言技能、教学策略和文化能力四方面进行了分级分类描述,其中的文化能力包括了文化知识、文化理解、跨文化能力和国际视野四个方面。由此可见,汉语作为第二语言的学习者在获得语言知识和技能之外,需要对异文化有理解能力,需具有多元文化意识从而具备国际视野。学习者具有多元文化意识是其更得体运用语言的必备元素,也是习得

第三章 国际中文教师的文化交流信念

文化能力的重要途径,回归到语言和文化习得的重要外部影响因素上,国际汉语教师的作用不言而喻,国际汉语教师自身的文化能力,自身的国际视野,自身的多元文化意识和能力是非常重要的。

在行业领域,2012新版《国际汉语教师标准》强化了汉语教学、文化传播和跨文化交际三项基本技能,与2007版《标准》相比,"突出了汉语教学方法、教学组织与课堂管理、中华文化与跨文化交际三项基本技能,更加注重学科基础、专业意识和职业修养"。在新版教师标准中关于跨文化交际能力有这样的详细描述,即"了解世界主要文化的特点;尊重不同文化,具有多元文化意识;能自觉比较中外文化的主要异同,并应用于教学实践"。从标准中可见,国际汉语教师获得多元文化发展的知识、技能和素养是必须的,也应该成为一种职业追求,建立起多元文化交流信念的自觉。

国际中文教学是让世界了解中国,增加世界不同文化间的交流,促进世界文化多样性发展的重要途径,也是构建"人类命运共同体"的重要途径。文化的多样性是人类的共同遗产,这种多样性恰好构成了人类不同群体和社会所具有的独特性和多样性。国际中文教师是国家的形象名片,也是国家的民间外交官,在实现构建"人类命运共同体"的进程中起到重要的作用。

2. 多元文化交流信念的夯实途径

克服刻板成见,坚持文化间的平等对话。由于社会阶层、地域、性别和年龄等因素的存在,即便是同一语言下的文化也会因此而不同,另教师的信念随着某些先入为主的成见会影响教师的决定、判断或者行为表现,这就要求国际中文教师在用多元文化意识指导自己的教学工作时,既要体现出对不同国家和民族文化多样性的尊重,避免对其他民族的成见,又要在课堂教学中关注二语学习者的个体文化差异,以此来克服文化模式化。国际中文教师需要在交流时做到主动换位思考,不以本国或本民族的文化标准去衡量他国或民族的的文化,把自身置于异文化的立场上,克服文化的刻板成见,能够主动从不同文化视角进行观察和思考,坚持文化间的平等对话,从文化的"局外人(outsider)"转变成"局内人(insider)"。

以文化的多元性作为教学的基本原则。贝克(Baker)强调在发展阶段要把文化的多元性作为教学的基本原则,对于国际中文教师来说,需要真正建构起多元文化意识,以多元性的基本教学原则为指导,在教学过程中把已有的知识储备经过加工,在与二语学习者的互动和交流中审视彼此,在语言、文化和人的交流中成为多元文化的理解者以及学生的对话者,从而也完成了自身角色的转变。

在实践中反思。贝克(Baker)认为参与阶段是确定教学方式和评价方式的行动阶段。国际中文教师在跨文化语言教学和文化交流中,在实践中反思是提升多元文化意识的一个有效途径。在实践中反思可以形成良好的循环。首先从教师自我实践中反思,就具体教学流程来说,第一步,在大的文化背景下对学习者进行整体和个体差异的分析,结合教学大纲,确定教学内容和教学方法;第二步,课堂教学结束后反思教学目标是否实现,教学效果如何;第三步,反思总结后把经验和教训贯穿在下一个教学流程中。其次从同行的实践中反思,可以通过观摩其他汉语课堂包括其它第二语言教学课堂,与授课教师交流经验,反观自我。最后,对于国际汉语教师来说,终身学习是一个永恒的课题,可以通过培训、研究、阅读文献的方式完成反思和提升。归根结底,通过不间断的实践反思,是在一连串的交流中反观自我,是在多元文化视角下通过完成和学习者的对话来完成不同文化间的对话。通过良性的反思循环,完成由"熟手"到"能手"的转变。

3. 国际中文教师多元文化交流信念的体现

"多元文化既注重文化多元性的价值和特质,也强调不同文化的差异性和融通性"。国际中文教师在文化交流中,具备并践行多元文化意识,要排除文化优越感和文化偏见,认同和肯定学习者所在国独特的文化,以平等尊重的态度对待各国的文化差异,这既是对自我文化的自信,也是对其他文化的理解和尊重,一方面润物细无声地传递了中华文化,另一方面也是对世界文化多样性的一大贡献。如生物的多样性对维持生物平衡一样,国际中文教师通过这种方式的交流,在维护文化的多样性的同时维持了人类的平衡。

和谐是异质的和谐。坚持多元文化信念,做"多元文化的理解者、所有学生的关怀者、本土知识的专家和传授者、多元文化教育环境的创设者",以开放的眼光尊重和理解不同的文化差异,能挖掘出人类的共同价值,能够回答学生提出的有关跨文化交流的大多数问题,也会降低国际中文教师自身的文化震荡,促使国际中文教师尽快地融入当地社会。这也是兼容各国文化、融入当地社会的有效途径,更是树立当代国人形象,传播中国文化的精髓。

下面的四篇国际中文教师叙事文本《世界那么大,我想去看看》《"柬"单爱》《缅甸八莫志愿记》《遇见,"泰"美好》主要是围绕如何夯实和践行多元文化交流信念展开的叙事。

国际中文教师叙事文本(25)

本文以作者在蒙古和莫桑比克两个赴任国所采用的文化交流方式为叙事主线,围绕"如何丢掉刻板成见,战胜内心恐惧""如何和学生相处""如何让自己成为武术传播的后继者""如何在工作中提升自己的能力"展开叙事,呈现出"包容和尊重文化差异和价值多元"的多元文化交流信念以及践行多元文化交流路径的探索。

作者简介:李舟,平顶山学院2015届对外汉语专业本科毕业生,浙江师范大学汉语国际教育专业硕士。2015年赴蒙古任汉语教师志愿者,2017年赴非洲莫桑比克任汉语教师志愿者。获评语合中心(原国家汉办/孔子学院总部)优秀汉语教师志愿者。

世界这么大,我想去看看

一、出国的选择

我与汉语教师志愿者的缘分还要从大三说起。大三下半学期学校举办的一个关于海外中文教师志愿者的巡回演讲冲击了我。那个演讲活动邀请的是一些在不同国家任教的公派老师,他们讲述的是在海外的趣闻趣事。记忆最深刻的是一位来自河南少林寺的男老师,赴任国已经忘了,只记得是很冷的北方国家,到处都是积雪。学校里的学生也是极喜欢中国武术的,上课时学汉语文化课,下课一言不合就练拳。学生因为武术喜欢上了中国文化,在课堂上也认真学习汉语知识,教学效果非常显著。不上课的时候这位老师就在自家门前打打拳或练练武术取暖,有的时候就会引来大批当地民众围观,也有的居民会跟着他划上几拳。因为中华武术,当地居民对他有了深深的敬意,对中国乃至中国武术文化都有深深的敬意。这些罕见又感人至深的海外教学故事深深地刺激着我,我也很想像他们一样去世界各地去看看,去和他国的人们交流中国博大精深的文化,让他们了解中国、喜欢中国。于是怀抱着这样一个当志愿者的理想,我不断地了解志愿者的信息与动态,开启了迈出国门的第一步。

二、丢掉刻板成见,战胜内心的恐惧

当我知道自己能去蒙古国任教的时候,伴随着激动心情的还有那么些恐惧,一种对未知世界的恐惧。

我对蒙古国的了解不是很多,只知道它是中国的邻国,与我们的蒙古族同出一系,是个马背上的国家。那时候我对蒙古国有很多的刻板成见,尤其会放大一些不太好的信息。比如,地理位置靠北而全年寒冷;因为贫穷,他们吃不饱穿不暖,路上经常有人被冻

死,满街都是靠酒取暖的酒鬼;还有很多小偷、抢劫犯,甚至是杀人犯;因为一些历史原因,可能对中国人不够友好等。所有这些负面信息对于我这个天生就胆小的人来说无疑是一个巨大的阻力;另外一个阻力来源于外界,因为我是一个女孩子,在家人眼里也一副文静乖巧的模样,家里的亲戚认为出国是一件十分吃苦的事,并不想让我只身一人去国外闯荡,尽管我说了许多次我不是一个人,但他们还是百般劝说。虽然有这些阻力,但是似乎我走出去的愿望更强烈些,我最终还是踏上了异国他乡的道路。

在蒙古的那一年,我对蒙古有了这样的认知:蒙古国并不是全年冰天雪地,它有一个短暂的无霜期,有大约三个月,在那个短暂的夏季,人们去牧区度假、骑马,享受久违的日光的洗礼;蒙古国冬季虽然寒冷,但是他们有比较齐全的供暖系统,屋外白雪皑皑,室内春暖花开;它也没有想象中的那么贫穷,街上有很多高档的店铺,销售各国的商品;市中心还有两个相对奢华的店铺:国百和乌兰巴托商场,一个销售日韩大众货物,一个销售欧美奢侈品,周围也有一些当地有名的羊绒品牌和中国餐馆。当蒙古新年要来的时候,各个店里的商品开始打折,羊绒制品也不例外,我经常会在逛羊绒店的时候看到来蒙古扫货的熟悉的东方面孔;我也经常和小伙伴们去中国餐馆里享受小龙虾和北京烤鸭的美味;偶尔也去韩餐厅和印度餐厅体验异国的美食;我们夜里在灯光璀璨的苏赫巴托广场拍照、玩耍,享受异国之夜的宁静。

我第二次去的国家是莫桑比克,属于非洲这个广袤无垠的土地,那个与我们隔着十万八千里的遥远地方,在地球的另一端。当人们听到非洲这个词汇的时候,脑海里估计闪现的是那张《饥饿的小女孩》的照片,照片中一只兀鹰盯着一个皮包骨头的小女孩,她正努力地向救济中心爬去。这个照片曾获得1994年普利策新闻特写摄影奖,作者凯文·卡特就是用这张照片向全世界展示了整个非洲大陆的绝望,带给世人前所未有的巨大震撼。在我们的认知观念里,非洲充满了战争、肮脏、疾病,"难民、粗鲁、野蛮"是我们描述非洲和非洲人的代名词。当飞机在莫桑比克上空盘旋的时候,我开始向下俯瞰。马普托湾沿岸,多幢高楼拔地而起,一片欣欣向荣的样子,虽然还是不能和经济飞速发展的中国相比,但已经刷新了我脑海中对非洲的认知,非洲并不像我们想象中的那么不堪。我们的教学点在贝拉,是莫桑比克的第二大城市,贝拉的市中心有一个名为shoprite的大超市,周围有一些卖其他商品的小店,再走几步也能找到货物齐全的中国超市;因为这里人民都偏爱食肉,这里的牛肉、羊肉、猪肉普遍比国内便宜,牛肉和羊肉甚至比蒙古那个畜牧业大国的都便宜;学校周围也零零散散地分布着一些印巴人开的小超市,基本能满足平时的生活需求,日子倒也过得十分惬意。

有些时候,我们因为对这个世界并不了解,总会对别国产生这样那样的刻板印象,然而,只要我们能战胜这些因刻板印象带来的恐惧,勇敢地走出去,你会发现这个世界真的与你想的不一样。

三、我可爱的学生

付出就会有收获。在异国任教,我除了收获经验、提升了技能、开阔了眼界之外,也收获了一批可爱的学生。

还记得在蒙古的第一次运动会,学校组织部分老师和学生去牧区参加。早上在校车上等其他学生闲着无聊的时候,我们班的活泼可爱的"小猴子"邓超便拿着耳机往我耳朵里塞。我一听便笑了,原来是筷子兄弟的《小苹果》,那两年是《小苹果》在国内最火的时候,没想到都传到蒙古来了。我问他们是否会唱,他们使劲地点点头说会,接着就跟着欢快的音乐很有节奏地唱起来。不得不说,这里的孩子还是很有音乐天赋的,学习歌曲的速度很快,只要认识汉字,跟着拍子就能唱出来。

除了活泼好动的学生,我还有温柔体贴型的学生。记得有一次课间休息的时候,我坐在讲桌前顺手改改他们的听写本,我们班孟根跑过来说:"老师,你累吗?我给您揉揉肩吧。"我不好意思地朝她摆摆手,怎么能让学生做这种事情,但她还是转到我后面用小手在我肩上敲敲、揉揉,虽然力度很小,但这是小丫头的一片心意我还是能感受的到,她能体会到我连续上六个小时课的辛苦着实不容易,所以我从心底里很感激她的细心与体贴。

蒙古的圣诞节很热闹,到处都有光芒四射的圣诞树和带红帽子的圣诞老人以及他的驯鹿。因为蒙古的新年就是1月1日,与圣诞节只有一个星期之差,学校便把这两个节日合在一起举办了一个新年派对。还记得在派对前一天的时候,我们班的几个女孩子对我说:"老师,明天圣诞节,您可不可以穿上您最好看的衣服,然后打扮得漂亮一点再过来?"这些话让我非常汗颜,我尴尬地笑笑说好。在国内我一直奉行"化妆的最高境界就是不化妆"的原则,出门一向素面朝天。来到蒙古之后听说上班要化妆,这边的蒙古女老师也都是每天化妆的,所以去学校之前我会简单的画个眉,涂个口红。穿衣服除了正装还是正装,颜色上除了黑就是白,再没换过别的颜色,估计他们早都看倦了吧。参加新年派对之前,我们几个中文老师商量了一下,决定集体穿最具中国风的衣服——旗袍,然后化了个简单的淡妆。聚会上,我看到孩子们都穿上了他们最漂亮的衣服来了,女学生穿的都是小礼服,有的还加了小披肩,男学生则清一色的燕尾服,他们每个人还都戴了个小面具,看起来特别像参

能歌善舞的学生

加派对的小公主、小王子,而他们见到我的时候会很亲昵地簇拥到我跟前跟我打招呼。

新年晚会的开场节目是中文老师的大合唱——《新年好》(汉语与蒙语结合)。当我们唱到蒙语歌曲的时候,我能看到我的学生对我们竖起的大拇指,节目结束后学生跑过来对我说,原来老师你会说蒙语啊,还说得这么好,我笑着接受了他们的夸赞,看来学好媒介语有时候是非常出彩的。

在莫桑比克,我在贝拉的一所大学任教。我担任两个班级的汉语课,都是汉语HSK初级班,一个是二级班,一个是三级班。虽然每个班的学生人数很少,少到屈指可数,但是他们学习汉语的劲头儿可是不小的。尽管他们都觉得汉字很难写,汉语很难学,但是他们都在用自己的方法一直努力学习着。记得第一次给二级班上课的时候,有一个几分钟的课间休息时间,我说我们休息几分钟吧,说这话的时候我是在替他们考虑,学了这么久了应该需要休息一下的,或者有需要去厕所的,但他们都摆摆手对我说:"老师,我们不休息的,您接着上吧。"后来,我又几次试探性地问他们是否需要休息几分钟,但他们还是坚持上课。这件事让我惊讶了很久,迄今为止,我还没见过对汉语热爱到要争分夺秒去学习的学生。在课上,他们总是很认真地听讲,记笔记。每次站在讲台上,向下望着他们,虽然只是寥寥的那么几个人,但总能让我感到欣慰、满足。有这样好学的学生为伴,这一年就没有白来,为他们付出再多也是值得的。

三级班的学生人数相对多一些,汉语水平也高一些。为了让他们多开口说汉语,我会给他们留一些简单的口语作业,并让他们用上当天所学的生词和句型。一开始他们觉得很难,说不了几句,后来经过我的引导与鼓励,他们有的时候也会说出让人意想不到的句子。其中一个热爱音乐的学生还专门为他的口语作业配上纯音乐拿来给我听,还告诉我他的梦想是开一家音乐公司,制作中文歌曲。学习汉语如此用心的一个学生,既能完成口语作业,还能给口语作业配上音乐,他热爱汉语的程度可见一斑啊,虽然说他的梦想遥远了点儿,但我会尽我所能,助力他圆梦。

热心善良的非洲学生

我所在的赞比西大学的教室不多,学校不能单独抽出两个教室作为汉语课堂,只能选定两个教室在固定的时间来教汉语。本来我希望可以配两把钥匙,这样不用再去办公室拿,也比较方便,但赞比西大学是个集权制学校,一丁点儿的小权力都不肯下放,求钥匙无果。经过协商,学校答应每天上课前让清洁工开门。但事实是每次去上课时门都是关着的,他们好像忘记自己说过的话了,我也就只能折回办公室去拿钥匙,然后带着一个清洁工来给我开门。也有去办公室拿不到钥匙的情况,他们告诉我清洁工已经去开门了,我又折回教学楼,连清洁工的影子都看不见,就只能带着学生去找空的教室去上课,这样来来回回半个小时就过去了。也许学生觉得我这样来回奔忙太辛苦了,二级和三级的学生好像约定好了似的,他们之中来的早的学生便自觉地去办公室找钥匙,如果他们找到钥匙了,我推开门去直接上课。当然如果没找到钥匙,他们就会在教室门口等我,然后我们一起再去找空教室上课。

四、我是武术传播的后继者

HSK 三级班的课程上了一段时间以后,为了调动他们学习的积极性,我觉得应该穿插一些文化课。我们班上只有一个女生,男孩较多,我想他们应该对武术感兴趣。我简单地把上一节遗留的一些作业处理一下,便要带着他们出去学五步拳,他们居然很害羞地跟我提议说在教室里学比较好,我记得以前有人告诉我说非洲人都比较开朗奔放的,怎么我的学生竟如此害羞呢。教室里那么小而且堆满了桌子和椅子,但他们情愿把桌子、椅子往两边挪动,还好他们人数比较少,这么小的空间倒也能勉强容得下。

也许是第一次接触武术,他们的动作显得很是笨拙,也很不标准,但依然阻挡不住他们学习武术的热情。五步拳的动作分解完以后也就九个动作,在我看来是很简单的,我就让他们跟着我的动作来做,然后用英语给他们说应该怎么做那些动作。我以为他们很快能学会,但两三圈以后学生都跟我抱怨说武术太难学。我承认我不是一个专业的武术老师,我只能做出那一套动作,却不能很专业地去教学生如何学会那套动作。后来我就开始自己设想如何使学生快速记住这些动作。在一个天气舒适的傍晚,学生突然跟我说想复习复习我们之前学过的武术。我开始尝试着我之前的设想,用 1~9 的阿拉伯数字给这九个动作编号并做给他们看,然后依然是我喊指令,他们跟着我的动作做,十几分钟后他们就记住了全部动作,半个小时后他们就能把

认真学习五步拳的学生

五步拳打得很好了。初次尝到学会武术的甜头,他们都很开心。当我们结束课程,互相道别的时候,一个学生又跑过来和我说:"老师,我们下周学习那个二十步的功夫好吗?"我突然想起来这个"二十步的功夫"指的是初级长拳,我当初给他们介绍武术的时候说这个功夫也比较简单,只有二十步,没想到他倒记住了。

我们在校园里学习武术的时候,总会引来一群或惊异或感兴趣的目光,有来询问哪里可以学汉语的学生,也有打算下学期报汉语课程的学生。这也是我想在校园里教学生武术的初衷,一方面可以传播中国的武术文化,一方面希望通过武术的魅力吸引更多的学生,从而解决目前汉语招生困难的问题。

五、出国是一种能力的锻炼和提升

记得之前去北京汉办总部领资源包的时候,给我们发放资源包的宋老师问我们去的是哪所学校,我们回答是蒙古的育才,宋老师笑着说:这一年你们必然会收获很多,好好做,加油!当时我只当它是一句鼓励的话,当我真的去了育才任教的时候,我才知道了她话中的含义。

育才学校有自己的一套管理模式,教学模式也必须严格按照学校的进行:校长要求每位老师必须七点半到校管理自己的班级,他也会七点半在校门口"迎"我们入校;所有的老师都要坐班,学生下午两点半放学,老师五点才能下班;每天上班下班都要扫脸打卡,不能漏掉,如果不慎漏掉了,那么当天的工资就没有了;汉语主任要求我们做课时计划,在这之前我从未听说过什么是课时计划;每天办公桌上都有堆积成小山的各种作业本、笔记本、汉字本、听写本、造句本、副科本、作文本,有的时候可能到下班时间了,自己还没有改完作业;我们还要负责策划、举办活动,带领学生参加别的老师举办的活动、学校的活动、志愿者之家的活动;深夜或周末的时候,也能看到我们因备课或举办活动而挑灯忙碌的身影,我们就像一台机器一样不停地忙碌着。因为生活中永远有忙不完的事情,我们总会感觉时间流逝太快,尽管很忙,但我们的生活很充实。

在我们的辛劳付出下,全班学生参加学校举行的的文艺比赛,获得了中文大合唱三等奖;指导学生参加的中文演讲比赛成功晋级决赛,最后获得一等奖;带领学生参加志愿者之家举办的志愿者成果比赛,获得了三等奖;对于我们自己,懂得了如何去策划一场活动;懂得如何与家长愉快而友好地相处,如何与自己的领导、同事相处;懂得如何高效率地完成工作……这些都是毕业前夕未曾知道的事情,而现在我已全然明白。

来到莫桑比克以后,蔬菜比较单一,吃久了就会嫌弃,我在网上找来生绿豆芽的方法,试着生了次豆芽,从此我们的菜单里又多了一个品种;有次逛印巴超市的时候,发现大蒜比另外一个城市便宜,便买了很多,我又开始做蒜苗的无土栽培,希望能够生出蒜苗,那样我们可以吃到家乡的蒜苗炒鸡蛋。我们还从网上找来其他菜谱,再加一点创新,也能成就另一番美味,比如说我们在炒土豆片的时候加入了一些烧烤酱,那味道比平时吃的土豆片要提升好几个档次,可见烧烤酱和土豆片也是蛮配的;我们在中国超市遇到了海带,我们便买回来,在网上搜索酸辣海带丝的做法,然后也能做出味道相当不错的小菜,虽然没办法和中国超市里的相媲美,但是我们自己做的小菜还是相当健康的了。

改善生活

生活有时也很无奈,但只要我们热爱生活,善于发现生活的美,无论我们走到哪里,都能把无聊的生活过成我们自己想象中的样子,甚至像诗一样美。

人生在不同的时期会有不同的选择,每一次选择都可能是一条不同的人生轨迹。我很庆幸我有勇气选择出国这条路,没有过早地步入千篇一律的平凡日子,我接触了不同的文化,遇见了很多新鲜的人和新鲜的事,体验着人生的多姿多彩,也许某天我又回归到平凡的日子,但我还有那段不平凡的经历可以回忆。

国际中文教师叙事文本(26)

本文以作者在柬埔寨和坦桑尼亚两个赴任国的中文教学和文化差异展开叙事,讲述了中文教师应该积极、主动适应和融入教学环境,应该有效利用资源扩大中文教学范围。结合坦桑尼亚学习者的特点探索出的哥曲教学、功夫教学路径以及相关的文化体验是"认同和肯定学习者所在国独特文化,以平等和尊重的态度对待异文化"的信念体现。

作者简介:齐传鹏,平顶山学院2015届对外汉语专业本科毕业生,浙江师范大学汉语国际教育硕士。2015年赴柬埔寨任王家研究院孔子学院汉语教师志愿者,2017年赴坦桑尼亚任达累斯萨拉姆大学孔子学院汉语教师志愿者。获评语合中心(原国家汉办/孔子学院总部)优秀汉语教师志愿者。

"柬"单爱

2015年,我从平顶山学院对外汉语专业毕业,当年来到了柬埔寨,十个月的任期结束后,我又怀揣着一颗向往的心,再次踏上旅途,来到位于赤道以南,印度洋西畔的东非国家——坦桑尼亚。

一、柬国情

柬埔寨王家研究院孔子学院下属的大岛洪森中学教学点,英文全称为 Hun Sen Preak Sdey Secondary School,位于柬埔寨干拉省哥通县 Preak Sdey 镇 preak lok 村,距离首都金边大约两小时的车程,是一所公立柬文学校。学校现有三排教室共18间,其中15间用作柬文教学,3间用作中文教学。

学校门口

第三章 国际中文教师的文化交流信念

大岛洪森中学汉语中心于2010年10月1日正式揭牌,首批派出两名志愿者老师,截至2015年已是第六届。中文班上课时间在柬文课后(上午11:15到12:15,下午17:15到18:15),基本属于兴趣班的性质,虽说11:15上课,但是学生学习汉语的积极性很高,10:40已经陆陆续续到校,实际上课时间可能在70分钟以上,学生都这么努力了,老师有什么理由不好好工作呢?闲话少说,下面就为大家说说我们在传说中艰苦的大岛教学点的衣食住行及教学情况吧!

(一)柬国生活:面朝大岛,春暖花开

没来大岛之前,关于大岛很艰苦的流言漫天飞舞,吓得我一下飞机就赶紧去首都金边的超市买盒牙膏压压惊,来到大岛以后才发现,很多都是"谣传"。

市场上的服装和蔬菜。距离大岛洪森中学两三公里远的地方有个哥通县,虽说是县,但只有我家乡所在镇的十分之一大,大约有一条街那么长。虽说地儿不大,但物资丰富,衣服、电器、食品等生活用品应有尽有,我曾在那儿花6万瑞尔(当地货币)淘了四件衣服,感觉很过瘾,除了掉色以外都挺好,当然也有高档点的衣服啦,得多掏点钱而已。平时买菜不用去哥通县,因为离宿舍几十米远的地方就有小市场,鱼虾蛋肉和蔬菜都有,也可以在这里吃早餐,1500~3500瑞尔不等。来了一个多月,发现乡下的人都很淳朴善良,买东西还没有遇到任何被坑的情况,在学生家的小摊或商店买菜时经常还会多给。

乡镇的菜摊　　　　　　　　　　**我的寺庙宿舍**

寺庙里三个人的修行。从明天起,做一个幸福的人,打坐、参禅,面朝大岛,春暖花开。可能这么多教学点中只有大岛的宿舍是在寺庙中,所以不能派女老师来。然而,寺庙有寺庙的福利,两层小楼,一人一个房间,大约20多平,与教学点门对门,只隔了一条柏油路,上课颇为方便。大岛其实没有岛,非要找岛的话,寺庙旁边的百色河中倒是有个冲积而成的三角洲。这里有数不尽的椰子树、成片的香蕉林、硕大的菠萝蜜和看不尽的热带田园风光,对于我们这些没见过的人来说,什么都是新鲜的。

与人为善,别人也会与你友善,与和尚住对门,和尚经常给我们送食物和饮料,每每有节日,我们就屁颠屁颠地在人家家门口蹭吃蹭喝,因此,我觉得很有可能打破志愿者在柬埔寨男生必瘦、女生必胖的"魔咒"。有时一觉醒来,打开门,发现寺庙的和尚和几个小学生正拿着扫帚扫我们门口和房子旁边的水泥地,不知为什么,眼角莫名地湿润,一阵感动涌上心头。和尚在柬埔寨的地位比较高,娇生惯养不免有一些陋习,来大岛之前便有所耳闻,所以与和尚相处便小心翼翼,礼遇有加,但是近来相处月许后发现,和尚其实很好。有一次,一位老师晚上上厕所,一条狗就对着他狂吠,想要咬他,和尚主动帮老师把狗赶走了。如果晚上老师的衣服挂在外面晾,和尚就用会他唯一会的一个中文词汇"老师"加柬语和肢体语言提醒老师收衣服,担心下雨或者有小偷来偷走老师的衣服。点滴都是感动,融化了我们的心,学生上课之前会组队来老师的楼下等老师去上课,教老师柬语,给老师送香蕉、牛奶或者当地食物,请老师去他们家做客,带老师出去玩。到了一个多月,伴随着纯真与可爱,收获了热情和感动,是他们让志愿者老师们远离了跨文化的孤独与焦虑。在这异国他乡的土地我们播种友好和希望,收获的将是中柬更加美好的明天!

(二)柬国的中文教学:丹心热血沃新花

教学环境。如果你曾在农村上过学,那么大岛的教室就可以自行脑补,和中国20世纪90年代农村小学的教室条件差不多,都是平房以及陈旧的课桌板凳,但是老师和学生每次上课见面都很开心。最令人啼笑皆非的是教室里有很多鸟窝,住了很多鸟,每天去上课的时候桌子上都是鸟屎,有时上课的时候还会拉到学生书上甚至头上,引起一阵阵骚乱。大多时候三位老师也会不热爱动物地把鸟窝捅掉以便我们的学生可以好好上课。

教室环境

好学的学生

学生组成及学风。2015—2016届共有学生123名,都很可爱,均为柬埔寨人,少数学生有华裔血统,有的长得比中国人还中国人,我反正是很难分清楚。中文班共开设了3个年级6个班,其中一年级3个班共67人(一半学生是初中生,另一半是小学和高中生),二年级1个班31人(三个高中生,剩下的是初中生),三年级两个班共25人(纯高中生),各年级根据学生上课时间开设中午班和下午班。大岛学生学习汉语很努力,这几年基本上每年都有人申请去中国读大学。大岛洪森中学汉语中心每个班每周五节课,教学任务是比较轻松的。志愿者老师们暂定每周三为才艺课,主要学习功夫、太极、舞蹈、剪纸、书法和音乐等,以增加孩子们学习汉语的热情,其中一年级才艺课占比最大,二年级次之,三年级最少。

除此之外,学校的几位老师和校长在周末有空的时候也会学中文,但时间较短,效果有限。当年应寺庙和尚的要求,还开了寺庙和尚班,每周两节,属于纯兴趣班,没有书也不收学费,但是大师们学得很有劲。

我在柬埔寨教授功夫

二、非洲情

赤道以南,印度洋西畔,东非,坦桑尼亚。如果说在柬埔寨的中文教学时光给了我磨炼,那么坦桑尼亚的中文教学体验给了我更多的责任和提升。

坦桑尼亚是一个旅游资源特别丰富的国家,例如非洲第一高峰乞力马扎罗山、可以每年看到动物大迁徙的塞伦盖蒂国家公园以及桑给巴尔岛,此外我工作在达大孔院所在的达累斯萨拉姆市是一个海滨城市,也是旅游观光的好去处。

(一)我观察到的中坦两国教育体制上的差异

中国和坦桑尼亚两国教育体制在学生学习年限、考试制度、学习科目、学习时间、学校规模上有明显差异。在学习年限上,坦桑小学七年,初中四年、高中两年,国内小学六年,初高中各三年;在考试制度上,坦桑在小学、初中、高中不同阶段设立国考,最重要的是中学四年级和中学六年级的国考,国内对于学生最重要的是中考和高考;在学习科目上,坦桑学生在初中阶段学习生物、物理、化学、商务等学科,在中学三年级开始选择商科、文科和理科方向,中学五年级选择3门科目组合学习,而在国内,初中和高中一年级接触到的主要科目是语、数、英、地、史、政、物、化、生，到了高二阶段出现学考和选考，选择除了语数英之外的三门作为选考科目学习；在学习时间上，坦桑学生学习时间更长，课表上规定的自修时间加上课堂时间总计约12小时，而国内约8小时，国内学生每天有更多的课间活动和体育锻炼时间，坦桑学生有更多自习时间。坦桑学生课间没有休息，只有茶歇和10分钟的课间休息，每天早餐、茶点、午餐、晚餐共四次就餐时间，国内学生每节课之间有10分钟休息时间，有早餐、午餐和晚餐三次就餐时间。坦桑学生每天有10门课，国内学生每天约8门课。在学校规模上，坦桑学校规模可大可小，公立学校规模偏大，而国内的学校规模普遍偏大。虽然两国在中学层面有诸多差异，但是有一个共同点，学生在中学阶段除了必修课，能自主选择感兴趣的科目，这些科目的学习将会有助于他们大学的专业选择和学习。

（二）我的那些"花儿"

我在坦桑尼亚达累斯萨拉姆大学孔子学院下属的阿特拉斯学校教汉语，有近600名学生，他们都是我最珍贵的"花儿"。由于"花儿们"数量太多，普通的小班游戏和活动根本不适用，所以我苦思冥想，想出了几个"大招"。

1. 第一个大招是歌曲教学

"b p m f d t n l g k h j q x z c s r zh ch sh……"

声母？没错！耳边响起音乐，双脚打着节拍，身体跟着摇摆，一首汉语声母歌唱起来！众所周知，非洲人的乐感通常都不错，很多厉害的音乐明星也是非洲人，例如迈克尔·杰克逊。"乐感"包括音准感、节奏感和旋律感，这些都是可以通过专业的测试评估的。《乐感和遗传基因的关联性》研究中发现，非洲人有对音乐敏感的基因。总而言之，学生们有这么好的音乐天赋，可千万不能浪费。因此，将汉语教学和中文歌曲相结合，增加汉语学习的乐趣，是一件十分有意义的事情。

理想很丰满，现实很骨感。很多时候很难找到符合自己教学内容的中文歌曲，那就自己填词吧！曲儿都是现成的，把自己的教学内容填进去，只要押韵就行。借用那些流行歌曲的曲子，只要不大规模使用或者用作商业用途算不上侵权，可以放心使用。

学生在家长会上合唱中文歌曲

我和学生们

2. 第二个大招是功夫教学

功夫作为中国文化的特色招牌之一,在海外拥有很高的知名度,那么,在坦桑尼亚,中国功夫究竟有多火呢?这样说吧,当地有一种功能饮料直接以"KUNGFU"命名,电视上有两个专门的功夫频道,每天二十四小时播放中国功夫电影和电视剧。如果和学生提到功夫明星李小龙、成龙和李连杰,他们会兴奋地说"kungfu!kungfu!"有的甚至还能胡乱比划两下。

为了让学生们对学习汉语更有兴趣,我创办了阿特拉斯学校"功夫俱乐部",每周二、六教授学生功夫,教授的主要内容有:五步拳、长拳、太极、三段棍和五禽戏。如果学生对功夫没兴趣也没关系,因为我们达大孔院每年还有中学生"汉语桥"比赛、中学生歌唱比赛和中学生汉语知识竞赛等各种活动或比赛,总有一款适合他。

"功夫俱乐部"

(三)坦桑尼亚的柴米油盐

在生活中也发现一些差异,比如农产品在中国是论斤卖,但他们基本上是论个卖,有的简单粗暴直接论堆卖。在市场买东西,商贩算错账也是家常便饭。

世界上并不缺少美食,只是缺少发现美食的眼睛。达累斯萨拉姆市具有养眼的旅游资源,也盛产丰富的食材。十几块钱一斤的新鲜牛肉和羊肉是烫火锅的上好选择,十块钱一只半斤重的大螃蟹和各种海鱼是大海给予的恩赐,仅卖七毛一个的大橙子和两块钱一个的牛油果也是给吃货们的福利。

有句歌词说,我们来自山川湖海,却囿于昼夜、厨房与爱。也许在大学的时候,饿了只要去学校食堂,总能找到自己喜欢的菜,读大学的几年,几乎没怎么接触柴米油盐,小时候锻炼的厨艺也渐渐生疏了。很庆幸在非洲,又重新找回了那种与柴米油盐打交道的感觉。会做菜,真的是一件幸福的事情。尤其是在异国他乡,怀念家乡味道的时候,自己动手做出一道家乡菜,何其快乐!生活总是引领我们去主动学习一些东西。初来非洲时,很多人不识油盐酱醋,但离开时,个个都成了大厨,至少家常小炒不在话下。而往往最牵动人心的,就是家常小炒。非洲的生活不似国内丰富多彩,却能让人内心平静,可以把它当作一场修行,柴米油盐让这场修行多了一些味道。

美味的大螃蟹

达累斯萨拉姆市的海滨

(四)新鲜的见闻体验

不曾到过非洲,你就不会知道中非差异有多大,在生活中遇到种种不可思议的事情是家常便饭,这也算是一种体验吧。

1. 婚育观念

给坦桑尼亚当地学生上《你家有几口人》这一课时,老师说自己家里有三口人(爸爸、妈妈和我),学生露出惊奇的眼神,因为当地人家庭有十几口人非常常见,并且认为孩子越多越好。

2. 时间观念

在非洲,如果听到非洲人说"明天",就相当于中国人说"有空去我家吃饭",不知道是哪天呢。例如一位志愿者老师的马桶坏了,有点漏水。于是打电话让修理工来修理,修理工答应说中午来给修理,到了下午大概三四点钟两个修理工总算是来了,可是修理了大半天也没有修理好。然后说第二天再来修,就可以修好了。第二天都下午两点了,还没见修理工人来,打电话给他们,他们说今天来不了了,明天吧。第三天,修理工来了,但是这次依然没修好。这一天是周五,修理工说,周一他们会再来修理,就会修好了。周六周日,他们也要休息,真是没办法。终于等到周一,还是下午,修理工来了,这次总算是修理好了。不得不说,当地人的时间观念不强,做什么事总是在约定的时间以后。了解了这样的特点,在以后的生活中也不会有太多抱怨。

3. 突然遭遇要东西事件

我的一位女同事有一天去打印店打印照片,天气很热,我同事带了一把太阳伞遮阳,到了打印店遇到当地的一位中年女士,那位中年女生见到中国人就用英语问候了几句,然后就开始夸我同事手里的太阳伞很好看、很漂亮之类的。聊了一会儿这位女士突然对她说"Can you send this umbrella to me,I like it very much!",出其不意的提议,让我同事很是惊讶:第一,她与这位女士不是朋友,一点儿都不熟;第二,她从国内就带了这一把太阳伞,这把伞对她很重要。于是,她就告诉这位女士,她只有这一把太阳伞,如果给了别人,她的皮肤会被太阳晒伤的。同时,转换话题,夸这位女士穿的衣服很漂亮等。看来,在与异国文化打交道的过程中,要有原则性。

4.饮食疑惑

在中文教学课堂学到食物的时候,学生对于中国的食物很有兴趣,他们会比较中国和坦桑尼亚的食物,有学生说中国人会吃蛇、青蛙之类的,这让他们很难接受。这可能也是全世界中文老师被问到的关于食物的最多的问题吧,我告诉他们这只是个别地区的少数现象。有刻板成见不可怕,中文教师用自己的行动让他们看到、感受到就是文化的交流。

写在最后:向往远方的心

"世界上怎么会有毕业论文这种东西?"当时不少小伙伴因为毕业论文的事儿相当闹心,我也是其中的一个。敦促自己沉下心来认真撰写毕业论文,在抬头休息的瞬间,心中又时不时升腾起对远方的渴望,常常回想起在异国教书的日子,怀念用脚丈量非洲的那段岁月。

远方有我们看不到的风景,由于心的渴望,我们愿意远行。汉语国际教育这条也许在不少人看来渺茫曲折的路径,我愿意将其作为引领我不断前行的独特风光。

国际中文教师叙事文本(27)

本文以作者在缅甸的日常生活、中文教学和文化交流为主线展开叙事。其中,在相对艰难的环境下仍能怡然自得的文字叙述、对中文写作教学的探索、负责任的文化活动组织,都呈现出"把文化的多元性作为教学的基本原则"的信念。

作者简介:赵勤瑶,平顶山学院2018届汉语言文学专业本科毕业生,内蒙古师范大学硕士在读。2018年赴缅甸八莫佛经学校任汉语教师志愿者。

缅甸八莫志愿记

2018年,我顺利通过了汉语教师志愿者选拔考试,人生的另一扇窗就这么打开了。

一、初遇缅甸

8月24日,我踏上前往缅甸的旅程,当天到达曼德勒。那是一个雨季,飞机拨开云层,眼前是大片的农田,仿佛进入绿色的王国,远处依然是郁郁葱葱,再远处隐约于郁绿之中的是什么呢?哦,佛塔!

曼德勒机场　　　　　　　　　　八莫机场

飞机在曼德勒国际机场落地,与国内机场相比,小乘佛教风格的塔尖使它与众不同,引人注目,不愧是佛国缅甸。看着挺气派的,真不错,可惜了,我与曼德勒擦肩而过,被调往另一个小城,传说中缅甸最艰苦的教学点——缅北克钦邦八莫佛经学校。8月26日,我们到达八莫。呵,这个机场真豪放,原生态风景亮相,各种植被杂草交错丛生,泥泞小路的点缀,也算是别具一格。警察的出现倒让人有几分莫名的熟悉感,就像泰剧里看到的那样,一个大庄园里经常会出现穿制服的警察。

机场的候机厅也真是能多简陋就有多简陋。机场人员看见我们一点也不惊讶,他们只是按例检查护照,因为每隔半年或一年就有新的志愿者来这里。有一位身强力壮的工作人员,用缅甸口音喊我们"老师",然后用中文数数人数对照行李数目,接着搬运行李。

学校的几位董事及校长来机场接我们。董事们是缅籍华人,他们看见我们,嘘寒问暖,还帮我们拿行李,十分热情有礼貌。

走出机场,坐上车五六分钟就到达学校,自此,我的八莫志愿者生活开启。

二、我的中文教师生活

(一)八莫佛经学校

第一次听这个学校的名字,感觉有点奇怪,明明是中文学校,为什么叫佛经学校呢?范宏伟在《缅甸华文教育的现状与前景》写到"缅甸华侨、华文教育经历英属殖民地时期(1904—1942、1945—1947)、日本占领缅甸时期(1942—1945)、缅甸独立后的吴努政府时期(1948—1962)和奈温军政府初期(1962—1966)四个时期。从总体上来看,自1904年缅甸第一所华校建立到1962年奈温军人政变掌权,缅甸华侨华文教育在师资、学校规模、学生人数等方面,均呈不断发展趋势。到1962年,缅甸有259所华文学校,39,000名学生。1965年4月,缅甸政府颁布《私立学校国有化条例》,下令将全国所有私立中小学收归国有。不久,全缅200多所华校被缅甸政府接收。此后,一些失业的华文教师在各地兴办了不少华文补习班,但到1967年仰光发生"6·26"排华事件后,华文补习班也被政府禁止。直到20世纪70年代末80年代初,一些华人华侨在讲授佛经的名义下,率先办起了一些华文补习班,让华文教育勉强恢复、发展起来。这种状况今天依然存在,不过华校的数量和规模已经有了较大发展。吕子态在《缅北华文教育现状及发展前景探析缅北华文教育现状及发展前景探析》中写到"2013年,八莫佛经学校董事会邀请曼德勒福庆学校领导到本校莅临指导,在福庆学校的帮助下学校举办'本土教师教材培训',并把所有班级教材都改成国侨办免费赠送的小学十二册《汉语》课本。2013年获中国国侨办批准,挂牌:'海外华文教育示范学校'。"不仅如此,我在学校资料库里还了解到该校于1945年由中国远征军国民党三十八军军长孙立人将军召领华侨所办。了解了建校历史之后,心中无限感慨,脑袋里闪现的是办公室墙上"礼义廉耻"四个字的模样,突然我感到特别庆幸,自己被调到这个古色古香的学校。

(二)日常生活

刚来到这里,第一件大事就是添置家用。说到这里,有一个小插曲,第一次外出,我们刚出校门,路口还没走过去,就被警察扣下了。当时我们三个人特别困惑:老老实实,本本分分,怎么就违反交通规则了呢?我们指着自己的头盔给警察示意,沟通了半天,终于听懂他一句话,"NO,three"。接着,我们三人连带摩托车被移到路边的空地上。当时有一个志愿者准备拿手机拍照片,结果身边那个警察一下子就急了,大声责怪,指着包包,要求我们打开接受检查。后来我们猜测那个警察可能误以为小伙伴准备从包里拿枪,所以才会有那样的反应。当时,站岗的三个警察轮流和我们说话,同是英语,可是谁也听不懂谁的话,沟通困难,双方便各自请求外援。警察给其他警察打电话,我们给校长打电话,结果校长也不太会缅语,他就给祖籍为云南的本地老师打电话。最后,在本地老师和警察沟通下,事情以罚款五万缅币而结束,从此那个路口名叫"五万"。回到学校,我们向当地老师咨询八莫的交通规则。他说:"一辆摩托车,只能坐两个人,且必须佩戴头盔。"

1 人民币约等于 216 缅甸币

学校不提供三餐,也没有食堂,甚至没有厨房。大多数情况下,志愿者教师都选择自己做饭,因为对缅餐鱼虾酱的味道不太习惯。我们在房间门口外边的桌子上,放上厨具,就可以开火做饭。我们一共有 10 个志愿者,分成三组,自愿结合。我记得特别清楚,米饭、花菜腊肠、番茄鸡蛋、紫菜蛋花汤,打响了我们组的第一灶。忙碌了一上午,又累又饿,吃到第一口饭,感觉尤其特别幸福!之后,我们大胆尝试不同的饭菜开发新品,自己的厨艺也算大有长进。在八莫,我们几乎没有断过水果,杧果、菠萝、荔枝、菠萝蜜,一个接着一个。饭后,再来点儿水果,生活如此惬意。

人间烟火

闲暇时间,我们组的三个女生就骑着自行车,外出兜风。各方打听摸索,穿梭于各个小商店,也是乐在其中。每周都要出去买菜,一到菜市场,浓浓的生活气息扑面而来,从里买到外,看见一个摊位菜很新鲜,就会问"bu lao lei?……zei ji dei,neinei xio bei ba, jie su din ba dei（多少钱？太贵了,便宜一点,谢谢）,"不当家不知柴米油盐贵,现在算是深有体会。小伙伴经常调侃说:"你看我们这个年纪的女孩子,人家都是买花逛街什么的,再看看我们,整天穿梭于菜市场,跟大妈讨价还价,围着灶台一亩三分地转悠。"说完,禁不住相视一笑,继续我们愉快的菜市场之旅,为这人间烟火甜蜜"奔波"。

菜市场

生活中,还有很多事情,我都想说 unbelievable,比如,点灯节,华灯初上的美景让人如痴如醉;偷鸡节,当天偷鸡不犯法;学生要出家一周,或者学生奶奶生日,又或者是学生叔叔结婚等等都要请老师们过去吃饭;国内蔬菜水果大多数论斤卖,这里论个数卖,一个苹果多少钱,一根黄瓜多少钱;还有就是停电,频率超高,时间也久,刮大风停电,下大雨停电,刮风下雨停电,不刮风不下雨仍然停电;刚开始网络也没有,后来安装了一根网线,十几个人一起用,网速让人抓狂,我一直以为网速慢是用网的人数多,直到后来我才知道,还有学校董事太"节俭"的原因,原来缅甸那里的网速价格不菲的。

学生出家,寺庙吃饭

（三）我的中文教学

在缅甸,汉语教学分为两种,一种以汉语作为第一语言教学,一种以汉语作为第二语言教学。我的教学点,八莫佛经学校,其汉语教学属于前者。学校使用的教材来源不一,有国侨办捐赠的九年制义务《语文》系列教材和汉办提供的《说话》《汉语》以及网上购买的人民教育出版社教材。刚来学校,我担任三年级班主任及语文科目老师。此外,学校为了让新老师能够和不同层次的学生打交道,还安排我负责一年级的文化体验、中二班的古汉和地理。

学校教材

第一堂课是班主任上的,也是三年级语文课。初为人师,一想到上课,我还是压力山大,紧张到肠胃紊乱、手脚冰凉,而且还很纠结,不知道该以怎样的形象和同学们见面。之前,经验丰富的老师给我提建议说,老师的威信很重要,如果给学生留下一个好欺负的印象,那么以后上课维持纪律就会比较困难。所以,刚开始上课,我没有和学生很亲近。

初次见面,我怎么也没想到,学生们的汉语水平那么高,说话如此顺溜,看国内电视剧,几乎没有障碍,这让我一度怀疑自己是否真的出国了?上课前,我还担心,听不懂学生的名字,那多尴尬。这样看来,是我多虑了。大家自我介绍完毕,便开始我的第一堂课——《燕子》。"一身乌黑光亮的羽毛,一对俊俏轻快的翅膀,加上剪刀似的尾巴。这就是活泼机灵的小燕子。同学们有没有见过燕子呀?"叽叽喳喳,喳喳叽叽,一节课就过去了,学生挺配合的,整体也算比较满意。

此外,我在教学的过程中,发现八莫学生写作方面存在很多偏误。我总结他们写作不好的原因有三:母语知识负迁移、目的语规则的过渡泛化和学习环境的影响。

第一,在学习汉语的过程中,学生受汉语方言知识的影响,按照方言的语序或者是习惯将内容表达出来。例如:①假如我是一位老师,想给同学们学知识;②他们没有礼貌的话,好好给他们学有礼貌的知识。

八莫市位于伊洛瓦底江岸边,距离中国边境很近,向东行 97 公里到达云南省陇川县,坐车只需要花费四五个小时。由于地理位置优越,再加上一些历史因素,八莫地区聚集了大量的华侨移民,他们是当地华文教育主要的推动力。学校大部分学生来自华人家庭,他们的祖籍多是云南、福建、广东三省,其中云南人占的比例最大。家里大人都说方言,学生当然也不例外,他们课下大都是用云南话交流,以至于我经常忘记他们是缅甸孩子。

第三章　国际中文教师的文化交流信念

上面这个句子,就是一个云南祖籍的学生写的。云南话里的"给"可以说是一个万能词,动不动就"给吃、给穿……"问他们,也说不出来什么理由,好像是一种说话习惯。另外,云南话里"学"和"教"意思一样,而在现代汉语里,两个字的意思差别很大。因为说话习惯,学生写作受到母语负迁移的影响,将表达的意思用母语的习惯写出来,也就不足为奇了。

第二,目的语规则的过渡泛化与母语负迁移糅合。例如:

③假如我有一只马,我要给它吃好好的草……

④在我小小的时候,妈妈好好地照顾我。

现代汉语中,形容词重叠,作状语和补语时,表示程度深;当它作定语时,有描写作用,一般也带有喜欢的感情色彩。第二个句子,是一位傣族学生写的,傣语里的叠词,表示程度更深,比如"好好的草"就是说吃质量很好的草,"小小的时候"就是说很小的时候。在现代汉语里,学生写"妈妈好好地照顾我"是可以的,而"好好的草""小小的时候"就不可以。学生受到目的语规则泛化的影响和母语的干扰,误用形容词的重叠。

第三,学习环境的影响,主要是教师和教材两个方面。

中国老师流动性太大,汉语志愿者教师教一到三年,最多四五年就走了,老师不能系统地教学生写作。低年级,句子还没写好,就要开始写作文,就好像路还不会走就要学着跑,基础不牢固,学起来会很吃力。另外,这里的学生没有专门的写作教材,他们看得最多的可能就是语文课本。但是语文书上的文章,大多数是国内专家人士挑选出来的精华,这里学生水平还不够,学不来的。阅读少,肚子里没墨水,自然也没有什么东西可写。因此,听说能力好并不代表读写能力好。

针对这种现状,老师需要对症下药,充分发挥学生学习汉语的优势,不断弥补劣势。鉴于这种情况,我曾向学校提出三个建议。

第一,听说读写相辅相成,是一个整体。学生听说好,那就从听说开始,老师可以给学生推荐优秀的的中国电视节目,然后,让学生复述所看视频的内容。同时,读写也不能落下。阅读课上,老师根据学生看的内容,随机提问书中词语的意思,或者某句话的意思。如果学生回答不上来,老师不能直接告诉他们答案,应该引导帮助他们理解,让他们通过上下文的联系来理解词义、句意乃至段意。授人以鱼不如授人以渔,方法比答案更重要,慢慢培养他们的阅读能力。

第二,开设写作课,写作老师从简单句教起,再到复句。平时也要锻炼一下缩句和扩句。学生的写作中错误的地方,老师要找到学生当面告诉他,否则,学生自己不会看的。

第三,营造一种汉语学习的氛围。学校可以多举办一些有关写作的活动,比如说,修改病句比赛,写作比赛,多多鼓励学生们动笔。同时,老师也要布置一定量的写作任务,固定的每周一记和两三周一次的作文交错进行等等。

我在三年级教室,放了两本小学生优秀作文,让他们没事多读多看。平时讲课的时候,遇到优美的句子,我会进行缩句和仿写的练习。先进行缩句,留下主干,然后让学生试着改变主干,再加上一些修饰语,也就变成了仿写。等到下一节课,我会进行复习,并进行提问,复习的方法是给一个类似于上节课优美句子的场景,让他们进行描述。有些学生能想起来,有些学生想不起来,然后我也会点评,总结。慢慢锻炼,毕竟写作是一个不断积累的过程,短时间内很难看到成效的,但是后来因为新冠肺炎疫情,开学刚一周学校就停课了。也就是说我的写作教学方法才刚开始实行,就结束了,这点我是挺遗憾的。

(四)文化交流活动

教学之余,学校也会举办多种多样的活动。我第一次负责的中华文化活动是中原面食文化的推广。当时正好借中秋游园活动的"东风",我向当地学生及家长展现并推广中原面食文化。缅甸多稻米,面食偏少,早上大家一般吃米线、粑粑丝。而我是河南人,喜欢吃馒头、包子之类的面食,想吃的话就买来面粉自己做,做好也会和其他老师分享。有一位公派教师吃完感觉很不错,灵机一动,建议我组织一次中原面食文化活动。听他这么一说,我个人觉得也挺好的,不过我也有很多顾虑:不知道那天会来多少人,需要做多少的量,也不能确定当地人是否喜欢这种面食,现场做饼人手不够怎么办?有刀有电,小孩子来回跑,也挺危险的。这时,那个公派教师说"做一件事情,本来就有风险,兵来将挡,水来土掩,我们会帮你的,想做做吧。当然决定权在你,你再想想。"思想斗争了一番,我决定挑战一下,如果活动不理想就当做积累经验了。当天活动进行得很顺利,大家都说好吃。而且通过这次活动,我和学生们之间的关系更进一步加深了,真是意想不到的事情,自己都有点"得意忘形"了。

令我印象深刻的活动还有六一活动。当时,我负责的是主持人工作,不仅仅要挑选主持人,还要指导他们的发音、仪表仪态。另外,我还需要自己写主持稿,一个人,那么多节目和颁奖环节,想想都头大。没有经验,那就创造经验,硬着头皮也得上。真的是,皇天不负苦心人,六一活动圆满结束,家长和董事们都很满意,自己也是收获颇多。再之后,学校新楼落成典礼活动,编写主持稿的任务也交由我负责。

六一活动

新楼落成典礼

此外,还有两个比较特殊的活动。一个是纪念孔子诞辰活动,这让我感到既吃惊又惭愧,因为我在国内都没有参加过之前的活动。另外一个是春节拜年活动,从大年初一开始,从早到晚,不停歇地持续一周。我们老师和学校董事以及云南同乡会的舞龙队一起给当地的华人拜年,两个本地老师带一个志愿者,也就是三个人一组,轮流记账,最后拜年所得红包都算作学校办校资金。除了这些,还有各种比赛,拼音比赛、书法比赛、拔河比赛,等等。现在回想起来,过程有多曲折,记忆就有多深刻,感觉就有多美好。

纪念孔子诞辰

拜年活动

(五)最可爱的人

谁是最可爱的人?那一定是我的学生!"你们班的谁谁谁和我们班的谁谁谁玩得可好了,写作文还提到他们是铁哥们儿呢;你发现没,最近这段时间谁谁谁表现可好了,上课积极性很高,不过那个谁谁谁最近表现不太好,不交作业,上课还老说话……"老师们经常开玩笑,说自己当了老师,就像是变成了妈妈,看见学生,就像是自己的孩子,嘴里整天念念叨叨,心里也是真的喜欢这群可爱的孩子。

娜美玉、赛金成。他们是老师口中的金童玉女,两个人学习努力,态度端正,跳舞还非常好看。之前,我们老师被邀请去观看他们的舞蹈比赛,那是我第一次看他们跳舞,感觉他们好棒。为了上学方便,好多学生都是寄住在亲戚家或是宿舍里,金成和美玉就是寄住在学校附近的宿舍里。每次看见他们,我会格外关心一些,周天的时候,我给他们补过课,时间允许的话,还会给他们做饭吃。说起他们两个人,有一件事情,我挺自责的。事情是这样的,他们两个人有段时间频繁请假,不是说宿舍阿姨让他们去跳舞,就是说他们要帮宿舍阿姨做汤圆,我真是不能理解。当时我生气地说,如果再请假,就让宿舍阿姨来找我吧。紧接着,一个本地老师打来电话,说:"勤瑶,傣族那几个学生的宿舍阿姨刚给我打电话,你不批假,她很生气,如果你态度不好的话,宿舍阿姨就给他们换学校了。学生跳舞是为了自己民族的节日,做汤圆什么的,是为了募捐。如果以后他们请假,你答应就好了。"挂完电话,我挺抱歉的,一个老师,面对学生请假的问题,居然不问原因,直接说那样不负责任的话,实在是有失妥当。后来,我还给他们两个道歉,并让他们把我的歉意转达给宿舍阿姨。经过这件事情,我以后再遇到学生请假的问题,就会多问几句原因,以免再发生类似的事情。

三、汉语教师——我的教师梦

正如每一个汉语教师志愿者都会唱的《瀚宇之花盛开》里的歌词所说,"未来总有一天会发觉,我们为自己而骄傲。"一直以来,我的理想职业就是成为一名合格的专业的优秀的教师。我时常感恩,从幼儿园到大学,每一个阶段,我都能遇见值得铭记于心的老师。说到这里,我发自内心地感谢那些给予我知识,教我做人做事的老师们,感谢他们给我梦想的翅膀。我曾被老师温柔相待,所以,我也想成为他们那样的人,去教书育人,去从事夸美纽斯口中那太阳底下最光辉的职业——教师。学高为师,身正为范,教师这个职业,太过神圣。我不能保证自己以后一定能成为多么优秀的教师,也不能保证自己能为教育事业做多大的贡献,我能保证的是上下求索漫漫长路,苟日新,日日新,又日新。我希望的是,每一个学生,都能被温暖相待,都可以最大化地享受教育。

汉语教师志愿者,聚是一团火,散是满天星。大家短暂相聚,便各自奔赴"战场",这是一种担当,是一种光荣。如果你也想加入汉语志愿者之家,那我一定提前祝贺。另外,我有一些建议,那就是炼就一颗强大的内心,全面发展。因为你不知道自己可能会面临哪方面的挑战,可能是饮食不适,可能是人际关系,也可能是工作量大,还可能感染当地的疾病等等,无法预料。如果遇到困难,放轻松,联系你的负责人,放心,一定会有人帮你的。愿:历遍山河,归来仍是少年!

第三章　国际中文教师的文化交流信念

国际中文教师叙事文本(28)

　　本文以作者在泰国的教学方法构建、YCT组织方式探索、主动学习泰语等事件展开叙事,呈现出"在实践中反思"这一提升中文教师多元文化意识有效途径的信念,同时也是自觉的多元文化交流信念的体现。

　　作者简介:姚宁,平顶山学院2012届对外汉语专业本科毕业生,云南民族大学汉语国际教育专业硕士。2014年赴泰国玛哈沙拉坎大学孔子学院任汉语教师志愿者。

遇见,"泰"美好

　　作为一名对外汉语专业学生,出国做汉语教师志愿者是我一直以来的梦想。本科毕业的时候,觉得自己的理论知识还积累得不够,便把梦想暂时藏了起来去选择了读研,研一下半年觉得梦想不能再耽搁就选择了出国,所幸一切顺利。

2014年泰国玛哈沙拉坎大学孔子学院汉语教师志愿者合影

　　当时我申请的是泰国玛哈沙拉坎大学孔子学院,与我们同去的志愿者过去之后被分在玛哈沙拉坎大学孔子学院的不同教学点,一般是玛哈沙拉坎府周边的其他府,我被分在了武里喃市政府第一学校,是他们学校的第一个中国老师,责任重大,因此也倍受关注。

一、"你好你好",教之有道

泰国,这个只在电视和书本上见到的国度究竟是一种怎样的存在?一切都是陌生的,却又如此新奇。这里的孩子们对中国的热情超出了我的想象,下课的时候他们拉着我问中国是怎么样的,中国是不是到处都有熊猫,中国冷吗,下雪了吗,中国的学生穿什么样的校服等等一系列有趣的"十万个是什么"的问题,看着他们那一张张因兴奋而涨得通红的小脸,突然觉得来泰国做汉语教师志愿者这个决定似乎是目前为止这辈子做的最对的一个。我给他们讲中国,给他们看图片,给他们听《北京欢迎你》歌曲,每天都充满激情。日子一天天地过着,跟孩子们的感情也越来越深,后来有一段时间,编手环在泰国很流行,就是好多小皮筋整一块儿那种,然后我就收到了小学一年级全班送来的四十枚各色的小手环,虽然有的小到只能戴在大拇指上,有的被踩躏到黑乎乎的还沾着鼻涕,但仍然感动得一塌糊涂。这样的热情生活和从学生这里得到的感情也是我初为人师体验到最大的快乐。

先说说我带的课程吧。因为是首任汉语老师,学校想把中文课程覆盖到各个阶段,就安排我带了小学一至三年级各一个班级,初中一、二年级各一个班级,高中一至三年级所有班级,共计五百八十人。学生没有基础,教学没有参考,一切从零开始,我先从玛大孔院借来了《汉语乐园》《快乐汉语》和《体验汉语》三本教材。考虑到教学对象的特点,小学生我用的是《汉语乐园》(泰语版),这本教材是针对泰国儿童的,它涵盖了语音、生词、句型、汉字、文化、游戏、歌曲、故事等内容,注重知识的复现、提炼,注重将语言学习与智力发展、人文教育相结合,用它来完成小学一至三年级的汉语课程是最合适的。针对小孩子的课堂,我一般会制作很多教具,例如在语音教学中我会将所有的声母和韵母都做成卡片,以便于他们的认读和拼读。在教学方法上用的最多的就是直观法和游戏法,小学生的注意力很难集中,为了吸引他们的注意,我经常会选择一些带有肢体动作的游戏,例如让他们到讲台上用声母来"接火车"等。在作业布置上也要以有趣的方式来完成,我通常是将一些拼音或汉字镂空打印出来,让他们涂上自己喜欢的颜色,这样一来,汉语对他们而言就是最有趣的,他们也就无比期待每周一次的汉语课,而我也就沾了汉语的光,倍受他们的欢迎。

给初中和高中学生上课我选的是《快乐汉语》这本教材,原因是里面的内容相较《体验汉语》而言更生动有趣,更适合初学者,我认为针对外国中小学生进行汉语作为第二语言的教学,首先要具备趣味性,因为中小学生认知水平有限,还无法为了达到某一目的,去做自己不喜欢的事情,因此教材的趣味性就十分重要了,只有让学生觉得有趣,能培养起他们对汉语的兴趣,才能激发他们的学习动力,从而学好汉语。正如赵金铭先生在《对外汉语教学概论》(修订本)中提到的教学信念决定教师的专业发展信念取向,如果教师认为语法教学至关重要,学语言就是学语法,那么他就会不断学习和深化自己的语法知识和理论;如果教师确信学语言就是学这种语言的事实,语言是在使用中学会的,脱离具体语言现象去学习语法知识没什么用处,那他就可能更多地引导学习者关注语言表达的内容。秉着重视初级汉语课堂趣味性的信念,我一直在探索合适的教学方法,游戏法固然比较有趣,但使用起来较难把控,影响教学进度,所以不宜运用过多。

但是十二三岁的孩子是最叛逆和不好管教的,这一点我也是在那个时候第一次领教。如果说老师在小学生的眼里是春日里的暖阳,温暖慈祥;那么在初中生的眼里便是夏日里的炽阳,刺眼毒辣、不招人待见,这同样适用于泰国的学生,每天我都会听到他们班主任的呵斥声。

对中学的孩子除了基本的语音、词汇和简单的语法教学之外,我还给他们增加了一门书法课,让他们来感受汉字之美,到现在我还记得他们拿到毛笔时脸上那难以克制的兴奋,软软的笔头竟然可以写出如此刚毅的字体,这对他们而言是新奇的、是独特的、是难以置信的。后来在学校的校庆上,我也专门开设了汉语屋,让全校的师生来体验写毛笔字,感受中华文化。

二年级一班的学生在上汉语课

学校校庆时的"汉语屋"

泰国学生的课业任务远比中国学生的轻松,早上八点开始上课,下午三点半放学,周末双休。在泰国从来没有语文老师占用体育课的情况出现,任何活动都可以冲掉课堂教学,而且无需补课,若再遇到父亲节、母亲节这样的大节日都是要休假一天的,许是与他们的信仰有关,总之给我以比较佛系的感觉。

二、一个难关,一次飞跃

2014年11月份,在完成了五个月的教学之后,我迎来了第一个重要任务:鼓励我的学生们参加青少年汉语水平考试(YCT)一级。当时玛大孔院是有给我们任务的,完成一个学期的汉语教学,每个老师必须组织自己的学生去参加YCT考试。然而,武里喃距离玛哈沙拉坎有三个半小时的车程,我的学校却不帮我组织车辆,说是老师组织学生过去,要自己负责学生的安全,出了问题与学校无关。那是我在泰国第一次感到无路可走。我跟学校沟通了很多次都无果而终,一度想要放弃。我沮丧地回到我的小屋里,想给父亲打电话,却又觉得打了又怎样呢,这不是在国内,他也帮不了我,告诉他们只会徒增他们的担心罢了。而后那个晚上,在歇斯底里痛哭之后,我学会了想办法。孔院给的任务我一定要完成,别人可以做到的事情,我也可以。既然学校这边不配合,那我就从孔院这边找突破,我把情况汇报完之后,试探着询问能否在我们学校增设一个YCT考点,这样由孔院安排老师过来,就无需我们的学生过去了,最终协商结果是只要我们学校有超过一百人报名考试,孔院便在我所在学校设考点。这是我为解决这件事情做出的第一次努力,也是第一个进步,这对我是莫大的鼓舞,即便当时只有二十几人报名。接下来的几日,我开始做起了宣传官,在我所带的五个中学班级里再次鼓励大家参加考试,给他们讲汉语考级的重要性,并承诺只要报名考试,周末我可以为他们免费补习。终于,在报名截止的时候,我们学校有一百一十多人报名,而后的一个月内,每个周末我都会在校园给他们补习,孔院也如约在我校举行了考试,开心的是,我们学生的通过率达到了56%,也创下了学龄五个月YCT一级通过率的新高。

参加YCT补习的孩子们

现在回忆起来,觉得这也不是什么难事,但那时候就是绝望极了。是汉语教师志愿者的经历让我成长起来,短短十个月比在国内三年的时间成长得都要快。

三、两心并用,二语习得

出国之前,我只会用泰语说"你好""谢谢""卫生间在哪儿",国家汉办虽对我们进行了两周的语言培训,但受到环境影响,我真正学到的很少,到泰国后的前两个星期是完全听不懂的状态,课堂教学也很吃力。我虽然也通过了大学英语六级考试,但口语其实很不流畅,通常憋好久还讲不出一个完整的句子,而泰国人的英语又有很重的口音,加上他们的英语也不是很好,我前期的课堂上用的最多的是肢体语言。在生活上,我用微笑解决一切,一个月后,我基本掌握了一百多个名词和少量常用的动词,学会了简单的造句,

第三章　国际中文教师的文化交流信念

我可以自己去买东西,完成一些基本的教学指令,和泰国人对话十句左右,这全都要得益于所处的环境,因为在武里喃府我找不到一个中国人交流,我面对的只有泰国人,我必须要学会他们的语言,不然就会影响到我正常的生活,在那种情况下,泰语学得非常快。语言的习得是一个过程,说不上漫长,但也绝非朝夕之事。在接触目的语最初的两个月基本是在不停地接收,接收大量的名词和动词,以及简单的主谓宾搭配句型;而后的两个月里是形容词和一点点虚词的习得,学会了一些添加修饰语的句型。在泰四个月后,我迎来了一个十天的凉假,那段时间,我带着爷爷奶奶游览了大半个泰国,也是在那个时候,我的泰语水平产生了质的飞跃,好像突然间就通了。当然,我前面是做了很多努力的,先是买来幼儿园小朋友用的描红本,开始学习泰语的声母和韵母,记元音和辅音,然后跟我的学生学习拼读,词汇没有专门去记,但因为每天都会用到,自然而然就习得了,没有刻意去学语法,是先学会了表达才去总结的语法,因为泰语和汉语一样,虚词和语序是重要的语法手段。还有最重要的一点是:敢说,不怕出错。永远不要怕丢脸,真正的丢脸是在那里待了很久之后,一开口还是磕磕巴巴的。

泰语通了之后的日子便是这样一幅场景:早上骑着自行车到学校,吃完早餐后便开始组织学生升旗,然后上课,下午放学后去市场逛一圈,跟卖榴莲的阿姨讨价还价一番,帮学生的家长卖卖烤肠,晚上备备课,闲时再看会儿泰剧,好不惬意。

四、且爱且行,风土人情

关于人情,我在武里喃,像这样的小城市,民风还是比较淳朴的,人们从不会吝啬对陌生人微笑,对外国人更是热情,所以整体感受就是很美好。难忘的事情总要记下来的,记得刚到这里一个月的时候吧,要去车站坐车,因为独自一人前行,忘了是哪个路口,越走越觉得不对,只好向路边一位摆小摊的大妈询问,但语言这个问题又来了,我根本听不懂她的讲解,然后一脸茫然的站在那里,只能不断重复着去玛哈沙拉坎。大妈见我这样,便拉起我的手带着我走,就这样一路一直拉着走到了车站,然后又把我领到卖票处,确定了是去玛哈的售票窗口才离开,顿时被感动了。

说到风土,其实就是特色吧,关于泰国,首先想到的便是一种格调,一种淡雅又浓烈的格调。体会比较深的是在芭堤雅看到的景象:这里是放着萨克斯风,吊着旋转彩灯,门口有热情奔放的浓妆女郎坐在高脚椅上小口嘬着鸡尾酒的慢摇酒吧,而隔壁的小餐馆却整个是这般清新别致,小院里种满了各种花草,门口还有小小的喷泉,凉亭一角吊着风铃,服务的妹子那软软的问候声,让人不忍拒绝。这里既有西方的热情奔放又不失东方的温婉含蓄,我想,这种极致的反差也正是这个国度的奇特之处吧。

这里的人们生活得总是那么悠然,他们把生活过得很有情调,如果在傍晚的周末市场上,会有化着淡妆、系着围裙的小摊阿姨乐呵呵地给客人做着冬阴功;穿着时尚、长相甜美的年轻姑娘摆弄着为数不多却十分精致的小饰品;留着长发、潇洒不羁的大叔在街边支起了画架,在熙攘的人群里专心地作画;一群青春靓丽、校服打扮的孩子为求募捐,大胆地跳着热舞,在这里,好像不用担心要怎么努力表现才能得到老板赏识,如何卖命工作才能挣到一套房子,只需要跟着心走舒舒服服地过日子。

初心不改,期待未来。不足一年的泰国中文教学经历见证了我的成长和蜕变,也坚定了我在汉语国际教育这条路上一直走下去的决心。

我很幸运,现在还在做着自己喜欢的事情,在八桂大地上的一所普通高校里,守着我那些来自东南亚国家的可爱的孩子们,践行着自己最初的梦想。

第四章

国际中文教师的专业发展信念

第四章　国际中文教师的专业发展信念

《国际汉语教师标准》中提出国际汉语教师应该理解"专业发展"的含义并能实现自我专业发展。教师专业发展(teacher professional development)是指"教师个体专业不断发展的历程,是教师不断接受新知识、增长专业能力的过程。教师要成为一个成熟的专业人员,需要不断学习与探究历程来拓展其专业内涵,提高专业水平,从而达到专业成熟的境界"。专业发展强调的是教师个体的、内在的专业性的提升,发展意味着"所有教师都必须在其职业生涯中持续终身地学习",因此,"我们应该关注教师对实践的持续探究本身,把教师看作是一个成年学习者"。建构主义认识论和学习理论是教师专业发展的理论基础。建构主义认为人类对周围世界的认识是一个能动的、创造性的认识过程,个体对客观实在的认识是基于自身经验或一定的理论基础上对世界的一种"创造",学习是学习者基于自身原有经验基础上的主动建构的过程。教师作为专业人员,需要经历一个从不成熟到相对成熟的发展过程。拿到教师资格证书,受过教育教学培训,并不意味着教学的成熟,因为教师的专业发展空间是无限的。教师的专业发展既包括知识的积累、技能的熟练、能力的提升,也包括着教学信念的增强、合作能力的进步等。

国际中文教师的专业发展信念是指教师对自己所从事的国际中文教育的劳动价值所产生的坚信不疑的态度,是对专业发展方向的认识、看法和理念。

第一节　国际中文教师的专业发展模式

《国际汉语教师标准》的制定、颁布和修订可以看出国际汉语教师教育和专业发展开始受到来自政府、学校和学术届不同层面的关注。国际中文教师的专业发展因其自身的教学情境不同而有着自身的发展特点和发展模式。

1. 国际中文教师专业发展的内涵

国际中文教师不仅是职业,更是专业。《教师法》规定"教师是履行教育教学职责的专业人员",作为一种复杂性职业和专业,国际中文教师的职业目标具有多元性和发展性特点,把教学工作视为一种专门职业,教师就是一个履行教育教学工作的专业人员。作为专业人员的教师在专业思想、专业知识、专业能力、职业道德等方面的发展过程是由生手教师发展成为熟手教师、专家型教师或者教育型教师的过程。随着汉语国际教育学科的发展和对教学实践的探索,"一朝受教,终身受用"的时代已经过去,国际中文教师的专业发展已经教师素养提升、专业信念增强、直至成为专业教育教学的自觉创造者的过程。

对于国际中文教师来说,面对的是不同母语背景、文化背景、不同的语言环境这一带有复杂性、多样性、不确定性和情境性的教学,职前教育和培训获得的知识是远远不够的,需要通过不断的学习与探究来获得新知、拓展专业内涵,在成长过程中需要确立与完善专业成长的自觉意识,不断提高自身的专业水平,从而达到专业成熟的境界。教师的专业发展还意味着教师发展从外在的专业培养和培训转向了教师的自主发展,从被动的强制约束转向了自觉的发展,激发了发展的内在动力。从这个角度看,国际中文教师的专业发展是由被动变为主动的业务素质不断得以提高的过程,这不仅是谋生的一种手段,也是教师持续发展的动力。

2. 国际中文教师的专业发展模式及特点

二语教师专业发展模式主要有技艺模式(Craft Model)、应用科学模式(Applied Science Model)和反思模式(Reflective Model)。技艺模式即师徒模式,主要是师徒间的传承,经验丰富的督导教师会对新手教师进行教学指导;应用科学模式主要囿于"专家—教师"这一自上而下的框架;反思模式即"从实践中发现问题、通过深入的思考观察,得出解决问题的方法"。王添森(2019)构建出"反思模式+技艺模式+应用科学模式"三位一体的国际汉语教师专业发展模式,并提出这一模式要以反思模式为主、技艺模式和应用科学模式为辅。

从教学实践看,国际中文教师更多体现出的是应用科学模式和反思模式的融合,且以反思模式为主的特点。整体上国际中文教师缺乏技艺模式的条件,因为有些学校可能只有一位中文教师,而有些学校虽然有多位中文教师,但要么缺乏教学经验丰富的教师,要么并没有形成"传帮带"的工作制度或者习惯。目前汉语作为第二语言教学领域已有不少的实证研究,按照实验证明的方法可能有效,但这样的实证结论也有可能在面对多元化的教学对象和教学情境时"水土不服"。从国际中文教育的跨文化教育特点出发,学科的实践性和情境性更强也更复杂,对教师的实践性知识的产生提出了更多的要求。而实践性知识产生的重要路径就是反思,"自我反思是教师专业发展和自我成长的核心因素"。反思是探索和解决教育教学过程中存在问题的重要手段和途径,也是教师教学和研究的最基本力量和最普遍形式。教学前、教学中和教学后都要进行充分的反思,可以反思自身的教育教学观念、教育教学行为,也可以反思自身的教育教学效果和职业道德人格。教学前的反思能使教学成为一种自觉的实践,并能有效提高教师的教学预测和分析能力;教学过程中的反思有助于提高教师的教学调控和应变能力,并能关注教学过程中的生成性教育资源;教学后的反思能使教学经验理论化,并有助于提高教师的教学总结能力和评价能力。终极目标即为通过实践教学和反思不断更新教学观念、改善教学行为、提升教学水平,从而促进教师专业发展的良性循环。

3. 国际中文教师专业发展道路的特点

相对来说,国际中文教师的"实习教师"成长环节较为缺失。国内普通教育学界呈现出界限分明的"实习教师—初任教师—经验教师职业发展过程,国内的教师有一个经历实习阶段的教师身份(有校内实习和实习单位指导教师的双指导),工作后作为初任教师也会受到教研组或者有经验教师的指导,再成长为一个熟手教师。而国际中文教师的职业发展轨迹和国内普通教育学界的教师发展道路不同,大多数的中文教师、尤其是本科毕业赴海外任汉语教师志愿者的教师几乎没有海外教学实习经验,就直接跳过"实习教师"这一环节就开始了独立的教学工作,甚至是没有做好充分的准备,就在赴任后迅速登上讲台开始了自身的职业发展路程,可以说教育教学工作就是在自我探索与自我调整中进行和发展的。

国际中文教师专业发展相对缺少教学组织的指导。国际中文教师在海外的教学环境中是作为外教的身份存在的,教师的专业发展主要依靠教师自身的探索,上级单位指导这一环节相对较为缺失。数量较大的国际中文教师志愿者,语合中心(原国家汉办)给予的支持较大。"国际汉语教师中国志愿者计划"自2004年实施,在国内招募志愿者到海外从事中文教学并成立"志愿者之家",负责汉语教师志愿者的统筹、规划、组织和协调等工作。国际中文教师在海外幼儿园、中小学、职业学校、高等学校等不同层次与类型的教育机构工作,分布广泛,但每个教育机构的中文教师数量差别较大。赴任国教师比较多的,以泰国为例,汉办与泰国的民教委、基教委、高教委合作成立管理中心,主办在岗培训活动和教学竞赛等,每个教学工作单位也都配备有泰方负责教师帮助中文教师成长。相对来说,在孔子学院或者孔子课堂工作的中文教师,教育教学领域的研讨合作机会多、力度大。从这个角度说,组织层面构建引领教师专业发展的教师管理制度、搭建教师内部学习成长平台是必要的。

下面的四篇国际中文教师叙事文本《1095—我的黄金时代》《我的NUWAKOT,我的第二故乡》《踏遍山河,方觉人间值得》《那些年,花开月正圆》主要是围绕国际中文教师专业发展特点而展开的叙事。

国际中文教师叙事文本(29)

本文以作者在泰国和美国的中文教学经历展开叙事,围绕如何适应环境、如何探索中文教学方式、如何主动进行文化交流几个事件,明晰自身在职业发展过程中因为教师角色带来的自我认可和满足感,呈现出教师专业发展中"专业自我的逐步形成以及教学信念增强"的特点。

作者简介:赵青慧,平顶山学院文学院2017届汉语言文学专业(文秘方向)本科毕业生,英国教育学硕士在读。2017—2019年赴泰国四色菊任汉语教师志愿者,2019年赴美国任汉语教师志愿者。获评语合中心(原国家汉办/孔子学院总部)优秀汉语教师志愿者。

"1095天"——我的黄金时代

1095天——三年的日日夜夜,我认为这是我的黄金时代。

2015年BBC纪录片《中国老师在英国》改变了我对国际中文教学这份职业的认识。我的本科专业是汉语言文学,一次很偶然的机会我在网站看到了这个纪录片,纪录片讲的是让五名中国老师在英国南部汉普郡的一所中学实施四周中国式教学试验的故事。中国式教学的特点是严厉、时间长。中国学生在一些知名的国际考试中总是名列前茅。但是,用中国的教学方法来教育英国的中学生可行吗?参加试验的老师和学生又是怎么想的呢?他们有什么体会?带着这些疑问,五名中国老师开始了他们在英国的本土中文教学工作。这个纪录片打开了我对国际中文教学的新认知,抛弃了之前浅陋的"小儿科论"思想,我开始思考这份职业背后的意义。对于教育来说,成功是取决于一个优异的成绩还是体验过程的收获?带着这个思考和向往,我在大学本科毕业之后先后报名了语合中心(原国家汉办)赴泰国汉语教师志愿者项目和美国大学理事会汉语教师项目。在这三年的工作学习中,我渐渐学会了如何成为一名合格的国际中文老师,如何向生活的多面发起挑战。

一、在泰国的教师成长之路

(一)观摩、反思、实践中的教学成长

七月的泰国正值雨季,闷热的天气仿佛印章印在脑海中。刚到泰国的时候,机场的空气中弥漫着咸重的热带风情,22岁的我第一次站在离家千里之外的陌生国度,心中不免感到一阵骄傲和自豪,"泰国,我来了"!这个佛教国家对我来说充满了吸引力。初到泰国的时候内心充满了忐忑,我想大概每一位老师都不会忘记自己第一次走进教室的场

第四章 国际中文教师的专业发展信念

景,或紧张或不安或激动或忐忑,真的是五味杂陈,我第一次站在泰国教室的讲台上时内心也是非常紧张,总是在想"学生会不会喜欢我,我说的中文他们能不能听懂"这些问题。这是我人生第一次真正意义上登上这三尺讲台。第一次讲课时,我略微紧张地向学生介绍我的名字,看着那一张张纯真的面孔我突然感受到了肩上的使命感,出国前在北京师范大学培训的时候,陈绂老师对我们说:"出国以后,你们的一言一行都不只代表着你自己,还代表着国家,偏激一点讲,你是什么样,在外国人眼里中国人就是什么样。"我不自觉地让自己挺直腰板,一次次自信大方地介绍自己的名字和国家。

人总是能很快地适应环境,来这里短短几天我就迅速适应了环境,但很快我也感受到了深深的挫败感,从文化的蜜月期中惊醒,开始了漫长的挫折期。我教授的对象是从两三岁的 PREK 学生到十二三岁六年级的小学生,他们天性活泼好动,注意力持续的时间特别短,刚开始我按照国内的教学模式,老师一句一讲,发现根本没有几个学生在认真听我讲课,有的在桌子下面玩耍,有的站到了桌子上。那节课上完,我一路避开行人哭着从教室回到了办公室,委屈、不解一瞬间涌上心头,不断地问自己为什么要选择这样一份职业,自己那么努力认真地备课想要讲好,但是却根本没有达到预期的效果,挫败的情绪使我不断地质疑自己的能力。

我是坐班老师,办公桌就在教室后面。下午在班级后面坐着的时候看着其他外教给学生们上英语课,连平时调皮捣蛋的孩子们在外教的课堂上都安安静静,一旦有提问或者讨论他们还积极踊跃地回答老师的问题,这一刻我开始反问自己到底是学生不学还是我的教学有问题。通过不断地观察学习其他外教的课堂,我发现这些外教讲话风趣幽默,对待学生的方式和我十分不同,他们的教学模式丰富多彩且富有新意,通常采用话题式教学,根据主题进行教学,同时采用游戏的方式使学生们达到复习巩固的效果。这些游戏看似简单,却能激发学生们的学习热情,通过游戏调动学生们积极性的同时,也给学生们二次印象去进行巩固记忆,非常有效。通过这些教学观摩和自我反思,我发现老师应该通过观察学生们的学习习惯和特点,从而选择行之有效的方法和适合的游戏。渐渐地,我能掌控课堂了,以前总觉得一节课五十分钟这么长的时间怎么给学生讲完,现在能够有效地分配教学时间,做到心中有数。其次,课下我虚心向其他老师请教,一些有经验的老师告诉我,教学计划对于教学是非常重要的,它可以帮助你捋清楚教材,筛选课文的重难点,教学计划的制订对于我每周的教学任务、教学目标的实现都是非常有帮助的,通过教学计划的设定,我发现我渐渐能分清一节课的教学重点和次重点分别是什么,哪一个环节是教学中应该着重注意的部分,及时的课后反思会让你发现学生在学习过程中容易出错的地方和易出现的问题,这是非常有帮助的,我可以通过反思及时调整我的教学安排,帮助学生们走出学习误区。

没有人是天生的老师,"师者,传道授业、解惑也。"在教的过程中我们自身又何尝不是从学生身上学到如何成为一名真正的老师呢?

(二)生活·"四色菊"——梦想中的瓦尔登湖

四色菊,我所生活了两年的城市,位于泰国东北部,南部与柬埔寨接壤,是一个民风淳朴的小城。这里的人们质朴善良,生活安逸宁静,这种氛围时时刻刻无不在感染着我。可能是在泰国东北部中国人比较少的原因,这里的人们每次见到我隔着老远总是会热情地和我打招呼,他们的笑容是那么地热情真挚,充满了感染力。来到这里我接受到了语言、文化和心理教育上的种种冲击。在泰东北我首先最不能适应的就是这边的天气,我的学生告诉我说:"老师,我们有三个季节:热、很热、特别热。"刚开始我以为是个玩笑话,后来才发现这是真的。泰东北的天气非常炎热,一年我觉得只有在十二月的时候,昼夜温差才会比较大,早晨和晚上气温比较低,大概有三个星期的时间需要穿上外套,剩下的月份通常都是一件T恤或者衬衫。刚开始我非常不适应这种没有春夏秋冬的特殊热带气候,但是每每到国内寒冬时,看着国内的小伙伴们都发朋友圈吐槽家里的冬天非常寒冷,羡慕我可以一年四季穿短袖过夏天时,那一刻又觉得自己很幸运。生活的惊喜就是体验不同的生活方式,生活的多样性让我打破了自己对于已有知识的禁锢,开始学会去接受多种可能,全年夏天又何尝不是一种幸福。

这里的生活节奏很慢,就连做生意的人们每天早上也是十点多才开始营业,晚上七八点以后基本上就都关门了,宁静安逸的生活让我这颗年轻又浮躁的心渐渐沉静下来,学会去思考。梭罗在《瓦尔登湖》中写道:"最富有的时候,你的生活也是最贫穷的。吹毛求疵的人即便在天堂也能挑出瑕疵。一个安心的人在哪都可以过自得其乐的生活,抱着振奋乐观的思想,如同居住在皇宫一般。犯不着千辛万苦求新,无论衣服还是朋友。"这里的生活朴实简单,热情好客的"Yisan"人,总能在异国他乡给我爱与感动。我的邻居是学校一位比较年长的老师,他每次见到我们总是热情地和我们打招呼,家里做了好吃的也总是第一时间送来给我们品尝,十分热情。住在学校有时候会停水,由于语言不通,我们经常不知道停水的时间,这位泰国老师总是热心帮助我们,提前告诉我们停水时间,好让我们早做准备。平时我走在校园里,学生们看见我总是很激动地和我打招呼,用不太流利的汉语跟我说:"你好,老师。"这些学生纯真善良,总是询问:"老师你需要帮忙吗?"每当看着他们脸上洋溢的笑容我就不禁在想,那一声声老师好就是对我付出的最好回报。

泰国是一个大部分国民都信奉佛教的国家。每天早晨奏完国歌,全校师生就会一起念诵经文,每周五学校都会请僧人来学校,学生和老师都会提前布施接待僧人,中午吃饭前人们也要先诵读经文。在这里仪式感随处可见,人们感恩生活的一切,每一个重要的日子泰国老师、学生都会用心装点现场,身着华服,虔诚地奉上祝福,那种注入生命的仪式感染着我在泰的日日夜夜。最让我感触深刻的莫过于学校每周四的早晨,学校会让中文老师站在升旗台,教授学生们一句中文。每当站在升旗台,望着台下的学生,一种自豪和骄傲就会瞬间涌上心头,无时无刻都能感受到我们的祖国越来越强大,爱国情感随着在异国他乡的日愈发强烈。

两年的生活使我快速成长,我学会了很多。学会了用蹩脚的泰语生活,学会了独自成长生活,学会了如何跨年级教授中文课,学会了如何设计从幼儿园到小学六年级的教案,学会了如何让汉语零基础的小朋友学会开口说第一句中文……我时常庆幸自己在大四时选择报名汉语志愿者,很幸运能够来到这里。这两年我学会了如何当一名国际中文老师,也许还有很多不足,但是它让我明白了自己真正热爱的是什么。我们处在一个迷茫的年纪,我感谢自己在这个年纪选择汉语国际教育事业,让我明白汉语国际教育旨在传播交流两国的优秀文化,让这个世界上更多的人学习汉语,了解中国文化,我就像是一个勇敢出征的勇士,这段旅程为我短暂的青春添加了浓墨重彩的一笔。

二、我在美国的中文教师生活

时光荏苒,转眼结束了两年的泰国教学生活,怀着对汉语国际教育的热忱和对美国沉浸式中文项目的向往,我报名参加了美国大学理事会和汉办的联合项目,并成功取得了加州雷丁艺术学校中文老师的职位。

(一)从魔鬼训练到加州的中文课堂实践

五月伊始,为期37天的"魔鬼训练"开始了,教学生活从5月就正式拉开了序幕。北师大新师资培养基地和大理会项目邀请来了许多国内外优秀的一线国际中文老师给我们授课。陈绂老师的"汉字基础知识与教学",使我们了解和学习了汉字教学在汉语国际教学中的重要地位,她用通俗易懂的语言给我们进行了汉字概说,用教学案例教我们如何进行更加有效的汉字教学工作,通过老师的讲解我们学到了很多有关汉字教学的本体知识,并且掌握了很多行之有效并能够引起学生学习兴趣的活动法,如"汉字数独""汉字迷宫"等,让我们认识到在国外进行二语教学要精心设计自己的课堂活动,以及如何利用课堂上宝贵短暂的时间让学生进行高效练习。我印象深刻并且非常喜爱的老师是 Pat lo 老师,Pat 老师用了六天的时间,为我们分阶段、递进式地讲解了"美国中小学外语教学情况""逆向教学设计:理论与实践""教学目标、教学活动与评量的结合""三种沟通模式活动的实践""美国中小学课堂教学技巧 GRR""配合大脑学习理论的活动设计、真实语料教学"以及"营造有效的教学环境"这几部分内容,这六天的课程对我的教学生涯可以说有了"质"的跨越,Pat 老师让我真正认识到自己身上存在的不足,让我明白了作为一个国际中文老师需要具备的职业素质和人格魅力,要用爱和责任心去对待每一个学生,让他们感受到你是在关注并且用心去教授他们知识。

资深的培训老师用很多观摩视频以及课堂模拟让我们看到了真实的美国中小学课堂情况,这也是我们最想了解的内容。因为之前我教授的学生是东南亚的小学生,而对于欧美的学生教学工作我有很多疑惑,在观摩过程中我发现很多在实际教学过程中我们也经常犯的一些问题,而且也了解系统的美国教学体系,如教师的每一步都应该紧紧按照教学大纲和标准去进行设计,老师传授给学生的知识不应该是断断续续、琐碎的知识点,而更应该是连贯的有阶段目标的语言体系。你要明白教什么、为什么这样教以及如何控制管理好你的课堂。六天的深入学习让我明白了"5C、3P"等很多专业教学名词的内在含义,并且学会如何将这些知识贯穿到日常的教学活动中。

　　Greta 老师让我学会了如何根据学生的教学表现进行有效的评估预测,老师一味只教是没有用的,在教授的同时也要知道,如何通过检测了解学生的学习情况和现阶段的掌握情况,以便更好地去进行接下来的教学。Marty 老师为我们仔细讲解了在美国如何进行沉浸式教学,从而为学生创造最好的语言环境让学生最大程度地从听、说、读、写四个方面更好地进行自我练习,让学生掌握开口说中文的主动权。张老师的一句话让我印象非常深刻"作为一个专业的中文老师,我们应该时刻保持自己的专业性"。这也让我认识到自身语言本体知识的漏洞和今后应该学习增强技能,用心丰富自己的专业知识,给学生做最正确、最专业的示范。在这短短的五周里,我感受到心态上的巨大转变,我更加能认识到我应该学习什么,学会什么,也领悟到了作为一个新时代的汉语教师志愿者,我身上的责任和使命是什么。

　　集中训练结束后,7 月份我来到了美国加州洛杉矶 UCLA 进行为期一周的培训,一个星期的时间每天都在倒时差,几乎每天都在熬夜备课。为了更好的进行真实的课堂体验,我们每天还要给当地的学生开展夏令营中文教学活动,7 天的时间从来到大洋彼岸时的手足无措到最后大家和学生的难舍难分,我告诉自己,更大的挑战来了。8 月 16 号正式来到雷丁艺术学校上课,这个学校的沉浸式中文项目做了 13 年,共有 8 个年级,都是中文英文混合班,作为四年级和五年级的中文班主任,我感到前所未有的压力,美国的教学生活节奏非常快,我每天的教学时间都要 5~6 个小时,除了教授中文基础课程,还要用中文教授科学和数学。备课压力是我面临的第一道坎,刚开始每天都要备课超过三个小时,后来随着越来越习惯美国的教学节奏,我有了自己的工作心得。一定要先制定好学期教学大纲,然后再分层分阶段设置教学目标,沉浸式要求百分之百的中文授课,课堂上我经常会面临我自己一句话说完后,学生什么也不明白的尴尬处境,但是通过学区培训和 GTA 陈老师的帮助,我开始学习如何用"可理解输入"去进行教学,如何创造目标语的文化与语言学习环境,如何有效利用教室布置帮助学生进行复习学过的单词,持续关注学生的理解状况。让我印象最深刻的一个教学技巧就是使用工作站,将学生分组进行活动,把不同学习能力的学生进行区分、进行工作站活动训练,这样能力高的学生能够高效完成目标任务,而能力相对比较薄弱的同学也可以更好地巩固基础知识。

　　欧美的学生和以往我所接触过的学生不大相同。美国是一个多元文化国家,课堂上不同肤色、种族的学生都有,所以在这样的一个环境下不仅要考虑学生的学习能力,还要考虑他们的种族背景,一些敏感词汇以及宗教文化总是让我战战兢兢。记得刚刚到 RSA 教学的第一周我就收到了学生家长的投诉,其中一个学生家庭信奉的宗教要求他们不能庆祝生日,结果我没有提前调查就让他的孩子在教室里参加了别的同学的生日聚会。学校的教务老师及时联系并告知我这个情况,我在第一时间向家长道歉并解释,最后才完满解决。

除了需要考虑宗教文化的差异性,还需要考虑学生的表达方式。学生们热情洋溢、自由热情,不同于亚洲含蓄的表达方式,这边的学生无论是表达意见还是表达喜爱都会用很直接的方式。刚开始学生给我提建议的时候我总会觉得面子上不好看,但是渐渐时间长了我发现他们都非常可爱,课下也会经常找我聊天或者邀请我参加活动。在这里老师和学生亦师亦友,而且学校非常注重学生的意见,学生可以通过投票来增加校园活动,而且每周五学生们都会有变装主题的活动,得益于丰富多彩的校园活动,我也更容易发现学生的多面性从而更了解他们。

十个月的时间匆匆逝去。这十个月中,线下教学活动使我受益匪浅,因为疫情的缘故,线上的中文教学更是开启了我对远程教学的新体验,如何在线上提高学生的积极性和创造性,如何进行有效互动,如何有效使用电子资源等等,这些体验都让我爆发式的成长。

(二)阳光海岸的加州生活

太平洋的西海岸、加州的阳光海岸线、阿拉斯加的冰雪奇缘、犹他大峡谷的鬼斧神工、纽约的钢铁丛林、奥兰多的迷人童话等都让我沉醉其中。在美国生活的十个月,他们的平衡工作与生活的方式让我学会了休息是为了更好地工作。在美国,日常交际的礼仪就是绝不要在别人的休息时间用工作打扰他,这种分寸感和边界感一开始我很难把握,总是到下班后才发现好多工作上的事情没有处理完需要和同事沟通,结果总是在下班时间联系我的英文搭档老师。直到有一天在一次生活聚会中,我的同事告诉我可以做一个"To do list",把所有的事情按照完成的时间顺序排列,休息的时间要保持社交礼貌,不要用工作来打扰别人,这让我感受到了跨文化中生活观的碰撞。

美国人的生活方式很简单,休息日聚会、运动这些都让我感到新奇。在这里我第一次开车自由行、第一次打棒球、第一次现场观看橄榄球比赛、第一次参加音乐舞台剧表演……这些新奇的参与和运动社交令我乐在其中。

2020年的新冠肺炎疫情影响了整个世界,也给我的生活带来了翻天覆地的变化,因为不能外出,学校从2月份开始就变成了全面线上教学。居家工作,焦虑感和孤单感时刻让我觉得自己就要崩溃了。我的住家是一对中年美国夫妇,他们会邀请我参加他们的家庭聚会,在每周五的电影之夜,会邀请我一起品尝美国当地食物……他们给我关心和温暖,让我觉得即使身在异国他乡,理解与支持却从不缺失。

尾记

从中国到泰国,从泰国到美国,从闷热的雨林风光到阳光沙滩的加州,我学会了如何在陌生的环境里和自己相处,与自己和解;我学会了如何成熟地处理问题,向他人寻求帮助，协商解决问题。在跨文化的工作生活背景中去尝试多一种的可能，去多理解未知的精彩。这些经历令我对于接下来要走的路，想从事的职业有了更加清晰和明确的思考，我享受教师的角色带给我的自我认可，以及用人格魅力和专业素质赢得学生信任的满足感。

"你我为了同一个梦想，携手并肩远走他乡，我们短暂相聚久别离，也曾在孤独时刻流泪。"作为一名汉语志愿者教师，感谢国家对我们这些海外志愿者的支持和鼓励，这首歌里的一字一句在现在体会也更加深刻，这段勇气使然才有幸拥有的光荣岁月，我将永远珍藏。

这三年，1095天，就是我最好的黄金时代。

第四章 国际中文教师的专业发展信念

国际中文教师叙事文本(30)

本文以作者在尼泊尔中文教学中如何打造自己的教学风格、如何构建寓教于乐的教学模式、如何和房东一家建立相对良好的人际关系展开叙事,反思教学贯穿始终。呈现出"终身学习、主动学习、反思学习"的专业发展信念。

作者简介:李俊,平顶山学院2013届对外汉语专业本科毕业生,南开大学汉语国际教育专业硕士。2013年赴尼泊尔Nuwakot任汉语教师志愿者。获评语合中心(原国家汉办/孔子学院总部)优秀汉语教师志愿者。

我的NUWAKOT,我的第二故乡

离开尼泊尔已整整六年。会经常想起在Nuwakot的那些日子,想念那里的孩子、同事、邻居和朋友,尤其是工作压力大的时候更是会怀念当时的美好,所以隔了这么久还是决定把那段特别的经历记录下来,也算是对自己中文教学生涯的一个纪念。

一、从失控课堂到爱的课堂

初到尼泊尔,遇到的最大难题就是课堂管理,有时候课堂提问环节突然之间就变成了学生尬舞的时间,分析起来原因大抵有三:一是我作为汉语教师没能及时建立起威信,没能及时建立有效的课堂规则将汉语课堂拉入正轨,以致学生对汉语课堂缺乏足够的兴趣,对汉语教师缺乏足够的尊重;二是尼泊尔学生天性热爱自由,活泼异常,纪律性较差,在没有赢得学生认可的情况下他们对汉语课堂的兴趣和配合度都很低,毕竟汉语课只是一个没有考试压力的兴趣课;三是我明明深爱学生,但却没有恰当地传达出我对他们的爱和认可。

为了改善师生关系、提升课堂效率,我决定来一场改变。经过一年的慢慢摸索,终于调试到了学生接受度较高的教学风格和教学方法,建立了一个充满尊重与爱的汉语课堂,赢得了一种不靠讨好做作得来的自然与亲近,一种不靠吼叫训戒得来的尊重与信任,也从最初的局促不安、手足无措调整到后来的得心应手,收放自如。

(一)打造自己的教学风格

一是营造紧张活泼亲切自然的学习氛围,我通常采取集中、快速、随机、大面积、反复提问的方式开展教学,这样的教学方法可以有效控制课堂节奏,防止学生跑神,激发学习斗志;二是用真诚打动人心,尽可能多地为每一个学生创造表现机会,给予每一个学生最真诚的认可和鼓励,得益于尼泊尔的小班教学制,我基本可以做到不漏掉每一个学生;三是实施过程中尽量做到因材施教,对于接受能力较强的学生而言,这样的课堂氛围提供了很多表现机会,老师发自内心的称赞会让他们更加期待汉语课堂。对于接受能力较弱的学生,则需要给予更多耐心和辅导,可以通过提问一些相对简单的问题来提高他们的参与度,在他们擅长的方面创造一些独特的表现机会,帮助他们树立信心提高自尊。

记得当时七年级有一个男生 Rajesh,性格张扬,成绩一般,课堂上总爱搞怪博取关注,似乎不是那么受其他同学欢迎,于是我就想着利用他跳舞的特长为他制造展示机会,知道他愿意学习中国舞蹈后,我陪他练习了两个周末,因为太过精彩被大家推选参加由中国驻尼泊尔大使馆主办的中华才艺大赛并荣获二等奖,这大大增强了他的自尊心和自信心,之后所有任课老师都反映他变得热爱学习了,课堂上的不当行为也减少了很多,与同学的关系也有了明显改善。

这个教学方法看似简单,实则很难。简单的是老师只需要让学生知道你真的很爱他们就足够了,难的是要学会发自内心地热爱学生并发掘他们每一个人身上的闪光点,帮助每个学生在这个集体找到足够的存在感和归属感,让学生感受到你夸奖他的每句话都是实实在在的,每个赞许的眼神和夸张的表情都传递着你对他们的由衷认可。对于表现不错的学生,我会准备一些糖果、铅笔之类的小奖品,当然,我这种发糖果的行为可能并不是太合适,但需要澄清的是,我并不是为了要拿糖果吸引或者笼络学生,而是真的心疼我的学生们,因为这里是相当偏僻闭塞的农村,就连我们眼中两毛钱一个的糖果也不是想吃就能吃到的,我想要尽我自己的一点能力给他们带来一点快乐。终于慢慢地师生之间开始建立了一种发自内心的亲近,教学生活也开始变得越来越顺利。比如有学生在妈妈生日时特意给我捎块糖,有学生突然跑来送我一朵小花,有学生周末跑到我家和我一起分享他妈妈做的小零食,每当看到他们沉浸在我发明的小游戏里的表情,每当看到他们撕破喉咙抢答问题时的那股认真劲儿,我都会发自内心地感到欣慰,正是他们的认可给予了我努力工作的动力。

(二) 寓教于乐的中文课堂

寓教于乐,主要是用游戏来"振兴"我的汉语课堂,就个人经验来说,我认为正确把握学生的年龄和心理特征寻找学生喜欢的教学方式是打开汉语课堂的关键。我的学生年龄是 7 到 12 岁,正处于感性直观的认知阶段,想要获得他们的喜欢和尊重,寓教于乐往往会有意想不到的效果。尼泊尔孩子天性热爱自由活泼热情,非常乐于尝试新鲜事物,于是我开始投其所好,疯狂地开发小游戏。

第四章　国际中文教师的专业发展信念

寓教于乐的中文教学

　　平时看的电影、电视剧、综艺节目里的游戏或者各种无意间的创意都可以加以改造应用,比如我设计的一个"汉语小魔毯"游戏就是对《老友记》里的游戏 twister 的改编,买一块大塑料桌布,自制汉语声母韵母和偏旁部首卡片,随机贴在塑料布上,每组游戏两人参加,教师对两个学生分别念出不同的汉字,学生需要找到相应汉字的声母和韵母或者是偏旁部首,手脚并用地摁住正确的卡片,期间各种让人捧腹的姿势总是能让教室里笑声不断。再比如象鼻旋转 + 竞赛答题(适用于文化知识竞答)、跳格子 + 汉语算术题(适用于汉语数字学习)、投飞机(适用于字词复习)、快速寻找隐藏的错别字(适用于汉字辨认)、混搭卡片(适用于颜色词学习)等;课堂中经常会用干瞪眼、抓尺子、脑筋急转弯、鼻子传铅笔、脖子传苹果、我比你猜来集中一下学生注意力;课间课后玩儿的则多是需要较大场地的游戏,比如拔河、顶气球、撕名牌、木头人、树木连线、夹球过线、猫捉老鼠、捉打官贼、老鹰抓小鸡等,这些游戏大多是为了开心而玩儿,并没有太多地涉及汉语教学,教学生一些中国玩法,鼓励学生自己开发游戏,在开发游戏的过程当中培养学生动脑动手能力,道具也是物尽其用,比如鞋带、领带、手绢、水杯、水果等我们都用过。正是这些游戏拉近了我们之间的距离,而这种亲近是一种很真诚很自然的情感依附,一定程度上满足学生对一个 fun Chinese teacher 的期待,而这是我今年最有成就感的一件事。"These days my life is being interesting of you."学生贺卡上的这句话是对我最大的褒奖。设身处地地想,我们的学生时代不就希望有一个愿意带我们玩的老师吗?跟学生在一起特别是玩游戏的时候,真的有种回到童年的乐趣,试问有多少幸运儿能有机会在二十三四岁时候再次享受这份如此简单却又奢侈的纯粹?我想即使以后自己做了妈妈,这些与孩子们的相处之道也依然会让我受益匪浅吧。

　　回到中文课堂感悟上,我个人认为游戏设计需要考虑以下几点:一是存在安全隐患的游戏一定不能出现在课堂之上;二是汉语课堂时间有限,游戏时间不宜过长,游戏规则不宜过于复杂;三是游戏尽量跟汉语课堂结合起来,当然这不是绝对的;四是汉语教师可以充分开发新游戏和改造已有的小游戏;五是汉语教师需要利用现有资源自己动手制作一些简单的游戏道具;六是游戏设计需要符合学生的年龄特点。同时,应当注意的是,寓教于乐要适可而止,寓教于乐的重点是教,而不是用玩和乐取代教和学,这其中的分寸感是十分重要的,千万不能本末倒置。

总体来看,从最初的失控课堂到一个充满多元方法有爱的课堂,我对自己的汉语教学还比较满意,当然这也源于对课堂的及时反思、及时调控与构建。

二、与热情的房东一家的故事

首先,必须隆重介绍一下房东一家,正是他们家上上下下几十口人对我的关照才让我有了家的感觉。房东大哥九个哥哥三个姐姐,大部分都住在镇子上,而我跟这十二个家庭的成员都有或多或少的交集。尼泊尔人特别注重家庭关系,再加上天性喜欢热闹,所以这个庞大的家庭最不缺的就是聚会,而我能明显感受到他们已然把我当成了大家庭的一员,无论是大节、小节、生日、订婚、结婚、纪念日、野餐、朋友聚会等,都会喊上我一起庆祝。

印象最深的是2014年的德赛节和提哈节,我们几十口人每天在不同的人的家里聚餐聚会,足足庆祝了一星期,虽然每天的饭菜大同小异,但是节日的快乐和满足却有增无减。特别是房东大哥一家对我更是无微不至地关照,他们总是热情地向亲戚朋友介绍我这个中国教师,亲切地称呼我为 Astha Raj Bondary(Bondary 是他们家的姓氏)。他们怕我一个人孤独,几乎每天都喊我去吃饭,甚至去走亲戚都会带上我,生日的时候还特意给我准备了当地人生日时都会吃的一种用糯米粉和红糖做的传统糕点。

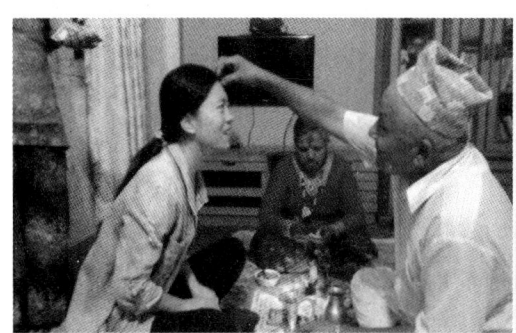

和房东一家

当然这个融入的过程当中也发生过一些小的摩擦和矛盾,我曾经因为卫生习惯的不同跟房东妈妈发生了一些不愉快。事情是这样的,我的房间阳台上有一个单独的卫生间,房东妈妈是一个八十岁的奶奶,她就住在我的隔壁,她有起夜的习惯,但是别的卫生间离得稍远,所以夜里总是跳窗去我的卫生间。共用一个卫生间本不是完全不能接受,只是老奶奶还保留着传统的如厕习惯(使用左手清洗的方式代替卫生纸),有时候还会留下一些体味,再加上她不爱打扫,以至于卫生间经常是一片狼藉。这让我有点焦躁。沟通了几次之后还是不起作用,因为不好明说真正的原因,只能跟她说我想拥有自己的卫生间,她很不理解为什么大家都可以共用卫生间,我却不可以,我有时候也很纠结到底要不要体谅她的难处,最后还是决定守住我的卫生间。我开始以退为进,经常送老奶奶一点坚果零食、手帕之类的小礼物,和她分享我做的中国菜,帮她打点水、扫扫地、干点小活儿,陪她跳跳舞、晒晒太阳,慢慢地老奶奶开始喜欢我,也愿意体谅我的需求了,终于她留给了我一个属于自己的卫生间。

从这件事我发现一个道理:弱化文化冲突,要以尽可能平和诚恳的态度让对方理解和尊重自己的文化,给彼此一些空间,坚持自己所信仰的文化,没有必要必须有一方妥协,最好的方式是,各方都做出一些让步,在彼此包容和妥协中力求和谐。

三、反思与建议

多年后回想起来,当年的尼泊尔之行收获了弥足珍贵的友谊和真心,算是一次比较成功的海外中文教学之旅,但是客观来讲还有很多做得不妥需要提升的地方。

一是需要夯实自己的中文教学基础,提升中文教学能力。我本人在实践过程中就存在一定疏忽和偏差,原因有很多。主观方面,没有花大力气扩充自己的专业知识储备,导致在实际教学过程中不能做到灵活运用,有时候不免捉襟见肘。客观来说,当年的尼泊尔各种学习资源非常匮乏,没有网络,没有课本,没有各种影像设备,一个汉语教师动辄要同时负责三四百人的汉语教学,每周每班最多安排两次汉语课,而如此艰巨的教学任务只能依靠最传统的教学条件来进行,这些无疑在主客观方面都加大了汉语教学的实际难度。希望有志于汉语国际教育事业的你一定要努力提升自身专业素养,就地取材,充分挖掘和利用各种学习资源和教学资源来提升自己的专业素养。

二是需要在讲好中国故事中做更多努力和尝试。其实在跟当地人相处的过程中有很多传播中国故事的机会,只是我没有很好地加以利用。如何更好地担负起肩上的使命,还有很多需要探索的内容和方式。在当今新时代,我们可以通过更多的传媒手段来进行高效的教学和文化交流。比如,可以通过开设视频专栏用视频记录的方式带更多国内外朋友了解真正的汉语课堂,了解真正的尼泊尔生活,同时借助这个平台与更多同行进行交流切磋,学习更多先进经验。

三是保持适当的人际交往距离。不同民族有不同的人际交往距离,在尼泊尔人与人之间的界限感并不是很强,有时候大家的生活会混在一起,一旦发生突破双方界限感的事情,对于我们有专业背景的汉语教师而言,虽然会感到不舒服,但是一般能够比较客观地看待和对待这种冲突和矛盾。但如果是我们汉语教师突破了当地人的界限感,那么对于缺乏跨文化交际知识的人来说将会给他们造成一种困扰,甚至会错误地引起对所有中国人的负面评价,这是很不可取的。

四是始终保持创新创造的心态和探索热情。汉语教学还处在正在成长的发展过程当中,虽然经过了几十年的发展已经有大批优秀的教学经验可以直接为我们所用,但是我认为现在的汉语课堂还是有很大的探索空间,汉语教师可以摸索尝试更多适合不同国别不同年龄学生的教学方法,甚至可以对我们的常用教材进行查漏补缺,这个过程是汉语教学最难也是最有魅力的地方,因为这是一个个活的教学现场,每一节课都是一场开放和未知的旅程,汉语教师可以尽情地在课堂上做教学实验,寻找最优的教学方法,不断提高汉语教学能力。

总而言之,这里的工作比我们大学时候任何一个课堂模拟情景都更为真实有效,如果愿意,这就是一个不断发现问题,探索问题,解决问题,评估效果,加以改进的学习现场,只不过学生习得的是汉语和中国文化,收获的是乐趣和能力,而我们学习的是汉语课堂教学经验和专业素养。希望以后的汉语教学工作者能够以持之以恒的学习心态对待这项工作,不断丰富专业知识储备,不断吸收调整经验,为祖国的汉教事业贡献出自己的一份力量。

国际中文教师叙事文本(31)

本文以作者在泰国和越南的中文教学历程为叙事内容,围绕如何通过改编教材、加强课堂管理等途径来提高学习效果以及在越南以培训为主的中文教学叙事,体现出国际中文教师专业发展中的"自我探索和自我调整相结合"的特点。

作者简介:张曼曼,平顶山学院2018届汉语国际教育专业毕业生。2018年赴泰国那空帕侬任汉语教师志愿者,2019年至2021年赴越南胡志明任汉语教师志愿者。获评语合中心(原国家汉办/孔子学院总部)优秀汉语教师志愿者。

踏遍山河,方觉人间值得

我与汉语国际教育的故事可以从高中毕业说起,我忠于自己的内心,选择了"汉语国际教育"专业,也如愿进行了四年本科专业学习。四年后,我报名参加了原国家汉办/孔子学院总部汉语教师志愿者的项目,奔赴泰国开始了我的国际汉语教师志愿者生涯。2019年5月,我从泰国辗转到越南,期间全球新冠肺炎疫情爆发,而我依然在岗位上坚守。

一、我在泰国教中文

泰国是我汉语教师生涯的第一站,我人生中的很多重要时刻,都镌刻在这片神圣的佛教土地上。每每回忆起在在泰国的点滴,都依然历历在目。

第一节汉语课

(一)我的教学心得

我教的是中学,一个是由每个年级12个班选修汉语的人组成汉语班,主要以培养兴趣为主;还有一个汉语语言班,是必修课,学生水平也会相对好很多。因为汉语是作为第二语言的选修课,所以学生每年都会不一样,但是大体上的学生不会流失,我按照大多数学生的水平来安排课程。

兴趣班结合着《快乐汉语》和《体验汉语》两本教材进行,《快乐汉语》作为入门,《体验汉语》用来拔高,根据学生的实际情况,调整教学进度和内容。语言班学习《汉语教程》,并且日常交流也都要求用汉语。

但是在任教初期出现了很多问题:比如学生不交作业,课堂管理难度大,精心设计的游戏效果并不好……每天我都在生气,但内心也明白,真正应该对这一切负责的还是自己。于是我开始尝试改变。

首先,给学生成就感。我用A4纸给学生做贴纸册子,让学生自己设计封面,夹在作业本里,每天上交。完成作业或者上课表现好都可以得到小贴纸,学期结束的时候可以来找老师兑换物品,比如书签、中国结等。那些小贴纸就像勋章一样,是他们实实在在能看到的学习中文的成果。

其次,关于课堂管理,我借鉴了泰国老师的方法,创造了"一二三,一二三,一二三四五"的口号,即学生根据我说的数字拍手,这也是让学生集中注意力的方法。我还在每个班建立了"大组"和"小组","大组"即根据座次把全班分成两大组,主要用于做练习或者玩游戏,组名根据当天学的词汇随堂起,比如国家、水果等;小组一般四到五人,培养学生的集体荣誉感,有助于课堂管理和作业的收集,以及调动课堂积极性。

我发现学生在活动中更容易习得知识。每逢节假日或者学生整体学习懈怠的时候,我会组织一些文化活动来调动学生的学习积极性,这些活动也都很好地融入到了汉语教学中。比如画脸谱、吹墨画、剪纸、中国传统故事话剧等等,学生不仅了解到了多元的中国,也学到了新知识,课堂也不至于枯燥,学生的反馈还是很好的。

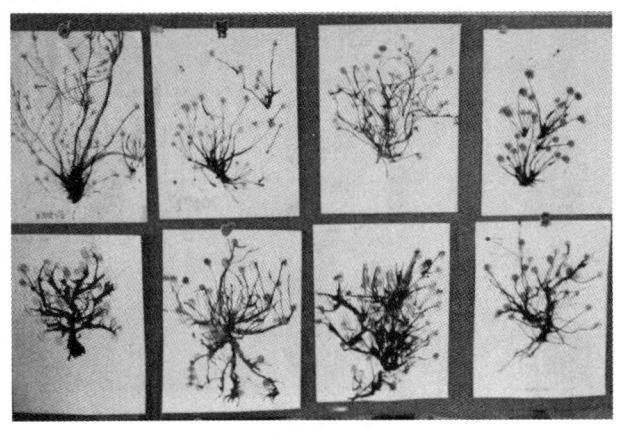

学生吹墨画作品

(二)文化活动

当然,在泰国不仅仅是单一文化的交流,而是两种文化的碰撞。我在泰国当然也少不了要体验泰国的文化,第二语言周的活动应该是和我联系最密切、也是我参与度最高的活动了。在这里不得不提一下,泰国学生的动手能力真的很强,从会场布置到道具制作,全部是我和语言班的学生亲手做的,画的脸谱、剪的"春"字还有窗花,画在盘子上的青花图案、中国结、中国菜、中国传统服装等,是一个充满了中国元素的汉语角。当然还有韩语角、越南语角、日语角、英语角,泰国可以说是一个文化包容性很强的国家了。

春节活动是我在任期里的最后一个节日。大年初一早上升旗仪式后,给学生准备了有关中国春节的问题,答对了会给他们100泰铢的红包作为奖励,语言班的学生还一起唱了《新年好》。这是我第一个不在家的春节,学校很贴心地为我营造了春节的气氛,升完旗还被隔壁学校邀请去参加春节活动,和学生一起包饺子,写毛笔字,唱中文歌,画中国画,还有各种生动有趣的游戏,活动高潮迭起。活动结束后,我和朋友穿着汉服和旗袍去电影院看了成龙主演的电影《神探蒲松龄》,意外得知中国新年期间穿中国传统服饰可以免费观影,影院里到处是穿着中国旗袍的人,但是在她们眼里,好像中国人过年是一定会穿红色的,红色的旗袍,红色的衣服,总之希望国家会越来越强大,希望对外汉语教师的队伍更加壮大,让更多的人了解中国文化,爱上中国文化。

二、两年的越南中文教学生活

顺着时间的隧道,来到接到国家汉办转岗通知的那天,怀揣着新的梦想,我又踏上了这片未知的承载着希望的热土——越南胡志明。我精心准备之后,终于又在异国他乡踏上了讲台,虽说在泰国有过一年的汉语教学经验,但我还是保持一颗向教学一线学习的心,而我在越南的第一堂课还算轻松。

(一)以培训为主的中文教学

我工作的学校是位于越南最大的城市——胡志明市的一所华人创办的培训学校,主要针对汉语水平考试(HSK)、青少年汉语水平考试(YCT)及幼儿汉语启蒙教育。因为是培训机构,上班时间也都是在工作日的晚上以及周末全天,即工作日晚上7点到9点15分,共两大节;周末上午9点30分到11点45分;下午2点到4点10分,各三节。

我主要负责学校汉语水平考试班和少数少儿班的教学课程,以初级和中级为主,约80%的学生来自华人家庭,会说广东话或者福建话,因为家里人至少有一方会说汉语,所以学生们的中文理解和接受能力很强。第一次接触这种专门针对考试的课程,我心理还是有些陌生和紧张的。在正式上课前,我认真备课,提前准备教具,慢慢地教学工作也得心应手起来。

在汉字教学中,我特别注重汉字偏旁部首的教学。汉字的拆分与重组,让枯燥的汉字课堂变得异常活泼起来,课下我给学生打印了常见的汉字偏旁部首让学生们把不同的汉字组合成本课的生字,这种方式既提高了学生们的生字掌握水平,又很好地调动了学生们的学习积极性。

学生们在玩组汉字的游戏

我所在的学校还是语合中心(原国家汉办)指定的汉语水平考试考点,定期会举办汉语水平考试。我的学生们都积极参加并取得了优异的成绩,其中HSK3班的黄可盈、王敏燃、赵继堂分别以299,296,292分的高分通过。

2020年春节,新冠肺炎疫情席卷全球,学校也被迫停止线下授课。当然疫情挡不住学生学习的热情,学校也顺应形势推出网上在线课程,还在Facebook、Instagram、Zalo等社交平台上上传教学视频供学生们免费学习,我们制作的教学内容涵盖拼音、数字、古诗、汉语水平考试真题试卷讲解等,这也是我们这些志愿者教师富有挑战性的一项工作。网课一直持续到5月,学校才陆续开始恢复线下上课。

（二）在越南的文化活动

因为学校工作时间的特殊性，我们有充足的时间安排自己的课余时间，住的地方又在胡志明第五郡（华人聚居区），不管是日常交流还是饮食，都不用担心文化差异，当然了，遇到中国传统节日，也能感受到浓浓的节日气氛。

来到越南过的第一个传统节日是端午节。校长组织了老师和几个成人班一起举办了"迎端午"制作香包活动，香包不仅有驱邪避瘟之意，而且有襟头点缀之风，内有芳香的中草药，有清香、驱虫、辟邪、防病的功效。端午节佩戴香包也是华人同胞数百年来的美好习俗之一。通过这次端午节活动，学生们对端午节传统也有了更深刻的了解。

说起脸谱，我在对颜色词语的学习中，把脸谱元素融入进来。首先给学生们讲解了不同颜色代表的不同人物性格，一张张脸谱变成了一个个鲜活的人物形象，让人印象深刻；随后给学生们发了空白的脸谱图，让大家自己动手，给脸谱涂上不同的颜色。涂色对于小朋友们非常有吸引力。不一会儿，一张张空白的脸谱就被大家涂上了各种颜色；最后，我还给学生看了川剧变脸的视频，进一步巩固了对颜色词的记忆。

除了中国的传统节日以外，我还结合学生的需求，给学生设计了西方节日的中文教学活动，对于HSK班主要以讲解为主，对于少儿班还是以动手和涂色为主。比如，圣诞节是西方重要的节日之一，圣诞节的时候我会教学生们读相关的词语、做圣诞树、给圣诞老人涂色等。在小朋友们的笑脸上我看到了他们对于汉语学习的信心。

尾记

三年海外生活，让我坚持下来的一是内心的梦想支撑，二是来自学生的认可，三是生活得相对顺利。想想，守护了最初的汉教之心，一路上自然会主动去克服困难，主动去成长。这几年来，看着有些学生从我刚来时只能说一句"你好"到现在学生可以跟我进行日常的交流、可以有机会去中国参加汉语夏令营，还想继续去中国学习汉语……这些种种，让我觉得所有努力付出都是值得的，也让我明白了自己身上的责任有多大，也明白了"汉语教师志愿者"这几个字的真正含义。

国际中文教师叙事文本（32）

本文以作者在柬埔寨三年的中文教学发展为叙事内容，围绕在同一赴任国坚持三年的意义展开叙事，呈现出"专业信念增强、专业自我的逐步形成"的专业发展特点。

作者简介：魏梦莉，平顶山学院2016届对外汉语专业本科毕业生，郑州大学汉语国际教育专业硕士在读。2016-2019赴柬埔寨任汉语教师志愿者。

那些年，花开月正圆

一、汉教第一年：17岁的雨季，我来了

当我第一次踏上这片土地的时候，眼前闪烁的是一双双明亮的大眼睛，我很意外，这些笑脸好美，我肯定在哪个梦里看到过。纯净水一样，一望无际的草原一样，村子里那口老井的水一样，如打磨后的珍珠一般，砸中了我恍惚的心。"老师，我们等你很久了"，看着旁边的小姑娘对一个留任志愿者说。我分辨不出他们的脸庞，脸盲症也瞬间犯了，只是被他们簇拥着来到校务处，他们害羞地站在我的身边，"老师好，老师好……""老师，你叫什么名字？"我热情地一一回答他们，这辈子与孩子们的缘分便从这里开始了。

当下正是雨季。第二天清晨吃完饭以后，我踩着高跟鞋，穿着崭新的正装，来到工作的地方。不一会儿就下起了雨，瞬时间骤雨倾盆，上班第一天我300块的鞋子就泡水了，这长长的一年怎么办？我来不及管那么多就奔向自己的班。面向一群可爱的孩子，我尽力展现自己的热情来试图掩盖自己的紧张，可是仍然有十几秒的傻笑和尴尬等待下课的局促场面。第一天就这样在忐忑兴奋中度过。匆匆三天过去后，和六（上）班的缘分就结束了，最后校长让我带四（下）班。我依旧兴奋不已。

直到一个月后，我开始慢慢地深入了解班里每一个学生的家庭。有一个学生已经好久不来上课了，那一天我随口问了一下原因，他说："妈妈生病了，我要照顾她，她现在在金边养病。"其他学生又告诉我："老师，他们家要把牛卖了给妈妈看病！"我当时都震惊了，一头牛对于柬埔寨农村一般家庭来说，是耕田的好帮手和主要劳动力，如果没有了，全家人要增加多少劳动压力，况且他是单亲家庭，妈妈现在生病，爷爷奶奶又年迈，耕田的任务只能落在他自己身上了。我看着他瘦弱的肩膀，不禁哽咽起来。忽然间我想了一个办法，转头问："同学们愿不愿意为周利丰同学家捐献自己的爱心？"同学们异口同声地说："可以！"于是我们班将筹得的爱心款交给周利丰同学，并祝愿他的妈妈早日康复。后来，我告诉会长他们家的真实情况，会长确认情况属实后不仅免了他的学费，而且捐出10万柬币（相当于150元人民币左右）接济他的生活。那一刻我就感觉：人间有真情在，人间也有真爱。我的到来是可以为他们带来些许温暖的。两个星期后，学生带着我去了他

们家。路是土路,有一米五宽,两边是水稻,一不小心就可能掉进稻田里。探望的小队伍蜿蜒盘行,我看着他们的背影,觉得世界真美好!我现在有一群孩子,我很爱他们,他们也很爱我。17岁的雨季,很好。我想继续留在这里,不想家。

和学生一起去周利丰家

记不清有多少个早晨,我踏着朝阳,迎着风,踩着学校的"宝马"车去菜市场买菜。市场上的小贩儿都是大姐大妈,我们老师有自己专门的买菜摊位,一个美丽的姐姐每天都会招呼我们。我们用不熟练的柬语和夸张的动作成功地买到了自己想吃的任何东西,市场只开一个上午,勤劳的柬埔寨人和繁忙的市场很应景。蔬菜瓜果、海鲜鱼虾、锅碗瓢盆等应有尽有,不过可选的种类和样式并不多。柬埔寨早餐一定有炒饭、炒面、粿条、米粉、咖喱鸡、点心、白薯、玉米……种类丰富,可惜没有我们爱吃的面条馒头。

到年底12月份的时候,学校江理事的儿子结婚,邀请了所有的中国老师参加。柬埔寨婚俗跟中国的很不一样,在这里一般是男方嫁到女方家。婚礼第一天是搭棚日,第二天才是新娘潘金叶老师大喜的日子!新娘一大早就出来迎接新郎,新郎家为聘礼准备了几十盘的水果、吃食和不知名的点心。大约早上八点的时候,亲朋好友一个人端一个盘子,两列面对面站到了新娘家100米以外的地方,然后再端着盘子路过摄影机,这是拍摄留念和婚礼迎亲仪式的需要。接着新娘身着盛装,双手合十走出房间迎接新郎,新郎站在门外,身旁簇拥着他的好朋友们,这个时候应该称为伴郎。待新娘走到新郎身边完成迎接仪式后,再一起步态端庄地走回去,算是把新郎交给新娘家了。整个过程很有仪式感,这样隆重的异国婚礼习俗我还是第一次见到。中午放学后,本地的美女老师们就去租礼服和化妆了,所谓化妆,并不是自己在家捯饬,而是花上几美金请专门的化妆师化妆。晚上婚礼现场看到她们时才真正地被震撼到,小到十几岁的年轻老师,大到六七十岁的阿姨,无不是露着香肩与小蛮腰,亦或是浓妆艳抹、馨香馥郁。佛教国家的女人,平时保守而传统,可是在婚礼上,个个争奇斗艳、盛装出席,求美无上限!我们中国老师当然不甘心被比下去,都拿出压箱底的旗袍,满满的中国风,比起她们本地人的艳丽,我们的打扮显得含蓄素雅多了!十位中国女老师鱼贯入场时,迎来了宾客们的注目礼。

学校江理事儿子的婚宴

酒席上的饭菜跟国内相比是完全不同的风格,大部分都是肉食,而蔬菜很少。吃饭过程中没有敬酒环节,没有发喜糖,据说也没有闹洞房等环节,倒是省下许多时间让宾客和乐队们尽情地唱歌跳舞!

宴席基本结束之后是拜见双方父母的重要环节,伴随着婚礼进行曲,新郎挽着新娘走进来,双方父母坐在礼台的后面,女方父位已空,新娘子的长兄长嫂坐女方父母的位置,新人绕礼台三圈后向父母行合十礼鞠躬。最让我动容的是行礼后对双方父母的喂食仪式,在主持人一连串的祷告下,两位新人分别向两对父母进行喂蛋糕仪式,那一刻我脑子突然蹦出:动物有跪乳之恩,鸦有反哺之义!何况接受过文明教化的人!想必无论是新人还是父母,此刻都心海翻腾,感触良多吧!接下来是新人夫妻喂食、倒香槟、喝交杯酒,至此,婚礼的整个仪式就结束了!最后是新人和宾客们的歌舞狂欢时间,我们也加入其中尽情舞蹈。欢乐的日子总时不时地点缀着琐碎的日常教书时光,我沉浸其中,不想家。

二、汉教第二年:是他们牵绊了我的心

曾经以为自己不会爱上这里,更不会选择在这么偏僻的小山村留任,然而经过一年时间的磨炼以及和孩子们的朝夕相处,我毅然决然的选择继续留任。当第二次踏上这片土地上的时候,是熟悉,是安心,也是家的感觉。想起刚来的日子里,房间里只有床、桌子以及少量的私人物品,其他方面相当清苦。今年赴任时,我带了满满的零食和其他用品,也给孩子们带了中国的纪念品。

第四章 国际中文教师的专业发展信念

15 位中国老师于校门前合影

今年又换了新的班级,我也担任了学校领导小组卫生组组长的职务。记得大学毕业前在一个中学实习的时候,偷偷学习了一个优秀语文老师激励学生学习的方法,经过仔细琢磨之后,我打算跟自己班的孩子们玩这个游戏。游戏名字叫"点券",规则基本以象棋"帅、仕、相、车、炮、马、兵"中棋子的等级大小为基础,通过"打怪升级"的方法,他们上课主动回答问题或者做好人好事可以得一个"兵",五个"兵"可以换一个"马",五个"马"可以换一个"炮",依此类推,任何时候都可以兑换所在等级对应的礼物,也可以尝试攒到最后得一个"帅",得到终极大礼包。今年带的班是五年级的小学生,所以整体上这个办法还是挺好用的,每个人都有了竞争意识,也都在努力得到老师手里的兵,得到老师的夸奖。我担任卫生组长期间,得到了我们班三个男孩子的鼎力相助,可以说是我的得力小助手,他们每天被我分派任务去检查每个班级所负责的卫生区,再一一报告给我,会额外获得我手里很多代表游戏晋升的小"兵",然后在整个班级里面遥遥领先,当然为了游戏的公平以及激发学生的学习热情,上课只要回答问题就会得到一个"兵",所以后来学习好的同学依然处于领先地位,有一个女生最终拿到了我准备的终极大礼包,而其他同学也一一换取了所对应等级的礼物。

三、汉教第三年:从小村庄移居大城市的日子

第三年的芳华岁月,忙碌又充实。以前对首都金边有一种独特的向往,幻想在小村子教书的我也能有机会在繁华的金边教书,体验另一种中文教学生活。终于在第三年,

我如愿以偿地来到了任务最重也最繁忙的柬埔寨皇家科学院孔子学院本部。熟悉的温度中多了轰鸣的飞机和沿路邻居的热情招呼,疾风骤雨中多了那利夫妇为孔子学院奉献的身影。我们住在柬埔寨城市最常见的一栋牌楼里,十八位老师就像中国传统的大家族,分散住在各个房间里,上下楼打招呼不用出房间就能听到,小伙伴们的支持与关心就像温泉水煮出的鸡蛋,软糯软糯的。我得登革热的日子里,大家轮番照料,让我扛过了病魔,重新站到了热爱的讲台上。

孔子学院本部全体老师合影

和华校教学不一样的是,孔子学院会举办各种各样的活动让学生参加,比如汉语桥比赛、江苏杯汉语演讲比赛、中文歌曲大赛等,也会在各大中国节日里举办具有中国特色的活动,让学生体验不同风情的民族特色。我参与文化活动的频次也高了起来。中国新年时,我们举办了中国新年系列活动,我画了新年彩绘海报作为宣传,邀请学生来学校玩游戏。

2019年孔子学院本部举办"孔子诞辰日"活动　　2019年孔子学院本部重阳节活动

在孔院本部,我共教了七个班级和1A、1C、2A、2B、2C、4B六个不同等级的课程,要进行日常教学,组织期中和期末考试。讲课时,让课堂集趣味性与知识性为一体,寓教于乐。有一次,《你都去过哪些地方》一课讲到了"火锅",我就讲了哪里的火锅最有名,学生在课堂上就问我:"老师,你可以给我们做火锅吗?"我承诺他们,期末考试完就做给他们吃。他们除了品尝到中国美食外,又学习了这些菜的名字及饭桌上的中国文化。后来学生告诉我:原来学汉语可以这么有意思呢!在日常教学中,我还在自己班级教学中融入了中国文化知识、中国茶文化、古筝文化知识等,比如中秋节主题活动、重阳节主题活动、中柬新年文化对比、古筝文化以及古筝演奏、中国诗歌文化等。

相逢携手且高歌,人生得几何。孔院老师们每天除了固定的教学任务,都承担着不同岗位的行政工作,每到大型活动,老师们会被派遣到不同的岗位,完成不同的任务。每每开展大型活动和会议都是我们孔院老师最忙碌的时候,中柬双方老师会团结协作,让活动圆满完成。我主要负责"大学生汉语桥"及"中学生汉语桥"相关工作,还有各种大型文化活动。汉语桥比赛是每年活动的重中之重,我们会连着举办一个多月。

初心不改,一直在路上

立志以定其本,居正以持其志。成为一名汉语教师,一名中华文化传播的使者,是我的向往与目标,是我为之不断努力奋斗的愿望。直至今日,我仍有一种信念——继续行走在汉语教师志愿者之路上,在新的岁月里,在新的征程中,奉献自己的光与热,带领汉语学习者体验中华文化之美,让世界认识和了解中国。

第二节　国际中文教师专业发展信念内容

王添淼(2019)结合汉语国际教育学科特点把国际汉语教师专业发展的含义界定为：教师个体对实践进行持续探究的专业不断发展的历程，包括汉语国际教育信念的增强；汉语学科和相关学科知识与技能的更新、拓宽和深化；以及具有生产实践性知识和与国际汉语教育界同仁合作的能力，并最终成长为一名学习型、反思型和研究型的教师。

1. 国际中文教师教育信念的增强

国际中文教师的教育信念，即在深入理解国际中文教育工作的本质、目的、价值的基础上所形成的对国际中文教育事业价值和意义的坚信不疑的看法，它伴随着对国际中文教育的强烈、真挚、矢志不渝的情感和坚定不移的意志，是教师专业发展的理性支点和专业自我的精神内核，可以唤醒教师自我成长的力量，是教师对成为一个成熟的教育教学专业工作者的向往与追求。"信念既是现实生活在人的精神世界的某种内化，也是群体性文化因素的选择性积淀。"根植于一定文化的教师教育信念与教师的文化背景和生存现状等具体情景有关。职业选择是作为一种生活方式、人生价值的选择抑或是一种被迫的适应人生，都是值得探讨的。其中"专业享受型"和"专业发展型"的国际中文教师对国际中文教育职业有着追求，教师教育信念会不断增强。

"专业享受型"的国际中文教师。这一类型的教师怀着满腔的热情投入海外中文教学工作，并在工作中享受着这一职业带来的幸福。即便他们在异文化中面对着语言不通甚至工作不顺的窘境，然而学习者的成长和进步就是这批教师坚持的理由，就会给教师带来发自内心的满足。

"专业发展型"的国际中文教师。理想的教师是能够对自己的价值和在与他人的协调实践关系中不断进行反思和再评价的人。这类教师不会满足基本的"授业"和"解惑"，而是把自己当做一个有思想和决策能力的主动的个体，注重反思和自我教育，把学生的成长、自我的进步和社会的发展结合起来，呈现出更强的主动性和自觉性。国际中文教师这一职业成为他参与社会发展和实现自我理想的有效途径，在实际工作中把教育当做幸福的活动，从教育工作中感到生命的充实和生活的乐趣。"专业发展型"的教师特点与凯尔科特曼提出的"专业自我"内容相一致，即自我意向、自我尊重、工作动机、工作满意感、任务知觉、未来前景。教师认识并感受到了教师职业给自己带来的内在尊严与欢乐，自己成为自觉创造教师职业生命和职业内在尊严的主体，体验到教育教学对社会和自我生存的价值和意义，体验到与学生交往的愉悦，体验到所从事专业的幸福，也对未来有美好的期待。在这个群体中还有一类值得关注的是"曲线救国型"教师。这类教师对国际中文教育抱有热忱,受制于相对较低的学历会选择在任期结束后继续攻读硕士学位或者博士学位,然后再继续踏上国际中文教育之路。

但并不是所有从事过国际中文教育的教师的信念都会增强。还有一类可以称之为"生存型"的中文教师,即在海外教学工作中也尽职尽责,但缺乏自我发展的内在驱动力,选择出国做中文教师志愿者的主要目的是提高教学技能和跨文化交际能力,积累海外工作经验从而为未来职业发展提供养料,一年的国际中文教师志愿者任期结束后立即回国再谋职业且几乎与国际中文教育无关。这类教师的中文教育信念呈现减弱的特点。当然,这与海外工作特点、国内择业环境以及归国安置保障有关。若是在海外择业,学历会是择业的一个限制性因素,工作稳定性较弱,而且与中国传统的家庭观念有一定冲突。若是回国,能更早就业,也会早日融入社会、早日结束相对漂泊的生活。当然,这里的"漂泊"也是与中国传统文化心理有关。最重要的是,国内还缺乏就业选择和安置方面的优惠措施,国际中文教师尤其是国内没有工作单位的教师对其职业发展有着明显的后顾之忧。目前在归国升学上有一项优惠政策,即有海外中文教师志愿者经历的教师,回国报考硕士研究生专业课成绩有加十分的政策,但整体上优惠措施较少,鼓励力度较低。这些都是影响国际中文教师教育信念增强的因素。

2.更新、拓宽、深化中文教师知识与能力的信念

教育信念是动态发展的、不断演变的。国际中文教师学习教育理论和总结反思自我教育实践形成自己的教育专业信念,也需夯实并不断提升自身的知识与能力,不断更新自己的教育专业信念,使自己的教育专业思想不断发展,从而满足不断变化的国际中文课堂和生活情境要求,与国际先进的教育理念接轨。而这种发展的教育信念需要教师靠着自觉性和责任感去实现、去推动。

"教师的知识是在与环境的互动和具体教学实践中获得的,而由此获得的教师实践知识正是教师专业发展的根基。"教师信念和教师的知识都是描述教师精神生活和思维状态的概念,教师具有的知识来源是多方面的,诸如书本知识、观察得到的知识、教学实践中的知识等。这些知识在教学实践中被教师真正理解和掌握,而这些实践性知识通常会转化为教师的行为习惯和思维定势,帮助教师适应教学环境并改进教学的能力和素质。

理查森(Richardson,1996)提出个人生活经历(personal Experience)、学校学习(Schooling)和正式(教学)知识学习(Formal knowledge)是三项对教师知识和教学信念产生深远影响的因素。文本叙事中,国际中文教师也呈现出学校学习经历尤其是所学的专业知识和教学法知识对自身教师信念的形成有着深刻影响,但教学实践中通过解决具体教学问题会促使教师不断检验和反思已有的信念。因此,国际中文教师的专业发展需要教师的知识得到更新和持续增长,"需要有效的学习机制通过教育实践触动教师内心,促

成他们有意识地反思已有的习惯和定势,从而作用于教师信奉的教学信念"。譬如拓展中文教学资源来发展教学。除了教科书和工具书外,非中文教学的中文读物可以成为教学的补充材料,影视和生活视频材料、中国文化图片及多媒体资源等网络多媒体资源也是拓展语言教学手段、增强语言教学真实化的重要途径。李泉(2015)提出"不仅汉语本身是汉语教学的资源,师生之间的媒介语及共有的知识与技能资源,也是随时可用于课内汉语教学和课外语言交流,即参与语言教学和学习的资源",指出隐性教学资源对国际中文教学的重要价值。这些都是获取实践性知识的重要手段。

教师能力的信念即教师效能感。教师效能感与多种因素有关,譬如教师的管理观、课堂教学信念、职业满意度、上级主管的评价、教师团队文化等。因此,"教师的效能感是环境—主体—行为相互作用的结果,是对各种关于教学环境的信息和教师对自己教学能力评估的加工产物,从生态文化理论出发,教师效能感和教学能力观应该是情境具体性的,随着环境、任务的变化而变化"。对于国际中文教师来说,重视教学任务、情境的分析和对个人教学能力的评估是产生和提升教学效能感的重要路径。文本叙事中,有些中文教师关注教育教学的关键事件,有主动的情境分析意识和能力;有些教师在遇到教学挫折时能够主动请教本土教师或者积极与学习者沟通,并相信能通过主动学习快速调整现状,这是教师对个人教学能力评估自信的表现。但也有些教师在遇到挫折时忽视对现有教学观念的评价而只认为是自身专业能力有待于提高,觉得自身的胜任力不够,这可能会造成教师效能感的偏颇,会影响教师采用恰当的教学资源等。就提高教师效能感途径来说,"采用多样化的方式培训教师教学技能,密切关注教师对自我角色的观念,并营造浓厚的学校教学专业发展文化"来为教师的专业发展提供条件。

3. 教师自主发展信念

从汉语国际教育到国际中文教育,从国际汉语教师到国际中文教师,这些变化和定位中看出国际中文教育正在发生的变化,尤其是教学语境的变化和国际中文教师教育的特质,即从实践本位走向注重研究的实践,促使国际中文教师成长为基于实践语境的教师研究者和探索者,从而助力教师的专业发展。"教师的专业发展可以通过教师自主调控思想信念和积极参与教学实践得到完善",教师信念的反思、调整和重塑离不开教师的自主发展。

国际中文教师信念的建立和发展会受到多种因素的影响。辛涛、申继亮(1999)总结教师信念发展的影响因素主要有:已有的信念与认知发生冲突、强烈的情感、信念强度、学校氛围和学校同事五个方面。吕国光(2004)认为教师的先前经历对教师信念有较大影响。郝丽霞(2010)的研究中指出影响教师教学信念形成的因素主要来自教师的学习、教学和生活三方面的经历。从国际中文教师的海外教学经历来看,教师信念的来源是多方面的,受到多种因素的共同影响。如专业学习经历(是汉语国际教育专业还是外语专

第四章 国际中文教师的专业发展信念

业或者其他专业出身、教育传统)、二语学习经历(自身在二语学习中形成的关于第二语言习得的看法或者受到二语教师的教学影响等)、各类教育教学培训(赴任前的培训、岗中培训或者自身接受的母语教育培训等)、前辈和同行的经验传承(来自专业课教师的影响、示范课的影响、业内前辈的研究成果、其他海外中文教师的影响等)、海外中文教育现实(受海外工作环境、学生特点、中文在所在国的地位等各种因素影响新形成的一些教学信念或者在实践中调整的一些新的信念)等。教师信念会随着教学实践发生一定的变化和调整,整体上呈现出相对稳定性和一定变化性的特点。

值得关注的是,国际中文教师都有一个赴任前的集体培训。集体培训安排的课程里其中有一项是语言培训,特别是去东南亚国家的教师会学习赴任国的语言,如泰语、柬埔寨语、尼泊尔语等。另外,集训中也有介绍赴任国风土人情和学习者特点的课程。这些培训使得教师在赴任前对自身的赴任国语言水平和学生的特点已有预判,如果赴任后遇到的情况和自己的预判比较一致,就会坚持已有的教学信念展开工作。比如,在教师的赴任国语言较差的情况下,教师认为师生间会存在沟通障碍,所用的肢体语言会比较多,组织的活动也会受限。

正因为教师信念受到的影响因素是多方面,更要强调教师的自主发展观。教师自主发展的信念既体现在教师能够自发地有目的性地根据外在环境决定和支配自己的教育教学活动与环境,又表现在教师能合理认识并利用自己的潜能,有充分的主动性和自信心。具有合宜的教师信念并能得当运用是教师成熟的标志,也是教师职业发展的努力方向。譬如,师生互动是一个适宜的教师信念,但如果互动的内容是低水平的,互动的方式是幼稚化的,产出的结果是低效益的,那就是合宜教学信念运用不当的问题。有些中文教师面对成人学习者时使用的教师语言是儿童式的,互动的问题停留在"是否"的层面,这些都是不足取的。又比如,讲练结合是适宜的教学信念,但如果练习的时间比较短,且练习方式单一,造成学习者学习怠倦,也是合宜教学信念运用不当的问题。因此,教师自主发展要有终身学习的理念,要根据环境调配自己的教育教学方式。

教师的自主发展要有自发追求的行为,从现实生存的土壤中找到自己的生长点,并以自己的成长影响周围,做终身学习的教师。教师要成为自觉的教学的建构者、践行者和创造者,拥有专业发展精神。对教育教学现象背后的原因进行深层的思考和分析,通过反思教育实践积极探索与解决教育问题从而提升教育实践的科学性和合理性,最终使教师逐渐成长为专家型教师。

下面的四篇国际中文教师叙事文本《我在汉教路上一直走》《中文教师——给我荣耀,给我责任》《一次青春,一生回忆》《致敬在捷克孔院的那些日子》主要是围绕国际中文教师专业发展信念的内容而展开的叙事。

国际中文教师叙事文本（33）

本文以作者在泰国、韩国和美国的中文教学历程为叙事内容，围绕"用多元文化信念应对教学""终身学习的意识和能力"展开叙事，呈现出"教师自主发展"的信念以及"更新、拓宽、深化中文教师知识和能力的信念"。

作者简介：侯玉荣，平顶山学院文学院2015届对外汉语专业本科毕业生。曾赴泰国、韩国和美国从事国际中文教学工作。

我在汉教路上一直走

我本科就读于平顶山学院2011级文学院对外汉语专业，毕业后就一直在从事对外汉语教学工作，先后在泰国当地基教委的一所中学、韩国的小学1—5年级和中国广州的小学各从事过一年的汉语教学，目前在美国德克萨斯州的一所小学教K-5中文已经三年。去泰国是通过国家汉办孔子学院的志愿者项目过去的，其他都是通过自聘的形式。到目前为止总共有六年的中文教学经历。

一、中文教学和文化活动相融合

了解你的学生。这里我会从学生整体的文化背景，学生的年龄阶段以及广泛意义上的人性相通三个角度稍做讨论。在教学中，我相信无论在任何的教学中，了解你的学生很重要。比如，同样的教学活动，可能初中生个个积极踊跃，极尽表现，到了高中这里可能就无人响应，这是当时第一年教学的我所遇到的第一个困惑，后面到了美国发现也是差不多的情况，高中生的教学互动比较难。难道就没办法了吗？当然不是，其实这就要求老师们能够了解并针对自己的学生做不同的适合学生的教学活动。后来在高中的课堂上我尝试各种不同的课堂活动，比如学生不喜欢在课堂上发言，我就把活动设置成可以写出来的，学生可以把问题的答案写出来并展示卡片。还有把学生分成小组来做任务，他们比较喜欢和同伴讨论。还有是把学习的话题作延伸，引入他们生活的例子来引起学生的兴趣，提高其参与的热情。我的泰国中学生们就特别活跃爱动，所以在他们的课堂上舞蹈、唱歌、手工、游戏就用的比较多。泰国学生的动手能力真的让我惊讶，那一个个单词小本做得非常精致，都可以拿去卖了。学生虽然闹腾，但都还是尊重老师的，这也是我特别喜欢泰国教学的原因之一，老师的社会地位高且受人尊敬，在我教学的当地集市上，我会经常碰到学生和学生家长，他们都对我非常热情且十分尊敬。

第四章 国际中文教师的专业发展信念

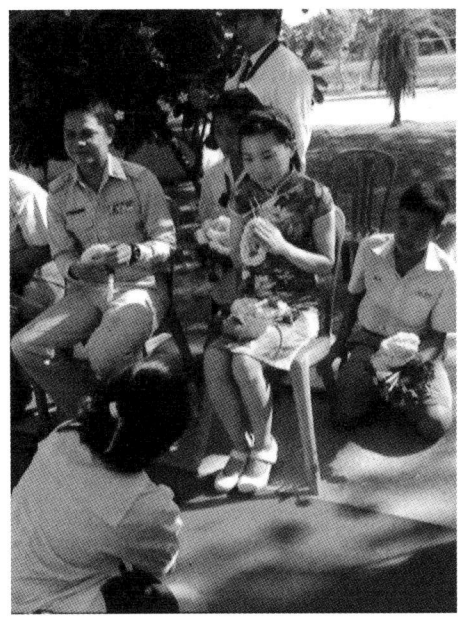

泰国教师节

在泰国和学生一起活动

泰国的学校课外活动和节日很多,趁这个机会也可以学习到很多泰国当地的文化。比如组织中文夏令营的时候,学生非常积极帮忙布置会场,认真排练,他们跳的当时流行的《小苹果》舞蹈我到现在还历历在目,同时学生也会教我一些泰国流行的舞蹈和歌曲。每当学校有这种活动的时候,我总会兴致勃勃地跑到各处看一看玩一玩,和老师学生们一起体验。现在想起泰国,就是想念,特别想念,如果能重回一趟,我想我一定会"玩"得更尽兴,不只是旅游意义上的玩,更是一种态度,教学也可以当成是一种"玩",让自己更投入地去教学也是一种不一样的收获。

二、用多元文化信念应对教学

除了年龄、年级的差异,文化背景的差异也很明显。美国的小学生普遍敢于提出各种各样的问题。想起在美国的第一节课,kinder 的小朋友们提出的问题五花八门:"你是我的妈妈吗?""你是外星人吗?""我可以把你带回家吗?""你住在中国吗?"诸如此类。一开始觉得又好笑又有趣,匆忙中也没想好怎么回答就应了句:"我不是你的妈妈,我是你的中文老师,但有一点和妈妈是一样的,就是老师也很爱你。"到了高一点的年级,比如四五年级遇到的问题就更棘手一点,有时会涉及到政治和边缘文化,比如:"台湾是中国的吗?""中国人吃猫和狗吗?""为什么中国不让外国人进入西藏?"等敏感问题。但是即使遇到再不可思议的问题时,我也不会慌乱了,因为已经有了一个心理预期,同时保持文化自信和政治中立,避免讨论政治立场等信念。还有学习课程内容时,学生们也常会把"写汉字"说成"画汉字",在他们的印象中汉字就像一幅画一样,但有时我也就顺着这个说法就画出几幅简笔画来,比如山字,就可以画出一座山的形状,火,田,月,人,雨,耳等象形字,学生会觉得汉字非常有趣且神奇,学习的兴趣就被激发了。当学生喜欢上中文,觉得它有意思,他们自己就可能会主动学习。

教学之余,几乎每个假期我都会到美国的各个州去旅行,去看看不同的地理风貌以及不同的饮食习惯和文化历史。我特别喜欢跟来自不同背景不同地区的人聊天,这些经历时常给我一种茅塞顿开的感觉,哦,原来是这样……比如,犹他州的摩门教信徒较多,很多人出于宗教约束,在家庭教育中对小孩管束的就比较严格,在犹他州教学有可能课堂上的管理就无需太费力。像在我目前的学校,课堂管理就是一件很重要的事,如果没有有效的课堂管理,课就会很难进行,当然效果也不会达到理想的预期。所以了解学生并制定出适合他们的课堂策略,也是很关键的。说到文化背景差异,在美国的学校应该是很常见了,因为它本身是一个移民国家,生活在这里的人更是来自世界各地,新老移民都有,加上种族也比较复杂,说各种语言的比较多。像在德克萨斯州,相当大一部分人只说西班牙语,在我目前的学校里也会碰到只说西班牙语的学生。所以在美国教学,更需要用一种包容的心态来看待文化差异。

美国亚利桑那州大峡谷　　　　　　　　　　密西西比河

在韩国,我的学生们就普遍比较乖,很遵守课堂规则,在课堂中遇见的让人难以回答的问题就比较少,当然也有少数调皮的学生(相信哪里都有)。孩子们理解的世界和我们已经见识的世界肯定有所偏差,很多没有去过中国的学生会很好奇,问很多关于中国的问题,比如,"中国人也吃寿司吗?""中国也有韩国餐厅吗?""中国人也看韩国的电视剧吗?"……说到韩剧,女孩子们经常拿给我看她们最喜欢的明星偶像,还会送我一些明信片和照片,比如当时流行的宋仲基,我就收到了不少学生送给我他的照片。我也将学生们喜欢的名人融入到我的中文课堂中,来提高学生们学习的兴趣,或者普及一下中国小学生们喜欢的明星偶像,像 TF boys 之类的。小学生年龄阶段小,好奇心强,大都比较容易接受新的文化和内容。这也是从那时候开始,我个人更喜欢倾向于教小学,小孩子们带给我的动力和感染力更强,这对我来说,就更容易全心投入到教学中,也多了一份热忱。韩国的教学系统中给老师的权力也更大一些,韩国的学校允许老师体罚学生。当然这对于我们的教学而言是有帮助的,我相信我们的中文老师们也都不会滥用教师的权力去惩罚学生,学生违反纪律可以惩罚,对学生就有一定的约束力,韩国学生整体的规则感还是比较强的,作为老师的我,就可以更专注于教学而不是花大力气去做课堂问题管理。

在广州的时候,我当一个班级的班主任,班级里大部分是中国长大的孩子,语言交流没有问题,少数外籍学生语言基础薄弱,需要个别辅导,备课内容必然是不同的。但是因为他们本身随父母生活在中国,学习主动性很高,因为每天面对的语言环境就是中文,学生学得最快、最多的反而是在课下和小朋友互动中学到的。有了语言环境,学生的学习动力一般很足,这是他们学习中文和海外的学生最大的不同之处。

我印象很深的有两个韩国学生,两人共同点是都没有任何中文语言基础,父母也是因为工作刚来中国。小姑娘6岁,秋季开学就跟其他学生一起入学,非常安静和害羞,不愿意跟任何人说话,她的父母除了心疼之外,非常希望她能在学校得到开口说话锻炼的机会。她的爸妈经常跟我说希望我能多鼓励她,可是小姑娘就是不肯说话,等到开学一个月后她逐渐熟悉了环境和老师同学,她会经常笑了。我经常鼓励同学们多帮助她,所以大部分时间她都有人陪伴玩耍,别的小朋友也特别乐意帮助她。她去厕所的时候总是有伴,因为我总是听到同学们叫她:"佳殷,我们一起去厕所吧？""佳殷,走,我们一起去厕所。"大概两个多月后,她会主动去拉着她的朋友说:"上厕所"。后来她学会了关于吃饭的词汇,比如要吃什么,米饭、面条……关于上课的词汇等也慢慢地在生活中学会了。另外一个是男生,也是六岁,开学几个月后插班进来的,一句中文都不会。他个子相对同龄人比较高,所以班上的男孩子很喜欢去逗他,有时候甚至有点"挑衅"他（其实是想跟他玩）。但男孩也不是"好欺负"的,经常不打招呼就拿别人的玩具玩,造成同学们一度有意见,经常几个人对着一个完全不会说中文的他争论玩具的所属问题,双方经常会让我陷入困惑,因为一边说:"玩具是我的。"另一边不会说中文的他怀里紧紧搂住玩具不放,还硬生生憋出:"是我的,我的,我的。"面对刚插班进来的完全不会中文的孩子来说,我无法想象这个环境对于他来说有多大的挑战,但是也会为孩子想学一门语言的努力而为他加油鼓掌。最后,事实的真相令我有些惊讶,那玩具还真不是他的,真是让人又气又笑。

其实不论你在哪个国家,人性都还是有相通的地方,关注到你学生的独特之处,了解他们一定是有益无害且重要的。注意到学生的这些独特之处也常常启发我们反思自己的教学手段是否有效,学生是否真的在学习和思考。我认为其中收益最大的也是自己,我们自己受益的不只是教学相长,还学习了更多看待生活不同的视角。同时保持要开放的心态去接纳尊重别国的文化,也使得我们中国的文化得以传播并受到尊重。

三、终身学习的意识和能力

我还想谈谈教育科技的运用。我在美国的同事们常说的一句话就是,不会用科技教学的老师不一定会被取代,但会用科技教学的老师一定不会被取代。这是强调科技在教学中的重要性,而美国老师们也的确把这一点发挥得淋漓尽致。明显的区别就是课堂活动中很难不见科技的影子,诸如此类的科技活动非常多,比如kahoot/gimkit/blooket/quizziz/Arch Chinese 等等这些都是一些在线的游戏活动,包括可以和学生互动。学校每个阶段考试后也会组织老师们的专业培训,其中包括教学方法和这些教学科技的使用。我们学校也有统一都用的 seesaw 在上面布置作业,学校给每个老师设置好自己的账号,包括班级的学生分配也很清晰,这样学生在自己的电脑上独立完成,所以你会看到班级里的每个学生都有事情做,听说读写的都有。当然学生的进度是不一样的,有的学生学得快,有的学得慢,有的甚至走神什么都没学会,也是很正常的。针对同样的班级不同的学习进度,需要做几个不同的练习,没学会的还需要单独指导。教育科技作为课堂辅助工具几乎无处不在,同时也帮助我们做课堂小测验。

说到课堂测验,我先说一下教学模式。教学模式当然有很多不同的类型,我举些简单的例子,比如我们会从 warm up—I do—we do—you do—exit ticket 这几个步骤。首先在教室里我会贴出当天的学习目标,并且带学生读一遍学习目标,这样他们就会很清楚的知道今天要学习的内容和目标。然后 Warm up,一开始的课堂热身,唱首歌,跳个舞,或者用一个有趣的视频来开场,尽量在5分钟内让学生开始进入中文课的状态。I do,老师教的部分,老师教学生本节课的内容,我一般也控制在 10~15 分钟内教完本节课的生词或者句子,时间太长的话学生的注意力也无法集中太久。然后 we do,用各种互动的活动和游戏和大家(we)一起做(do)练习,可以一起比划猜单词、教室里藏词卡找词卡、听单词举卡片、丢手绢等等举不胜举的课堂活动。通过游戏,学生在做了集体的活动练习后,对生词、新的内容能够理解并说出单词,you(学生)就可以单独做练习了,就是 you do,比如学生可以自己拼词卡、拼句子、听单词找出对应的图片等等,可以让学生单独练习的活动。测验就属于最后一步 Exit ticket。我会用不同的方式来做随堂小测验,比如最后随机抽查几名学生回答问题检验学生是否学会了,或者花 5~10 分钟做一个 kahoot,做完以后会出来一个报告,可以具体查看学生整体的正确率以及每个学生的正确率,一目了然。基于检测结果,我会根据他们学习掌握的情况,做出针对这个班级的教学策略调整,比如哪些是学的薄弱的地方,需要继续加强练习;哪些教学活动效果比较好;哪些活动还可以改进,有不同的玩法等等。所以教学的过程也可以不断地尝试新的方法和进行教学反思,所以我觉得即使面对同样的学生,每年的教学感受也是不一样的,大概这就是教学相长吧。

我刚才说的是在我目前的学校针对小学生的一些教法的讨论,关于教学的话题可讨论的内容实在太多。我相信此时正在读这篇文章的你一定会有比我更多更好的办法在自己的课堂上实现中文教学,也非常希望有一天看到您的分享。我们学校小学阶段的中文学习侧重点还是启发学习者学习中文的兴趣和口头的表达。我们每年会通过 AAPPL(ACTFL Assessment of Performance toward Proficiency in languages)来对学生进行定期的专业语言水平测试,这能够对学生的语言学习程度进行有效的测量,同时能够在评定学生的语言水平时提供一个很重要的参考。不同的国家和不同的学校之间操作运行的系统和秉持的教育理念可能有很大的不同,有时在想,我们中文老师走过这么多国家和地区,穿梭于不同的教育系统和教育理念之间,更当具备一种极强的适应能力,行走其间而又游刃有余。

结语

我的教学生活中当然有喜有悲,有欢乐也有难过的日子。但最后我想用这么一个小故事来结束。前几天我在学校的时候,一位一年级的小姑娘跑来跟我说:"侯老师,我的妈妈非常喜欢中文,她现在也在学习中文,我回到家的时候就会教她我们在学校里学过的内容怎么用中文说,她非常感兴趣。"说实话,听到这些话我很感动,一股热流涌上心头。我以前在韩国和泰国也听到过这样的话,刚来美国的时候也有家长甚至家长的朋友来联系我问有没有私下里的中文辅导,但是从没有过这样深切。在海外教了多年中文以后,才会体验到这句话有多么珍贵,这不就是我今天站在这里的原因吗?有时候我们可能会面对跨越种族的偏见,甚至负面的质疑,但只要想想我今天为什么站在这里,就是因为那个小姑娘,那些小孩,那些学生,那一群人,他们真的有兴趣想要学习汉语和中国文化,这就是我做这个职业的意义。作为对外汉语传播者的我们,我觉得背负这样一个使命或者发现自己工作的意义,给自己一个驱动力来不断提醒和反思自己的工作,又何尝不是一件好事呢。

这些年海外的工作教学让我体验到了很多文化的差异,也体验到了各种不同文化之间需要求同存异、互相学习、尊重彼此。从时间的长河中看,每一段经历都是一次有意义的旅程,感恩这些经历带给我的成长和学到了很多看待事物不同的角度,也衷心地希望未来的对外汉语人能以开放心态迎接属于你自己的独特旅程!

国际中文教师叙事文本(34)

本文以作者在泰国和阿联酋的中文教学历程为叙事内容,围绕从汉语教师志愿者到公派汉语教师的角色转变展开叙事,呈现出教育信念动态发展、不断演变的特点,同时也是国际中文教师教育信念增强的表现。

作者简介:赵辉,平顶山学院2013届对外汉语专业毕业生,首都师范大学汉语国际教育专业硕士。2015年赴泰国任汉语教师志愿者,获评语合中心(原国家汉办/孔子学院总部)优秀汉语教师志愿者。2018年赴阿联酋阿布扎比孔子学院任公派汉语教师。

中文教师——给我荣耀,给我责任

从2009年入读平顶山学院对外汉语专业至今,我已在国际中文教育这条路上走了十余年。在这十年里,我完成了从学生到汉语教师志愿者再到公派教师的角色转变。回望这十余年用脚步丈量的国际中文之路,正是对这份事业理解之后的热爱和讲好中国故事的信念支撑着我前行的每一步。

回首过去,展望未来,"感恩"是我不得不提的关键词。一路走来,我感恩所有的师长、同学,感恩所有帮助我成长的人与事,更重要的是,我感恩祖国的繁荣昌盛,正是祖国的日益强大,才会让对外汉语人飞得更高、走得更远。从汉语教师志愿者到国家公派教师,这是我在对外汉语路上的两个角色,也是我的两段人生故事。

一、在泰国做志愿者的那段岁月

当飞机平稳降落素万那普机场,新一年的泰国汉语教师志愿者生活又要开始了。2016年是我在泰国的第二个中文教师任期,我对志愿者的赴任工作也更加熟悉。办好手续,走出机场,自己一个人坐上了去学校的出租车,一路上,辗转累了一天的我,竟没有一丝睡意,望着窗外的曼谷夜景,心情有点复杂。车窗外喧闹依旧,车内电台的广告与音乐,依旧很亢奋、很泰国。夜里12点多,走下出租车,拖着箱子轻车熟路地走进我的小屋,一学年的工作正式拉开帷幕。

我所在的学校距离曼谷有一个半小时路程。学校所在地是一个拥有百年历史的华人后裔村落,然而上了年纪的人还是不会讲汉语,这与我之前想当然的认为"华人的中文基础应该不错"有着很大落差。然而,新一代的人,随着中泰贸易交流的加强,又重新重视起汉语的学习。这里交通方便,学校门口有直达曼谷大皇宫的车,便利店7-ELEVEN就在距离学校两分钟的范围内。每周二、五、日,学校旁边有农贸市场,各色的水果,各式各样的泰式饮食也可称得上是应有尽有。地方虽小,可生活上也算得上是自给自足了。

(一)我在泰国的中文教学

教学上,这所学校是一所集幼儿园、小学、初中、高中为一体的学校,孩子从幼儿园一

第四章 国际中文教师的专业发展信念

年级(就像国内的幼儿园小班)便要开始学习汉语。而我,一名一米八高的男老师,成了幼儿园一年级的一名中文教师。我负责的班级主要为幼儿一年级、小学三年级和小学六年级,在华文学校,这样的年级分布,基本涵盖了汉语学习者零基础、初中级、中高级这三个阶段。

先从幼儿园说起,和去年一样,开学的前两个月,基本处于哄孩子的阶段,每天早起的第一节就是幼儿一年级的课,孩子每天都在哭,嚎啕大哭,说起来真的是焦头烂额,对付这么多可气又可爱的孩子,想着让他们从小就喜欢中文,真的是要我使尽浑身解数。好在经历了前两个月的适应期,孩子们慢慢地适应了学校的生活,每天早上第一节去上课,孩子们都整齐地坐在小课桌前,看到我都会大声地喊:"老师好!"课堂教学也就慢慢地走上正轨。班里的孩子都特别的聪明,其它班级的小孩还在学习一到十的时候,我的班的小同学们都已经一口气用中文数到一百了。接触多了,我对他们更加熟悉起来,哪个孩子学得最快,哪个孩子上课爱偷偷吃零食,哪个孩子最有礼貌,哪个孩子回答问题声音最大,这些我都记在小本子上方便我上课时做出得体的课堂评价。经过一系列的教学,只有三岁的他们,已经从完全不懂一句汉语到可以轻松地说出各个水果、动物、各种常见物品、各种颜色的中文表达,学会了基本的礼貌用语,能够认读几十个简单结构的汉字,可以填涂出漂亮的图画,可以用中文数到一百多,也可以跟唱好几首中文歌了。

于我而言,从最初教幼儿汉语完全不懂的状态,到后来基本掌握方法,这其中经历的辛苦着实不少。幼儿园的孩子们就像是一张张的白纸,你说什么,他们就学什么,所以,每每体会到这些,我都会告诉自己,要不断地提升自己的专业技能,不枉一个个外国孩子从三岁就学中文的热情。

我所教的三年级学生,为初级水平的学习者,他们基本掌握了汉语的拼音规则、常见汉字、基本的句型,我的教学工作主要集中在教授课本中的难读和难写字以及纠正他们的发音问题上,这个班级的教学属于中规中矩的汉语基础知识巩固教学和适量拓展的类型。

学校里六年级的学生已经基本实现用汉语无障碍沟通了,较为难一点儿的生僻字他们也可以读、写、用。每周我都会带他们写书法,每个月写一篇不少于200字的作文。中文作为学生们的必修课,每天都有两节课。为了提升成绩,根据学校的安排,学生的中文考试也是一轮接着一轮,真是考教结合的样板。每次新课都要划出来25个生词,一周后听写,并给出成绩。每学两课就要给学生总结主要内容,然后进行一次考试。这里的学生一学期总共要考十多次试,类型包括周考、期末考、汉语拼音、听写、朗读课文、软笔书法、硬笔书法、作文、学期手工作品等等,每一次考试的优劣都会被统计入期末成绩。因此,加大了过程考核和评价,这个班级的学生学习的中文知识是最全面的,也是我倾注心血最多的。在课堂上,我给他们提供全汉语交流环境,所有生词的解释我都用较为简单的汉语来组织语言,并不断地给他们举例子,让他们明白并体会新词的用法。

带领学生参加曼谷中华会馆演讲比赛

六年级的学生,我会带他们参加很多的中文比赛。学校里,每学期都会举办中文歌曲比赛、书法比赛、讲故事比赛和演讲比赛,给学生们提供同学间相互学习的机会,营造浓厚的中文实际应用氛围。在整个泰国也有很多不同的中文比赛,我也会尽可能地为学生们争取参赛机会。付出终有回报,在我的志愿者工作期间,我带领六年级学生参加了学校以及泰国西部举办的歌唱、演讲和讲故事比赛,均取得了优异的成绩。与此同时,我还带领学生参加了曼谷中华会馆举办的全泰青少年演讲比赛,在数百余名参赛者中取得了全泰前十名的成绩,这也更激励了我要更加努力提升自己,不断提高教学水平。

(二)在泰生活

在志愿者工作生活期间,作为新手教师,我经常跟其他学校的小伙伴探讨教学方法,也观摩学习其他老师的教学。有时候闲聊,有的小伙伴说自己的学校位置太偏远,有的说出门交通太不方便,有的说孩子太调皮,可是,只有经历的人才懂,虽然嘴上各种吐槽,但谈起自己的志愿者经历我相信大家都有自己的收获,我们在未来的某个时间再谈起今天的经历,一定会忍不住笑出声来,因为这是我们的青春,这是作为一个志愿者的奉献。

在曼谷潮州会馆参加华文学校新春宴会

第四章 国际中文教师的专业发展信念

2016年11月份,我带队参加了泰国西部华文学校联谊会和曼谷曼松德孔子学院联合举办的"汉语夏令营"。作为带队老师,带领着学校层层选拔出来的十名学生深感责任重大,任何细节的东西都不敢怠慢,在夏令营举办的那几天,事无巨细,真是体会到了作为一名带队老师的不容易,不只是学习上的指导,还包括生活起居的叮嘱和呵护,唯恐哪个学生身体不舒服或者出什么问题。虽然辛苦,但在这几天里,我确实学到了很多东西,譬如如何去管理学生、如何去调配时间、如何去准备预案,这都是我的收获。

在泰国的第二年,自己也去了不少地方,佛统的"大佛塔""小吃街",华欣的海滩和夜市,曼谷的"大皇宫""CENTRAL WORLD"以及学校附近几个府的"CENTRAL PLAZA""BIGC""ROBINSON"等。泰国,是我挥洒两年青春的地方,在这个以佛教为国教的国家,人们和蔼、友善。两年的志愿者生活,让我在泰国这个美丽的国家收获了很多,和谐欢乐的师生情,有团结互助的同事情,更有远赴他乡之后愈加浓厚的爱国情。任期结束,生活仍会继续,但"汉语教师志愿者"这七个字我永远也不会忘记,因为我相信,它将作为一种精神,将被我们每一位志愿者铭记、传承。

二、我的国家公派汉语教师故事

2018年8月,起点仍是首都国际机场,经过9个小时的晚点和8个小时的飞行后,我平安降落阿布扎比国际机场。彼时,北京的街头依然花团锦簇,距离北京6000多公里外的阿联酋首都阿布扎比,酷暑依旧,四十多摄氏度的高温,炙烤着这片土地上的每一颗沙砾。

阿联酋,这是一个中国人口耳相传的"土豪国度",在大众的认知里,似乎所有身着白袍的阿联酋穆斯林都挥金如土。世界上唯一的七星级酒店帆船酒店,世界第一高楼哈利法塔,世界最大的音乐喷泉,世界最大的人工岛棕榈岛,世界最奢华的酒店亚特兰蒂斯酒店,世界最大的法拉利主题公园等等,这个国家给自己贴上了太多的世界第一标签。而作为一名国家公派教师,阿联酋于我,却是一个不一样的世界。

(一)在阿联酋的中文教学

阿联酋,一个国际化的穆斯林国家,外国人占人口比重的百分之八十,孔院所在的扎耶德大学教职工来自全球六七十个国家,是一个典型的多元文化环境。虽然身处阿拉伯语国家,但大学里的课程实行全英文授课。

扎耶德大学是一所阿联酋联邦政府直属重点大学,拥有阿布扎比校区和迪拜校区,同时每个校区又分为男生校园和女生校园。在日常的教学中,男女学生是不能越过中间的两道安保门岗到彼此校区的,甚至于学校的大门都是分男女的,我所在的阿布扎比主校区共有10个大门,每天男、女生从哪个大门进入校园都是有严格规定的。扎耶德大学的各项管理都极尽严格,记得孔院之前从中国购买了一批文化活动用品,两个星期后,快递送到大学门口,门口保安却怎么也不允许进来,因为在这里,所有的物品进出大学,都需要提前把物品清单报到大学里进行审批,进入大学时,需要专门人员进行逐一核对才可放行。

扎耶德大学阿布扎比校区

扎耶德大学迪拜校区

教学上,扎耶德大学的汉语课分为男生班和女生班,所使用的教材均为《HSK 标准教程》。初级班的学生众多,但随着学习难度的加大,学生数量会有一定程度的流失。为了应对这种情况,孔院将汉语课和 HSK 考试形成一个相互促进的循环,即孔院会引导学生在学习一段时间后参加 HSK 考试,以官方考试的成绩来检测学生的学习效果,这样会给通过考试的学生一种直接的鼓励。

目前参加 HSK 考试的学生是以一二三级为主,高级别的学生不多。但随着中国文化活动的增多和赴中国春令营活动的开展,文化活动带动中文学习的效果呈现出来,继续学习高级别汉语课的学生数量较之前明显增加了许多。

在孔子学院日活动上展示剪纸作品

除了扎耶德大学校内的汉语课程,这几年我还承担了阿布扎比投资局奖学金项目和巴黎索邦大学阿布扎比分校汉语学分课项目的教学,同时也在布莱顿国际学校带过一段时间的汉语课。这让我明显地体会到,不同的汉语项目侧重点有很大不同,有的偏口语,有的偏应试,有的偏基本功。这些年类型多样的教学除了带我领略迥然不同的文化之外,也让我在汉语教学的方式和内容上更趋于成熟。

身处"土豪国",每一个学生都是我们心目中的王子和公主,所有的事情都要宠着,包括学习汉语,如果他们学得不开心,下次肯定是不会再出现在课堂上了,就是这么任性。我曾经好奇地问过好几个学生,他们在家里会不会做家务,得到的回答是,他们几乎每个人家里都有专职厨师、司机和好几个保姆。这里还有一个任性的换票故事:2019年,孔院承办了汉语桥比赛,最终获得一、二等奖的两名学生获准到中国参加汉语桥总决赛,国家汉办为这两位学生提供往返机票,这应该是一个很好的奖励,然而,名单报送到阿联酋教育部的时候,教育部决定放弃汉办给的免费经济舱机票,而是为学生们统一购买商务舱机票。

得益于中国和阿联酋的全面战略合作伙伴关系,越来越多的学生看到了学习中文的重要性,因此学生们都是很乐意与中国老师交流沟通的。本土学生们家境优渥,素质基本上都很高,与他们交流时,我能明显感受到他们的真诚,这让人觉得很舒服、很自然。学生们对中国的文化、物品都很感兴趣,我们的每一场活动,参与者都是络绎不绝,这也正是孔院"语言教学,文化先行"的推广方式,即通过举办的各种各样的文化活动先让"王子""公主"们对中国感兴趣,随后再引导他们学习汉语言文化。

新冠肺炎疫情之前,孔院做了很多的文化活动,我负责教授学生们中国剪纸。让我十分惊讶的是,有特别多的男生喜欢

招生活动时对剪纸感兴趣的男学生

剪纸,看着他们认真参与的样子,所有的辛苦与付出,我都觉得值得。让我印象特别深的是,2019年暑假,我的一个男学生,原本定了要在暑假去东京交流,后来了解到中国的大学也有暑期项目,便毅然决然放弃了去日本的计划,多次积极努力地去和扎耶德大学教务部门申请到中国交流。

(二)在阿联酋的生活体验

阿联酋,这是一个海洋与沙漠并存的国家,这里一半是沙漠,一半是海洋。赴任那天,当飞机在阿布扎比国际机场上空盘旋的时候,我对这个国家有了第一印象。在飞机上俯瞰,漫天的黄沙,甚至所有的房子也都是黄沙色,这不免让我对接下来的生活闪过一丝忧虑。转眼间,在这里工作、生活已经两年有余,或许是习惯了,或许是自己适应力强

了,有一种感觉,慢慢觉得适应一个新环境并没有那么难。

夏季的时候,最高温度四十多摄氏度都是很正常的,一年中最冷的时候大概就是中国春节前后,气温大概在二十摄氏度左右。夏季,由于天气炎热,人们的休闲方式很单一,那就是购物,阿布扎比大大小小的商场星罗棋布,下班后或者节假日商场里人头攒动。天气稍微凉爽一点的时候,娱乐项目就稍微丰富一些,例如沙漠露营、越野冲沙、出海捕鱼、户外烧烤活动等都很受欢迎。

在这里本地人家里都有数台私家车,因而公共交通并没有像中国那么发达。阿布扎比作为首都,迄今没有地铁、火车,公共汽车线路也很少,在这里没有车的话出门都要打车,譬如我是住在郊区,所以每次去一趟市区,往返打车费都要大概 200 人民币左右。超市里的商品,包括水果、蔬菜绝大部分都是进口的,每次去超市采购回来,买的东西基本都来自世界各地,南非的蓝莓、阿曼的西瓜、菲律宾的香蕉、泰国的椰子、沙特的牛奶、中国的苹果等等,一不小心,就买遍了全世界特产。价格上来讲,除了新鲜的果蔬会贵得离谱以外,基本生活物资支出基本上是中国的两至三倍左右。如果你问我,超市里什么东西的价格让我觉得比较夸张的话,那就是中国的大白菜和红薯,我楼下超市的中国红薯卖 30 元人民币一公斤,中国大白菜卖 50 元人民币一公斤。

尾记

从 2020 年 3 月起,阿联酋政府为了防控新冠肺炎疫情,将各学校的课程改为线上进行,如今已网络授课一年整了。在这一年的线上汉语课教学中,我主要使用了 Zoom 平台,同时辅以 Quzizz 和 Quizlet 等方式进行复习和巩固,纵然目前市面上有很多在线教学科技,但这一年下来,我愈发觉得,作为一门语言课,一个交流沟通的工具,面对面的互动对汉语课堂来说还是不可或缺的。这一年中,探讨有效的在线互动方式也一直是教学研究的重点。

世界第一高楼迪拜哈利法塔闪耀中国红

学生哈马德接种中国新冠疫苗后接受 CCTV 的采访

目前,阿联酋全面推广了中国国药集团的新冠疫苗,我也已在一个多月前完成了接种。当我看到疫苗盒上的中文时,我骄傲地告诉医生:"这是来自我的祖国的疫苗。"前两天,我的学生哈马德告诉我,他也接种了中国疫苗并接受了中国中央电视台的采访。他说"中国疫苗棒棒的!"他是一位对中文学习充满了热情和动力的学习者。

此刻,在遥远的阿联酋,在印象里遍地土豪的国度,一个个汉语的种子正在萌芽,从国家部委到大中小学生,再到关键企业,阿联酋一点点地掀起了"汉语热",参与其中,除了作为一名中国人的自豪与荣耀外,我更感责任重大。沙漠里绽放出了绚丽的汉语之花,我将竭尽全力呵护其中的每一朵、每一簇。

这几年,我从一名汉语教师志愿者成为了国家公派教师,这份跨越不仅仅是角色和身份上的。志愿者时期的我是初出茅庐的学生,在泰国的两年,我努力地将所知所学运用到汉语课堂中,不断地去摸索、去尝试新的教学方式方法。当下,身为公派教师的我,除了在教学上不断地学习新的教学理论和教学理念外,还主管了孔院的汉语水平考试、财务、教务工作,从专注汉语教学和活动,到如今的全面处理汉语教学相关的诸多事务,对外汉语教学在前进,浪潮中的我也在进步。

如果要用几句话总结我这些年走过的国际中文教育之路,我想应该是四个方面,时间、身份、地域和情感,缺一不可。从2009年到2021年,从志愿者到公派教师,从泰国到阿联酋,从喜欢到爱,是这些关键词引导了我,也塑造了我。风风雨雨之中,我在国际中文教育的路上不断前行。回望一路上的风景,我也曾有过彷徨,有过低落,但每当我想起学生们的笑脸,想起身旁与我一起并肩前行的万万千千的国际中文教师,是他们,给了我重燃信心与勇气的动力。

无论生活或者中文教学,未来的路还有很长,但我想只要我们带上爱与热忱,心中的、眼前的花儿,总会开。这就是我的汉教故事,未完,待续。

国际中文教师叙事文本(35)

本文以作者在乌克兰和葡萄牙的中文教学历程为叙事内容,从汉语教师志愿者到公派汉语教师的角色转变源于专业发展的追求,其"专业享受型"的教师专业发展特点正是教育信念增强的表现。

作者简介:常成瑞,平顶山学院2013届对外汉语专业本科毕业生,浙江师范大学汉语国际教育硕士研究生。2014年赴乌克兰哈尔科夫国立大学孔子学院任汉语教师志愿者,2017年至2021年赴葡萄牙里斯本D.Pedro V中学任公派汉语教师。

一次青春,一生回忆

说起乌克兰,那是我一辈子都难以忘记的地方,在那里,我留下了太多的美好回忆。2014年12月1日,我作为汉语教师志愿者前往乌克兰哈尔科夫国立大学孔子学院任教。当年,乌克兰爆发了严重的内乱,东部的卢甘斯克、顿涅茨克两大州独立为自治共和国,克里米亚也归属俄罗斯,尽管局势不算太平,但我仍然不想失去这来之不易的机会,所以我依然坚定地选择赴任,想要去那片陌生的土地讲授我们中国的语言,体验这种奇妙的生活。只不过没想到当初这个小小的决定,竟然在我之后的职业生涯当中发挥了重要的作用,让我至今还在汉语国际教育这片热土上满怀热情地奋斗。

一、我在乌克兰的中文教学时光

事实证明,我原来的坚持是对的。这一年,我认真教学,组织文化活动,既得到了锻炼,也收获了很多友谊。在哈尔科夫孔院工作期间,我主要负责社会班的教学,我教的所有学生里面,有一个学生名叫Renya,他是我们孔院的名人,因为见到每位老师他都会抓紧时间问问题,练习口语。他大学学习的是理工类专业,但是对中国特别感兴趣,得知通过HSK考试就可以申请奖学金去中国读书的消息后,他学习更加努力。他白天做自己的工作,晚上到孔子学院社会班学习两个小时汉语,回家以后继续学习汉语。功夫不负有心人,他只在业余时间学习了两年汉语,就顺利通过了HSK4级考试,并成功申请到孔子学院奖学金赴南京大学学习一年汉语。

除了日常工作,我们还参加了一系列的文化活动。2014年小年夜,我们走进当地特殊教育学校,为那里的孩子展示中国文化,并带去丰富的礼物;2015年羊年春节到来之际,我们孔子学院和哈大中文系联合举办了迎中国新年舞会,我和其他同事一起表演了太极拳、傣族舞和小合唱三个节目;2015年4月份,应高尔基公园管理者的邀请,我们参加了亚洲文化节,在中国展台前面为大家献上一场文化盛宴;6月份,我们孔子学院应当地中小学的邀请,分别赴红色城市格兰特中学、五一镇中学、克列缅丘克中学三个教学点,帮助当地学校举办了为期一周的汉语夏令营,我和其他三位老师前往的是五一镇中学,由于学生年龄偏小,我们大多都是教学生做游戏,让学生在游戏中体验中国文化。

2015年春节孔子学院教师太极拳表演

孔子学院学生演奏小提琴

工作之余,我们孔院大家庭的课外生活也很有趣。跨年夜,我和几位同事前往哈尔科夫自由广场等待零点的钟声,当时室外零下二十多摄氏度,我们冻得瑟瑟发抖,但是我们内心的狂热依然没有减退;2015年羊年春节,大家聚在一起,各显身手,准备了一顿丰盛的年夜饭,当时院长正在国内,还特意给我们发来视频祝福;春天到来之时,院长还组织我们一起去河边烧烤,欣赏乌克兰难得的春景。临走之前,外方院长安纳托利还邀请我们孔院所有教师去他乡下的别墅聚餐,大家自己动手,自得其乐,玩得非常尽兴。

结束了在乌克兰一年的教学生活后,我回国参加硕士毕业论文答辩,然而却始终忘不了在乌克兰中文教学带给我的一切。于是,在公派教师考试简章出来以后,我毫不犹豫地在志愿栏里填了乌克兰,遗憾的是,最终没有被乌克兰录取,而是调剂到了葡萄牙中学。刚听到这个消息,我非常失望,期待了两年,梦就这么破灭了,但随着对葡萄牙的了解越来越多,慢慢地我喜欢上了葡萄牙。

二、我在葡萄牙的中文教学时光

说到葡萄牙,大家肯定会想到C罗,就如同提到中国,外国人都会想到成龙一样。葡萄牙首都里斯本是一个著名的旅游城市,作为世界文化遗产的贝伦塔,矗立于特茹河北岸,有着数百年的历史,见证了里斯本昔日曾有的辉煌,也是大航海时期探险家们的启航之处。

里斯本贝伦塔

葡萄牙中学项目开始于 2015 年,同年 7 月 14 日,中国驻葡萄牙大使黄松甫代表国家汉办在里斯本与葡教育科学部长克拉托签署了在葡公立学校开展汉语教学试点项目的协议。根据协议,在未来三年内,葡全国 19 个城市的 21 所公立学校约 500 名高中学生将在中国选派的汉语教师帮助下学习汉语。我任教的学校是 Escola Secundária D. Pedro V,位于里斯本市区,从我住的地方乘坐地铁即可到达。我负责高一和高二两个年级的汉语教学,学生选择汉语课程后,需要和其他科目一样参加考试,并在高二结束之后参加全国会考。

初次见面的汉语班学生

学生画的身体部位图

该学校的课程安排是两节课连上,即一个半小时为一大节课,时间太长,学生注意力很难集中,尤其是刚接触汉语的学生。所以在教学中我会尽量使用多媒体设备和课堂活动,来增加课堂的趣味性。比如说,教颜色词的时候,让学生做萝卜蹲的游戏;教方位词的时候让学生站起来跟随老师的指令,转到相应的方向;教身体部位的时候让学生自己来画。而且学生也很乐意当个小老师,他们会忍不住教你葡语,我也是在这样的双向互动中和学生建立了深厚的感情。

对于外国学生来说,最难的是汉字部分,本来学生很开心,上课的时候能很快地回答我的问题,但是只要我出汉字,他们一个个全蔫了。作为对外汉语专业出身的我,出国行李必备肯定包括毛笔和水写布,学生体验后,觉得很开心,告诉我说觉得用毛笔写汉字很容易,而且有助于他们记忆汉字。有了这样的反馈,我就定期开设汉字课,让学生练习写字,掌握汉字的结构和书写顺序。

赴任之前,老爸就嘱咐我,10月份戚继光舰要到达葡萄牙,让我一定要记得去拍几张照片。谨遵老爸的嘱咐,在公众开放日,我和其他几位老师相约前往里斯本港口,看到军舰的那一刻,我的内心汹涌澎湃,为我们伟大的祖国感到自豪,也为我自己从事的这个职业感到骄傲。

戚继光舰访问葡萄牙留影

时至今日,葡萄牙中学汉语教学项目已经走过了六年,更多的葡萄牙中学加入了这个项目,我所任教的学校除了在人文社科专业开设汉语,2019年在旅游系也引入了汉语教学,让更多的学生能够有机会学习汉语。

澳门驻里斯本经济贸易办事处柯主任还为两地学校牵线,促成了众多姊妹学校的合作,澳门培正中学便是我学校的姊妹学校,从2016年开始,澳门培正中学舞蹈团应中国驻葡萄牙大使馆邀请来葡参加"欢乐春节"活动,借此机会也到我所任教的学校开展交流活动,两地学生能够近距离接触和交流,对于他们的学习起到了非常大的促进作用。经过学校和相关部门的努力,2018年11月,我所任教学校三个学习汉语的学生跟随校长一起前往澳门培正中学进行为期一周的交流访问,学生体验了丰富多彩的文化活动课程,还品尝了澳门美食,与澳门培正中学的学生结下了深厚的友谊。学生返回葡萄牙之后,还在 2019 年春节之际做了公开讲座,在场学生听了之后非常振奋,也希望自己能有机会去澳门。

学生跟随校长访问澳门培正中学

葡萄牙学生做关于澳门的讲座

时隔半年,2019年5月,8名澳门培正中学的学生在老师的带领下也来到了我所任教的葡萄牙中学进行了交流活动,校长带领全体老师对他们表示了热烈的欢迎。为了让澳门学生能更好地体验葡萄牙的生活,他们被安排到学校老师的家里住宿,近距离感受葡萄牙生活。学校为他们安排了葡萄牙语课程、葡萄牙特色瓷砖画课程、体育、戏剧等体验项目,还参观了澳门科技文化中心、发现了航海纪念碑、贝伦塔,品尝了世界排名第一的贝伦蛋挞。我全程参与了他们的交流活动,深刻体会到了两地学生建立的美好的友谊,这样的文化交流活动对两地学生都产生了非常大的影响,其中一个澳门学生在大学择校时就选择了葡萄牙的大学。

传播汉语的同时,学生也了解到很多的中国文化。"春节"是中国最大的节日,是整个华夏民族的盛会。每年春节,我都会和学生一起庆祝,我们一起吃饺子,学写春联,学生从中感受到了浓浓的春意。里斯本有众多的华人,所以每年中国驻葡萄牙大使馆也会带领众多商会一起举办"欢乐春节"活动。活动当天,所有参与方阵会在主干道进行行进表演,吸引众多的葡萄牙人参与其中,活动广场节目精彩纷呈,有国内选送的节目,也有当地社团和中文学校编排的节目,但是最吸引葡萄牙人的还是中国的美食,有串串香、肉夹馍、兰州拉面,还有冰糖葫芦、糖画等中国特色的美食。这么好的中国活动,我肯定会带我的学生一起去体验,尤其是他们看到刚刚去过我们学校交流的澳门培正中学的学生,那种兴奋之情溢于言表。

学生参加"欢乐春节"活动

这一切在2020年发生了重大转变,新冠肺炎疫情席卷全球,严重影响了中文线下教学秩序。世界各国的体制不同,中国在党中央的正确领导及全国人民的积极配合下,迅速控制住了疫情,生活很快恢复了正常。但葡萄牙疫情不容乐观,仍然要求我们进行线上教学。线上教学对所有老师和学生来讲,都是一个重大的挑战。因为这非常考验大家的自律性,而且还有网络不稳定、缺少电子产品等这些不可控的因素,学生能否按时上课、老师如何安排教学都是一个个挑战。刚开始上网课的时候,我也是手忙脚乱,毕竟刚刚熟悉一个网络教学工具,语言教学还要与学生进行多元的有效互动,让学生能够更好地理解和学习知识,都需要多次练习才能够做到熟练,不过我的学生还都挺配合,我们一起度过了最艰难的日子。

在葡萄牙,除了工作,我还收获了很多的知心朋友,体验了原汁原味的葡萄牙文化。葡萄牙每个城市都有自己的特色,里斯本作为首都,除了展现出国际大都市的繁华和包容,在它的每个角落都可以找到过去的痕迹。在里斯本,随处可见的是彩色屋顶的房子和悠闲品尝咖啡的葡萄牙人。

时间一下子就从2017年走到了2021年,如今,葡萄牙的新冠肺炎疫情仍旧非常严重,所有学校又回到网上教学,在这段日子里,我更多地学会了如何跟自己相处。回忆这几年生活的点点滴滴,心中感慨万千,7月份就要离任回国了,心中有一丝不舍,也有万分期待。在汉语国际教育这条路上,我曾哭过,但是我更多的时候收获的是欢乐,这是这份职业带给我的荣光。

国际中文教师叙事文本(36)

本文以作者在捷克孔院的中文教学和文化交流为叙事内容,围绕典型事件展开叙事,呈现出"生产实践性知识和与同仁合作的能力是教师成长为学习型、反思型和研究型教师"的专业发展信念。

作者简介:卢淑芳,平顶山学院文学院副教授,2015—2017赴捷克帕拉茨基大学孔子学院任公派汉语教师。连续两年获得教育部语合中心(原国家汉办/孔子学院总部)年度考核优秀等级。

致敬在捷克孔院的那些日子

2000年9月,我在河南师范大学就读对外汉语本科专业,当时全国开设对外汉语专业的高校屈指可数,河师大在河南是第一家,我是河南省第二届对外汉语专业的本科生。发展到2020年,全国已经有400多家高校开设该专业。2007年平顶山学院文学院招进了第一批对外汉语本科生,我真正开始了老本行的工作,一直教授专业课《对外汉语教学概论》。对外汉语本科专业学生的考研率相对较高,大多学生对国际中文教育也有着特殊的感情,然而,地方院校资源有限,我们一直缺乏汉语作为第二语言教学的实习和见习机会,而且,自2005年后对外汉语教学全面转向了汉语国际推广,这意味着本科阶段的专业教师也好,学生也好,都必须具有中文教学的国际视野和专业综合能力。而我,尽管在本科和硕士阶段接触了不少的日、韩、尼泊尔和俄罗斯的学生,见习和实习都是针对留学生的中文教学,具有真正的留学生教学经验,是真正的"对外汉语教师",但还没有海外国际中文教学的经验。想带领自己的学生更好地了解这个领域,做老师的就必须先涉水,先提升自身的水平开阔自己的视野。于是,2014年3月份,我很快做出了一个决定,去海外做一名公派汉语教师。

2014年4月份,在家人和学院领导大力支持的背景下,我报名参加了教育部公派汉语教师选拔项目。5月份去考试(笔试和面试),7月份去华东师大培训,8月份通过捷克帕大孔院面试,等待邀请函,9月份申请签证,一连串程序下来敲定2015年春季赴任。

2015年2月5日,我在北京捷克使馆拿到签证,汉办老师当天火速帮我订到了北京直达维也纳的机票(直达布拉格的已售罄)。2月6日,北京时间2:30,CA841航班,首都机场起飞,从我亲爱祖国的凌晨到达维也纳的清晨,一路都是夜色。11小时后,当地时间早上5:45到达奥地利首都维也纳,外方负责人接机后又驱车从奥地利经过斯洛伐克,最后到了捷克,全程用了3个小时,经过了三个国家。外派汉语教师的生涯就此真正拉开了序幕。

一、捷克中文教学概述

捷克共和国(Czech Republic)位于欧洲中东部,被称为"欧洲之心",面积不足 8 万平方公里,拥有 1000 多万人口,首都为布拉格(很多人并不知晓捷克,但通过电影和 MV 知晓布拉格的人却不少),国民主要信奉天主教,官方语言为捷克语。何山华(2019)研究中指出,捷克的民族构成上,"90% 以上为捷克族,使用捷克语,其次为斯洛伐克族、德意志族、波兰族等 14 个官方认可的少数民族"①。捷克前身为捷克斯洛伐克,1949 年 1 月与中国建交。1993 年捷克成立独立主权国,同年中国承认并与捷克建立大使级外交关系。2015 年 11 月,捷克与中国签署了共同推进"一带一路"建设的政府间合作谅解备忘录,是中东欧国家中首批签署此类合作文件的国家之一。2014 年到 2016 年,两国领导人互访,高层互动频繁。

和新中国对外汉语教学事业的发展轨迹相一致,捷克的中文教学事业大致也经历了四个时期:第一个时期是新中国成立后到 20 世纪 60 年代初的初创期。1950 年,当时的捷克斯洛伐克向中国提出交换留学生。1951 年东欧交换生中国语文专修班开班上课。1957 年,中国与捷克斯洛伐克共和国签订文化合作协定,其中就包含有教育交流条款。第二个时期是 60 年代初到 60 年代中期的巩固和发展阶段。第三个时期是 70 年代的恢复期。第四个是改革开放后的蓬勃发展期。1996 年起,中捷两国教育主管部门开始签订教育交流协议,其内容包括每年交换一定数量的政府奖学金生;互派汉语和捷克语教学的教师;互派从事短期研修与培训的语言教师以及互派一定数量的教育考查团组等。捷克共和国独立后,尤其是自 1996 年中捷教育交流协议实施后,捷克的中文教学呈现出一系列新特点。

捷克人口不多,国内大学规模相应也不大。根据中国驻捷克使馆官网显示,2018 年 7 月,中国教育部涉外监管信息网公布所有经捷克教育青年体育部认证的高校共包括 26 所公立大学、2 所国立大学和 39 所私立大学②。捷克开设中文专业的高等院校主要有布拉格的查理大学(Charles University)、奥洛穆茨(Olomouc)的帕拉茨基大学(Palacky University)、布尔诺(Brno)的马萨里克大学(Masarky University)。另外,兹林州(Zlin)巴佳大学(Tomas Bata University)开设了汉语学分课,汉语课程已纳入本科教学课程体系,斯柯达汽车大学(私立高校)也开设了汉语选修课程。

我的工作单位是捷克帕拉茨基大学孔子学院(Confucius Institute of Palasky University),该孔院是 2007 年 9 月与北京外国语大学合作建立的,是捷克的第一所孔子学院。我的工作地点是捷克兹林(Zlin region in CZ)的托马斯·巴佳大学,这是捷克帕拉茨基大学孔子学院第一次尝试在帕拉茨基大学以外的其他高校派驻汉语教师,是孔院的一新型合

---
① 何山华. 中东欧国家少数民族语言教育政策取向比较. 民族教育研究[J]2019(1).
② 内容来自 http://www.chinaembassy.cz/chn/jylx/t1328166.htm

作模式。兹林是捷克东南部的一个城市,捷克著名汉学家普实克先生(Prusek, Jaroslay, 1906—1980)曾在20世纪三十年代在此进行了欧洲早期的汉语教学并使汉语教学在捷克发展迅速,但由于各种原因,汉语教学此后搁置了一段相当长的时间。而我的工作地点巴佳大学近几年一直和孔院合作,致力于开设商务汉语本科专业。因此,在捷克孔院这一新型合作模式中,我能够常驻这里从而全身心投身于中文教学,这一任务艰巨而又光荣。

孔院部分教师合影

布拉格城市一隅风景

二、中文课堂上那些绽放的花儿

两年的工作中,我共承担了17个班级,共计510个自然课时的教学任务,注册学习者达298人次。涉及到的课程类型主要有:商务汉语本科专业的汉语选修课(学分课)、中学汉语课(学分课)、面向社会公众的汉语兴趣课、职工汉语课等,使用的教材主要有《新实用汉语》《当代中文》《成功汉语》《跟我学汉语》等。

(一)商务英语专业的汉语选修课(学分课)

赴任第二天,我从语言系主任那里了解到,商务英语本科专业一届学生50人左右,开设的二语选修课有日语、西语、俄语和汉语,第二语言选修课开设两个学期,共计4学分。如果选修人数不足10人就不会成立授课班级。赴任前,孔院院长曾告诉我,中文课纳入巴佳大学学分体系也是多次合作争取过来的,一定要好好发展。当时我就想,在这里进行汉语教学完全就是外语间的竞争,一定要做好,但内心确实忐忑,一是担心选课的人太少,课程开不起来;二是担心学生流失,做老师的很没面子。到岗第三天,办公室秘书给了我一份名单,是选修汉语课的16名学生名单。"这哪里是一份普通的名单,这分明就是让汉语生根发芽的种子呀!"我心里默默又喜悦地想。汉语班可以成立了!于是赶忙从秘书这里了解一下选修课学生的基本特点:都是零起点,年龄在21—24岁,母语是捷克语或者斯洛伐克语。

回到办公室,我开始紧锣密鼓地优化事先准备好的第一节课课件,同时做了课件播放不了的预案以及同一内容两种教学路子的预案,期望第一节课有个开门红效果。在一周的时间里,我也准备好了面向零起点的中文选修课教学大纲以及本学期的总体教学设计:课程主要教学目标是让学生掌握汉语发音特点,能够运用汉语基本流利地进行日常生活的简单交际,基本了解中国当代文化。基于专业特点,我选择的教材是《当代中文》,但教材还是有一定的难度。由于春季学期只有20学时的上课时间,我对教材内容进行了一定的调整,按照主题式教学模式,分为问候、介绍、数字、日期、家庭成员、货币、询问、办公用语和祝福语九个语言教学模块。围绕每个主题,每节课的主要任务是训练学生发音,模拟场景训练基本交际用语,渗透语法感知,适当贯穿文化信息。就教学方法而言,除讲授法外,还以情景法和认知法为中心,通过设计的课堂交际活动来提高学生的语言输出频率。

第二周,我迎来了到任后的第一次海外汉语课,时至今日,那节课上的场景还会浮现在我脑海,清晰又温暖。

那一天,恰逢中国除夕。我提前十分钟去前台拿了教室的钥匙,打开门后环视教室环境并赶紧打开电脑输入我的职工卡信息,直到电脑显示主页界面时才终于放松。就在此时,两个学生进入了教室并用捷克语打了声招呼,我也开心地先用中文说"你好"并用我当时仅会的一句捷克语打了招呼,看起来学生也是比较开心的。然后我就站在教室门口热情洋溢地对着每一位来上课的学生用中文和捷克语说"你好",这种暖场效果不错,为正式上课营造了良好的氛围。第一节课的主题是问候语。我先是用图片法简单介绍了中文和汉字特点及发展历史,紧接着告知学生本学期的授课内容与考核标准,约15分钟后引入中文的问候语。我板书的汉字只有"你好、您好、新年好、再见",其他的关键词都以拼音呈现。通过分解汉字"您"讲解了"您好"缘何为敬称。标注声调时并没有把"你好"标注成两个上声,而是标注成了阳平加上声。关于变调我会在第二节课再讲,汉语声调本就是教学重难点,如果第一节的汉语课不仅讲声调还讲变调将会给学习者带来一定的压力,这也是我之前在国内教留学生的感受。在整体感知汉语音节的基础上我重点带领学生训练了音素,学生们看着发音图和手势积极地训练,其音量大大超出了我预期,看来这是一批活泼型的学生。在训练环节,我逐一和大家握手说"你好",他们也积极地用中文回应。在异国的课堂上听到中文的声音、看着学生积极地学习,作为中文教师很有成就感,也比较有幸福感,就像是中文种子开始胀开要发芽的感觉,美妙得很。尽管学生上声发得不到位,但好在没有什么羞涩感,这一点为以后的教学提供了非常好的保障。

第二课时就应景地用图片介绍了中国的春节,并邀请学生拿自己国家的新年习俗和中国的春节做比较,这样一下子话匣子就打开了,课堂氛围很热烈。在此程中,我特别注意一边用英文介绍一边输出关键的中文信息,比如"新年好、红包、新年快乐、饺子、拜年"等关键词,这也是有意增加学习者中文信息接收量的做法。我想,对美好生活的祝福和期盼是人类共同的普适的情感,通过介绍重要的节日既能增加学生对当代中国的了解,也能和学生建立良好的师生关系。后来的事实证明,在课堂中融入中国文化的介绍既能帮助学生学习中文,又能满足学生了解中国的学习需求,是一举两得的做法。后来我就问学生是否愿意唱歌,大家笑笑并没有积极回应但绝不是不接受的样子,我就用了我的第二套教学路子顺势教唱了《新年好》,课堂一下子又活跃起来。宣布下课时(他们没有铃声提醒,都是教师看时间决定的)课堂上响起一片热烈的掌声,当时我很激动地对他们说,这是我第一次独自在异乡过新年,也是我第一次在国外上课,真的很感谢他们的支持等等。也许我的真诚流露,二次掌声在一张张笑脸中袭来。课程就在我们愉快地合影、开心地用中文互道"再见"后画上了完美的句号。

汉语课上学唱中文歌的快乐场景

合影

第二语言的教学和学习都是从语音开始的,而音乐和语言之间有着密切的关系,我在国内时就很关注音乐与汉语教学的结合,也看到很多相关的研究文献的支持,就想在海外中文教学中进行尝试。幸好遇到的第一批学生还是很支持这样的一种教学风格和路子。在这一学期里,问候语主题教唱过《新年好》、数字教学时教唱过《我的朋友在哪里》,国别教学时教唱过《北京欢迎你》片段,祝福语教学时教唱过《祝你生日快乐》,学期结束时教唱过《朋友》。学生的反馈是,通过旋律记词语,更快更欢乐。其实能坚持下来还缘于每次上课前都能听到学生在教室外面的休息厅高兴地唱歌声音,他们确实是喜欢的,其次是通过歌词来训练语音帮助学生记忆的效果很好。

课程采用的是多元考核相结合的方式,注重过程评价。课程考试由"出勤成绩(20%)+课堂活动成绩(20%)+期中成绩(30%)+期末成绩(30%)"四部分组成,期中成绩和期末成绩由"书面测试(50%)+自主口语表达(50%)"组成。学生的"自主口语表达"是以对话的形式呈现,可以小组合作完成。书面测试主要是围绕学期教学内容进行。从结果看,学生掌握的汉语情况还很不错,输出的句子都在要求范围内,正确度很高,但口语表达的流利度有待于进一步提高。

两年任期里,面向商务英语专业的汉语选修课开设得很顺利:第二学期迎来的新一批的选修课学生为18人,第三学期依然是18人(意味着这18人一直坚持学习,中途没有人放弃),第四学期为23人。我仍然清晰地记得第二个学期开学时语言系主任大老远见我就喜笑颜开和我打招呼的情景,她说汉语很难学,没想到学习汉语的学生有增无减,这很 unbelievable。这些正向的评价反馈给我了莫大的鼓励和安慰。当然,我永远不会忘记,第一学期汉语课程结束时学生送我鲜花和巧克力,而且,还送我一个我会保存一辈子的视频,视频里他们全程用汉语句子进行了自我介绍(包括国别、年龄、爱好等),还集体唱了四首我们学过的中文歌。尽管很多发音还不到位,但对于只学了十周二十课时的学习者来说实属不易。那一刻,我已经知道我播下的中文种子已经发芽了,且清晰地听到了破土成长的声音。

第二学期汉语选修课学生

参加第一届学生的毕业典礼

学分课不仅要让学习者获得成就感,即能够较为流利地读,能用简单的用语进行日常交流,建立起一种学习中文的兴趣和信心,更重要的是让学习者获得学习汉语的方法,尤其是音节的拼读法、汉字结构的书写法等。因此,我每节课都会做一些合乎学习者水平的课堂测试,每节课都会让他们写下来印象最深的句子还有课堂教学建议,这样学习者的参与度比较高,而且我能及时与他们沟通并对教学进行相应的调整。除此之外,课外时间我也会利用 Facebook 和他们沟通学习或者聊天,建立一种课堂外的学习联系。还有一个杀手锏是,每一学期第一次上完课后我都会询问他们的爱好等,再结合他们的名字发音,选择寓意好的汉字且较为容易的发音作为他们的汉语名字,做成卡片送给他们,课堂上都会叫他们的中文名字,这一点学生很喜欢。

第四章　国际中文教师的专业发展信念

第三学期选修汉语课的学生

第四学期选修汉语课的学生

此刻，我脑海中浮现出一张张鲜活的面孔。

托文，是一位特别喜欢唱汉语歌的男生。毕业后去了比利时的一家公司工作，他告诉我他会在 Youtube 上找中文歌，唱中文歌是他在工作之余觉得很快乐很放松的一件事。妮可，是一位想来中国旅游的女生，汉语学习进步很快，后来通过孔院的夏令营活动，终于如愿以偿地来了中国。玛丽，第二节课才到我的中文课堂，当时她拿着申请表让我签字，原来她是从法语课申请调换到中文课的学生，我欣喜签字并利用课外时间给她补了第一次课的内容。她的语感很好，发音也比较到位，类推能力也很强。兰卡，一位漂亮的女生，笔记做得又全又美观，也喜欢和我在脸书上交流，梦想就是来中国看一看，后来通过了孔院夏令营选拔的她，却因为机票和费用问题遗憾放弃。大卫，发音很好，立志要通过一年的学习通过 HSK 三级考试，后来私下问我能否给他补课，一对一付费的那种，我欣然答应免费给他补课，他惊愕万分却也欣喜万分。惊愕的是，居然是免费，这一点与欧洲的行情太不一样，欣喜的是，真的是免费！但与我而言，不过是多备课，我也有更多了解捷克学习者语言偏误的机会。后来大卫通过了二级考试，毕竟一周只有两学时的课，一年下来也并没有太长的学习时间，相对来说已属不易。莫娜，略带害羞的女生，每次做完笔记都会主动让我检查，总是小心翼翼问我是否有拼写错误，某某词语发音是否准确，那认真的模样真是春天里的一抹微风，让人舒服得很，最后她的汉语课程拿到了 A 的成绩。

（二）面向社会的汉语兴趣课

捷克的大学会面向社会提供一些开放课程和活动，我的汉语课程就是其中一项。我在入职后协助负责人做了宣传文字，大意就是巴佳大学迎来了中国教师，可以提供中文课程和中国文化活动，限招两个班，每班最多 20 人。两周后我们开心地收到 40 份在线申请，从注册信息看，学生的个体差异很大，年龄在 14—67 岁，有初中生、高中生、本科生、硕士和博士，有大学老师也有中学老师，有体育职业者也有其他工作者，还有一名退休人员。通过线上调查，得到一些基本信息：高中生是为了考大学报考语言专业或者中文专业，本科生是想将来找工作多一门语言竞争能力，社会人员有的想学中国才艺，有的只是想通过中国人了解中国。其他的，如受教育程度、媒介语熟练程度也有很大差异。

但不管怎么样，开始就能按照计划招生，这个开篇还算不错。但零起点、年龄差异大、职业背景差异更大，如何调和这种多样的中文学习需求实在是一项挑战。通过和外方负责人的沟通，我们确定兴趣课以中华文化活动为贯穿线，以训练中文表达为重点的教学思路。

第一节课也是相当紧张，尽管已经在商务英语本科班上过课，但面对社会班这种类型的课我仍然是第一次。第一节课上我仍然以春节介绍为主线，以"春节、新年、中国、捷克、文化"等关键词介绍中文和汉字特点，并一再传递"语言是人类的交际工具，语言是桥梁，中文并不难学"的信息。为了第一节课就让学生掌握一些交际用语从而建立一种语言学习成就感，在课堂上我一一和学生握手并说"您好""新年好"这两个句子，并鼓励他们大胆发音。在此基础上我还重点讲了"好"的多种语用功能：答应别人的请求时、评价时等都可以用这个词。这样一来，学生觉得很好玩，用这么几个词就能完成好几个交际点的表达了。在整个过程中，我特别注意用眼神照顾到所有学生，训练时所有学生都参与这两点，毕竟这是外国学生第一次参与中文课，有一些就是抱着过来看一看热闹的想法甚至是过来看一看中国人的想法（这一点是后来一个学生告诉我的）。课程在一连串并不标准的"再见"声中结束。时至今日，我仍然记得那天课堂上的热烈掌声，记得他们微笑着看我的脸，记得他们有点害羞却也自信地发出中文的声音，同样记得他们对我说"never mind"当我说我的英文并不流畅的时候，当然也记得那天下课后已经漆黑的天还有我的好心情以及开心之后更多压力的感觉。

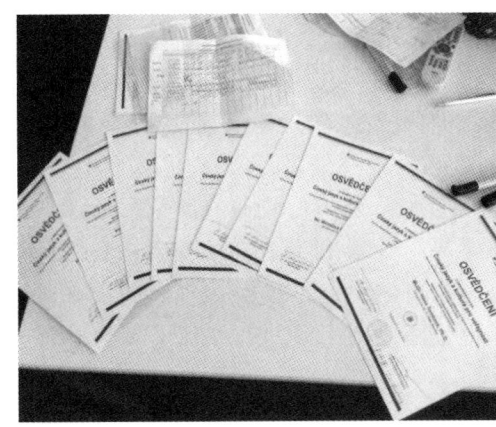

中文兴趣课上的学生

关于兴趣课，课程的主要教学目标是让学生基本掌握汉语发音特点，能够掌握一定的交际用语，对中华文化有更多认知。根据教学目标，结合课程本身的特点，我选择的教材是《新实用汉语》，但兴趣班的学生不喜欢局限于教材，所以就在开学第一节课征求了他们的意见，了解他们的学习动机，最后在教材的基础上确定了以下的教学主题：语音、问候、介绍、数字、货币等，安排的文化活动有：民歌、电影、剪纸、中国结、茶艺、中国菜、中国人物介绍等。这样的安排贴近了学生的生活,同时能更大程度满足学生的多元学习动机。就教学理念来说,词本位和字本位教学思路并行;就手段来说,借助网络尤其是脸书,提供了解中国和学习汉语的资源。就方法来说,语言教学和文化教学并行,主要是文化揭示和文化导入。课堂外还开展了一系列的第二课堂活动。

在甜品店的第二课堂活动

在中餐馆的第二课堂活动

四个学期下来,注册学习中文的学生一直呈增长趋势,比如,第三学期我们的汉语兴趣课开设了三个班,两个初级班和一个中级班。中级汉语课报名人数超过了预期(语言课都是 20 人一个班,但中级班收到 25 份申请),这意味着超过 60% 的学习者能够坚持下来加入中级班级,这也让语言系主任再次感慨了一番。在社会班里也出现了一些真心需要学习汉语和真心想了解中国的人。这也说明了愿意学、愿意持续学的学习者在增多,汉语学习者的学习动机较为稳定。其实,每一学期拿到学生名单时,负责人以及语言系领导开心,我是更开心的,都是学语言的出身,看到这个城市有这么一批人在学一种东方语言,就会有一种感动和温暖,就会多很多前行的动力,当然还有伴随而来的压力。时至今日,即便是离任后,我还会收到来自这些学习者用汉字写给我的明信片,收到一些节日的问候和祝福,这种幸福,有过海外中文教学经历的人会懂,也会懂得深刻。

中文兴趣课宣传图

我的书法兴趣课课堂

周杰，中文兴趣课上的一位理科博士，一位性格活泼、热情的、对中国有强烈好感的学习者。喜欢在课堂上提问题，更喜欢在课堂上帮助其他当时没有听明白的学习者。他在兴趣课坚持学习了两个学期后，想亲自到中国看一看，后来就申请项目，顺利地作为国际交换生的身份到中国上海进行一学期的交换学习。回国后他成了我课堂上的得力助手，帮我解释语言点，帮我介绍中国等。他还是巴佳大学国际学生处语言伙伴项目的参与者，每学期有中国交换生去巴佳大学学习时，他就是一位热心的帮助者。他的口头禅就是"汉语太难了"，起初我觉得他是一位博士，学习压力比较大，可能学习中文的动力不会那么足，然而有一次他让我给他姐姐写一幅祝贺生日的书法，约见时他的提包一不小心掉在地上，大量的卡片撒了出来，原来那些卡片都是我们中文课堂上学习内容，难得他那么用心，这件事瞬间让我觉得温暖。之后，不管任何一个学习者说汉语难学，我都不会掉以轻心，"没有容易的事情，加油，enjoy Chinese"，我总是鼓励他们顺带强化 enjoy 的学习态度。

周杰的中文学习卡片

胡歌，一位工程师，尤其喜欢中国剪纸。说来神奇，他在我的茶体验课上喜欢上了茶文化并竖起了开一个中国茶馆的旗子。为此，他开始研究六大茶类，不断邀请他熟悉的人品尝并提出建议。在我离任前，他的甜品兼茶馆店终于开张。他在玻璃门上贴上他的汉字剪纸作品"终有梦，终有你，在心中"，他说他喜欢《朋友》这首歌，希望和中国小伙伴永远是朋友。他还说感谢我给他打开一扇了解中国茶的窗口。他还是一位有飞行证的牛人，我和另外两位中国小伙伴曾经坐过他的小型直升机绕着兹林城市上空飞行一圈，俯瞰这座被森林包围的城市，感觉很神奇。

乔治，一位机械工业的工程师，也是把"汉语太难了"挂在嘴边的人，但也坚持学了三个学期的中文。他喜欢唱中文歌，喜欢喝绿茶，喜欢去中国餐馆吃饺子。后来聊天得知，他是博士二年级时弃学去工作的，他说他在博士阶段尝试着找了一下工作，没想到工作待遇挺好，就工作了。他说，汉语课让他了解到一个更真实更有活力的中国，他想亲自去看一看。于是在 2016 年暑假，他自费来中国旅游了 20 天。回国后我让他在中文课上做了一个旅游中国的图片展示,这是捷克人把自己看到的中国讲给他的同胞听,比如高铁,比如在线支付等,这种快捷和方便也让我的那些学习者感叹不已,教学效果非常好。

睿多,一位理科硕士,一位有着自己独特见解的学习者。他喜欢参与中文课的文化活动,剪纸、中国结都做得不错,每次的中文第二课堂他都积极参加。硕三时他申请了去中国苏州实习的项目,后因签证没有办理下来而搁浅,而此事也成了他的心头遗憾。

兹德,一位认真记笔记认真听课且几乎不落课的工程师,性格温和。遇到不懂的总是会及时问,对中国了解较多。后来得知他还是一位柔道选手,还拿到过国家级的荣誉。每逢中国春节和中秋节,总会在微信给我发中文祝福。

李娜,一位公司中层管理者,总是在上课前就把中文学习材料打印好并预习的一位学习者。喜欢中国水彩画,她说毛笔有种神奇的魔力,画画和写书法是极佳的放松方式,会让人有种安静和舒服的感觉。她参加了中国驻捷克使馆的文化活动并及时给我发来喜报。

米娜和米连,是一对姐弟俩。米娜是巴佳大学的职工,米连是一位工程师。米连在另外一个城市上班,每次来上课需40分钟的自驾车程,但从未迟到过。两位都是认真学习不缺勤且每次都坐第一排的学习者,两人都喜欢吃中餐,尤其是饺子。

办公室同事的妈妈,班上年龄最大的学习者,当时67岁。第一次关注到她是在第一节课上,她指了指本子上的印章名字,原来是一位中国老友的签名,让我很吃惊。第二次上课她提一个手提包,里面装了1998年的一份中国报纸《参考消息》,还有一些书法作品和一个砚台,她说那个砚台是一位中国朋友送给她的礼物,她一直珍藏。后来,她请我去她家做客,给我做了一桌子的菜,并给我讲起了她与中国友人的故事。原来,她在1998年来过中国,并因工作关系认识了几位中国人并成为了朋友,并且一直保持了书信来往。她说这段友情是值得记一辈子的。她还说,来上我的中文课就是想看到中国人,就是想重温一种幸福的记忆。

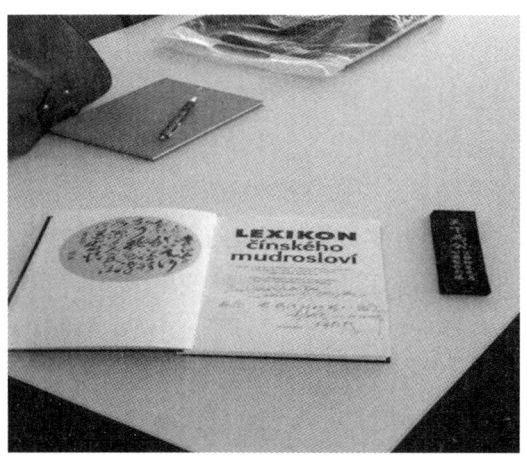

年龄最大的学习者,每次都带着砚台和中国友人签字的书

李欣,一位有着两岁宝宝的工人。我注意到她是有一次,她跪在地上趴在桌子上上课。她说,白天上班晚上照顾小孩很累,坐椅子上上课背疼还容易困。她是年度学习汉语动机最强烈的一位学生,同时我也深深地提醒自己不能辜负这些学生。相聚是缘,我要珍惜,更要倾尽力量助力学习者的成长。

兴趣课上,也有一些国际学生报名学习。比如来自墨西哥的勤奋的多利,来自柬埔寨的汉斯,来自菲律宾的刘雨,来自津巴布韦的李飞等等。他们学中文的模样,写汉字的模样,都印记在我的脑海。

中文兴趣课的课堂

总体上说,汉语兴趣课是一门综合式的体验课,按照传统的课型划分,这是一种特殊的课型,"课时短、任务重、学习者多元化"成为这一课型的典型特点。但是该课型在海外汉语推广中又发挥着重要的作用。它是让当地人民了解中国和中国文化的窗口,是减少学习者汉语"难学"看法的实验田。因此,海外的汉语体验课应该紧紧抓住"体验"的特点,尽最大可能实现知识性和趣味性的统一、学习和实践的统一。因此,我觉得在教学过程中除了坚持二语教学的一般性原则外,还要有以下一些意识和操作能力:以学习者为中心,关注学习者的多元需求,注重和学习者的有效沟通,尽可能实现长期沟通。对学习者设立分层目标,不求一刀切实现整体教学目标,适当降低学习难度,零起点的学习者要以培养学习兴趣为其中的一个重要目标。教师必须有教材的取舍意识和能力,根据学习者的进度和特点适当调整教学进度。"教无定法",教师要有终身学习的意识,要整合线上线下资源,给学习者提供丰富的学习资源材料,不能局限于课堂教学。语言教学和文化教学相结合,语言知识和语言实践相统一,课堂教学和相关 workshop 相呼应。

(三)面向教职工的中文课

我到任后,大学负责人告诉我还有一个面向巴佳大学教职工的中文课,这个课程一直由一位本土教师在上,使用的是北京语言大学出版社的《成功之路》教材,她问我是否愿意和这位本土老师一起教课。我欣然答应,因为每个机会都是检验和提升自己二语教

第四章 国际中文教师的专业发展信念

学水平的机会,再说,和老师们沟通起来可能会有更多新的发现。于是,我和本土教师Petra一块出现在了中文课堂上。

第一节课,我有一种20世纪50年代初对外汉语教学里语法翻译法的代入感,我用中文讲,Petra用捷克语翻译和解释。我带着读课本对话,训练语音,Petra主要讲解语法。课后我进行了反思,搭班上课前我们俩对授课内容进行了沟通,并确定了我负责训练语音她训练语法的整体思路,但当时我觉得这门课主场是Petra,我就应该体现辅助者的角色,所以课堂上更多时候是Petra在解释或者讲,整体上训练的频率较低。这样的模式学习者是能听得很明白,但少了太多训练的机会,整体效率却并不高。后来我们经常进行沟通,根据教学内容确定我们两人的角色和任务,以提高学习者表达的准确度和流利度为目标进行了教学,还确定每次课上预留最后十分钟进行中国文化的展示的环节。

这个班的教学对象是学过一学期汉语的教职工学生,人数在5到8人。母语背景上有捷克人、斯洛伐克人、波兰人等。作为大学教师,他们的学习动机都很强烈,尽管他们的汉语水平具有明显的个体差异。波兰老师主要侧重学术研究,尤其是跨语言比较,口语表达能力就很一般。一位斯洛伐克老师语感好,听说读写水平都比较高,另一位斯洛伐克老师属于平和型的,就是那种学一点是一点的,整体水平较一般。两位捷克老师口语能力较强,汉字书写较弱,另一位捷克老师来上中文课是服务于做博士论文的。基于这样的多元学习需求,我们也经常根据他们的实际需求调整教学内容,课堂上讨论的环节较多,但文化介绍环节一直是保留项目。后来我们也成了合作的小伙伴,我帮助他们校对论文里的中文表达、汉语语法点的表述、进行录音等。这个班成员比较稳定,大家相处得也很不错,有时候觉得这个课型更像一个语言沙龙课,讨论、学习再讨论那种,甚至可以说随时随地都在上课的那种。也正因为都是教师,大家相处更平等,给予的帮助和支持也更多元。比如捷克老师伊万(Ivan)。

Ivan是在巴佳大学图书馆工作的老师,一位热情、友好的老师。我到岗后的第一天就和负责人一起带我去超市,帮我电脑连网,给我介绍超市里买东西怎么自助称重、自助结账等方法。来捷克的第三天,他邀请我中午去他们家吃饭。见面后Ivan带我去了公交车站,并告诉我买票、上车自主验票的方法。这里还有一个小插曲:坐车去他们住的地方时我买了两张车票,这是我第一次在国外坐公交车,捷克的公交车票是有使用时间限制的,上车后需要自己往验票机里打印时间。为了感谢Ivan,我把另一张也塞进机器打印了一下想着友情请他坐车,结果

职工汉语课合影

Ivan不好意思地告知我他们本地人都是用月票或年票,这样无须每次都买票。吃完午餐后他们友好地送我了三个盘子,一个碗,一套刀叉,一瓶清洗剂等,还送我他们自己做的糕点。在刚到异国的日子里,受到这样的招待和照顾,内心充满了无限感激。是的,当你第一次在异国感受到当地人的热情,整个心情是无比舒服的,也会格外发现这个国家的各种好。后来我们也会约着去打乒乓球,去中餐馆吃饭,顺便聊聊生活,聊聊旅行,聊聊中国和中文。

(四)面向语言中学的汉语学分课

兹林国际电影节,让我和语言中学的汉语学习者第一次结缘。

六月份的国际青少年电影节,吸引了这个城市的很多人,使得本来宁静无比的兹林城出现了难得一见的热闹场面。电影院的票价比平常便宜很多,平时160克朗的票现在都是40克朗。每到下午,各种乐队表演,遍布周遭的是各种啤酒和音乐。晚上有免费的露天电影,人们会拿着毯子铺在草坪上,三五成群,手里拿着啤酒,舒舒服服地或坐或躺欣赏参展的大片。

有一天晚上的电影是捷克语,也看不懂,索性和几个朋友一块去喝酒聊天。零点时刻在往宿舍赶的路上,过来两个小青年,他们直接用一句不标准的中文"你好"打招呼,定睛一看,十六七岁的样子,1.85米的身高,面带笑容。内心窃喜,居然又遇到会说汉语的捷克人,结果他们说只会一个问候语。

"你是中国人吧?"

"是呀,我从中国来。"

"能不能给我唱一首中国歌曲?"(太直接了吧,怎么就不过渡一下?)

"你知道我为什么来捷克吗?就是因为捷克人都热情好歌,我也喜欢听捷克歌曲,能不能先给我唱首捷语歌曲呢?"

"小意思了。"(美声唱法,唱了一首,虽然我听不懂)

(不得不唱,也不能逃跑)"那我给你们唱一首民歌吧,茉莉花。"(我唱的时候,他们居然跳舞,有点意思,看来是活泼型的。)

"你来捷克上学吗?"

"我是这里的中文老师。"

"Really?(大写的吃惊)不好意思,原来是老师!我们是这里语言中学的学生,喜欢中国,你有Facebook吗,以后跟着你学汉语吧?汉语歌很好听!"

"你眼光不错,汉语歌确实好听,你们要学了汉语,再会唱中文歌,绝对是一件很酷的事情。"

说来也有意思,在我工作的第二个学期,我真的就接手了语言中学的汉语课,教学楼就在我宿舍楼的后面,有10米的距离。更传奇的是,零起点中文班里居然真的遇到了这两个学生！当时我就在想,汉语教师真的是使者,你随时都要准备好才艺表演准备好真诚交流,也许他们有一天就是你的中文学习者,也许未来就是一位厉害的汉学家或者外交家呢。

这个学分课是兹林语言中学(这是帕大孔院开设的一个教学点,语言中学也以建设孔子课堂为发展目标)的汉语选修课,学习者年龄在13—17岁,既有零起点的,也有一年的汉语学习基础,热情活泼,学习动机强烈,课堂氛围良好。语言中学提供多种第二语言供学生选修,主要是服务于学生申请大学的需要。我是在第二个学期才接手这门课的。教材是人教版的《跟我学汉语》(中捷双语),该教材语言点贴近中学生,使用起来非常方便。根据中学生思维活跃、求知欲强的特点,在教学中我采用了很多活泼的游戏教学活动来训练和强化知识点,如,用采访活动训练喜好方面的知识点,用表演的方法介绍自己的家庭成员,用猜词活动训练新的词汇等。每周有语言报告分享活动,每隔两周我们会在课外时间进行语言实践活动,比如,去中餐馆点餐、去中国茶馆品茶、采访中国交换生等语言文化活动。

课堂上的中文歌曲活动

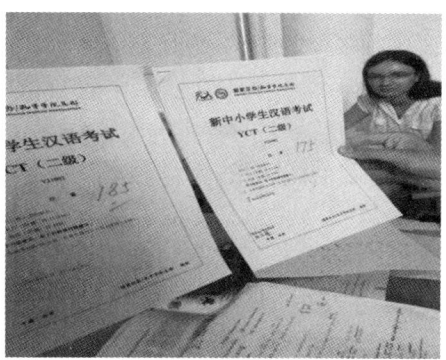
YCT 测试

语言中学课上的学生真的是天使,同时又非常遵守纪律(这所中学在兹林州排名靠前,学生基础好)。印象最为深刻的是,如果学生带手机,上课前总会自觉把手机放在包里,课堂上唯一一次把手机拿到桌面上是我们讨论微信国际版本时才拿出来的。我也比较重视学生的意见,每一个月都会有一次正式的问卷调查,根据学生和校方的教学反馈,对教学内容和方式进行一定的微调。每次放学后如果学生不着急回家的话,我就会引导她们在黑板上写字,或复习或自由学习。一学年的教学中,我和学习者建立了较深的感情,记得她们在脸书上关注到我的生日,还自发做了一个庆祝,小礼物、暖心的祝福,给我留下了满满的感动。最重要的是,在整个学年的学习过程中,没有一个学生掉队,这是让我很欣慰的一件事。

放学后的自由练习　　　　　　　　　来自生日的感动

为了让整个中文学习更有仪式感,学期末考完试后我还组织过结业典礼,邀请学校领导和家长参加。期间,我帮助学生排练汉语主持词,组织了中文歌曲、绕口令、古诗诵读、"我眼中的中文"情景剧等六个环节的语言和文化活动,最后还为学生颁发带有孔院标志的学习证书。犹记得,学生自信唱中文歌的模样;犹记得,学生拿到学习证书的喜悦;犹记得,校领导肯定的眼神;更记得,结业典礼后我们拿着手机一边录着视频一边去中餐馆聚餐的快乐。

中学汉语课结课仪式　　　　　　　　和中级班学生的合影

汉唐,参加了2016年7月孔院组织的暑期汉语桥夏令营活动,并作为学员代表在中东欧暑期夏令营开幕式上进行了五分钟的中文演讲。我仍记得,他为了开幕式演讲,整整一周每天八点都会准时出现在我的办公室,发音训练、词语表达调整、停顿训练、面部表情管理等等,一遍遍地录像,一遍遍地看着视频录像调整。最终,夏令营开幕式上的他淡定自如,中文流畅,他说这也是他中文学习路上一道靓丽的回忆。最值得开心的是,2017年他顺利进入捷克查理大学中文系(捷克排名第一的大学)继续在中文学习路上前行。

钟杨,同样也参加了孔院的暑期夏令营活动,去北京参观完长城后写了一篇 300 字的作文,令我惊喜不已。中文课堂上的他,总是能积极回答问题,并能适时提出他的疑问,更是一个对中国文化和中文有一百个问号的学生。比如,中国的茶叶会不会受到污染,微信支付存在的风险有哪些,中文里的量词怎么分类,有没有更好的办法记住中文里"了"的用法,中国人吃饺子的频率有多高等好玩又有趣的问题。2017 年,他和汉唐一起进入查理大学中文系进行学习,修完学分后又去了法国留学。

三、文化活动掠影

作为海外中文教师,左手汉语教学右手文化活动,一边教着优美的中国话一边展示着最美丽的中国是一种工作常态。

（一）中华文化推广活动

除了课堂授课,会有相当一部分时间组织或者参加来自中国使馆、孔子学院、巴佳大学等单位的中华文化推广活动。活动方案、对外联络、展区布置、工作坊活动等都是工作的重要组成部分。

1. 参加欢迎国家主席习近平访捷活动

任期里的一件大幸事就是我们孔院的老师全部出动前往布拉格参加欢迎国家主席习近平访捷活动,这是中捷建交 67 年来中国国家元首首访捷克,这样的大事让我们海外中文教师遇到了,何其有幸!

仍记得,初春的布拉格,阳光明媚,绿草如茵。在通往机场和总统府的道路上,一面面中国和一面面捷克国旗傲娇地迎风舒展。仍记得,当看到主席乘坐的中国国航在布拉格机场上方出现时,我们是怎样的一种欢呼雀跃;仍记得,当看到红旗车里我们敬爱的习主席的那一刻,心都要跳出来的激动。仍记得,我们给友好人士介绍横幅上"热烈欢迎习大大访捷"中文意义时的骄傲以及"习大大"称谓来源时的自豪。仍记得活动中华人华侨的热情支持以及只有在现场才能感受到的中国人文力量。愿中捷关系越来越好!

欢迎国家主席习近平访捷现场

2. 组织捷克学生暑期"汉语桥"夏令营活动

2015年6月,中国国务院副总理刘延东访问捷克期间,为满足两国青年相互了解与交流的美好愿望,代表中国政府邀请100名捷克学生于2016年赴华参加"汉语桥"夏令营活动。项目由帕大孔院组织实施。

2016年7月,我作为兹林州的活动负责人进行了夏令营的前期组织活动,为学生写推荐信和汉语学习证明、指导学生填写申请书、审核报名材料、和申请者进行有效沟通,提供关于中国的多样信息等。最终,兹林州的十五名申请者顺利通过选拔。在捷克教育青年体育部、中国驻捷克大使馆和孔子学院总部的共同努力下,2016年7月16日,来自捷克各地的一百名大、中学生和带队教师启程飞往了中国北京,开启了捷克学生理解中国文化文旅。

暑期"汉语桥"夏令营活动的参加者

3. 组织巴佳大学国际文化节中文展区活动

我工作的巴佳大学每年有一千多名国际学生,学校的国际化程度较高。巴佳大学每年3月或者4月份都会举办一场大型的国际文化活动周(International Festival in Tomas Bata University)文化项目。每年我都会作为兹林中文项目的负责人和来自其他国家或者地区的人们一起参加这次国际文化节活动。我要么提前组织中国的交换生作我的助手,要么邀请孔院的汉语教师志愿者一起准备活动。我们挂上中国展区的海报,摆上中文展台,书法、茶艺workshop也在教室热火朝天地进行着。说起中国展区的活动,我事先都会写活动方案,然后和本土老师Petra一起讨论是否可行,商量如何能取得更大化的展示效果。比如"起汉语名字"这一活动,我们孔院有个专门的中捷双语版本本子,收录了寓意比较好的汉字,参加中文展区的友好人士都会得到属于他们的中国名字并且教会他们怎么读自己的名字。这个活动是让国际人士了解中国的一个窗口,一些参加完这个活动的友好人士就会申请我的汉语兴趣课,这也是一种缘分。

巴佳大学国际文化节活动留念

4. 组织"欧洲语言日"中国展区活动

为促进欧洲语言和文化的多样性,欧盟在2001年举办了"语言年"活动。作为"语言年"活动的延伸,从2002年起,欧盟把每年9月26日定为"欧洲语言日"。为支持"欧洲语言日"活动,每年孔院都会派出老师在语言学校设置中国活动区,用公开课、讨论等方式为当地学生展示中国。这个活动主要的参与对象是中学生和部分家长,因此,活动设计上主要是举办中文基础知识讲座,介绍汉语拼音、声调等语音知识,给参与者起中文名字,通过表演、对话练习和歌曲等互动方式教授前来参加活动的学习者一些简单的中文问候语,并在现场举办书法体验活动等。通过这些活动,学生们对中文、汉字和中国文化表现出极大的兴趣,进一步扩大了中文对中学生的影响,也扩大了中文和中国文化在捷克地区的影响,取得了良好的反馈。

书法一对一示范

趣味乒乓球活动

5. 组织兹林州"大学开放日"(Open Day)中国展区活动

"大学开放日"是大学敞开校门欢迎社会各界人士前来参观访问、展示校园文化的重大节日。10月1日,受巴佳大学人文学院的邀请,我以中文教师的身份组织并参加了兹林州的"大学开放日"中国展区活动。在州博物馆的中文展区,我主要安排了体验毛笔字、编织中国结、汉字剪纸等中国传统文化体验活动,并提前邀请本土老师和中国交换生来做助手对展区进行布展和准备工作。整个展区活动从早上八点持续到下午一点,历时五个小时。市民在体验中感受到来自中国的文化,询问最多的问题有:大学是否开设有中文专业,毛笔字在中国是否流行、中国结的寓意、中国的环保问题等。

大学开放日活动现场

剪纸体验

6. 在小学举办汉语和文化讲座

2015年4月1日,我受兹林教会小学校长之邀(Church Elementary School in Zlin)为学生举办一场中文及中国文化讲座。在准备环节,考虑到小学生活泼的特点我准备了大量的图片来介绍中国,主要涉及中国地理、传统节日、美食、教育、交通等话题内容,并教授小学生简单的问候语,教唱了数字中文歌,还让学生体验了书法,整个过程气氛活跃。

活动现场

示范毛笔字

第四章 国际中文教师的专业发展信念

　　这次讲座活动让我印象深刻的地方很多。一是在提问环节,他们的问题涉及宗教、气候等话题,有点让我惊异小学五年级学生的关注话题范围之大,视野之开阔。二是他们上课的时候有坐在椅子上的、有坐在地上的、还有靠墙站着的(老师是不能要求他们必须坐在椅子上的),但课堂纪律很好,孩子们还是很礼貌。三是我们做书法体验时,孩子们兴趣高涨,争先恐后地站在桌子上围观并积极尝试,热情溢满了整个房间。

　　7. 参加捷克、斯洛伐克地区汉语教学研讨会

　　2015年4月24日,帕大孔子学院组织了捷、斯地区的汉语教学研讨会。中国驻捷克使馆政务参赞、教育组长以及捷克、斯洛伐克的中国汉语教师及本土汉语教师参会。与会人员就目前教学中遇到的教材、教学法等问题进行了研讨和沟通。我主要报告了大学汉语兴趣课的教学法。每年的教师节,中国驻捷克大使馆的领导也会开展教师会谈活动,我们都及时地汇报中文教学的开展情况。

　　8. 为巴佳大学国际处组织多场中国文化Workshop

　　巴佳大学国际交流处也开设有中文课,课程主要由本土老师负责。每个学期我都会受邀为国际处的学习者举办两场书法、中国结等workshops。最受欢迎的是书法体验工作坊,整个流程分为书法简介、书法欣赏、书法练习、书法交流四部分。学生们在亲身体验中减少了汉字书写的畏难情绪,感受到了中国文化的魅力,对方块汉字的书写越来越有兴趣,也有些学生还专门去中国超市买笔墨纸砚呢。书法体验课也经常吸引兹林媒体前去采访。

　　9. 拜访捷克汉学家白利德先生

　　一提到捷克,会想到布拉格学派(The Prague School)这一被语言学届公认为继索绪尔之后最有影响力的学派,也会想到海外唯一一家以鲁迅命名的"鲁迅图书馆",自然地,也就想到一批批的汉学家,譬如,普实克等。2015年4月19日,机缘巧合,我在布拉格疗养院拜见了捷克著名汉学家、翻译家、教育家和社会活动家白利德先生。

　　白利德先生于1954—1958年任捷克驻华使馆参赞,1958—1959年在中科院历史研究所读历史学专业,主要研究少数民族历史。1959—1970年任捷克东方研究所副所长。交谈中,现年93岁的白先生用流利的中文,饱含深情地讲了他和中国的故事,表达了与中国深厚的友谊。此次拜访也让我再次深深意识到,在海外讲授中文就是架起一座桥梁,一座沟通中外的文化桥梁。

　　10. 参加中国新春招待会

　　每一年的新春招待会都是孔院加强与外部联系、宣传中国的好时机。孔子学院新春招待会、捷克驻华使馆新春招待会、中捷学联新春交流会等都是每年的一件大事。每年的这个时候,我和孔院的所有老师一起,做起对外沟通、联络、现场布展和工作坊布置等工作,忙得不亦乐乎。

新春的布拉格

新春联欢会合影

（二）课堂教学中的文化体验活动

除了上述大型的文化活动,我还针对汉语课堂组织了一系列的语言文化实践活动。

1. 书法体验课(Calligraphy Experience)

书法课主要围绕汉字特点、汉字演变、书法意义、书法作品欣赏、书法练习方法和书法体验进行。活动分理论讲解和实践操作两部分,理论部分围绕中国汉字演变历史简介、书法的内在文化精神进行,实践操作部分围绕书法练习的姿势和要领、实践练习两小部分。学习者在活动中兴趣高涨,体会到汉字的平衡与灵动之美,也感受到内心的宁静与和谐。

书法体验课成果

书法体验课堂

针对初级班的学习者主要教学基本汉字的初步感知,培养兴趣。针对中级班的学习者主要教学基本笔顺的练习。通过书法体验,学生对汉字书写特点、书写要求有了进一步的了解和认识,同时,学习者也感知到了汉字的魅力。

第四章　国际中文教师的专业发展信念

2. 茶文化体验课(Chinese Tea Experience)

一般讲完颜色词后会组织茶文化体验课。该体验课主要围绕茶的功能、分类和泡制方法三部分进行。通过品茶,让学生感知饮茶的方法和意义。同时,也强化学生的颜色词学习效果。

有时候我会组织课外兴趣学习组去茶馆学汉语,示范茶礼仪,实践茶文化知识。有一次,在一家茶馆还发现茶馆老板的一个装饰画上写着"泉夏秋冬",看来是把春天的 spring 翻译成"泉水"了。和茶馆老板沟通后,老板说中文意义真的很丰富,若有机会,一定去报名参加中文课学习,并再三致谢。

3. 饮食文化体验课(Chinese Foods Experience)

讲完中国饮食文化课后,带领学生去中餐馆就餐。语言训练环节主要是礼貌语、中国食物、价格询问等,通过点餐的真实语境,提高学生的汉语表达能力;文化环节主要是餐桌礼仪以及中餐的不同烹饪方式和意义,学习者在体验中热情高涨,提高了其语言应用能力。为增加活动的趣味性,还组织学生用筷子进行夹花生、夹乒乓球比赛等。

茶馆看到"泉夏秋冬"

饮食体验课后的反馈

4.剪纸体验课(paper – cutting)

讲完动物词和祝福语后会开展剪纸体验课。主要介绍剪纸的类型和文化意义。在实践环节主要训练汉字(平面春、立体春、单双喜)和动物(蝴蝶、小熊、蜜蜂等)的剪法。

剪纸课成果展示

5.中国结编织体验课(Chinese Knots Workshop)

整个活动流程分为三部分:介绍中国结的文化意义、编织中国结和学习相关语言点。一条丝线,含义无限,中国结中流淌出中国的处世哲学。

中国结编织成果展示

6.国画体验课(Chinese Painting Workshop)

本活动主要介绍中国画的类型、特点和文化意义。实践环节是画虾和蟹,学生感知了中国写意画的美,效果良好。后来有学生专门去布拉格找专业的中国教师学习中国写意画。

国画体验课课堂

综合来说,组织和参加文化活动,必须清晰地知道活动的规模、目标、参与对象等相关信息,同时要有活动方案,还要有危机处理方案,活动之后教师要积极反思总结。在组织文化活动的过程中,我一直还在思考如何才能有更新颖的活动内容,如何在展示传统文化之外融和更多的当代文化展示,如何把文化活动和汉语教学结合(方式上大可利用现有的文化资源,比如,《舌尖上的中国》《国家地理》等视频,都可以用来介绍当代的中国),如何利用文化元素降低汉语学习的难度以及促进中捷文化的友好交流等这些问题,这也许是需要我们一直探索的。

四、那些友好、热情的捷克人

在捷克生活,还特别幸运地结识了一批和中国或者中文有着浓厚感情的友好人士,是他们丰富了我的异域生活。

巴佳,一位本土汉语教师,是我在捷克工作中给予我很大支持的一位朋友。我们一起分析学情,一起磨课,搭班上了职工汉语课;我们一起策划、准备、实施很多次的中文展示活动;我们一起逛超市、喝咖啡、看中国综艺节目、去中餐厅吃饭、一起海聊。巴佳的本科是中文专业,曾到中国参加过孔院夏令营和教师培训活动,对中国的北京、上海、成都很是熟悉。她总是热情地给我推荐有特色的商店,本地小吃等,在我处理一些捷克文文件时总是给予无私

和巴佳相约咖啡馆

的帮助。她还会在苹果和蓝莓成熟的季节,送给我她家园子里采摘下来的新鲜水果,做甜品时也会给我带一份。特别幸运和巴佳认识,并且在最初的同事关系中培养出了深厚的友情,使得我做很多事情时感觉特别有安全感。

　　萨卡,一位曾在中国生活过两年、中文说得非常流畅的捷克妹子,是给我的外派生活添加更多颜色的一位好朋友。我们经常聚餐,一起包饺子,一起涮火锅,一起去爬山;有时候为了让我们几个中国小伙伴吃一顿有特色的捷克餐,她会驱车几十公里载我们到一个小众的地方;每逢捷克的重大节日,她总是带着各式酒和礼物去找我们。记得习主席访捷时,她说这么大的事不去参加太遗憾,还跟公司请了假和我们孔

和萨卡的合影

院的老师们一起去布拉格,我仍然记得她挥舞着捷克和中国两面国旗时的美丽模样。我还记得,有一次我们打完羽毛球后在楼下的酒吧闲坐,突然遇到一个语气不友好地叽里呱啦地对着我嚷的本地人,这让一直在春风沐浴中生活的外地人的我一脸懵,顿时愣在那里,就在那时,萨卡出面质问那位陌生人。萨卡告诉我说这是一位工作不顺利的、随便撒气的、没素质的人,还让我不要介意,也不用当回事。我设想过如果是我单独遇到这种情况我会是怎样的一种尴尬抑或是无助。我为她的豪侠气质、为她的善解人意而感动。

　　彼得,一位对中国和中文极感兴趣的工程师,他曾利用空闲时间在奥洛穆茨的帕大孔院学过两年中文。他是通过巴佳大学国际学生 buddy 组织了解到有中文老师在这个城市,就顺着脸书申请加我为好友的。记得我们第一次见面是在他组织的一场 BBQ 上,包括我在内的近三十余人受邀参加。当时非常震撼的一件事是,当彼得做完一个简单的开场白后,他们家的二楼阳台上瞬间出现了中国和捷克两面国旗!当时我和中国的几个小伙伴真的是又惊又喜,觉得能珍藏中国国旗的捷克人是友好人士无疑了。花园里绿草如茵,苹果树挂满小果,不知名的小花怒放着,时不时的小风带来几缕烤烟,认识不认识的人随意聊着,那天的场景就这么美好地印记在我的记忆里。也恰巧是那次活动,我面向社会的中文课堂上也多了几位国际学生。后来我曾辅导过彼得一次性通过 hsk 四级考试和汉语口语考试,曾给他带去带有中国 logo 的红色运动衣,文化节时曾邀请他去品尝中国美食,曾一起畅谈他在中国旅行时遇到的那些囧事或者趣事。他也曾多次带着我们几个中国小伙伴徒步穿越森林、骑行等,还经常分享给我们捷克的一些文化活动链接等。

第四章　国际中文教师的专业发展信念

友好人士彼得家阳台上的中国国旗

费伊莎，一位学过两年汉语的城镇小学老师。一次她在中餐馆吃饭得知在这座城市还有一个中文教师，就主动联系我帮她补学中文，她说她想在年轻的时候尽量多学中文，还说学习语言是一种美妙的体验。此后的周末，差不多兹林大大小小的茶馆和甜品店都留下了我们一起看阅读材料一起讨论中文的印迹。她说她会在很多学校做一些和中文有关的介绍，就像我们的志愿服务工作一样。冲这一点，我对她更加钦佩起来。她还会给我看她带领孩子们去森林小屋的体验活动，看她在一些学校介绍中国和中文的图片，看她的小菜园，看她养的矫健的小白马。时光就那么在愉悦的见面中流过。

还有不知名的公寓维修师傅。我第一次买的炒锅放在电磁炉上根本不工作，捣饬了两天还是不行。无奈之下去前台咨询，等待维修工的到来。第二天，一个满脸笑容、微胖的师傅敲门，一口捷语袭来，而我只能一口英语回应，无法交流的尴尬扑面而来。约三分钟后，他拿来一个锅直接放在我的电磁炉上，摁下开关，再次满脸笑地指指锅指指我，然后就要走，我诧异了，但我理解他的意思是要把锅送给我。想想如果再坐公车去超市买锅，路程并不近且还需花销一大笔银子，那一刻觉得太幸福，这幸福来自初遇到的捷克人的善良和热情。之后每次遇见这位维修师傅，我们都会热情地打招呼。对我而言，一是因为他是位热情的人，二是整个公寓楼住了小一千的国际人士，他显示出对中国人的友好，我必须得热情回应。后来我离任时送给了他一些纪念品，真诚的。

和费伊莎在甜品店

其实，还有很多的人和事都深深印在我的脑海中。帕维尔，买到什么中国产品总是会给我们炫耀的可爱的人，一位总是去参加各种比赛的羽毛球高手，每过一段时间都会组个局和我们几位中国人一起打球，我们都说他都已经是教练级的大神却不嫌弃我们的烂水平，而他说大家在一起开心最好；帕亚，一位理科博士，和我中文课上的一位学生是好朋友，我们在一次聚会上认识后她便成了关心我的人，她家里做个甜品，腌个小黄瓜，烤个面包，就会用保鲜盒装好送给我；教学楼前台的老师每次看到我总会热情唤我"LU"并及时把教室钥匙以及白板笔递给我；保洁阿姨每次去办公室打扫卫生总是笑脸盈盈，总是提醒我楼梯口有小厨房，不要忘记去吃饭等；办公室秘书Olga在邮件里通知一些事情时总会用地图把地点给我标注清楚，帮助我申请延期签证，协调办公等问题，温暖又得体。

五、跨文化交流点滴

初到捷克，发现捷克的天真是奇特。 早上7点小雪，8点多晴朗无比，9点多乌云密布，顷刻鹅毛大雪，12点阳光普照，下午2点又零星小雪，5点时又晴空万里，白云朵朵。当我用magic这个词形容捷克一天的天气时，他们更感兴趣的是中国是否有雪的话题。当然，中国地大物博，天气南北差异明显，怎么会少雪呢。文化就是在这样的聊天中流淌出来了。

人民币上有几种语言？ 这是我在讲完价格主题后一个学生的顺口一问，然而当时的我却被问懵圈了。接下来的一次课，我做好功课给学生分享了人民币上的图案和语言介绍，这样以来就顺带介绍了中国的北京、西藏、桂林、重庆和山东，拿着地图和人民币，解决了好多问题。学生也很开心地告诉我捷克克朗币上那些对捷克社会和文化做出巨大贡献的钞票主角故事，比如出现在教育学著作和《对外汉语教育学引论》里的伟大的教育家夸美纽斯。

捷克货币200克朗和500克朗纸币

水的味道太浓郁了! 有一次我的一个学生临时需要我帮他看一份申请材料,寒暄几句后,我给他倒了一杯白开水。他喝了一口后,面露诧异,说"The water is so strong!"原来在他们的饮水世界里,只有凉水和冰水两种概念,因而就觉得烧开了的白开水味道太浓郁。此后,我的中文课上会讲到中国人喜欢喝热水的习惯,说得多了,再有约见,他们就会给我准备热咖啡,一般不会给我冰水或者冰咖啡了。后来发现,捷克的自来水是直饮水标准,尤其是外出旅游时这一点很方便。

我的香辣鸡为什么不受欢迎? 到捷克的第二个月,两个学生带着我参加森林十公里跑步赛,赛后我和中国小伙伴邀请他们去品尝我们做的香辣鸡以示感谢,他们欣然答应。结果端上色香味俱佳的香辣鸡后,两个学生基本动不了筷。我才知道,绝大多数的捷克人是不会啃骨头的也不吃动物内脏的,怪不得在超市肉类区见到最多的就是鸡脯肉、纯瘦肉、牛肉等。也是这一点,让我的生活变得更开心,因为我可以花约合人民币三元有时候甚至是一元的钱买到一个猪手,花约合人民币六元买到一斤装的鸡胗,花约合十块钱的人民币买到一斤上好排骨。据说,在城市里这些带骨的肉一般都是亚洲人买走的。如此说来,我的香辣鸡不受欢迎是再正常不过了。这又让我突然想起,学生去中国旅游了一圈回到捷克后兴冲冲地跟我联系,说要送我一件估计是我特别想要的礼物,那么一说我还在脑海中回荡无数个可能,当礼物亮相时确实惊呆了我,原来是一包泡椒鸡爪子!饮食文化的多样性和差异就在这样的互动与交流中慢慢溢出。

不喝啤酒干嘛来捷克? 我在捷克的前两个月压力比较大,一是我的英文还不够流畅,二是总是担心生源流失,然而这种压力因为一次啤酒之约转换成了动力。三月底为了庆祝复活节,捷克酒吧上新了一年一度的绿啤酒,我的第一批熟悉起来的学生便邀请我去品尝他们的特色绿啤。早就耳闻欧洲的啤酒文化和咖啡文化,想想应该多了解一点于是愉快答应。那是我人生第一次去酒吧,小心翼翼的,我小口地抿着颜色清纯、漂亮的、味道醇正的绿色啤酒。学生笑问,中国人不是很能喝酒吗,我笑答,因人而异。一个学生说,啤酒在捷克就是液态面包,你要不喝啤酒还干嘛来捷克呢。于是,我们聊起来面包和包子、馒头,说起了啤酒和白酒,茶和咖啡,谈起了牛奶和稀饭。那一天,我们一拨人相谈甚欢,因为是要想尽一切办法表达出来才能把问题说得比较清楚,我那不标准的英文流畅了许多,交流的文化信息容量远远超过课堂,而且很轻松。仔细环视酒吧环境,没有烟雾缭绕,没有大声喧哗,就是熟悉的人去喝一杯,聊一聊的地方。自此之后接受邀请或者发出邀请,酒吧、甜品店、咖啡馆、茶馆、中餐馆,就成了我的中文第二课堂场所。遇到学生的朋友,我总会说"Welcome to my Chinese Class."来推介大学的中文课,用我学生的话说就是"你的中文课堂无处不在"。从此,我再也没有担心过我的生源流失问题。

一年一度复活节期间的绿啤

捷克的特色红屋顶建筑

你为什么来捷克？ 这是我遇到比较多的一个问题，学生问，同事问。我或引用歌德的那句话："布拉格是欧洲最美丽的城市"来回答；或引用尼采的"当我想以一个词来表达音乐时，我只找到了维也纳；而当我想以另一个词来表达神秘时，我只想到布拉格"来回答，抑或说捷克是个迷人的国家，我想来看看，比如，布拉格、施华洛世奇、冰球、水晶还有啤酒等等，与此同时我还会把我在捷克拍的照片分享给她们看。当我站在他们的立场回答这个这个问题时总能得到认同。当然，紧接着我也一定会说，中国很有趣、很现代，也非常值得大家去看看，现在的高铁、在线支付都很方便，还有数不尽的大好风景，你们学学中文也可以去中国看一看。

所在城市的四季

汉语太难了！ 这几乎是在海外工作过的老师都会遇到的问题。入职后的第二天，办公室秘书带我去出入境办公室办理登记信息，一路上闲聊，她就这么抛出来一句话。我就从语言学的角度，说所有语言都是交际工具，找对方法都学得很快。社会班的学生学过一段时间也会发出这样的感叹，我就告诉他们我也在学捷克语，这种感觉是学语言的都会经历的，不能随便说汉语很难。中学生也这么跟我抱怨，我就说学习一门语言是一种挑战，能锻炼大脑的思维能力，你们只要坚持学习，你们就是未来的汉学家！语言系主任感慨汉语难，说到研究成果显示中文是第四类语言，是最难学的。我就把乔姆斯基搬出来，说任何民族的儿童都能在学龄前基本掌握自己的第一语言或者母语，语言是不能轻易分难易级别的。

刻板成见需要改一改。 文化交流中我们总是带有或多或少的刻板印象，但是第一天到捷克就刷新了我对传说的中东欧国家办事效率低下的印象。当地时间上午九点到达兹林这所城市后，节奏就快得不得了。在捷方负责人的带领下，先是在国际学生宿舍楼用五分钟签了住宿协议，来不及仔细看住宿环境，把两个行李箱放到宿舍就直接去行政楼用两分钟签了工作协议，然后去我工作所在的办公室（现代语言系）操作了一下给我配置的电脑，然后又和院系主任领导及秘书等老师见了面。前后只用了俩小时就结束了所有的住宿和工作材料签订以及和领导的会面工作。这一天，忙碌不堪，以至于在将要工作的校园走了几个来回都没来得及仔细欣赏一下这个城市的雪景（事实上，欧洲大学是没有确切意义上的校园，没有围墙，教学楼和行政楼散布在整座城市），但基本把所有入职该做的事情全做了，还是非常开心的。后来发现，有些事情效率确实低，但一定不是所有。这也再次提醒我做任何一件事都要做好两手准备，不能只有一种方案。

捷克伏尔塔瓦河

按时间购买车票？ 捷克公车及地铁站台的提示器会清楚地显示不同路线间的所需时间，且公共交通比较准时，所以票价是根据时间来定的，比如20分钟的车票是12克朗，

30分钟的是14克朗,全天通票是50克朗,还有月票、年票等。单次票要用硬币在自动售票机上购买,上车需要自己把票放在验票机里打印时间,全程自觉。据说时不时会有查票的人来看看是否有漏网之鱼,如果逃票是要处以800KC以上的罚款,并计入个人信用记录。然而我在捷克两年,只有在布拉格的公车上遇到一次查票的,但我在维也纳的地铁上曾目睹过逃票的三位亚洲朋友被处以100欧罚款的尴尬与无奈。

端午节庆祝什么? 一次端午节前夕,中餐馆老板娘邀请我过去吃粽子,走的时候还送了我好多个。在回宿舍的路上偶遇中学课的学生,我也就借花献佛地把粽子送给那几个学生。学生问我在中国庆祝端午节有什么活动,我就说划龙舟,还给她们看了中国龙舟赛的照片。学生告诉我在捷克也有龙舟赛,只不过形式很特别,讲究原创和环保,还分享我一个活动地点邀请我去看看,还说她也是参与人员之一。我欣然前往。风和日丽的小镇,河的两岸坐满了前来参观的人,木板上有用自行车划水的,有用木轮划水的,有用纸箱板划水的,大家玩得不亦乐乎。如此看来,文化是相通的,只不过形式不一样而已。

捷克民间的龙舟赛

六、关于长期派驻模式的思考

由于是常驻兹林巴佳大学,因而有更多的时间能够和中文学习者(包括爱好者)及巴佳大学的捷克同事进行更多的沟通,这对提升孔院在兹林的影响,扩大中国及中国文化的影响是有积极作用的。除了参与孔子学院举办的常规活动,如HSK监考活动和文化活动等,可以利用业余时间辅导学生进行HSK考试,协助巴佳大学人文学院和现代语言系开展学术或者文化活动安排等。关于在孔子学院总部的其他教学点长期派驻汉语教师这一合作模式而言,有以下一些感受和思考。

第一,教师有更多的时间和当地汉语学习者或友好人士进行更多的沟通,弥补了传统上的教师在教学点上完课就赶车走人这一现象的弊端。如,针对非学分课的汉语体验课,学习者的学习动机多元,如果教师有更多的时间和学习者交流,可以为学习者答疑解难,更可以多了解学习者的心理,从而更方便安排相应的教学内容并采用合适的方法。

另外,方便教师参加当地的一些活动,间接扩大影响。如,我在兹林参加过两次马拉松比赛,由于前期报名会填写个人信息,比赛开始前主持人会介绍参加比赛的选手情况,尤其强调有国际选手参赛。比赛结束后一些友好人士就会主动和我聊天并建立联系。譬如,有一个文化公司就曾主动联系我给他们修改捷克产品的中文广告词,并对宣传稿进行配音。熟悉后,聚会时就会顺手让我帮他们看看公司业务里的中文内容,尤其是修改其中的中文语法使用问题,举手之劳,但确实对他们有不小的帮助。

第二,方便教师和所在教学点的相关领导和同事沟通,教师可以辅助参加教学点组织的文化活动,从而可以更好地为当地社区提供服务。如我在兹林就协助巴佳大学现代语言系进行相关活动安排,参加了"兹林州开放日""大学国际文化节""语言开放日"等活动,这些活动也可以和教师自己的语言教学形成合力,共同促进。同时,可以利用更多时间和本土汉语教师进行深入沟通,促进本土教师的专业成长。

与中学校长的沟通会

与大学领导的沟通会

第三,派驻模式能够提高中文教师的"教师领导力",这是一种在真实的中文教学环境中,建立在独立思考和解决问题能力基础上的领导力。长期派驻模式可以为孔子学院的发展提供多元思考。譬如,探索派驻教师作为桥梁或者主力协助教学点进行中文专业建设的路径,如何以教学点为中心进行课程建设研究和文化传播研究,探索教学点如何扩大孔院在当地影响的策略等。

总体而言,长期派驻模式是有积极意义的,派驻教师基于当地教师情景研究和学习者需求,解放思想,"不受原先教学技能束缚从而能够灵活胜任海外不同语境的汉语教育(高皇伟,2020)。"但对教师而言也是一个比较大的挑战,如生源(能否有稳定的生源)、学习者的连续性学习发展(能否促进并保证学习者长期学汉语)、跨文化交际(和异文化打交道)等一系列问题。因此,实施过程中孔子学院需要关注长期派驻老师的教学和生活等相关情况,及时沟通和协商解决遇到的问题。

结 语

离任回国后,在捷克中文教学的那段岁月定格成了一段深刻的回忆。当然,那些不太美好的事情也会出来点缀一下回忆。我曾在早上五点醒来着急上慌给负责人打电话,说我错过了下午四点的中文课,错过了约好的电视台的采访,我想知道补救的方法,然后负责人幽幽地说:"LU, It is morning time, do not worry."事后再见到负责人,总觉得自己很鲁莽;我曾在出入境办公室办理材料时因为信息沟通不畅颠簸跑了三次才把材料做好;我曾在学生家里吃到甜甜的裹着芝麻和芝士的意大利面,后来有点反胃实在难受才告知学生,那真的是百分之万的尴尬;我曾在晚上十点从孔院所在城市奥洛穆茨的火车站坐车回巴佳大学,孔院小伙伴们看着我进站后离开,而我却突遇一粗壮醉汉猛地凑到脸边搭讪,吓得我用上了"凌波微步",火速甩掉醉汉狂奔向站台,看着空荡荡的候车区而后一身冷汗;我曾在葡萄牙波尔图诺大的广场突遭四个吉普赛女郎围攻抢包,说来戏剧,当时我那排山倒海的一声吼居然把她们吓跑了,然而我的手却因为紧紧护着我那带着护照和各种证件的包而留下了一道深深的抓痕。

不过,这些不愉快的点滴仅仅是生活中的一朵不起眼的小浪花。更多的,是这段经历带给我的美好:我会在今天的专业课课堂上引入一个个文化案例和教学案例,带领学生一起在汉教路上成长;我会给孩子看一张张充满回忆感的照片,讲一讲有趣的事和遇到的小困难;我会在某个挫折点想想曾经的努力曾经的勇敢和一直以来的汉教情怀。我想,这就是一笔财富。

一路走来,深深地感谢孔院黄小明院长及各位同事以及一大批的交换生,感谢家人和好朋友,感谢遇到的学生和友好人士,感谢这份职业。曾经,捷克在我心里是一个遥远的国度,布拉格城堡、卡夫卡和米兰昆德拉、波西米亚风情等都充满着异域情调。曾经,我也担心中文的种子是否能在捷克扎根。然而,当我在全球第一个整座被指定为世界文化遗产的城市布拉格来回穿梭看到11世纪到21世纪的几乎所有的建筑时,当我在卡夫卡雕像前及书店里驻足时,当我去波西米亚的城市看冰球比赛时,当我在兹林城行政楼最高层俯瞰整座城市时,当我在孔子学院完成一个个活动时,当我看到一个个熟悉的学习者在中餐馆大快朵颐时,当我在茶馆或者咖啡馆听到那些或标准或不太标准的中文时,当我们能够快乐分享旅游见闻和生活小事以及传递相互关心时,当我回国后收到一张张用工工整整的汉字书写的明信片时,当我收到他们和中国抑或中文有关的好消息时……我知道,捷克不再遥远,我更知道,中捷文化交流的种子早已破土成长。

写下这些文字,聊以致敬那段难忘的孔院工作时光和一直以来的汉教情怀。路漫漫其修远兮,吾将上下而求索。

参考文献

[1]崔希亮.汉语国际教育"三教"问题的核心与基础[J].世界汉语教学,2010(1).

[2]崔希亮.说汉语教师的学术自觉[J].世界汉语教学,2013(4).

[3]陈向明.实践性知识:教师专业发展的知识基础[J].北京大学教育评论,2003(1).

[4]陈申,薛馨华.国际汉语教师培养理念解构[J].语言教学与研究,2010(05).

[5]耿淑梅.多元文化背景下对外汉语教师的角色定位-以北京语言大学为例[J].中国大学教学,2009(05).

[6]郭睿.工具性和交际性是对外汉语教学的本质属性—再谈对外汉语教学的学科性质[J].海外华文教育.2015(1).

[7]郝丽霞.英语教师信念研究述评[J].山西师范大学学报.2010(11).

[8]汲传波,刘芳芳.教师认知视角下的职前汉语教师语法教学信念研究[J].语言教学与研究.2012(6).

[9]汲传波.论对外汉语教学模式的构建[J].汉语学习,2004(4).

[10]汲传波.职前国际汉语教师语言教学信念发展研究[J].华文教学与研究,2016(3).

[11]季晶晶.新教师教学观念的发展变化研究[D].华东师范大学.2010.

[12]江新,郝丽霞.新手和熟手对外汉语教师实践性知识的研究[J].语言教学与研究.2011(2).

[13]林传鼎,陈锦永,张厚粲.心理学词典[M].南昌:江西科学技术出版社,1986.

[14]李泉.基于信念的汉语教学法概说[J].国际汉语教学研究.2018(2).

[15]李泉.汉语国际教育硕士的教学信念和专业发展信念[J].云南师范大学学报.2015(3)

[16]李泉.关于"汉字难学"问题的思考[A].汉语国际教育(第一、二辑)[C].北京:外语教学与研究出版社.(2010).

[17]李泉.汉语国际教育硕士的教学信念与专业发展信念[J].云南师范大学学报(对外汉语教学与研究版).2015(3).

[18]李泉,金香兰.国际汉语教师的角色认知[A].第十一届国际汉语教学研讨会论文选[C].北京:高等教育出版社,2013.

[19]李泉,金香兰.论国际汉语教学隐性资源及开发[J].语言教学与研究.2014(2).

[20]林一钢.论"实践反思性"教师教育[J].教师教育研究,2008(6).

[21]李运富.汉字的特点与对外汉字教学[J].世界汉语教学,2014(3).

[22]吕必松.语言教育与对外汉语教学[M].北京:外语教学与研究出版社.2005.

[23]刘珣.对外汉语教育学引论[M].北京:北京语言大学出版社.2011.

[24]亓华.论汉语国际教学中的"敏感话题"及其应对策略[J].北京师范大学学报(社会科学版),2013(02).

[25]刘丹青.再谈汉语的特点[A].汉语教学学刊(第7辑)[C].北京:北京大学出版社.2011.

[26]刘弘.对外汉语教师课堂教学语言使用情况考察:针对一位三年教龄教师的个案研究[J].海外华文教育.2015(4).

[27]刘弘,王冰.对外汉语教师课堂积极反馈语研究[J].语言教学与研究.2013(3).

[28]刘弘.国际汉语教师信念研究现状及展望[A].第十一届国际汉语教学研讨会论文集[C].高等教育:世界汉语教学学会秘书处.2013(7).

[29]陆俭明.汉语教员应有的意识[J].世界汉语教学,2005(1).

[30]龙君伟.国外教师效能感研究30年:回顾与展望[J].比较教育研究,2004(10).

[31]卢乃桂,王晓莉.析教师专业发展理论之"专业"维度[J].教师教育研究.2008(11).

[32]吕国光.教师信念研究的进展与走向分析[J].黄冈师范学院学报,2007(1).

[33]李红,马莉.语言学能研究新进展[J].第二语言学习研究.2016(12).

[34]马秀丽.对外汉语教学研究生专业信念研究[J].国际汉语教育.2013(3).

[35]宋明钧.反思:教师专业发展的应有之举[J].课程.教材.教学,2006(7).

[36]邵滨.新旧《国际汉语教师标准》对比分析[J].云南师范大学学报(对外汉语教学与研究版),2013(03).

[37]孙德坤.教师认知研究与教师发展[J]世界汉语教学.2008(3).

[38]熊川武.反思性教学[M].上海:华东师范大学出版社.1999.

[39]文秋芳,任庆梅.大学英语教师专业发展研究的趋势、特点、问题与对策:对我国1999-2009期刊文献的分析[J].中国外语,2010(4).

[40]王庆环.语言学家否认"汉字难学"呼吁回归"字本位"[N].光明日报.2008-11-17

[41]许琳.汉语国际推广的形势和任务[J].世界汉语教学,2007(02).

[42]谢翌,马云鹏.教师信念的形成与变革[J].比较教育研究,2007(6).

[43]谢翌.教师信念论[M].广州:广东高等教育出版社.2010.

[44]项茂英,郑新民.国外语言教师信念研究回顾与反思:基于对6种应用语言学期刊的统计分析(1990-2014)[J].外语界.2016(1).

[45]吴小贻.教师专业自主权的解读及实现[J].教育研究,2006(7).

[46]王添淼.留学生汉语学习信念:学生与教师认知状况的比较研究[J].民族教育研究.2019(6).

[47]王添淼.成为反思性实践者:由《国际汉语教师标准》引发的思考[J].语言教学与研究,2010(2).

[48]王添淼.国际汉语教师专业发展模式的构建[J].国际汉语教育.2019(3).

[49]王添淼.国际中文教师专业发展[J].云南师范大学学报(对外汉语教学与研究版).2020(9).

[50]王添淼,任喆.国际汉语新手、熟手、专家教师比较研究述评[J].云南师范大学学报(对外汉语教学与研究版).2015(5).

[51]王添淼,国际汉语教师专业发展现状及其对策[J].东北师范大学学报.2015(2).

[52]王添淼,跨文化交际中的意义拒斥:国际汉语教师课堂评价语探析[J].国际汉语教育.2014(3).

[53]王添淼,发展性教学评价在国际汉语教学中的应用[J].海外华文教育.2014(1).

[54]万明钢.西方多元文化教育与我国少数民族教育之比较[J].民族研究,2008(06).

[55]新编古今汉语大词典[M].上海:上海辞书出版社,1995.

[56]杨晓.教师专业发展[M].北京:北京师范大学出版社.2019.

[57]严明.建构主义视野下的教师信念体系:从概念建构到情境效性[J].西北师范大学学报.2008(2).

[58]叶澜,白益民.教师角色与教师发展新探[M].北京:教育科学出版社,2007.

[59]俞国良,辛自强.教师信念及其对教师培养的作用[J].教育研究,2000(5).

[60]赵金铭.对外汉语教学理念管见[J].语言文字应用.2007(3).

[61]赵金铭.汉语作为第二语言教学:理念与模式[J].世界汉语教学.2008(1).

[62]赵金铭.对外汉语教学法回视与再认识[J].世界汉语教学.2010(2).

[63]张菁.在反思中促进教师专业成长:"教师发展学校"中教师的反思[J].教育研究,2004(8).

[64]赵秀菊.国际汉语教师信念维度研究[A].第十三届国际汉语教学研讨会论文选,世界汉语教学学会会议论文集[C].2018.

[65]朱旭东.教师专业发展理论研究[M].北京:北京师范大学出版社,2021.

[66]朱志平.论"国际汉语教师教育者"的国际视野[J].河北师范大学学报(教育科学版),2020(1).

[67]赵昌木.论教师信念[J].当代教育科学,2004(9).

[68]郑新民.从技术文化视角看外国外语教师专业发展:以整体教师认知和个体教师认知互动为例[J].外语电化教学.2012(5).

[69]Anne. Edstrom. L1 use in the L2 classroom: one teacher's self-evaluation. The Canadian modern language review,2006(2).

[70]Borg,M. Key Concepts in ELT teachers' beliefs. ELT Journal,2001(2).

[71]Nunan,D. Communicative tasks and language curriculum. TESOL Quarterly. 1991

[72]Ellis,R. Learner beliefs and language learning. Asian EFL Journal,2008(4).

[73]Kagan,D. Implication of research on teacher belief. Educational Psychologist. 1992.

[74]Pajares,M. F. Teachers' beliefs and educational research:Cleaning up a messy construct. The Review of Educational Research,1992(3).

[75]Richards JC, Lockhart C. Reflective teaching in second language classrooms. Cambridge university press,1996

[76]Vivian Cook. 第二语言学习与教学[M].北京:外语教学与研究出版社,2000.

[77]Williams,M. &Burden,R. l. 语言教师心理学初探. 刘学惠导读[M].北京:外语教学与研究出版社,2000.

[78]Zhihui Fang. A review of research on teacher beliefs and practices. Educational Research,1996.

叙事文本索引

1. 泰国小镇的记忆——给下一个汉语老师的信(孙振杰) …………………… (9)
2. 滚烫的记忆(金贝贝) ………………………………………………………… (18)
3. 一份荣光,一场修行(左晓华) ……………………………………………… (26)
4. 我的"津巴岁月"(刘凌云) ………………………………………………… (38)
5. 汉教岁月之双城记(秦华睿) ……………………………………………… (53)
6. 美速的风,永远温柔(丁木丽) ……………………………………………… (60)
7. 甜蜜岁月(刘艳维) ………………………………………………………… (67)
8. 感谢与你相遇(陈艳) ……………………………………………………… (73)
9. 四年汉教路纪实(李超) …………………………………………………… (86)
10. 如果没有走汉教这条路(郭鸽) …………………………………………… (98)
11. 小城大爱——我在柬埔寨和英国教中文(冯圆明) ……………………… (110)
12. 我与Surasakmontree的倾城时光(马艳花) ……………………………… (116)
13. 青春的"行囊"——我在泰国和吉尔斯坦的岁月(柳晓飞) ……………… (126)
14. "泰"慢,"泰"匆匆(于如梦) ……………………………………………… (136)
15. 在韩记(范娟) ……………………………………………………………… (143)
16. 心之所向,无问西东(王鑫倩) …………………………………………… (149)
17. 海外中文教学回忆录——我在柬埔寨和美国的岁月(张倩) …………… (163)
18. 回眸我的汉教路——我在尼泊尔和墨西哥的岁月(王花) ……………… (171)
19. 背负使命,踽踽前行——我在菲律宾和哈萨克斯坦的岁月(邵垚楠) …… (178)
20. 感恩遇泰(邰格) …………………………………………………………… (186)
21. 绽放梦想,无悔青春——我在尼泊尔和韩国的岁月(陈小芳) …………… (199)
22. 我在泰国合艾的那些时光(苏连成) ……………………………………… (204)
23. 情由汉语所起,一往而深(毕瑞) ………………………………………… (208)
24. 我在柬埔寨教汉语的日子(王淑婷) ……………………………………… (212)
25. 世界那么大,我想去看看——我在蒙古和莫桑比克的岁月(李冉) ……… (221)
26. "柬"单爱——我在柬埔寨和坦桑尼亚的岁月(齐传鹏) ………………… (228)
27. 缅甸八莫志愿记(赵勤瑶) ………………………………………………… (236)
28. 遇见,"泰"美好(姚宁) …………………………………………………… (245)

29. "1095天"——我的黄金时代
     ——我在泰国和美国的岁月(赵青慧) ………………………………(256)
30. 我的NUWAKOT,我的第二故乡(李俊) …………………………………(263)
31. 踏遍山河,方觉人间值得(张曼曼) ………………………………………(269)
32. 那些年,花开月正圆(魏梦莉) ……………………………………………(274)
33. 我在汉教路上一直走——我在泰国和美国的岁月(侯玉荣) ……………(284)
34. 中文教师——给我荣耀,给我责任
     ——我在泰国和阿联酋的岁月(赵辉) ………………………………(290)
35. 一次青春,一生回忆——我在乌克兰和葡萄牙的岁月(常成瑞) …………(298)
36. 致敬在捷克孔院的那些日子(卢淑芳) …………………………………(305)